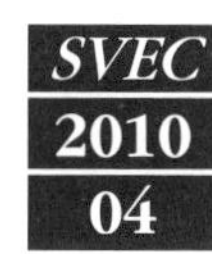

Cultural transfers: France and Britain in the long eighteenth century

SVEC (formerly known as *Studies on Voltaire and the Eighteenth Century*) is dedicated to eighteenth-century research. *SVEC* welcomes work across a broad range of disciplines and critical methodologies.

www.voltaire.ox.ac.uk

Cultural transfers: France and Britain in the long eighteenth century

Edited by

ANN THOMSON, SIMON BURROWS *and*
EDMOND DZIEMBOWSKI, *with* SOPHIE AUDIDIÈRE

VOLTAIRE FOUNDATION
OXFORD
2010

ISBN 978 0 7294 0993 3
ISSN 0435-2866

The Voltaire Foundation is a department of the University of Oxford. It furthers the University's objective of excellence in research, scholarship and education by publishing worldwide.

Voltaire Foundation
99 Banbury Road
Oxford OX2 6JX, UK
www.voltaire.ox.ac.uk

A catalogue record for this book is available from the British Library

Cultural history / intellectual history / translation
Histoire culturelle / histoire intellectuelle / traduction

Cover illustration: *Englishman at Paris* (1767; etching). Print made by James Bretherton after Henry William Bunbury, 1782. © The Trustees of the British Museum.

FSC (the Forest Stewardship Council) is an independent organization established to promote responsible management of the world's forests.

This book is printed on acid-free paper

Printed in the UK by Page Bros (Norwich) Ltd

Contents

List of figures

Foreword

This volume is the result of a three-year project entitled 'Transferts culturels franco-britanniques, fin XVIIe au début XIXe siècle: agents, vecteurs, réseaux' / 'Franco-British cultural transfers in the long eighteenth century: agents, vectors, networks', directed by the Groupe de recherches en histoire intellectuelle, Université Paris 8 (EA 1569). It was set up with the help of the Scientific Service of the French Embassy in Britain and funded by the Agence Nationale de la Recherche in France (ANR NT05-2 41485), with additional funding from the British Arts and Humanities Research Council. This Franco-British network organised a series of workshops between 2005 and 2008 at which an earlier version of most of the papers in this collection were presented. These workshops combined case studies with more general discussions of the issues raised by the different facets of cultural transfers in this period as well as by the notion itself. The editorial committee (Simon Burrows, Edmond Dziembowski, Sarah Hutton and Ann Thomson) wish to thank the ANR and AHRC for their support for the project.

List of Abbreviations

ADH	Archives départementales de l'Hérault
AE	Paris, Archives du ministère des Affaires étrangères
BHPF	Paris, Bibliothèque de l'histoire du protestantisme français
BL	London, British Library
BnF	Paris, Bibliothèque nationale de France
BPUN	Neuchâtel, Bibliothèque publique et universitaire de
BUH	*Bibliothèque universelle et historique*
Encyclopédie	*Encyclopédie, ou Dictionnaire raisonné des sciences, des arts et des métiers, par une société de gens de lettres*, ed. Denis Diderot and Jean D'Alembert, 17 vols (Paris and Neufchâtel, Briasson, 1751-1765)
HL	London, The Huguenot Library
HOS	*Histoire des ouvrages des sçavans*
JRL	Manchester, John Rylands Library
March.	Prosper Marchand Papers
NA	The Hague, Nationaal Archief
NRL	*Nouvelles de la République des Lettres*
NS	New Style
ODNB	*Oxford dictionary of national biography*, ed. H. C. G. Matthew and Brian Harrison, 61 vols (Oxford, 2004).
OS	Old Style
SP	State Papers
STN	Société Typographique de Neuchâtel
TNA	The National Archives, London
UoL	University of Leiden

Introduction

ANN THOMSON *and* SIMON BURROWS

The question of relations between Britain and France in the long eighteenth century is currently arousing renewed interest among Enlightenment scholars. It is now widely realised that, as no country develops in isolation from those around it, the study of a country or linguistic zone needs to be situated in a wider context. The history of France or Britain, in particular, cannot be understood without taking into account the neighbour across the Channel. This is particularly true of a period when the Republic of Letters was more than a mere rhetorical flourish.[1] The subject of French and British reactions to their neighbour is of course not new, but contacts across the Channel at all levels at this time were more intense and varied than is generally realised.[2] Following the pioneering studies of scholars such as Ascoli and Grieder,[3] more recent work has attempted to go beyond generalisations about 'Anglomania' and look in closer detail at these interactions.[4] Several publications and conferences have already been devoted to the question of intellectual exchanges, some concentrating on particular individuals or questions,[5] while others have been wider in scope.[6] The

1. On the Republic of Letters, see Anne Goldgar, *Impolite learning: conduct and community in the Republic of Letters, 1680-1750* (New Haven, CT, 1995); Hans Bots and Françoise Waquet, *Commercium litterarium: la communication dans la République des Lettres / Forms of communication in the Republic of Letters 1600-1750* (Amsterdam and Maarssen, 1994); and *La République des Lettres* (Paris, 1997); Lorraine Daston, 'The ideal and reality of the Republic of Letters in the Enlightenment', *Science in context* 4:2 (autumn 1991), p.95-112.
2. See for example Renaud Morieux, *Une Mer pour deux royaumes: la Manche, frontière franco-anglaise (XVIIe-XVIIIe siècles)* (Rennes, 2008).
3. Georges Ascoli, *La Grande-Bretagne devant l'opinion française au XVIIIe siècle* (Paris, 1930); Josephine Grieder, *Anglomania in France 1740-1789: fact, fiction and political discourse* (Geneva, 1985).
4. For instance Edmond Dziembowski, *Un Nouveau Patriotisme français, 1750-1770: la France face à la puissance anglaise à l'époque de la guerre de Sept Ans*, *SVEC* 365 (1998).
5. For example: *Les Relations franco-anglaises aux XVIIe et XVIIIe siècles: périodiques et manuscrits clandestins*, *La Lettre clandestine* 15 (2007) or *Diderot and European culture*, ed. Frédéric Ogée and Anthony Strugnell, *SVEC* 2006:09.
6. Among the most recent are: *Better in France? The circulation of ideas between Britain and the Continent in the eighteenth century*, ed. Frédéric Ogée (Lewisburg, 2005); *British–French exchanges in the eighteenth century*, ed. Kathleen Hardesty Doig and Dorothy Medlin (Cambridge, 2007); *Les Idées passent-elles la Manche? Savoirs, représentations, pratiques (France–Angleterre, X^e-XXe siècles)*, ed. Jean-Philippe Genet and François-Joseph Ruggiu (Paris, 2007); *Anglo-French*

study of intellectual and cultural interaction between Britain and France has most frequently been approached in terms of influences, either in a general way (such as the influence of English free thought or 'deism' on the French 'philosophes', or the influence of Revolutionary French ideas on the British 'Jacobins') or through a study of individual contacts, the influences on a particular individual or that exercised by a leading figure or an exemplary work of literature.[7] Such investigations have helped to throw light on the question of international exchanges and to place issues and individuals in a wider context than the purely national one, but they remain circumscribed to relatively limited spheres.

The present volume attempts to provide a more integrated investigation of the question, going farther than a series of snapshots of particular individuals or cases by looking at the more concrete reality of the contacts between these two countries and at the functioning of the different channels of communication. The aim is to investigate more closely not just the intellectual contacts between Britain and France but the concrete form they took, including the factors determining which works were translated or reviewed in journals and the material and political constraints under which those who acted as intermediaries between the two countries worked. It seeks to go beyond the leading figures who usually dominate studies of this kind to look in particular at the more practical aspects of these Franco-British exchanges: at the networks which facilitated them, at the individuals at the heart of these networks, and at their activities such as publishing, journalism and translation.

The notion and study of 'cultural transfers' was pioneered in the 1980s by French and German scholars working on Germany in the late eighteenth century, who wished on the one hand to situate research on the rise of German national identity in a wider context and reject the nationalist model of the study of German national culture, and on the other to provide a wider framework than the study of influences; the aim was to look at how German identity emerged in the late eighteenth and early nineteenth centuries by a process of interaction with and appropriation of the neighbouring culture which produced a new synthesis.[8] It was in part a reaction against the concentration on national history and

attitudes: comparisons and transfers between English and French intellectuals since the eighteenth century, ed. Christophe Charle, Julien Vincent, and Jay Winter (Manchester, 2007).

7. For instance Ahmad Gunny, *Voltaire and English literature*, *SVEC* 177 (1979); Norman Torrey, *Voltaire and the English deists* (1930; Oxford, 1963); books by Charles Dedeyan: *Diderot et la pensée anglaise* (Florence, 1987), *Montesquieu, ou les Lumières d'Albion* (Paris, 1990); Seamus Deane, *The French Revolution and Enlightenment in England, 1789-1832* (Cambridge, MA, 1988).

8. *Transferts: les relations interculturelles dans l'espace franco-allemand (XVIIIe et XIXe siècle)*, ed.

the emergence of the nation, together with a concern to discuss in conjunction several national areas and their common facets. This concern was also behind the development of comparative history and literature, but the new direction of research paid more attention to interactions, implying 'la mise en relation de deux systèmes autonomes et asymétriques'.[9] These scholars rejected the study of 'influence' with its implication of passivity on the part of the receiver and its narrowly circumscribed scope, which studied culture in isolation; instead the promoters of this new approach wanted to insist on the importance of the active role of the receiving culture and look at neglected forms of 'métissage'. As Stefan Berger and Peter Lambert put it, the study of cultural transfers 'seeks to demonstrate the extent to which such national cultures depend on a dialectical process through which indigenous and foreign elements are selectively appropriated'.[10] This viewpoint emphasises the important role played by the circumstances in the receiving culture which determine what can be taken from the other in conjunction with latent aspects of the receiving national memory.[11] Thus the study must take account of the wider aspects of culture and all aspects of exchanges, including their concrete reality.

Since the launching of this field of study there has been an increasing number of publications and conferences devoted to this theme, despite criticisms of the usefulness of the model of cultural transfers when attempting to understand the multiplicity of contacts in interlocking networks and their concrete reality.[12] The idea of 'cultural transfer' has been generally adopted (to the extent that it has become, according to Matthias Middell, a standard theme and even a sort of fashion accessory)[13] but it has on occasion encouraged misunderstanding; although it was originally chosen because it was not coloured by specific uses in particular fields, its common usage has nevertheless led to a certain

---

Michel Espagne and Michael Werner (Paris, 1988); M. Espagne, *Les Transferts culturels franco-allemands* (Paris, 1999), and, more recently, *L'Horizon anthropologique des transferts culturels* (Paris, 2004).

9. *Transferts: les relations interculturelles*, p.5.

10. Stefan Berger and Peter Lambert, 'Intellectual transfers and mental blockades: Anglo-German dialogues in historiography', in *Historikerdialoge: Geschichte, Mythos und Gedächtnis im deutsch-britischen kulturellen Austausch 1750-2000*, ed. S. Berger, P. Lambert and P. Schumann (Göttingen, 2003), p.9-61 (12).

11. Espagne, *Les Transferts culturels franco-allemands*, p.23.

12. Pierre-Yves Beaurepaire, *L'Espace des francs-maçons: une sociabilité européenne au XVIIIe siècle* (Rennes, 2003), p.180-83.

13. Matthias Middell, 'Kulturtransfer und Archiv', in *Archiv und Gedächtnis: Studien zur interkulturellen Überlieferung*, ed. Michel Espagne, Katharina Middell and Matthias Middell (Leipzig, 2000), p.7-35 (7, 17).

confusion.[14] It is also sometimes thought to be a study of how culture is transferred lock, stock and barrel from one domain to another, whereas it was coined to emphasise instead the complexity of the process, the active role played by the receiving culture and the extent to which transfer implies change, as the source culture is mixed with the receptor culture to produce something new that is a combination of both and has an impact on both. Because of confusion, misunderstandings and the loose application of the notion, the term 'cultural exchange' is sometimes preferred; it is used for example by Martin Mulsow in his demonstration of how late-seventeenth-century Socinianism was what he calls a 'Transferprodukt', the result of the movement of people and ideas to produce a new configuration.[15]

The articles in the present work, while building on reflection concerning cultural transfers, do not necessarily stick closely to the original model. In particular, they are not primarily concerned with the emergence of a national identity, which was often based on an opposition to the neighbour across the Channel, as well-known studies have shown.[16] Rather, they arise from investigations of how circumstances and channels of communication favoured the appropriation of certain aspects of the other's culture and how these aspects were adapted, contributing to the development of common learning and intellectual practice which was not confined to a particular national culture: what aspects of the intellectual culture of Britain interested the French, and vice versa, and why; the role played by national interest;[17] the constraints on making innovations known to the other; the channels and vectors by which they reached the other and the transformations they underwent; the role played by intermediaries in this process and the relative importance of conditions in the receiving culture; what impact these importations had on the receiving culture; and what new configurations emerged in this process. Furthermore, the networks enabling these exchanges extended much more widely than the geographical boundaries of France and the British Isles. While limiting itself to the question of circulation between France and Britain, the present volume therefore throws light on wider networks as well, to the extent that these exchanges were not always (perhaps even not most frequently) simply two-way but involved or

14. Matthias Middell and Katharina Middell, 'Forschungen zum Kulturtransfer: Frankreich und Deutschland', *Grenzgänge: Beiträge zu einer modernen Romanistik* 2 (1994), p.107-22 (109).
15. Martin Mulsow, 'The "new Socinians": intertextuality and cultural exchange in late Socinianism', in *Socinianism and Arminianism: antitrinitarians, Calvinists and cultural exchange in seventeenth-century Europe*, ed. Martin Mulsow and Jan Rohls (Leiden, 2005), p.49-78 (51).
16. In particular Linda Colley, *Britons: forging the nation 1707-1837* (New Haven, CT, 1991); Gerald Newman, *The Rise of English nationalism: a cultural history 1740-1830* (Basingstoke, 1997); Dziembowski, *Un Nouveau patriotisme français.*
17. As the articles by Craigwood and Dziembowski show, it could have unexpected effects.

passed through other European countries. This is particularly true in the early part of the period, when the role of the French Huguenot communities in Holland was vital in journalism, translation and publishing and played a crucial role in the transfer of British ideas, works and so on to the French-speaking world, but also helped to spread knowledge of French culture in Britain. Switzerland also played a role that was arguably more important later in the century.[18] The new synthesis that was produced by these exchanges was a powerful factor in the emergence of what is generally called the Enlightenment in its different forms and, one could argue, aspects of a common European culture.

The present volume looks at several different types of contacts and exchanges which contributed to the production of new knowledge and new ideas, and to the European Republic of Letters. The Republic of Letters has recently come under a certain amount of scrutiny, to the extent that one of its chief practitioners, Marc Fumaroli, has even looked to the emergence of a new discipline devoted to its history.[19] Work has tended, however, to concentrate more on the seventeenth century, or at the latest the period spanning the late-seventeenth and early-eighteenth centuries.[20] Certain studies have looked at its functioning and the interaction of its members by stressing the importance of questions of influence, standing, reputation, favours and so on.[21] Such work has provided a welcome new approach to the extent that it has highlighted the multiplicity of factors coming to bear on these intellectual exchanges and widened the scope of the investigation beyond the sole analysis of published works or the influence of ideas. The present volume attempts to combine a study not only of such preoccupations with politeness and standing but also of the much more concrete constraints on, and conditions of, these contacts with an interest in the intellectual content of what was actually exchanged. The case studies here, in which the same network is on occasion looked at from several different angles, should mainly be seen as contributing to this wider aim.

The volume spans the long eighteenth century, from the late seventeenth to the early nineteenth, enabling comparisons to be made by means of a relatively long perspective providing different vantage-points. Several papers deal with the years discussed by Maarten Ultee, famously defined by Paul Hazard as that of 'la crise de la conscience européenne'. The importance for France of developments in the British

18. See the articles by Curran, de Champs and Livesey.

19. 'Avant-propos', in *Kultur des Kommunikation: die europäische Gelehrtenrepublik im Zeitalter von Leibniz und Lessing*, ed. Ulrich Johannes Schneider (Wiesbaden, 2005), p.9-11 (10).

20. See in particular Maarten Ultee, 'The Republic of Letters: learned correspondence, 1680-1720', *The Seventeenth century* 2:1 (January 1987), p.95-112.

21. See in particular Goldgar, *Impolite learning*.

Isles in this period – and in particular of the works of Locke and Newton, highlighted in Voltaire's *Lettres philosophiques* – has generally been recognised,[22] while more recent research has shown that interest in France was aroused by a much wider range of thinkers. Margaret Jacob's groundbreaking work *The Radical Enlightenment* put the Anglo-Irish political writer and thinker John Toland at the centre of a European network of radical 'republican' thinkers whose ramifications extended from Britain through Holland and France to Germany and further afield.[23] While we have a certain amount of information concerning some of the Dutch intermediaries, however, many of the claims concerning this network are based on speculation. The same could be said for the rival claims put forward more recently by Jonathan Israel, who has re-centred the radical Enlightenment, putting at its centre Spinoza and Holland and claiming that the fight against religion was over by 1740.[24] While the purpose of this volume is not to discuss the existence of a radical Enlightenment nor to examine the conflicting theories concerning its nature and origin, the approach taken here will contribute to a clearer understanding of the issues they raise. The long eighteenth century was a period which saw the establishment in Britain of a community of mainly Huguenot French exiles who were concerned to campaign against the intellectual repression in France. This meant that there was, despite Laurence Brockliss' claim that 'they played only a limited role in introducing English intellectual life to their erstwhile countrymen',[25] a strong push-factor inciting the transmission of certain aspects of British culture into France. This process was facilitated by the existence of networks which made this possible and by a strong curiosity in the receiving culture. It was also stimulated by the censorship existing in France, which, however, had loopholes allowing the circulation of a considerable amount of information in certain circles. The investigation in this volume of some of the people involved in the circulation and translation of English-language production, their choices, the means they used and the effect of various constraints on what arrived in France helps to provide a new perspective on the questions surrounding the 'radical Enlightenment'.[26] The field covered here is, however, much

22. See Gabriel Bonno, *La Culture et la civilisation britanniques devant l'opinion française de la paix d'Utrecht aux Lettres philosophiques (1713-1734)* (Philadelphia, PA, 1948).
23. M. Jacob, *The Radical Enlightenment: pantheists, Freemasons, and republicans* (London, 1981); one should, however, not forget Franco Venturi's *Utopia and reform in the Enlightenment* (Cambridge, 1971), which explored many of the same issues.
24. Jonathan Israel, *Radical Enlightenment: philosophy and the making of modernity 1650-1750* (Oxford, 2001).
25. Laurence Brockliss, 'The French Republic of Letters and English culture, 1750-1790', in *Anglo-French attitudes*, ed. C. Charle, J. Vincent and J. Winter, p.98-121 (113).
26. See the articles by Grist, Hammersley, Lurbe, Soulard and Thomson.

wider, as the importance of diplomatic networks and their correspondence is emphasised; it is clear that they were important vectors of two-way exchanges.[27]

In the later eighteenth century the situation was undoubtedly more diverse and the relevant studies go beyond the question of the Republic of Letters. Indeed there has been a debate on whether one can continue to speak of a Republic of Letters in the eighteenth century, and whether it is simply another name for the Enlightenment. Laurence Brockliss criticises interpretations which claim that the Republic of Letters was replaced from the middle of the eighteenth century by the Enlightenment, and he believes that the history of the Republic of Letters in the second half of the eighteenth century remains largely unwritten.[28] It is arguable that the situation changed radically from mid-century and that the members of the Republic of Letters were much more numerous. Certain scholars have proposed identifying in addition a Republic of Science or a more restricted republic of the learned, corresponding to the German 'Gelehrtenrepublik'.[29] The articles here are not confined to this group, as attention is paid to the increased activity of journalists and translators directly involved with ministerial politics, whose status as republicans of letters is perhaps marginal. The purpose, however, is not to decide this question but to look at the role this group played in exchanges and also the reality underpinning these exchanges.

The study of networks is obviously relevant here. Recent scholarship has shown the importance of networks,[30] but it is a complex field for which attempts at modelling are in their early stages and which requires the collation of a large amount of information. We are still mainly at the stage of studying individual 'egocentric' networks, generally centred on particular figures, which provide a valuable insight into their functioning and show their interconnectedness and the ramifications to many different parts of Europe.[31] As Claire Lemercier has also pointed out,

27. See the articles by Craigwood and Jettot, together with the discussion by Levillain of what is involved in the study of such correspondence.
28. L. Brockliss, *Calvet's web: Enlightenment and the Republic of Letters in eighteenth-century France* (Oxford, 2002), p.13.
29. See *La République des sciences*, *Dix-huitième siècle* 40, special issue (2008), in particular the introduction by Irène Passeron, René Sigrist and Siegfried Bodenmann, p.5-27, and René Sigrist, 'La "République des sciences": essai d'analyse sémantique', p.333-57. See also the article by Crignon-De Oliveira.
30. P.-Y. Beaurepaire, *La Plume et la toile: pouvoirs et réseaux de correspondance dans l'Europe des Lumières* (Arras, 2002); see also André Bandelier, 'Echanges entre tiers: autour des correspondants suisses de Jean Henri Samuel Formey', in *Réseaux de correspondance à l'âge classique (XVIe-XVIIIe siècle)*, ed. P.-Y. Beaurepaire, J. Häseler and A. McKenna (Saint-Etienne, 2006), p.279-99. Claire Lemercier, 'Analyse de réseaux et histoire', *Revue d'histoire moderne et contemporaine* 52 (2005), p.88-112.
31. See for example Daniel Roche, *Les Républicains des Lettres* (Paris, 1988), p.263-85:

the functioning of these networks also needs to be looked at, how far they are 'la configuration produite par divers types de liens, son évolution, ses effets'.[32] The study of correspondence is of course central to a study of such networks. As Pierre-Yves Beaurepaire has emphasised, the letter 'fait prendre conscience aux Républicains des Lettres de leur appartenance à un corps qui transcende les frontières politiques, confessionnelles, linguistiques et sociales sans les nier'.[33] Letters are a means of both situating individuals and constituting the public domain, but letters are also vital in the constitution of other types of network and their multiple functions need to be studied. The present volume presents particular examples and case studies which, together, give further proof of the interconnectedness of these networks and their efficiency in facilitating the circulation not only of information but also of objects.[34] These point the way to further research which is needed in order to obtain a more comprehensive understanding of the functioning of networks in this period and the degree to which local, national and international systems intersected. The necessary interconnectedness between the study of networks and that of correspondences has meant that these two subjects are combined in a single section of this volume, somewhat longer than the other two sections. While it is true that networks can be reconstructed from other sources, such as the archives of Masonic lodges studied in the article by Pierre-Yves Beaurepaire, correspondence remains the most accessible source and the one primarily used in these articles. The examples given concern both formal, indeed institutionalised, networks and the correspondence that cemented them (such as the Royal Society studied by Elizabeth Grist or the diplomatic networks discussed by Charles-Edouard Levillain and Joanna Craigwood), and informal networks, including the network reconstructed by Jean-François Dunyach constituted by a single individual, William Playfair, in his attempts to make his fortune and succeed in his different careers. This of course raises the question of what to identify as a network. The historian must be wary of the temptation to identify

'Correspondance et voyage au XVIIIe siècle: le réseau des sociabilités d'un académicien provincial, Séguier de Nîmes'; Brockliss, *Calvet's web*; Ellen McNiven Hine, *Jean-Jacques Dortous de Mairan and the Genevan connection: scientific networking in the eighteenth century, SVEC* 340 (1995); *Benjamin Furley: a Quaker merchant and his milieu*, ed. Sarah Hutton (Florence, 2007); Urs Boschung, 'Albrecht von Hallers Korrespondenz und ihre Erschliessung', *Gesnerus* 46:3 (1989), p.211-27.

32. Lemercier, 'Analyse de réseaux et histoire', p.89.
33. *Réseaux de correspondance à l'âge classique*, ed. P.-Y. Beaurepaire, J. Häseler and A. McKenna (Saint-Etienne, 2006), p.359-62 (360).
34. See the contribution by Craigwood. Another article by Alexandra Cook, discussing J.-J. Rousseau's circulation of botanical specimens, is not published here as it will constitute a chapter of her forthcoming work.

networks of interest or influence where none exist or where they are the invention of hostile propaganda. Does a network consist merely in the relationship between several individuals and is it a question of the number of people involved or the intensity and nature of the links between them? Is there a fundamental difference between, on the one hand, expressions of sociability and networks of patronage and dependence and, on the other hand, the relationship created by the connection to a particular institution, such as the Royal Society or the Société des sciences de Montpellier studied here by James Livesey? Can one approach in the same way a formally constituted and self-conscious network such as that of the correspondents of a learned society and a network reconstituted by the historian from an individual's web of correspondents or from overlapping interests? This question is also raised by Mariana Saad's article, which reconstitutes a complicated network (or interlocking networks) of philanthropists and reformers who were members of various linked organisations and produced a series of publications and translations unified by common practical goals; at the same time it reveals the role played by individual contacts. The contours of more informal networks centred on an individual are difficult to define as they could and did change over time and incorporate certain individuals only fleetingly. The network of Pierre Des Maizeaux revealed by his correspondence, which figures in several of the present articles in all three sections of this book,[35] is typical in this respect. It was composed both of business relations – such as publishers, printers and journalists –, members of the Royal Society, ties of patronage and influence, and also of friends (some of whom enter into several categories). It also overlaps with other correspondence networks whose ramifications probably cover a huge geographical area. The case of Des Maizeaux also shows how the study of a network and its members can be linked to that of the way ideas circulated and of how a network could be used consciously as a means to spread particular ideas. This emerges clearly from the article by Rachel Hammersley on the diffusion of English republican ideas in France, which brings to light the strategies of individual members to use the network for a political purpose and the factors determining the transformations undergone by the ideas and their expression. This includes the use of periodicals, whose importance in cultural exchange is more directly addressed in the second section of this volume.

By the eighteenth century, print journalism was offering new possibilities for cultural exchange, feeding an audience who enjoyed an extended relationship with their chosen titles. Already by the mid-

35. See the articles by Grist, Hammersley, Soulard, Thomson.

seventeenth century, the newspaper press was established right across Western Europe, sponsored in its early stages by governments keen to seize the potential of serial publication to inform and propagandise subject and foreign populations.[36] Hot on its heels came the periodical press, which was better adapted than the newspaper for advanced intellectual and scientific exchange. Periodicals like the *Journal des sçavans* and the Royal Society's *Philosophical transactions*, both of which were founded in the 1660s, were indeed designed to form a key part of the infrastructure for European scientific and intellectual exchange, and the earliest of them were generally either sponsored or encouraged by government.[37] They found imitators and emulators across Europe, even in Russia, where the 'thick press' long preceded the emergence of a true newspaper medium and began life in the state-run *Vedomosti* (*News*) and university publications.[38]

Such periodicals were at the heart of much European intellectual exchange, particularly as the century wore on and the number of participants in such exchanges expanded. This greater participation increased the role of the print public sphere. Foremost in the exchange between cultures were the journals published in the Netherlands by Huguenot refugees such as Pierre Bayle, Jean Le Clerc and Michel de La Roche, several of which feature prominently in articles in this volume. Such journals were instrumental, among other things, in familiarising francophone readers with the writings of seventeenth-century English political radicals and freethinkers, as well as scientific discoveries and the latest books.[39] The value of book reviews as a historical source, often underestimated by historians of print culture, is now being increasingly recognised, in particular their significant role in cultural transfer.[40]

36. While we lack a scholarly international history of the newspaper press, a general overview of its early history can be found in Anthony Smith, *The Newspaper: an international history* (London, 1979).
37. See the article by Crignon-De Oliveira.
38. Miranda Beaven Remnek, 'Russia, 1790-1830', in *Press, politics and the public sphere in Europe and North America, 1760-1820*, ed. Hannah Barker and Simon Burrows (Cambridge, 2002), p.224-47 (227).
39. See for example Hendrika Johanna Reesink, *L'Angleterre et la littérature anglaise dans les trois plus anciens périodiques français de Hollande* (Paris, 1931); Hans Bots, 'Jean Leclerc as journalist of the *Bibliothèques*: his contribution to the spread of English learning on the European continent', in *Studies in seventeenth-century English literature, history and bibliography*, ed. G. A. M. Janssens and F. G. A. M. Aarts (Amsterdam, 1984), p.53-66; and the articles by Hammersley and Soulard.
40. Robert Darnton, *The Forbidden best-sellers of pre-Revolutionary France* (London, 1995), p.219-20, for example, dismisses book reviews contending that 'reviewing usually involved little more than publishing extracts or plugging works of allies and attacking those of enemies', but press specialists such as Jack Censer have hardly been more positive. In contrast, Mark Curran, 'The reception of the works of the baron d'Holbach in France, 1752-1789', doctoral dissertation, University of Leeds, 2005, p.84-109, demonstrates that book reviews

Their role was not merely to inform the public about, or puff, foreign works that were likely to be translated: in many cases, as Ann Thomson's essay shows, periodicals such as the *Bibliothèque angloise* and *Bibliothèque britannique* sought to give detailed accounts of the content of important works which were unlikely to be published in any but the original language.[41] As the titles of the two aforementioned periodicals imply, by the late-seventeenth century specialised periodicals were beginning to flourish in diverse domains, including science as well as literature, and embracing the medical periodicals discussed in the article by Claire Crignon-De Oliveira. As she shows, the diversification, specialisation and popularisation of subject matter that this proliferation implies was not, however, always favourable to the transfer of information between cultures. It could also foster the nationalisation, vulgarisation and compartmentalisation of knowledge, whether by accident or by design, and this could be detrimental to scientific exchange.

The periodical itself was of course a cultural artefact, and successful periodical formulae were frequently transplanted from culture to culture. A prime example was Steele and Addison's *Spectator*, which encouraged numerous emulators and 'moral weeklies' across the Continent: some 800 appeared in Europe across the eighteenth century, no less than 70 of them in the Netherlands alone.[42] Among the plethora of serial publications (Jean Sgard's *Dictionnaire des journaux* identifies 1267 periodicals published between 1600 and 1789 in the French language alone), some were consciously dedicated to transmitting information about foreign cultures, politics, institutions or literatures.[43] Examples include the Dutch-based Huguenot papers which are mentioned in several articles in this collection, Jacques-Pierre Brissot's *Journal du Lycée de Londres* and, at the dawn of the nineteenth century, as Paul Hazard noted a century ago, the *Spectateur du Nord*, which he saw as a spiritual forerunner of Mme de Staël's novel *De l'Allemagne*.[44]

The newspaper press appears less promising than its periodical cousin as a site of cultural exchange. For, as Simon Burrows notes, historians such as Benedict Anderson have long equated newspapers with the rise of nationalism in the nineteenth century, while Colin Kidd finds the eighteenth-century London press more or less uniformly

played a vital role in introducing the French public to atheism and materialism by coverage of refutations of d'Holbach's works.

41. On the latter periodical see the article by Emmanuelle de Champs.

42. Sigfrid H. Steinberg, *Five hundred years of printing*, new edn revised by John Trevitt (1955; London, 1996), p.125; Nicholaas Van Sas, 'The Netherlands, 1750-1813', in *Press, politics and the public sphere*, ed. H. Barker and S. Burrows, p.48-68 (53-56).

43. *Dictionnaire des journaux, 1600-1789*, ed. Jean Sgard, 2 vols (Oxford, 1991).

44. Paul Hazard, 'Le *Spectateur du Nord*', *Revue d'histoire littéraire de la France* (1906), p.26-50.

francophobic.[45] More recently, Christopher Todd's study of coverage of France in three British provincial papers in the 1760s finds that they at best offered 'partial, incomplete and sometimes inaccurate' 'glimpses' of the Bourbon realm.[46] When we consider, in addition, as Hannah Barker and Simon Burrows argue, that the newspaper press emerged under 'state aegis and tutelage', we might conclude that the newspapers were unlikely organs of cultural exchange.[47] Such a conclusion would be misplaced. The newspaper press in both England and France was from its very first an object of cultural exchange. The first printed gazettes in both French and English appear to have been *courantos* produced by entrepreneurial Dutch publishers, hoping that foreign readers could be attracted to the new medium.[48] Yet the gazette form itself had Italian manuscript antecedents: the earliest known examples are Venetian handwritten newspapers dating from the mid-sixteenth century.[49] This gazette form would prove remarkably resilient; it remained the favoured form for quality newspapers into the early nineteenth century. Gazette-style newspapers were then a long-lived cultural form of international importance. The most significant gazettes throughout our period were the 'international' French-language gazettes, many of which were produced in the Netherlands, mostly but not exclusively by Huguenot 'entrepreneurs'. By the second half of the eighteenth century, the Dutch papers were being challenged by international gazettes produced in other publishing centres around the French periphery. These included the *Courier d'Avignon*, the Cleves-based *Courier du Bas-Rhin* and the London-based *Courier de l'Europe*, which is the subject of an article in this collection. In recent years, these papers have been extensively studied, but rarely for their role in cultural transfer, which was diffuse, extensive and in some cases problematic.[50] In fact, audience expectation and resistance could limit or shape both newspaper form and content.

Yet even papers produced with an avowedly patriotic or nationalistic propaganda purpose could serve as unlikely but powerful organs of cultural transfer, as Edmond Dziembowski's article in particular shows. Particularly in wartime, French Government-sponsored propaganda

45. Benedict Anderson, *Imagined communities: reflections on the origins and spread of nationalism* (1983; London, 1991); Colin Kidd, *British identities before nationalism: ethnicity and nationhood in the Atlantic world, 1600-1800* (Cambridge, 1999), p.211-16, 234-35.
46. Christopher Todd, 'Glimpses of France and the French (1760-1769) in three English provincial newspapers', *SVEC* 2008:10, p.101-11 (111).
47. Hannah Barker and Simon Burrows, 'Introduction', in *Press, politics and the public sphere*, ed. H. Barker and S. Burrows, p.1-22 (15).
48. Mitchell Stephens, *A History of news from the drum to the satellite* (New York, 1988), p.157-58.
49. Stephens, *A History of news*, p.151-56.
50. For references to studies of the international gazettes see Simon Burrows' article in this collection.

journals were in fact some of the primary means by which French subjects learnt about British political institutions and, through the coverage of parliamentary debates, ideologies and internal conflicts.[51] They were also, in the American War of Independence, some of the main means by which American state constitutions, manifestos and other political documents reached readers inside France. While the French Government and, apparently, many of its readers preferred to believe that these documents and the ideas they contained related exclusively to Anglo-American constitutional debates, they nonetheless familiarised at least two generations of French *ancien régime* readers with the conceptual vocabularies and institutional organisation of representative political systems.[52] Moreover, translated documents in gazettes – which in the eighteenth century were often viewed as an archive of historical materials – were often republished in later compilations, which frequently reproduced their mistakes, amendments or misunderstandings. As, among others, Delphine Soulard explains in this volume, this in some cases has influenced French editions and scholarship down to the present.[53]

Here the study of journalism overlaps with that of translation. Michel Espagne has pointed out that cultural transfer is in itself a type of translation as it is the passage from one code to a new one.[54] The study of particular translations is thus a fertile field for the study of cultural transfer, as an understanding of what can be imported directly into another culture and what has to be adapted or cannot be assimilated and must be quite simply removed is extremely enlightening. The importance of translation in the circulation of ideas in Europe has of course

51. On these propaganda journals, see Edmond Dziembowski's article in this collection; Peter Ascoli, 'American propaganda in the French language press during the American Revolution', in *La Révolution américaine et l'Europe*, ed. C. Fohlen and J. Godechot (Paris, 1979), p.291-305.

52. See Gunnar and Mavis von Proschwitz, *Beaumarchais et le Courier de l'Europe: documents inédits ou peu connus*, 2 vols, *SVEC* 273-74 (1990); Jack R. Censer, 'English politics in the *Courrier d'Avignon*', in *Press and politics in pre-Revolutionary France*, ed. Jack R. Censer and Jeremy D. Popkin (Berkeley, CA, and London, 1987), p.170-203; E. Dziembowski, 'Traduction et propagande: convergences franco-britanniques de la culture politique à la fin du dix-huitième siècle', in *L'Angleterre et le monde, XVIIIe-XXe siècle: l'histoire entre l'économique et l'imaginaire, hommage à François Crouzet*, ed. Katia De Queiros Mattoso (Paris, 1999), p.81-111.

53. For another example, see the detailed discussion on the transmission of American constitutional documents to the French public in William Slauter, 'News and diplomacy in the age of the American Revolution', doctoral dissertation, Princeton University, 2007, p.239-90, which traces information flows between French-, Spanish- and English-language newspapers in Europe and the Americas and shows how stories and understandings were transformed, revised, amended and commented upon in a dynamic process of news exchange, translation, assessment and manipulation.

54. Espagne, *Les Transferts culturels franco-allemands*, p.8.

long been recognised, and interest which tended to be concentrated on literary translation or the theory of translation has now been widened; there is growing interest not only in the study of particular translations, but also in the activity of translation as such, the circulation of translated works of all types, and the importance of translation in the constitution of the enlightened Republic of Letters.[55] The studies presented in this volume bear out the need for detailed analyses of translations for an understanding of cultural exchange. They constitute an important contribution to this rich and underexploited field which, as Stéphane Jettot reminds us, goes far beyond the question of purely intellectual exchanges to play a vital role in diplomatic relations. The emphasis here is, however, on the translation of printed works, in a period which saw a huge increase in the number of published translations; a series of case studies brings out the often decisive influence of translation on cultural transfer. While Michel Malherbe concentrates on the question of economic terms in Hume and their relation to the circulation of economic ideas, Pierre Lurbe demonstrates by a comparison of the French and English translations of John Toland's famous *Pantheisticon* (originally in Latin) how both the knowledge possessed by the translator and the national target culture affected the translation and thus the version of the work that reached the different audiences. On the other hand, Emmanuelle de Champs's analysis of Etienne Dumont's translations of Jeremy Bentham's works at the end of the eighteenth century shows how they effected a change of focus which influenced the early presentations of Bentham's thought and made it more easily accessible by enlightened contemporaries on either side of the Channel. Dumont thus went beyond the role of a simple translator to become an interpreter determining the nature of the transfer that took place. A study of the conditions in which a translation was commissioned, carried out and circulated also shows concretely how transfer operates and often the respective importance of push- and pull-factors. As is clear from the article by Ann Thomson, Des Maizeaux's network also played a leading role in providing translations between French and English in the first half of the eighteenth century, and his correspondence provides valuable information on the commissioning, publication and distribution of translations in the form of both journal articles and books. Similarly, the archives of the Société typographique de Neuchâtel, studied by Mark Curran, reveal the details of the publishing and circulation of translations throughout Europe in the second half of the century. In both cases the international

55. See in particular Fania Oz-Salzburger, 'The Enlightenment in translation: regional and European aspects', *European review of history: revue européenne d'histoire* 13:3 (2006), p.385-409; and, for the earlier period, *Cultural translation in early modern Europe*, ed. Peter Burke and Ronnie Po-Chia Hsia (Cambridge, 2007).

networks of printers and booksellers are shown to be vital for the circulation of English works in translation. As is shown in contributions in other sections of the volume, other types of networks could also be responsible for translations of particular types of works.[56]

This indicates the extent to which the division of this volume into three sections is somewhat arbitrary as several aspects, and sometimes all three, are present in the majority of the articles. It has, however, been thought more useful to maintain this organisation to indicate the primary concern of each. Taken together, they provide different angles of approach to the same phenomenon and several of the same networks and actors reappear throughout the volume, which we hope will stimulate further research into cultural exchanges in Europe as a whole and aspects of exchanges that could not be dealt with here.

56. See in particular the articles by Dziembowski and Saad.

I

Correspondence and networks

The 'Real Whig'–Huguenot network and the English Republican tradition*

RACHEL HAMMERSLEY

On 22 October 1685 Louis XIV revoked Henri IV's Edict of Nantes, as a result of which approximately 200,000 Huguenots went into exile.[1] With their linguistic skills, and membership of a huge francophone diaspora, the Huguenots were ideally placed to facilitate the exchange and dissemination of ideas across Europe. In particular, as is shown in several chapters in this volume, through their translations and French-language journals, they provided a crucial link between radical ideas circulating in the Dutch Republic and England, at the turn of the eighteenth century, and the French-speaking world. This article is concerned with one particular network of British and Huguenot figures, which was in existence during the early years of the eighteenth century, and with the role that its members played in bringing English republican ideas to the attention of a French audience.

A European commonwealth tradition?

The notion of an English republican or British commonwealth tradition spanning the seventeenth and eighteenth centuries is now well established.[2] Though written fifty years ago, Caroline Robbins' account of the

* Earlier versions of this article were given at the University of Wales, Aberystwyth and at 'The intellectual and cultural lives of Protestant strangers in early-modern England' (King's College, London, March 2006), as well as at the Franco-British Cultural Transfers workshop on networks (September 2007). The article has benefited from comments from the audiences on all three occasions and I am grateful to them and to those who organised these events. I also wish to thank John Gurney and Martyn Hammersley for commenting on earlier drafts. A more extensive version of this article will appear as ch.2 in my forthcoming book, *The English Republican tradition and eighteenth-century France: between the Ancients and the Moderns* (Manchester, 2010).

1. Robin D. Gwynn, *Huguenot heritage: the history and contribution of the Huguenots in Britain* (London, 1985), p.23.
2. See in particular: Z. Fink, *The Classical republicans* (Evanston, IL, 1945); Caroline A. Robbins, *The Eighteenth-century commonwealthman* (1959; Indianapolis, IN, 2004); John G. A. Pocock, *The Machiavellian moment* (Princeton, NJ, 1975); B. Worden, 'English republicanism', in *The Cambridge history of political thought, 1450-1750*, ed. J. Burns and M. Goldie (Cambridge, 1991), p.443-75; Q. Skinner, *Liberty before liberalism* (Cambridge, 1998); D. Norbrook, *Writing the English republic* (Cambridge, 1999); J. Scott, *Commonwealth principles* (Cambridge, 2004).

role played by three generations of British commonwealthmen in keeping alive the ideas, language and works of the republicans of mid-seventeenth-century England remains widely accepted. On her account these commonwealthmen perpetuated the 'Good Old Cause' of John Milton, James Harrington, Algernon Sidney and others, which favoured liberty against the tyranny and oppression of absolutist government. As Robbins and subsequent scholars have argued, however, the commonwealthmen also adapted the republican tradition to bring it into line with their own circumstances and concerns; corruption replaced absolutist or arbitrary government as the main threat to liberty.[3] Consequently, the commonwealthmen were far less committed to anti-monarchical republicanism than their seventeenth-century predecessors.[4] Instead they placed emphasis on issues such as 'shorter parliaments, fewer placemen, a national militia, and greater religious liberty'[5] and downplayed the puritanical and millenarian elements of the writings of men such as Edmund Ludlow.[6]

There is, however, one important sense in which Robbins only presented part of the picture. Her commonwealth tradition was resolutely British, in both its protagonists and its concerns.[7] Her ideas were subsequently picked up by Americanists who developed her argument that this British commonwealth tradition had also exercised an important influence upon the Revolutionary generation in North America, but even here the story remained an exclusively Anglophone one.[8] Yet, on

3. See, in particular, Pocock, *The Machiavellian moment*, especially p.401-22 and B. Worden, *Roundhead reputations: the English civil wars and the passions of posterity* (London, 2001).
4. See, for example, R. Molesworth, *The Principles of a Real Whig; contained in a preface to the famous Hotoman's Franco-Gailia, written by the late lord-viscount Molesworth; and now reprinted at the request of the London Association* (London, J. Williams, 1775), p.5 and J. Trenchard and T. Gordon, *Cato's letters, or Essays on liberty, civil and religious, and other important subjects*, ed. R. Hamowy, 2 vols (Indianapolis, IN, 1995), vol.1, p.31-2 and 262. Worden also notes Toland's downplaying of Sidney's full-blooded republicanism in the 1698 edition of the *Discourses*. Worden, *Roundhead reputations*, p.124-79.
5. Robbins, *Commonwealthman*, p.372.
6. E. Ludlow, *A Voyce from the watchtower, part V: 1660-1662*, ed. B. Worden (London, 1978); Worden, *Roundhead reputations*, p.39-85; B. Worden, 'Whig history and Puritan politics: the *Memoirs* of Edmund Ludlow revisited', *Historical research* 75 (2002), p.209-36.
7. In fact, in her foreword to the Atheneum edition of *The Eighteenth-century commonwealthman*, published in 1968, Robbins herself recognised the limitations of her own study and acknowledged the possibility of European comparisons. Robbins, *Commonwealthman*, p.xi-xii.
8. B. Bailyn, *The Ideological origins of the American Revolution* (1967; Cambridge, MA, 1992); G. S. Wood, *The Creation of the American Republic, 1776-1787* (Chapel Hill, NC, 1969); Pocock, *The Machiavellian moment*, p.506-52; R. E. Shalhope, 'Towards a republican synthesis: the emergence of an understanding of republicanism in American historiography', *William and Mary quarterly* (1972), p.49-77; R. E. Shalhope, 'Republicanism and early American historiography', *William and Mary quarterly* (1982), p.334-56; D. T. Rodgers, 'Republicanism:

closer scrutiny, even Robbins' first generation of commonwealthmen appear to have been a far more cosmopolitan group than either her account, or those of many subsequent scholars, suggested.[9] These Real Whigs, as they were known, frequently travelled on the Continent and were closely associated with foreigners – particularly Dutch radicals and French Huguenots. Given these associations, it is perhaps not surprising that they appear to have been almost as concerned about Continental issues as they were about British ones. Securing a Protestant succession in Britain was undoubtedly important to them, but they were equally concerned with securing a Protestant alliance in Europe that would curb the expansionist policies of Louis XIV. These were not separate issues, moreover, but all part of a single Protestant and anti-absolutist concern. Thus I would argue that the Real Whigs were not simply reviving England's 'Good Old Cause' and manipulating it to fit their own circumstances; they were also expanding that cause and applying it not just to Britain, but to Europe as a whole.

Practical political action was obviously one means of pursuing the cause, but the Real Whigs also recognised the importance of influencing public opinion by writing and publishing. Here, too, the European dimension is striking. Not only did they produce works that looked to European examples and issues, but they were also keen to ensure that their works circulated on the Continent as well as in Britain. Their Huguenot collaborators produced translations of not just their contemporary pamphlets, but also works from the republican canon that had been republished by Toland at the turn of the eighteenth century.

Huguenot reviews and translations

The works of the English republican canon were republished between 1697 and 1700. They included Ludlow's *Memoirs*, Sidney's *Discourses concerning government* and the political works of both Milton and Harrington. All of these works were reviewed in French-language Huguenot journals. The most detailed and enthusiastic reviews appeared in Jacques Bernard's *Nouvelles de la République des Lettres*. Bernard, who was in touch with both Prosper Marchand in the United Provinces and Des Maizeaux in London,[10] appears to have had a particular interest in

the career of a concept', *Journal of American history* 79 (1992), p.11-38; A. Gibson, 'Ancients, Moderns and Americans: the republicanism–liberalism debate revisited', *History of political thought* 21 (2000), p.261-307.

9. The European connections of the Real Whigs have received attention in Jacob, *The Radical Enlightenment* and Justin Champion, *Republican learning: John Toland and the crisis of Christian culture, 1696-1722* (Manchester, 2003).

10. University of Leiden (henceforward UoL), Prosper Marchand Papers (henceforward

English republicanism and even claimed to have met Ludlow during his time at Lausanne.[11] Under his editorship the journal included lengthy, knowledgeable and largely favourable reviews, written by Bernard himself, of most of the works of the republican canon. His extracts of both Sidney's *Discourses* and Harrington's *Oceana* immediately followed their publication in England.[12] The former ran to eighty-two pages and had to be serialised over three issues.[13] These same works were also reviewed in Henri Basnage de Beauval's *Histoire des ouvrages des sçavans*. Though these reviews were shorter and less enthusiastic, they nonetheless helped to make English republican works known to a francophone audience.[14] Several members of the Huguenot diaspora, moreover, chose to translate certain of them into French, so as to make them more accessible to a European audience.

A translation of the first two volumes of Ludlow's *Memoirs* appeared in 1699 – a matter of months after the publication of the original English version. It was the work of Paul Marret, a Huguenot bookseller based in Amsterdam. Marret finally completed the work in 1707 with his translation of the third and final volume. Beyond this, little is known about him or about the translation, though after his death his widow was responsible for publishing Michel de La Roche's *Bibliothèque angloise*.[15]

Far more information is available on the man behind the translation of Sidney's *Discourses*. Pierre Auguste or Peter Augustus Samson was probably descended from a Protestant family from the Ile de Ré.[16] By 1703 he was living in Holland and was fluent in English and Flemish as well as French.[17] In addition to Sidney's *Discourses*, Samson also translated Shaftesbury's *Letter concerning enthusiasm* and Jonathan Swift's edition of the letters of Sir William Temple. He also produced his own three-volume history of William III.[18] Samson was probably living at The

---

March.) March. 2, 'Jacques Bernard à P. Marchand, 27 novembre 1709'; London, British Library (henceforward BL), Add. MSS 4281, f.80-160, letters from J. Bernard to P. Des Maizeaux, 1700-1709. On Bernard, see the article by Soulard in this volume. On Marchand see Christiane Berkvens-Stevelinck, *Prosper Marchand: la vie et l'œuvre (1678-1756)* (Leiden, 1987). On Des Maizeaux see the article by Grist in this volume.

11. *Nouvelles de la République des Lettres* (henceforward *NRL*; February 1699), p.147.
12. *NRL* (March, April, May 1699), p.243-69, 426-56 and 553-79; (September 1700), p.243-63. The revised, 1737, edition of Harrington's political works was also reviewed in the Huguenot press. See *Bibliothèque britannique* (July-September 1737), p.408-30.
13. Bernard also reviewed the French translations of both Ludlow's *Memoirs* and Sidney's *Discourses*. *NRL* (February 1699), p.145-74; (March 1702), p.347.
14. *Histoire des ouvrages des sçavans* 15, p.271, 521-33; 16, p.78-88, 242-48; and 19, p.63-75.
15. See in this volume the article by Thomson.
16. E. and E. Haag, *La France protestante, ou Vies des protestants français*, 9 vols (Paris, 1847-1860), vol.9, p.134-5.
17. Bernard, *NRL* (February 1703), p.159.
18. P. A. Samson, *Histoire du règne de Guillaume III,* [...] *contenant* [...] *les négociations, les alliances et*

Hague in the early eighteenth century. He was certainly based there in 1715, when he was recruited as a translator, secretary and secret agent by Horatio Walpole (the younger brother of Sir Robert).[19] In 1723 Samson accompanied Walpole to Paris and, in the autumn of 1726, he was instrumental in arranging the printing and distribution of the response to a work known as the 'Analyse', an analysis of the Treaty of Hanover.[20] In December 1726 Samson travelled to England with Walpole and settled there soon after.[21] On 13 February 1728 he was granted denization by King George II.[22] Samson kept up his association with Walpole, but he also became involved in London's Huguenot community and, in 1740, he was elected as one of the directors of the French Protestant Hospital.[23]

Significantly, Samson was closely associated with our network. According to the correspondence between Bernard and Des Maizeaux, Samson was already known to Bernard in 1700.[24] In 1708 P. Augustus Samson appears as the dedicatee of Toland's *Origines judaicae*. The work attacked Christian understandings of Moses and the Israelites, and instead presented the Hebrew republic in civic humanist terms. Toland began his dedication 'To the learned and honourable P. Augustus Samson, sends health, John Toland' and concluded it: 'Farewell, my dear Augustus, and continue that affection and esteem for me, which I have invariably felt for you.' He also noted that Samson had been convinced by his argument in *Adeisidaemon* of the political origins and purposes of religion.[25] *Adeisidaemon*, which was bound in with *Origines judaicae*, was dedicated to Collins, suggesting that Samson was also a close acquaintance of Collins. Samson was also closely associated with Charles Levier, who ran a bookshop at The Hague. Levier was the person with

les guerres qui se sont faites en Europe [...] *pendant son règne, à quoi on a joint les lettres de plusieurs princes et princesses, divers mémoires et autres originaux*, 3 vols (The Hague, Etienne Foulque, 1703-1704).

19. See *An Honest diplomat at The Hague: the private letters of Horatio Walpole 1715-1716*, ed. J. J. Murray (Bloomington, IN, 1955), p.67, 95-96 and 107.
20. The National Archives (henceforward TNA), State Papers (henceforward SP) 78/184, f.193, 195, 196, 211, 213, 215, 222, 230, 231, 'Walpole correspondence'.
21. TNA, SP 78/184, f.276, 'Letter from Walpole, Dover, December 6 1726'.
22. BL, Add. MSS 36128, f.76, 'Denization certificate for Peter Augustus Samson'.
23. London, The Huguenot Library (henceforward HL), A1/1 'Minutes of the court's quarterly and extra-ordinary meeting, 1718-1779', 9 April and 2 July 1740, 21 February 1740/1741, 6 October 1742, 5 October 1743. His continuing association with Walpole is indicated in BL, Add. MSS 32750, f.527 and UoL, March. 2, 'P. A. Samson à Ch. Levier, 18 janvier 1737 (v.s.)'.
24. BL, Add. MSS 4281, f.92, 'Letter from J. Bernard, 11 September/31 August 1700'.
25. J. Toland, *Dissertationes duae: Adeisidaemon et Origines judaicae* (The Hague, Thomas Johnson, 1708/1709), p.101-103. An English-language manuscript version is held at Manchester, the John Rylands Library (henceforward JRL) in the Christie Collection, 3, f.38: dedication (unpaginated).

whom Samson collaborated over the publication of the response to the 'Analyse'.[26] It was a sensitive job, and Samson's certainty that Levier could be trusted would suggest they had known each other for some time. The friendship certainly continued long after the printing of the work. Following Levier's death in 1734, Samson kept up his association with Levier's son, to whom he offered fatherly advice.[27] Both Samson and Levier were associated with Prosper Marchand,[28] and Levier was also close to the Rotterdam booksellers Gaspard Fritsch and Michel Böhm,[29] and to Collins.[30] In addition, Levier was a member of the Chevaliers de la Jubilation,[31] and was responsible for publishing the 1719 edition of the infamous *Traité des trois imposteurs*, having made a copy of it in Furly's library in 1711.[32] The published catalogue of the works held in Levier's shop at the time of his death, moreover, reveals that he was one of those who distributed the French translations of English republican works on the Continent.[33]

Levier was not the only bookseller involved in distributing these works. Another key figure was Thomas Johnson, an English bookseller based at The Hague, who published a number of Toland's works as well as Samson's translation of Shaftesbury's *A Letter concerning enthusiasm*. Johnson also stocked one of the French translations of Molesworth's *An Account of Denmark*, the translation of Ludlow's *Memoirs*, Samson's translation of Sidney's *Discourses* and his history of the life of William III.[34] Johnson was a correspondent of Levier and, like him, was associated with other members of the network. According to Jacob, he was involved

26. TNA, SP 78/184, 'Walpole correspondence'.
27. UoL, March. 2, 'P. A. Samson à Ch. Levier, 18 janvier 1737 (v.s.)'.
28. For the association between Samson and Marchand see UoL, March. 2, 'P. A. Samson à Ch. Levier, 18 janvier 1737 (v.s.)'. Levier's links to Marchand are evident throughout the Marchand papers, which also incorporated those of Levier himself.
29. Details on Levier's relationship with Fritsch and Böhm, with whom he worked for a time, can be found in UoL, March. 2, 'Gaspar Fritsch à Ch. Levier, 27 mai 1711 & 7 août 1714'; March. 29:1, f.7-12, 'Mémoire instructif concernant le Procès [...] contre les sieurs Gaspard Fritsch, Michel Böhm, et Charles Levier'.
30. Collins' letters to Levier were particularly affectionate: March. 2, 'Anthony Collins à Charles Levier, 11 septembre [s.a.], 5 janvier 1713, 1 octobre 1713'.
31. See Jacob, *The Radical Enlightenment* and C. Berkvens-Stevelinck, '*Les Chevaliers de la Jubilation*: maçonnerie ou libertinage? A propos de quelques publications de Margaret C. Jacob', *Quaerendo* 13 (1983), p.50-73 and 124-48.
32. UoL, March. 2, 'Fritsch à Marchand, 7 novembre 1737' and 'Fritsch à Marchand, 17 janvier 1740'. See also S. Berti, 'The first edition of the *Traité des trois imposteurs*, and its debt to Spinoza's *Ethics*', in *Atheism from the Reformation to the Enlightenment*, ed. M. Hunter and D. Wootton (Oxford, 1992), p.183-220.
33. *Catalogus librorum bibliopoli Caroli Levier* (The Hague, 1735), p.203, 236, 296.
34. See the catalogue of books sold in Johnson's shop appended to Toland's *Relations des cours de Prusse et Hannovre* (1706). Several separate translations of Molesworth's work appeared between 1694 and 1790 (not all comprised the whole work). Unfortunately we know nothing about the translators.

with the Chevaliers de la Jubilation, publishing the *Journal littéraire*, which she associates with the group, from 1713 until 1722.[35] He has also been implicated as co-editor alongside Levier of the *Traité des trois imposteurs*.[36]

Another member who is said to have collaborated with Levier on the *Traité des trois imposteurs* was Jean Rousset de Missy.[37] He too produced important translations of English works. In 1714 he published a translation of Collins' *A Discourse of free thinking* together with Toland's *A Letter from an Arabian physician*.[38] Most significantly, in 1755 Rousset de Missy published a French translation of John Locke's *Two treatises of government*.[39] As Margaret Jacob has demonstrated, this edition was composed in the light of Dutch politics of the mid-eighteenth century, and in particular the failure of the Dutch Revolution of 1747 (in which Rousset de Missy had been a leading figure).[40] It was based on the 1691 translation attributed to Mazel, but Rousset de Missy added a new preface and notes, which highlighted the threat posed to liberty by a ruling oligarchy (such as that which was then in power in the United Provinces), radicalised the work and presented Locke as a republican. This edition was reprinted several times during the eighteenth century and exercised an important influence in France.[41]

Although the works of Milton and Harrington were not translated into French at this stage, they too continued to attract attention. In addition to the reviews of the works of both men that appeared in Huguenot journals, Shaftesbury sent copies of Harrington's *Oceana* to the Continent, and both Bernard and Furly owned copies.[42] A detailed account of

35. Bernard, Des Maizeaux and Marchand were all associated with the *Journal littéraire* at some point. Sgard, *Dictionnaire des journaux*, vol.2, p.693-95 and the article by Grist in this volume.
36. Berti, 'The first edition of the *Traité des trois imposteurs*', p.194, note; Jacob, *The Radical Enlightenment*, p.184 and 188.
37. On Rousset de Missy see Jacob, *The Radical Enlightenment*; M. C. Jacob, 'In the aftermath of revolution: Rousset de Missy, Freemasonry, and Locke's *Two treatises of government*', in *L'Età dei lumi: studi storici sul settecento Europea in onore di Franco Venturi*, ed. R. Ajello, 2 vols (Naples, 1985), vol.1, p.487-521; Berti, 'The first edition of the *Traité des trois imposteurs*'; J. Sgard, *Dictionnaire des journalistes, 1600-1789*, 2 vols (Oxford, 1999), vol.2, p.882-84.
38. Berti, 'The first edition of the *Traité des trois imposteurs*', p.194 and Ann Thomson, 'Le *Discourse of freethinking* d'Anthony Collins et sa traduction française', *La Lettre clandestine* 9 (2000), p.95-116.
39. Like the earlier French translation on which it was based (on which see the article by Soulard in this volume), Rousset de Missy's version comprised only Locke's *Second treatise*.
40. Jacob, 'In the aftermath of revolution'.
41. John Locke, *Du gouvernement civil, où l'on traite de l'origine, des fondemens, de la nature, du pouvoir et des fins des sociétés politiques par L.C.R.D.M.A.D.P.* [J. Rousset de Missy] (Amsterdam, J. Schreuder & Pierre Mortier le Jeune, 1755). See also Jacob, 'In the aftermath of Revolution'; *The Radical Enlightenment*, p.85; and Keith M. Baker, *Inventing the French Revolution: essays on French political culture in the eighteenth century* (Cambridge, 1990), p.90.
42. TNA, PRO.30/24/20, f.13, 'Letter to Furly from Anthony Ashley Cooper, 5 August 1700';

Harrington's life and works, moreover, based on Toland's edition, appeared in the *Encyclopédie*. It was the work of the chevalier de Jaucourt who was also of Huguenot descent.[43]

The translations and reviews of seventeenth-century English republican works appeared alongside those of the eighteenth-century commonwealthmen. One of the key figures among Robbins' first generation of commonwealthmen was Thomas Gordon; author, together with John Trenchard, of *The Independent Whig* and *Cato's letters* and, on his own, of an important English translation of the works of Tacitus. Gordon prefaced that translation with his own discourses in which he offered a commentary on Tacitus' writings and developed commonwealth themes and ideas. Like Shaftesbury and Toland, Gordon was an associate of Des Maizeaux who arranged for his friend Pierre Daudé to translate Gordon's *Discourses on Tacitus* and his subsequent *Discourses on Sallust* into French.[44] Pierre Daudé was born in the Auvergne, but moved to London in 1725 to join his father Jean Daudé and his maternal uncle Pierre Daudé senior – an important figure in London's Huguenot community.[45] Unlike his uncle, Pierre Daudé junior appears to have lived in England out of choice rather than necessity and was able to travel back and forth across the Channel. In a letter written from Paris in January 1744 he announced his intention to live and die in London, but as a foreigner, not a naturalised Englishman.[46] Indeed Daudé junior appears to have been a freethinker. In a letter written from Paris in October 1733 he declared with delight: 'Freethinking is very rife in this town and a northerly wind hath blown down a great spirit of freedom in any respect.'[47] In another letter dated February 1734, moreover, he

BL, Add. MSS 4281, f.93, 'Letter from J. Bernard to P. Des Maizeaux, 11 September/31 August 1700'.

43. 'Rutland', in *Encyclopédie, ou Dictionnaire raisonné des sciences, des arts et des métiers, par une société de gens de lettres* (henceforward *Encyclopédie*), ed. Denis Diderot and Jean D'Alembert, 17 vols (Paris and Neufchâtel, Briasson, 1751-1765), vol.14, p.446-47.

44. BL, Add. MSS 4283, f.61-62. Though no letters from Gordon appear among the Des Maizeaux papers, the connection between them is clear from Des Maizeaux's correspondence with La Motte. BL, Add. MSS 4286, f.248-49 and 271. See also J. H. Broome, 'An agent in Anglo-French relationships: Pierre Des Maizeaux, 1673-1745', doctoral dissertation, University of London, 1949, p.152 and 281-83. The French translations were only of Gordon's *Discourses*, not his translations of Tacitus and Sallust.

45. Pierre Daudé senior's portrait still hangs in the French Protestant Hospital. Judge Dumas, 'Huguenot history written in the portraits and pictures at the French Hospital', *Proceedings of the Huguenot Society of London* 14 (1929-1933), p.326-32. I owe this information to Randolph Vigne. For more information on the lives of both uncle and nephew see Haag and Haag, *La France protestante*, vol.4, p.207-208.

46. BL, Add. MSS 4283, f.54, 'Pierre Daudé to Pierre Des Maizeaux, 4 January 1744'.

47. BL, Add. MSS 4283, f.49, 'Pierre Daudé to Pierre Des Maizeaux, 12 October 1733'.

referred explicitly to his own 'incredulité'.[48] Among the Des Maizeaux manuscripts are more than a dozen letters from Daudé written between 1732 and 1744. These letters demonstrate that the two men were close friends; that Daudé was part of Des Maizeaux's 'cotterie' (Daudé's own word) and that both of them were involved with the *Bibliothèque britannique*.

Daudé was clearly working on the translation of Gordon's *Discourses on Tacitus* from as early as 1732 and appears to have finished it by December 1733, but it would be almost ten years before it was published. Daudé discussed the problems he was having finding a publisher with Des Maizeaux, attributing them to the violence and bloodshed depicted in the work.[49] The translation finally appeared in 1742, published by the Amsterdam bookseller François Changuion. Despite the publication problems, the translation was apparently a success. During a trip to France in 1744 Daudé noted that it was selling well and announced that he was about to begin work on an edition of Gordon's *Discourses on Sallust*, which eventually appeared in 1759.[50]

The Huguenot interpretation: continuities

Not surprisingly, the French translations of English republican and commonwealth works – and the reviews of them in Huguenot journals – reflect at least some of the concerns of the Whigs with whom the Huguenots were associated. In the French reviews and translations, Ludlow, Sidney, Harrington, Locke and Gordon are all presented as enemies of arbitrary government (and of the Catholicism associated with it) and as supporters of liberty and Protestantism.[51] In his review of the French translation of Ludlow's *Memoirs*, Bernard insisted, on the basis of his own conversation with Ludlow, that the succession of James II had thrown Ludlow into melancholy due to its implications for the Protestant religion and for liberty in England.[52] Similarly, in the preface to his translation of Sidney's *Discourses* Samson explained that the value of Sidney's work lay in the fact that it dealt with a matter 'of no little importance', namely liberty. What Samson meant by 'liberty' was the basic rights of the people and, in particular, the right to choose their form of government. Speaking of Sidney he said 'il a eu en vûë d'établir les droits des Peuples, de leur montrer qu'ils sont nez libres, qu'il a

48. BL, Add. MSS 4283, f.58, 'Pierre Daudé to Pierre Des Maizeaux, 27 February [1734]'.
49. BL, Add. MSS 4283, f. 49, 'Pierre Daudé to Pierre Des Maizeaux, 22 December 1733'.
50. BL, Add. MSS 4283, f.53-54, 'Pierre Daudé to Pierre Des Maizeaux, 4 January 1744'. See also f.56, 'Pierre Daudé to Pierre Des Maizeaux, 18 January 1744'.
51. On the treatment of Locke, see the article by Soulard in this volume.
52. *NRL* (February 1699), p.146.

dépendu d'eux d'établir telle forme de Gouvernement qu'ils ont crû leur être la plus avantageuse.'[53] Sidney's work offered, Samson insisted, the best defence of liberty available. Samson's other works reflect similar ideas. His history of William III and his translation of the letters of Sir William Temple both deal with attempts at forming a Protestant alliance against Louis XIV. Samson's history of William III also betrayed his own commitment to liberty. In his account of the life of William III's grandfather, William of Nassau, Samson repeatedly described the Dutch as groaning under the yoke of Spanish tyranny and William himself was presented as the man who would liberate the Dutch from this oppression.[54] In his review of the work, Bernard said of Samson himself: 'plein de respect pour le Souverain qui gouverne selon les loix, il est si amoureux de la liberté, qu'il paroit avoir en horreur tout ce qui a la moindre ombre de Tyrannie.'[55] It was this same love of liberty and hostility towards tyranny that Daudé identified as the central theme behind Gordon's life and works. In the brief preface to his translation of the *Discourses on Tacitus* he referred to Gordon's great reputation in England: 'où l'on voit beaucoup de pénétration, un jugement exquis, et un grand zèle pour la liberté de son pays'.[56]

Though they associated Protestantism with liberty and were firm supporters of a European Protestant alliance, the personal religious views of many of these Huguenots, like those of their English associates, strayed beyond what was considered orthodox. Des Maizeaux's enthusiasm for freethinking ideas is well documented.[57] The involvement of Rousset de Missy, Levier and Johnson with the *Traité des trois imposteurs* suggests that they too were that way inclined. Silvia Berti has suggested, moreover, on the basis of Levier's papers and a reference in Marchand's *Dictionnaire historique*, that he was a committed Spinozist.[58] Samson's freethinking tendencies are implied in his translation of Shaftesbury's *Letter concerning enthusiasm* and in Toland's dedication to him in *Origines judaicae*. Daudé, as we have seen, was explicit about his own unbelief.

53. A. Sidney, *Discours sur le gouvernement, par Algernon Sidney, fils de Robert comte de Leicester, et ambassadeur de la république d'Angleterre près de Charles Gustave roi de Suède* [...] *traduits de l'anglois par P. A. Samson*, 3 vols (The Hague, Louïs & Henri van Dole, 1702), vol.1, preface (unpaginated).
54. Samson, *Histoire du règne de Guillaume III*, vol.1, p.3.
55. *NRL* (February 1703), p.160-61.
56. P. Daudé 'Avertissement', in *Discours historiques, critiques et politiques sur Tacite, traduits de l'anglois de Mr Th. Gordon* (Amsterdam, François Changuion, 1751), p.v-vi.
57. See Joseph Almagor, *Pierre Des Maizeaux (1673-1745), journalist and English correspondent for Franco-Dutch periodicals* (Amsterdam and Maarssen, 1989), p.4-6 and the article by Elizabeth Grist in this volume.
58. Berti, 'The first edition of the *Traité des trois imposteurs*', p.195-96.

The Huguenot interpretation: discontinuities

While the French translations and reviews reflect some of the concerns of the Real Whigs, there are important differences in the detail of the message that is conveyed – which reflect the different circumstances and priorities of the Huguenots. In the first place, the Huguenots seem much more comfortable with the label 'republican' than their British contemporaries; Marret, Bernard and the reviewer for the *Bibliothèque britannique* readily applied the term to the seventeenth-century figures.[59] Bernard was suspected of anti-royalist sentiments himself,[60] and he also identified Samson as a republican: 'M. Samson a levé le masque, il s'est fait connoître pour bon Républicain dans toutes les formes, et je suis bien trompé s'il prend jamais un autre parti.'[61] The greater willingness on the part of the Huguenots to identify, and even praise, republicanism when they see it is at least partly explained by the fact that Marret, Bernard and Samson were all based in the Dutch Republic at this time. Consequently they did not need to employ coded language and play down any evidence of republicanism, as was required of those based in England.

A pro-Dutch perspective was also of more general importance to these writers. Marret was keen to exonerate the Dutch from the hostile accusations Ludlow had levelled against them in his *Memoirs*.[62] Similarly, in his review of Sidney's *Discourses*, Bernard highlighted Sidney's own praise for the government of the United Provinces.[63] Rousset de Missy went so far as to use Locke in support of Dutch resistance and his own Dutch sympathies were always clear. Samson too appears to have been ardently pro-Dutch. In his review of Samson's history of William III Bernard declared: 'M. Samson est presque partout l'apologiste des Etats Généraux, & des Etats de Hollande. Il fait voir partout par des faits incontestables la pureté & la sincerité de toutes leurs intentions.'[64]

Samson's love of Holland and his commitment to the maintenance of a strong Protestant alliance to keep the French in check also help to explain one aspect of his life that does not fit easily with his associations with the Real Whigs – his employment by Horatio Walpole. As prime

59. Marret described Ludlow as 'ce Chef des Républicains Anglois', *Nouveaux mémoires d'Edmond Ludlow* (Amsterdam, Paul Marret, 1707), 'Avertissement du libraire' (unpaginated). Harrington was labelled a 'grand Républicain d'Angleterre' by Bernard (*NRL*, September 1700, p.244) and a 'fameux Républicain d'Angleterre' by the reviewer for the *Bibliothèque britannique* (July-September 1737, p.409). Of course, this was not true of all Huguenots. As Blair Worden explains, the Huguenot historian Paul de Rapin Thoyras disowned Sidney's republicanism. See *Roundhead reputations*, p.151.
60. Sgard, *Dictionnaire des journalistes*, vol.1, p.78.
61. *NRL* (February 1703), p.181.
62. *Nouveaux mémoires d'Edmond Ludlow*, 'Avertissement du libraire' (unpaginated).
63. *NRL* (April 1700), p.448-49.
64. *NRL* (February 1703), p.161-62.

minister, Robert Walpole was a key target for the British commonwealthmen. When viewed from a British perspective, therefore, the willingness of the translator of Sidney's *Discourses* to work for Horatio Walpole – who, in turn, worked closely with his brother – seems inexplicable. From a European perspective, however, the apparent contradiction is more easily explained. Horatio Walpole's efforts to shore up a strong Protestant alliance (coupled with his obvious affection for Holland) was far more important to Samson than the behaviour of Walpole's brother as British prime minister. This also points to a more important difference between the British commonwealthmen and their French sympathisers. Though the fear of tyranny and arbitrary government remained a concern for British commonwealthmen – at least as long as the Jacobites remained a threat – it was gradually overtaken by the fear of corruption. By contrast, for Huguenots such as Samson and Daudé tyrannical government, as personified by the French king, remained the primary concern. The ministerial corruption under Walpole was of only minor significance compared with the continuing threat of French tyranny. Thus the Huguenots placed much more emphasis on the anti-absolutist elements of the republican tradition, and especially on the people's right of resistance against a tyrannical or arbitrary ruler. This is reflected in the works that they chose to translate: Ludlow's *Memoirs*, Sidney's *Discourses* and Gordon's *Tacitus* and *Sallust* rather than Milton's *The Readie and easie way* or Harrington's *Oceana*.

Revolutionary impact

The impact of the Huguenot adoption of the English republican tradition was not limited to their own generation. Through their translations and reviews the Huguenots left an important legacy to future generations of French speakers, a legacy which took on even greater significance after 1789. Samson's translation of Sidney's *Discourses concerning government* was reissued in 1755 and 1793/1794, and Rousset de Missy's edition of Locke was reprinted in 1780 and 1795. Daudé's translation of Gordon's *Discourses on Tacitus* proved particularly popular, reappearing several times. Gordon's *Discourses on Sallust* was also reissued in 1762. Moreover, a combined edition of Gordon's *Discourses* appeared in 1794. These translations were joined by those of the works of other English republicans, including Marchamont Nedham, Milton and Harrington.[65] In addition, French Revolutionaries produced a number of works that were inspired by English republicanism. In 1789 an anonymous work

65. See R. Hammersley, *French Revolutionaries and English republicans: the Cordeliers club, 1790-1794* (Woodbridge, 2005); also R. Hammersley, *The English Republican tradition and eighteenth-century France.*

appeared entitled *Lettre de felicitation de milord Sidney aux Parisiens et à la nation françoise*, in which Sidney had returned from the dead to counsel the French Revolutionaries. While he praised their 'great attempt at liberty', he warned them that their achievements were fragile and urged them to counter the threats they faced through continual surveillance.[66] Though his *Memoirs* were not reissued in France, Ludlow was also venerated by the Revolutionaries and revivified as a supporter of their campaign in *Histoire de la République d'Angleterre d'après les Mémoires d'Edmond Ludlow*.[67] Daudé's translations of Gordon's *Discourses on Tacitus* and *Sallust* were also put to Revolutionary use. Extracts from them appeared in Camille Desmoulins's *Le Vieux Cordelier*.[68]

This paper has focused on a small early-eighteenth-century network spanning England, the Dutch Republic and France, which was built on personal contacts and warm friendships. Its members met in places such as the Rainbow Coffee House in London or clubs like the Chevaliers de la Jubilation, but they also stayed in each other's homes and engaged in lengthy personal correspondence.[69] It is partly through such correspondence – and particularly that of Des Maizeaux and Prosper Marchand (who were in many ways the English and Dutch-based linchpins of the movement) – that we can build up a sense of their activities and concerns. Most of the network's members were engaged in the writing, translation or sale of books and journals. Consequently its public face is to be found in their publications, translations and reviews which show that they shared certain values and beliefs and that, in particular, they saw the relevance of the ideas of the English republican tradition to their own preoccupations. They performed a vital role, moreover, in bringing knowledge of this tradition both to a new generation and to the French-speaking world. It was via their translations and reviews that the key works of the English republican tradition entered France and became known to a francophone audience. Once available in France these works exercised an influence beyond the Huguenot fraternity and continued to do so throughout the century, impacting on both the Enlightenment and

66. *Lettre de felicitation de milord Sidney aux Parisiens et à la nation françoise* (Paris, Demonville, 1789), p.3. French Revolutionaries also displayed busts of Sidney. Worden, *Roundhead reputations*, p.20.

67. *Histoire de la République d'Angleterre d'après les mémoires d'Edmond Ludlow* (Paris, au Bureau de l'Imprimerie, 1794).

68. R. Hammersley, 'Camille Desmoulins's *Le Vieux Cordelier*: a link between English and French Republicanism', *History of European ideas* 27 (2001), p.115-32.

69. On the Rainbow Coffee House see S. Harvey and E. Grist, 'The Rainbow Coffee House and the exchange of ideas in early eighteenth-century London', in *The Religious culture of the Huguenots, 1660-1750*, ed. A. Dunan-Page (Aldershot, 2006), p.163-72 and Grist's article in this volume.

the Revolution. There is, of course, a certain irony in all of this. One might say that, in revoking the Edict of Nantes in 1685, Louis XIV inadvertently provided some of the foundations for France's Revolutionary republicanism.

Pierre Des Maizeaux and the Royal Society

ELIZABETH GRIST

The name of Pierre Des Maizeaux (1673-1745) appears only half a dozen times in the official records of the Royal Society in London, yet throughout his working life as a journalist, editor and biographer[1] he was personally acquainted with many of its members and became closely involved in the activities of the Society. The chief source of information about Des Maizeaux is the nine-volume manuscript collection of his correspondence in the British Library, proof of his impressive network of contacts throughout Europe, with regular correspondents in Paris, Berlin, Amsterdam, Rotterdam and The Hague.

Des Maizeaux's connection with the Royal Society developed soon after his arrival in England as a Huguenot refugee in the summer of 1699. During a stay in Holland he had met writers and editors including Pierre Bayle, Jean Le Clerc, Jacques Bernard and Charles de La Motte, and had decided to abandon his theological studies for a literary career. Friends in Holland provided his first contacts in London and his first employment: Jean Le Clerc recommended him to John Locke, Pierre Bayle wrote a letter of introduction to the earl of Shaftesbury, and for the first few months he stayed in Kent with a friend of Benjamin Furly named D'Aranda, or Durand, probably acting as tutor to the children of the family.[2]

By March 1700 he was already settled in London and had begun work as a journalist, supplying French-language publications in Holland with literary and scientific news from England. He had also made the acquaintance of Hans Sloane, eminent physician and botanist, and Secretary of the Royal Society since 1695. His first letter to Sloane in the British Library collection refers to their meetings at the home of Charles Killigrew (1665-1725), theatre manager and Master of the Revels; he was also returning a journal lent to him by Sloane, and promising to supply forthcoming issues of Jacques Bernard's *Nouvelles de la République des Lettres*.[3] This was to be the pattern of so much of Des Maizeaux's

1. On these activities, see the articles in this volume by Hammersley, Soulard and Thomson.
2. Biographical details from Broome, 'An agent in Anglo-French relationships: Pierre Des Maizeaux', unpublished PhD thesis, University of London, 1949, and Almagor, *Pierre Des Maizeaux*.
3. BL, Add. MSS 4037, f.376, letters to Pierre Des Maizeaux, 13 March 1700.

correspondence, concerned above all with the international exchange of news, books and periodicals to encourage the circulation of ideas in the 'commonwealth of learning'.

The Royal Society, founded in 1660, was itself at the centre of an international network of scholars, receiving communications on a vast range of more or less scientific topics from all over the world. Meetings were held regularly in London and attended by the leading scientists and mathematicians of the day; Newton became president in 1703 and remained the dominant figure until his death in 1727. The Society's journal, *Philosophical transactions*, published reports of these meetings, as well as some of the extensive international correspondence carried on by successive secretaries – Henry Oldenburg, Hans Sloane, Cromwell Mortimer. From the start of his journalistic career, Des Maizeaux regularly provided a summary of the contents of *Philosophical transactions* in his newsletters for French-language journals, from copies supplied to him by Hans Sloane. At a time when few Frenchmen could read English, this was a vital source of information about developments on the other side of the Channel. As yet Newton's work was little known in Continental Europe, and the controversy with Leibniz which came to be known as the priority dispute had just been ignited by the Swiss mathematician Fatio de Duillier, a fellow of the Royal Society since 1688.[4] Reflecting a growing interest in unorthodox religious ideas, Newton's contemporary Joseph Raphson (FRS 1689) had recently published a second edition of his work on equations with an appendix, *De spatio reali*, discussing materialist and atheist points of view and quoting from Spinoza and Vanini.[5] These were interesting times.

Early in their acquaintance Des Maizeaux's friendly relations with Hans Sloane were temporarily threatened by an incautious remark he made in the September 1701 issue of the *Nouvelles de la République des Lettres*, suggesting that 'les Transactions Philosophiques se ressentent extrêmement du mauvais état où se trouve la Société Royale' – for which he hastened to apologise in a letter of 13 September, claiming that he had asked Jacques Bernard to remove this comment and explaining that 'il y a plus de six mois que cette Letre est en Hollande, je n'avois pas alors l'honneur de vous connoitre, & le jugement que j'avois vû faire des Philos. Trans. ne m'avoit pas prévenu en leur faveur.' He goes on to assure Hans Sloane that he intended no offence and that 'J'ai d'ailleurs, & j'aurai toute

4. In his *Linae brevissimi descensus* (1699).

5. D. J. Thomas and J. M. Smith, 'Joseph Raphson', *Notes and records of the Royal Society* 44 (1990), p.151-67; see also Denis Diderot, *Lettre sur les aveugles*, ed. Marian Hobson and Simon Harvey (Paris, 2000), p.220-22.

ma vie, une estime & une vénération toute particulière pour cet Illustre Corps.'[6]

He had indeed already conceived an ambition to become a member of this illustrious company, and in an earlier letter he had asked if Sloane could 'me procurer l'honneur d'etre fait membre de la Societé Royale. J'ai celui d'etre connu [...] des Messieurs Pujolas, Silvestre, Buissiere, de Moivre, Fatio & de quelques autres Membres de la Societé.'[7] It seems a presumptuous request for a young journalist, but even at this early stage in his career he evidently realised that he could play a useful role in publicising the activities of the Society and promoting its reputation within the international 'République des Lettres'. English scientific and philosophical thought was challenging established ways of thinking, and Des Maizeaux already had an interest in new ideas. In Holland, he had been profoundly influenced by Bayle's passionate commitment to the cause of religious toleration, and in England he soon made friends among unorthodox thinkers and writers including Saint-Evremond, the earl of Shaftesbury, Anthony Collins and John Toland. In the Royal Society he found an intellectual body committed to scientific enquiry without political or religious constraint. But he had to wait twenty years to be elected as a fellow.

As indicated in his letter to Sloane, most of Des Maizeaux's first contacts within the Royal Society were, like himself, French-speaking Protestant refugees. Pierre Coste, translator of Locke, was another of Des Maizeaux's first friends in London, but he was not elected to the Society until 1742. His cousin Moise Pujolas (FRS 1695) was a Protestant clergyman and one of the first Huguenots to be elected. Dr Paul Buissière (FRS 1699) was an eminent surgeon; Dr Pierre Silvestre, elected in the same year, was one of Des Maizeaux's first literary collaborators as co-editor of a new edition, published in 1705, of the works of the freethinking Saint-Evremond, who had spent the last forty years of his life in exile in London. The Swiss mathematician Fatio de Duillier (FRS 1688) was a protégé of Newton. Abraham de Moivre (FRS 1697) had arrived in England shortly before the publication of Newton's *Principia* and was one of the first mathematicians to study Newton's work. He became a close friend of both Newton and the astronomer Edmond Halley, and as a friend of the French mathematician Pierre Varignon (FRS 1714) he also maintained links between mathematical circles in London and in Paris. De Moivre and Coste remained two of Des Maizeaux's closest friends: among the letters in the British Library collection there are many messages or enclosures for them.

6. BL, Add. MSS 4038, f.233, 13 September 1701.
7. BL, Add. MSS 4058, f.233, undated [1700].

Des Maizeaux's talent for networking and his interest in new ideas soon established him at the centre of the Huguenot intellectual circle in London, which met informally at the Rainbow Coffee House off St Martin's Lane to exchange books and journals and to discuss philosophical questions, with a bias towards religious unorthodoxy. In a letter of 1706 Pierre Daval, a Huguenot mathematician and lawyer eventually elected to the Royal Society in 1740, mentions meetings with de Moivre and Coste but laments Des Maizeaux's temporary absence from London: 'depuis vostre départ il me semble que tout languit [...] Plus de ces conversations dégagées de tous préjugez [...] Nostre petite société a perdu en vous le lien qui nous unissoit.'[8] Other Rainbow regulars included Michel de La Roche, a close friend, fellow journalist and fellow campaigner for religious toleration,[9] and the freethinkers Anthony Collins and John Toland whose work Des Maizeaux did so much to promote, while Royal Society members included Jean-Théophile Desaguliers (FRS 1714), a leading Freemason and close associate of Newton, the 'exceptionally tolerant' pastor David Durand (FRS 1729) and Dr Richard Mead (FRS 1703), physician to Halley and Newton and a classical scholar whose library contained many rare and unorthodox works.[10]

During his first years in England Des Maizeaux's network of contacts within the Royal Society grew steadily. He obtained the patronage of two eminent members: Lord Halifax, a fellow of the Royal Society since 1695 and a lifelong friend of Newton, might have helped him to gain an official appointment, but died suddenly in 1715. Thomas Parker, first earl of Macclesfield (FRS 1712), was well known as a patron of writers; Des Maizeaux supplied him with books and periodicals, and in 1716 spent the summer at his Oxfordshire home, Shirburn Castle, perhaps working in his library.[11] From 1707 Des Maizeaux corresponded with the theologian and writer Jacques Basnage in Rotterdam (FRS 1697), mostly on the subject of Pierre Bayle. From 1708 he engaged in a 'commerce de lettres' with the abbé Jean-Paul Bignon of the French Académie des sciences, editor of the *Journal des sçavans* and a regular correspondent of the Royal Society, exchanging letters and literary news and also sending him books; Bignon was eventually elected to the Royal Society in 1734. By 1714 Des Maizeaux was a friend of John Chamberlayne (FRS 1702) and in correspondence with Leibniz (FRS 1673) about the priority dispute.[12] His correspondence with Sloane continued to be concerned with the exchange of books and foreign journals, and with thanks for sending

8. BL, Add. MSS 4283, f.37, 8 June 1706.
9. Discussed by Thomson in this volume.
10. See Harvey and Grist, 'The Rainbow Coffee House'.
11. Broome, 'An agent in Anglo-French relationships', p.275.
12. BL, Add. MSS 4282, f.60-67.

copies of *Philosophical transactions*. In later years he collaborated with Thomas Birch (FRS 1735) on the second English edition of Bayle's *Dictionnaire historique et critique*.

The articles Des Maizeaux wrote for the French-language journals in Holland often featured the work of Royal Society members, and he clearly kept a journalistic ear to the ground in relation to their activities. In one of his first newsletters for Jacques Bernard's *Nouvelles de la République des Lettres* he announced the forthcoming third volume of John Ray's *History of plants* (*Historia plantarum*, *NRL* 1700-1701); Ray was an early fellow of the Royal Society, elected in 1667.[13] Des Maizeaux may have written the favourable review of Hans Sloane's account of his voyage to Jamaica which appeared in the *Journal des sçavans* in 1708. When he began contributing to Henri Du Sauzet's new journal *Nouvelles littéraires* in 1715 he wrote a detailed newsletter on the work of Edmond Halley, secretary to the Society and future Astronomer Royal, and reported his account of the eclipse of the sun seen in London in May 1715.[14] He reviewed the publication of Desaguliers's *Physico-mechanical lectures* (*Nouvelles littéraires* 7) and in 1716 wrote a tribute to Hans Sloane on the occasion of his knighthood. He wrote an article on Leibniz for Samuel Masson's *Histoire critique de la République des Lettres* (vol.11, 1716), which appeared with a response from Leibniz (FRS 1673, died 1716), while in the *Nouvelles littéraires* (also 1716) he reported the theologian Samuel Clarke's defence of Newton against Leibniz. He added to the knowledge of Newton's theories in Europe with reviews of the second edition of *Opticks* (*Histoire critique de la République des Lettres* 1718), and of Joseph Raphson's *History of fluxions* (published in 1715), described as 'an apologia for Newton', in which Raphson asserted that Newton was the inventor of the calculus.[15]

This question of the invention of the method of fluxions (Newton's term), or differential calculus (as Leibniz described it), became a matter of dispute among mathematicians throughout Europe. Although the two had earlier corresponded in polite terms, Newton's supporters in the Royal Society had been conducting a campaign against Leibniz over the question of priority, and an exchange of letters had appeared in *Philosophical transactions*, together with the report of a committee appointed to investigate the dispute, which was actually written by Newton himself. The French-language journals in Holland played a part in publicising the debate, and in 1715 the *Journal littéraire* reprinted some of the relevant documents, translated into French by de Moivre.[16] The mathematician

13. All details of journal publications from Almagor, *Pierre Des Maizeaux*.
14. *Nouvelles littéraires* 1 and 2 (1715).
15. A. R. Hall, *Philosophers at war* (Cambridge, 1980), p.223.
16. Hall, *Philosophers at war*, p.231.

John Keill wrote to Newton, 'You see we may have what we please printed in these French journals and I am of opinion that Mr Leibnits should be used a little smartly and all his Plagiary and Blunders shown at large.'[17] But Des Maizeaux was sympathetic to Leibniz and sent him information about coverage of the dispute in *Philosophical transactions*.[18] John Chamberlayne read part of a reply from Leibniz to a meeting of the Royal Society on 11 November 1714: Leibniz resented being subjected to the judgement of the Royal Society, and objected to the distribution by Newton of 'un Livre imprimé exprés pour me discrediter et envoyé en Allemagne en France et en Italie, comme au nom de la Société', which he considered 'un affront fait sans sujet à un des plus anciens membres de la Societé meme'.[19]

In 1715 the Italian philosopher Antonio Conti came to London intending to support the cause of Leibniz, but he was so well received and so impressed by Newton, who quickly proposed his election to the Royal Society, that he stayed for three years, engaging in discussions with Newton and Clarke.[20] Conti also became friendly with Des Maizeaux, who later sent books to him in Paris. Another friend of Des Maizeaux and intermediary of Leibniz was the German-born Philip Henry Zollman, who later took charge of foreign correspondence for the Royal Society and was elected in 1727: he and Chamberlayne were both involved in collecting letters and other documents relating to the debate, which were eventually published by Des Maizeaux in his *Recueil de diverses pieces sur la philosophie, la religion naturelle, les mathématiques &c* of 1720.

The aim of impartiality and balanced reporting was a guiding principle for the French journalists and editors; as Des Maizeaux wrote in 1713: 'La Republique des Lettres est un Pays libre, ou chacun a droit de juger des choses selon qu'elles lui paroissent.'[21] But after the death of Leibniz in 1716 he became associated with the Newtonian cause, perhaps because he was developing closer contacts with the Royal Society, now dominated by Newton's supporters, perhaps also with a view to his own hopes of election. The publication of his *Recueil* gave him the opportunity to present both sides of the dispute while stating in his preface that Newton had invented the method of fluxions ten years before Leibniz. (Privately it seems that he believed they had both arrived at the same method by different means.)[22] Letters to Des Maizeaux from the

17. *The Correspondence of Isaac Newton*, vol.6: *1713-1718*, ed. A. R. Hall and L. Tilling (Cambridge, 1975), p.62.
18. BL, Add. MSS 4284, f.208-14.
19. BL, Add. MSS 4284, f.212, 28 April 1714.
20. Israel, *Radical Enlightenment*, p.678.
21. BL, Add. MSS 4289, f.133-34.
22. See Karin Figala, 'Pierre Des Maizeaux's view of Newton's character', *Vistas in astronomy* 22:4 (1978-1979), p.477-81.

publisher Henri Du Sauzet reveal that Newton was consulted during the preparation of the collection, and that some pages were reprinted at his request and his own expense (15 guineas), though in his usual cautious way he later denied any involvement.[23] Conti also wrote to Des Maizeaux, 'Je suis témoin que Mr Newton approuva fort le dessein que vous aviez de réimprimer ses lettres, s'il n'est pas content du livre, de qui doit-il se plaindre?'[24]

Des Maizeaux's collection was published in 1720 with a dedication to Sir Hans Sloane, in recognition of twenty years of friendship. In the same year his collection of previously unpublished pieces by Locke was printed in London, and a copy was presented to the Royal Society. On 27 October 1720 the Royal Society journal book records that 'Mr Des Maizeaux sent a present of a French book in 2 Tomes Octavo printed at Amsterdam in 1720 Intitled Recueil de diverses pieces sur la Philosophie [...] for which he was ordered thanks. Dr Halley recommended Mr Des Maiseaux for a Fellow of the Society.' On 3 November he was elected.[25]

Des Maizeaux's acceptance by the Society recognised both his journalistic coverage of its work and the significance of the *Recueil de diverses pieces* as a contribution to the spread of English scientific and philosophical ideas in Continental Europe. Copies of the collection were sent to Bignon, Varignon, Fontenelle and others in Paris. Des Maizeaux's long preface indicates the questions to be discussed – problems of perception, time, space, the nature of God and of man's free will – and also gives a detailed account of the priority dispute. Volume 1 contains letters between Leibniz and Samuel Clarke, discussing the ideas of Locke and Newton, and the translation, discussed in a later chapter of the present volume, of Anthony Collins' *Philosophical inquiry on human liberty* (*Recherches philosophiques sur la liberté de l'homme*) with a commentary by Clarke. Volume 2 includes letters between Leibniz, Conti and Newton, and Leibniz's commentary on Locke, with explanatory notes and appendices by Des Maizeaux. Although Des Maizeaux's bias towards Newton in his preface upset some supporters of Leibniz in France, notably Johann Bernoulli, he published a second edition in 1740.[26]

As well as promoting Newtonian theory, the collection reflects Des Maizeaux's personal interest in unorthodox religious ideas. Anthony Collins had long been his friend and patron; they met at the Rainbow Coffee House, and Des Maizeaux often visited Collins' country house in

23. BL, Add. MSS 4288, f.15, 36, 42 from Du Sauzet; 4288/202 from Varignon. See the article by Thomson in this volume.
24. BL, Add. MSS 4282, f.262.
25. Royal Society journal book, vol.12, p.49, p.52.
26. On these editions see also the article by Thomson.

Essex and supplied him with French books and journals.[27] Within the Royal Society Des Maizeaux knew a number of leading members whose attitude to religion could be described as sceptical: Dr Mead, already mentioned; Martin Folkes, a future president, described by a contemporary as an 'errant infidel' who arranged meetings at his house with 'others of the heathen stamp',[28] Antonio Conti, who developed heterodox views and was censured by the Inquisition in Venice in 1735.[29] Abraham de Moivre was suspected of 'incrédulité', and his biographer Matthew Maty records a comment that mathematicians in general had no religion;[30] Edmond Halley, who had proposed Des Maizeaux as a candidate, was reputed to be the 'infidel mathematician' addressed by George Berkeley in *The Analyst*. Letters from other correspondents confirm Des Maizeaux's reputation as an expert on English freethinkers and supplier of their books to correspondents abroad.[31]

In Continental Europe his less than orthodox friends included the founding editors of the *Journal littéraire*, to which he contributed from its inception in The Hague in 1713; all four were later elected to the Royal Society. The Dutch writer Justus van Effen translated Bernard de Mandeville's *Free thoughts on religion, the Church and national happiness* into French for publication in Holland, and his fellow countryman Willem Jakob van's Gravesande was an ardent Newtonian whose introduction to Newton's thought was published in Leiden in 1720; both were elected to the Royal Society during their attachment to the Dutch embassy in London in 1715. The freethinking writer Albert-Henri de Sallengre was a friend of Anthony Collins, and when he visited England in 1718 Des Maizeaux arranged for him to meet Newton.[32] Evidently he also helped to secure Sallengre's election to the Royal Society the following year, before his own nomination.

The fourth editor of the *Journal littéraire* was the deist writer Thémiseul de Saint-Hyacinthe, also the chief editor of *L'Europe savante* (1718-1719), who lived and worked at various times in Holland, Paris and England. On his visits to London he became a close friend of Des Maizeaux, who supplied him with books by Collins, Bernard de Mandeville, John Toland and Thomas Woolston among others, and who himself proposed Saint-

27. Letters from Collins in BL, Add. MSS 4282, f.112-239.
28. *Family memoirs of Rev. William Stukeley*, ed. W. C. Lukis, 3 vols (Durham, 1882), vol.1, p.424.
29. Israel, *Radical Enlightenment*, p.678-79.
30. Matthew Maty, *Mémoire sur la vie et sur les écrits de Mr Abraham de Moivre* (The Hague, H. Scheurleer, [1760]), p.41.
31. See BL, Add. MSS 4282, f.29-31 from Denis-François Camusat, 1722; Add. MS 4284, f.60-61 from Friedrich Hagedorn, 1731-1732.
32. A. R. Hall, 'Further Newton correspondence', *Notes and records of the Royal Society* 37 (1982-1983), p.7-34 (26).

Hyacinthe for election to the Royal Society in 1728. Three years later Saint-Hyacinthe published a collection of *Letters* expressing anti-clerical points of view similar to those of Collins and Mandeville, and in 1743 his openly deist *Recherches philosophiques*. The other candidate proposed for membership by Des Maizeaux also shared his view of the need for religious toleration: when David Durand was elected in 1729 he had already published *La Vie & les sentimens de Lucilio Vanini* (Rotterdam, 1717), expressing doubts about the harsh judgement of the Toulouse parlement which had condemned Vanini to death as a heretic. These elections may indicate the Royal Society's toleration of religious unorthodoxy at that time, though that had changed by the time Diderot was refused membership in 1753.

Both before and after his election to the Royal Society, Des Maizeaux often acted as an intermediary for its members, usually by forwarding letters, manuscripts and books. His role in the exchange of correspondence between Chamberlayne, Leibniz and Conti has already been mentioned. He sent a manuscript copy of Newton's *Chronology of ancient kingdoms* to Conti in Paris, where it appeared in French translation in 1725. Newton, always cautious, maintained that the publication was unauthorised, but Des Maizeaux's own notes claim that it was sent 'de son consentement, meme de son commandement'.[33] When the work was criticised in France, Halley presented two papers in Newton's defence at meetings of the Royal Society.[34] In 1731, three years after his election to the Society, Maupertuis sent a paper to Des Maizeaux for inclusion in *Philosophical transactions*; Des Maizeaux forwarded it to John Machin for comments which he then sent back to Maupertuis in Paris.[35] His wide range of contacts was undoubtedly useful to many members of the Society.

Sometimes his involvement was at a more personal level. Voltaire enlisted Des Maizeaux's help as arbiter in his dispute with the bookseller Prévost during his visit to London in 1728, when they met at the Rainbow Coffee House.[36] In 1729 Zollman wrote to Des Maizeaux: 'Je vous remercie, Monsieur, de l'avis que vous me donnez touchant mon employ à la Societé Royale [...]. C'est entre nous, car je n'en feray pas du bruit.' He was presumably anxious to resume his role as foreign correspondent after an absence abroad.[37] In 1734 Des Maizeaux introduced the French geographer La Martinière to Sir Hans Sloane[38] and in 1736 the Italian

33. Figala, 'Pierre Des Maizeaux's view of Newton's character', p.480.
34. Royal Society journal book, vol.13, p.107, 117.
35. BL, Add. MSS 4285, f.211-15.
36. BL, Add. MSS 4288, f.229 (undated).
37. BL, Add. MSS 4289, f.16, 31 August 1729.
38. Royal Society letter books, vol.21, p.29.

scholar and future author of *Il Newtonianismo per le dame*, Francesco Algarotti, arrived in London bringing him a letter by way of introduction from Saint-Hyacinthe.[39] Algarotti was elected to the Society in the same year.

Des Maizeaux's status as a valued member of the Royal Society was confirmed on 26 January 1731 when he was exempted from payment of his subscription 'on account of his services and performances in translations of Works and Presents'.[40] He continued to preside over coffee-house conversations, being described in 1729 as 'le très révérend père' of his intellectual circle.[41] When Charles-Etienne Jordan visited England in 1733 he met de Moivre, La Roche, Durand and 'l'aimable & savant Mr des Maiseaux', with whom he dined at Dr Mead's house.[42] By this time Des Maizeaux had served the interests of the Royal Society for over thirty years – in particular his *Recueil* contributing to the dissemination of Newton's ideas abroad. Voltaire owned a copy of this collection, perhaps presented to him by Des Maizeaux when they met in London, and it may have helped to inspire his own *Lettres philosophiques* and *Elémens de la philosophie de Newton* which did so much to spread Newton's reputation across the Channel. By serving as a link between the Royal Society and the international 'République des Lettres', and through his acquaintance with all the major thinkers of the period, Pierre Des Maizeaux made a significant contribution to the network of international contacts in which the ideas of the Enlightenment could develop throughout Europe.

39. BL, Add. MSS 4284, f.157, 1 April 1736.
40. Royal Society minutes of council meetings, vol.2, p.82.
41. BL, Add. MSS 4288, f.169-70.
42. [Charles-Etienne Jordan], *Histoire d'un voyage littéraire* (The Hague, A. Moetjens, 1735).

La correspondance diplomatique dans l'Europe moderne (*c*.1550-*c*.1750): problèmes de méthode et tentative de définition*

CHARLES-EDOUARD LEVILLAIN

L'étude qui suit porte sur un sujet assez peu étudié: que faut-il entendre par 'correspondance diplomatique'? D'emblée, il importe de circonscrire le terrain de notre analyse: il s'agira moins de contenu que de méthode et le raisonnement fera davantage appel à la diplomatique et à l'histoire culturelle qu'à l'histoire des relations internationales au sens propre. L'histoire des relations internationales, en tout cas pour la période moderne, a connu un regain de faveur assez récent. Du côté français, on songe aux travaux de Lucien Bély[1] et, du côté britannique, à ceux de Jeremy Black,[2] sans oublier évidemment les études de Ragnhild Hatton dans les années 1970.[3] Après un âge d'or au dix-neuvième siècle, l'histoire diplomatique était devenue une branche auxiliaire des sciences historiques. On s'en servait pour écrire l'histoire militaire, navale, politique ou sociale, mais on l'étudiait rarement pour elle-même, surtout pour la période moderne, où la diplomatie n'en était encore qu'à une phase de rodage. Le renouveau de l'histoire des relations internationales a entraîné une utilisation plus soutenue de la correspondance diplomatique qui, elle aussi, restait à l'état de source auxiliaire de l'histoire. Ce que l'on appelle 'correspondance diplomatique' ne se confond pas exactement avec les sources diplomatiques qui servent à

* Je tiens à remercier Ann Thomson et mes collègues du groupe de recherche sur les 'Transferts culturels France–Grande-Bretagne' pour leurs remarques sur la version orale de cette étude. De même souhaiterais-je adresser mes remerciements à Diane Ducharme, de la Beinecke Library, pour ces renseignements précieux sur les papiers Blathwayt.

1. Lucien Bély, *Espions et ambassadeurs au temps de Louis XIV* (Paris, 1990) et *L'Art de la paix en Europe: naissance de la diplomatie moderne (XVIe–XVIIIe)* (Paris, 2007).
2. Jeremy Black, *Knights errant and true Englishmen: British foreign policy, 1660-1800* (Edimbourg, 1989) et *Great power and hegemony: the world order since 1500* (Abingdon, 2008). Pour le sujet qui nous intéresse, voir aussi de J. Black, 'Archives and the problems of diplomatic research', *Journal of the Society of Archivists* 8:2 (1986), p.104-10. Une exception notable à la disette scientifique dont fut victime l'histoire diplomatique après 1945 des deux côtés de la Manche est l'étude de D. B. Horn, *The British diplomatic service 1689-1789* (Oxford, 1961).
3. Ragnhild Hatton, *Charles XII of Sweden* (Londres, 1968) et *Europe in the age of Louis XIV* (Londres, 1969). Polyglotte, Ragnhild Hatton se distinguait de ses collègues par l'utilisation de nombreuses archives en plusieurs langues.

écrire l'histoire diplomatique. Elle fait partie des sources utilisées, mais il y a des correspondances que l'on ne qualifierait pas *a priori* de 'correspondance diplomatique' et dont le contenu peut néanmoins relever de cette appellation.[4]

Bien plus, les diplomates qui correspondaient entre eux et avec les autorités qui les missionnaient ne sauraient être réduits à de simples négociateurs, encore moins à des intermédiaires passifs et improvisés d'un échange qu'ils ne faisaient que faciliter. L'absence, jusqu'au début du dix-huitième siècle, d'un corps diplomatique spécialisé favorisait au contraire une interpénétration entre la culture humaniste, gage de profondeur intellectuelle et de compétence linguistique, et un 'art de la paix' dont les techniques ne cessaient de s'affiner. Le dix-septième siècle fut particulièrement belliqueux et la multiplication, à partir du traité de Münster (1648), de conférences de paix plus ou moins longues entraîna le développement de quasi-professionnels de la négociation. Mais, à côté d'une professionnalisation empirique de la fonction diplomatique, subsistait la tradition de confier à des savants, parfois à des artistes, une mission diplomatique ponctuelle. Ainsi, Constantijn Huygens fut chargé, entre 1660 et 1665, de négocier la restitution à Guillaume III de la principauté d'Orange, illégalement occupée par la France. Huygens fut choisi en raison de ses extraordinaires dons linguistiques, mais aussi de sa capacité à naviguer avec aisance entre plusieurs cultures européennes.[5] En ce sens, le diplomate jouait un rôle de passeur entre des cultures nationales parfois très différentes. Par sa correspondance et ses contacts, il contribuait à une homogénéisation des frontières de l'Europe culturelle.

Quels contours?

La notion de 'correspondance diplomatique' appelle un travail préliminaire de définition. Partons d'un premier postulat: il n'existe pas d'équivalence stricte entre sources et correspondance diplomatiques. Par sources diplomatiques, il faut entendre l'ensemble des documents, manuscrits ou imprimés, qui touchent à l'histoire des relations internationales. On songe ici aux traités, qui forment en général les sources les plus anciennes,[6] mais aussi aux lettres de créance, aux

4. *The Marlborough–Godolphin correspondence*, éd. H. L. Snyder (Oxford, 1975).

5. Pour une étude récente de la dynastie Huygens, de ses réseaux européens et en particulier de la figure de Constantijn Huygens père (1596-1687), voir Lisa Jardine, *Going Dutch: how England plundered Holland's glory* (New York, 2008). Pour la correspondance relative à la période 1660-1665, voir *De briefwisseling van Constantijn Huygens (1608-1687)*, éd. J. A.Worp, 6 vol. (La Haye, 1917), t.6 (*1663-1687*).

6. Dans le cas britannique, les traités sont conservés dans deux séries des National Archives à Kew (dorénavant TNA), dont la chronologie se recoupe en partie. C 76 Chancery

passeports, aux sauf-conduits, aux pétitions, etc. Des documents somme toute très variés qui incluent notamment ce que l'on appelle la 'correspondance diplomatique'.

A partir de quand peut-on parler de correspondance diplomatique? Evidemment à partir du moment où il en subsiste une trace et où, une lettre en appelant une autre, se dessine un échange et se forme un réseau dont l'historien peut suivre les évolutions. A cet égard, la période médiévale est riche en correspondances diplomatiques et elle peut servir ici de point de départ. Un certain nombre de correspondances ont été éditées. Pour prendre un exemple franco-britannique, le médiéviste français Edouard Perroy a édité en 1933 la 'correspondance diplomatique de Richard II'.[7] La différence avec la période dite moderne est double: d'abord, la correspondance diplomatique revêtait un caractère moins systématique parce qu'en termes institutionnels, la diplomatie était encore balbutiante. D'où une seconde différence, qui ne saurait être réduite à un problème de conservation: la correspondance diplomatique médiévale était plus fragmentaire, impliquant à la fois moins d'acteurs et une masse documentaire forcément plus limitée.

Se pose ensuite la question des acteurs qui interviennent dans une correspondance diplomatique. La question de l'identité ou parfois de l'identification de ces correspondants est relativement délicate. Pendant la période médiévale, le nombre de ces correspondants était limité. Les princes correspondaient directement entre eux, ou par l'intermédiaire des membres de leur conseil restreint qui, ponctuellement et à tour de rôle, pouvaient remplir des missions diplomatiques: ainsi de Philippe de Commynes, qui avait des réseaux dans toute l'Europe et qui sut mettre ses liens personnels avec les York ou les Médicis au service des princes qu'il servit, d'abord Charles le Téméraire puis, à partir de 1472, Louis XI.[8]

Avec la période moderne, on observe une hausse quantitative du nombre de représentants du souverain. On ne parlait pas encore d'ambassadeur, mais plutôt de légat, ou de négociateur. Sous l'impulsion des Etats italiens - notamment du duché de Milan et de Venise - suivis ensuite par toute l'Europe,[9] le caractère permanent des ambassades constitua une nouveauté à partir de la Renaissance. Il n'existait pas

---

comprend des traités allant de 1234 à 1675. A partir des années 1570, les traités furent rangés dans les *State Papers* (dorénavant SP) sous les cotes SP 103 (1577-1780) et SP 108 (1579-1780).

7. Edouard Perroy, *The Diplomatic correspondence of Richard II*, *Camden third series* 48 (Londres, 1933).

8. Pour plus de détails sur Commynes, voir notamment Joël Blanchard, *Philippe de Commynes* (Paris, 2006).

9. Pour une étude récente sur ce sujet, voir *Politics and diplomacy in early modern Italy: the structure of diplomatic practice 1400-1800*, éd. Daniela Frigo (Cambridge, 2000). On verra aussi l'ouvrage classique de Garrett Mattingly, *Renaissance diplomacy* (Boston, 1955).

encore de corps diplomatique, au sens où on l'entend aujourd'hui, mais un certain nombre de personnages de l'Etat, généralement d'extraction nobiliaire, qui devenaient *de facto* des professionnels de la négociation. Envoyés dans des pays étrangers pour des missions d'une longueur variable, ils rédigeaient des missives destinées soit directement au souverain, soit au conseil: Privy Council en Angleterre, Conseil privé du roi en France. En république, évidemment, la situation était différente: l'interlocuteur était le Sénat à Venise, les Etats-Généraux dans les Provinces-Unies. Mais ce n'était pas une règle absolue. Dans les Provinces-Unies, les princes d'Orange devinrent des interlocuteurs parallèles et parfois concurrents à partir du stathoudérat de Frédéric-Henri (1625-1647) et, en Angleterre, l'expérience républicaine de l'Interrègne (1649-1660) n'en laissa pas moins Cromwell maître absolu des affaires étrangères britanniques, reléguant le Parlement croupion à un rôle de figuration. Sans doute est-ce l'une des raisons pour lesquelles les succès diplomatiques des années 1650 hantèrent les esprits tout au long de la Restauration (1660-1668): confrontés à des Parlements souvent frondeurs et financièrement réticents, Charles II et Jacques II ne parvinrent, au mieux, qu'à consolider l'héritage du Protectorat.

La situation de l'Angleterre et de la France à partir de 1660 mérite d'être analysée de plus près. Les monarchies britannique et française disposaient d'agents diplomatiques répartis à travers toute l'Europe. Chaque grande capitale européenne comptait un ambassadeur, accompagné de son personnel. Il faut y ajouter le personnel consulaire, généralement réparti à travers les villes marchandes de l'Europe et les agents secrets, évidemment plus difficiles à suivre dans leurs déplacements. Les rois de France et d'Angleterre disposaient donc de trois relais d'information simultanés: les ambassadeurs en poste, les agents consulaires et ces électrons libres qu'étaient les agents secrets. En apparence, cette stratification paraît simple. En réalité, elle n'est pas sans poser problème. D'abord, on s'aperçoit que la correspondance diplomatique des ambassadeurs en poste est d'un intérêt variable. A cela, une raison simple: plus que visibles, les diplomates étaient donc sous surveillance et souvent suivis dans leurs déplacements et rencontres. Ils n'avaient donc que rarement accès à des informations de première main.

C'est le cas de Paul Barillon (étudié par Stéphane Jettot dans ce volume), en poste à Londres de 1677 à 1688, qui n'a pas été capable de prévoir la Glorieuse Révolution et fut pris de court par le succès de l'expédition de Guillaume III.[10] Dès juillet 1688, un correspondant du Grand Pensionnaire Gaspar Fagel notait que 'l'on a des avis bien plus

10. Pour plus de détails sur l'ambassade de Barillon, outre l'article de Jettot ci-dessous, voir Thomas Van de Walle, 'L'échec d'un "honorable espion"? Paul Barillon, ambassadeur de France en Angleterre (1677-88)', *Revue d'histoire diplomatique* 3 (1998), p.227-49.

justes et plus pénétrants que les siens.'[11] Mais le même raisonnement s'applique à Jean-Antoine d'Avaux, en poste à La Haye de 1678 à 1688, auquel on prête, sur le fondement de ses *Mémoires*, des talents d'anticipation qu'il n'avait pas. Décidément critique, le même correspondant ajoutait que 'les nouvelles sont plus curieuses et de plus grande conséquence que celles qu'on reçoit de Monsieur d'Avaux.'[12]

On s'aperçoit en réalité que les états républicains ou monarchiques procédaient à une sorte de partage des rôles: aux ambassadeurs le rôle de négociateurs, aux agents le rôle d'informateurs. C'est ce qui se passait à Paris à la fin des années 1660: l'ambassadeur de Charles II à la Cour de France était Ralph Montagu et sa mission consistait à préparer le terrain des négociations secrètes du non moins secret traité de Douvres (1670), négociations dont il fut au demeurant exclu. Les lettres de Montagu ont été éditées et permettent effectivement de suivre les méandres de la politique étrangère de Charles II.[13] Mais à côté de cette correspondance officielle existe aussi une édition des lettres de William Perwich, agent de la Couronne d'Angleterre à Paris, qui contiennent des informations complémentaires sur la situation de la France ainsi que des coupures de journaux.[14]

Ce phénomène devint de plus en plus fréquent à partir du dix-septième siècle: la correspondance diplomatique ne se réduisait plus à un échange épistolaire régulier entre un agent diplomatique et les autorités qui l'avaient missionné. Il s'agissait aussi d'une radiographie de la situation politique, religieuse, économique et sociale d'un pays donné où se mêlaient information brute et analyse de l'information. La dépêche diplomatique n'apparaît parfois que comme l'un des éléments d'un véritable dossier contenant ce que l'on appellerait aujourd'hui des pièces jointes, surtout lorsque les pays envisagés, comme l'Angleterre ou la Hollande, se distinguaient par une grande intensité du débat public. En Hollande, l'année catastrophique (1672) vit la publication de près de 4000 pamphlets qui ont récemment fait l'objet d'une étude très précise de Michel Reinders.[15] Mais l'un des aspects négligés de cette formidable

11. La Haye, Nationaal Archief (dorénavant NA), 1.10.29, 'Fagel familie archieven', inv.nr. 2019, anonyme au Grand Pensionnaire Fagel, lettre no.36, 16 juillet 1688 New Style (dorénavant NS), s.f.

12. NA, 1.10.29, 'Fagel familie archieven', inv.nr. 2019, anonyme au Grand Pensionnaire Fagel, lettre no.45, 6 août 1688 NS, s.f.

13. Historical Manuscripts Commision, *The Montagu–Arlington letters: reports on the manuscripts of the duke of Buccleuch and Queensberry*, t.1: 1669-1670 (Londres, 1899).

14. *The Dispatches of William Perwich, English agent in Paris 1669-77*, éd. Beryl Curran (Londres, 1903).

15. Michel Reinders, 'Printed pandemonium: the power of the public and the market for popular political publications in the early modern Dutch Republic', thèse de doctorat, Université de Rotterdam, 2008.

explosion pamphlétaire reste la présence massive, sous forme de copies ou parfois de traductions, de textes néerlandais dans la série *State Papers foreign* 101 des Archives nationales britanniques. Loin de rester un événement national, la révolution orangiste de 1672 fut intensément vécue en Angleterre et ce n'est pas un hasard si elle inspira à l'ambassadeur Sir William Temple l'un des ouvrages les plus célèbres du long dix-huitième siècle sur la Hollande.[16]

Parmi les pièces jointes que pouvait contenir une correspondance diplomatique, il faut aussi noter la présence, rare mais significative, de copies de dépêches transmises ou interceptées. La correspondance diplomatique devenait alors une correspondance dans la correspondance où venaient s'enchâsser des analyses complémentaires. Gouverneur des Pays-Bas espagnols au milieu des années 1680, le marquis de Gastañaga écrivit à son correspondant à La Haye, le comte de Clermont, que 'les français travaillent avec assez de succès pour brouiller cet Etat [la Hollande] avec l'Angleterre', joignant à son courrier une copie d'une dépêche de l'ambassadeur Arnout Van Citters aux Etats-Généraux.[17] Scellée en 1673, peu après le début de la guerre de Hollande (1672-1678), l'alliance entre l'Espagne et la Hollande favorisait donc un croisement, pour ne pas dire une interpénétration, des circuits du courrier diplomatique. Par un jeu de renvoi et d'emprunt, la correspondance diplomatique pouvait se stratifier, gagnant en envergure, mais aussi en complexité.

Un troisième élément de définition s'impose. La correspondance diplomatique répond à des normes linguistiques très précises. Bruno Neveu a parlé d'une 'sémiotique des relations internationales'.[18] De son côté, Lucien Bély n'hésite pas à dire que 'pour étudier la langue commune entre les nations, il conviendrait d'utiliser les méthodes des linguistes et pour pénétrer dans cet univers de formes, il faudrait inventer une esthétique de la négociation.'[19]

On peut essayer de dégager quelques traits de cet 'univers de forme' que constituait la correspondance diplomatique. D'abord, la correspondance diplomatique constituait un univers codé. Le chiffre est le code du langage diplomatique. Chaque agent diplomatique disposait d'une table de concordances, s'en servant pour rédiger les dépêches les plus sensibles. Arrivée à destination, la dépêche était déchiffrée, avant

16. Sir William Temple, *Observations upon the United Provinces of the Netherlands*, éd. G. N. Clark (Oxford, 1932).

17. Bruxelles, Archives générales du royaume, T 100 / 590, Secrétairie d'état et de guerre, Gastañaga à Clermont, 12 novembre 1686 NS, s.f.

18. Bruno Neveu, 'Correspondances diplomatiques et information', *Revue XVII*[e] 178 (janvier-mars 1993), p.45-59 (59).

19. Bély, *Espions et ambassadeurs*, p.13.

d'être lue à qui de droit. Le début du long dix-huitième siècle est une époque où le chiffre atteint un grand degré de sophistication, ne serait-ce que pour contrer le danger d'un déchiffrage par les agents d'une puissance étrangère. C'est une époque où les avancées scientifiques, dans le domaine de la logique et des mathématiques, trouvèrent une application très concrète dans ce type de correspondance qui, par nature, était régie par le secret. Autant que des chiffres, on utilisait des messages codés. Ainsi François Gaultier rédigea-t-il en 1712 une série de missives au marquis de Torcy à propos du Prétendant Stuart Jacques III. Jacques III y était appelé 'Montgoulin'; sa sœur Anne, 'Prothose'; Bolingbroke, 'M. de Montplaisir'; les Tories, 'M. Bonhomme'; et les Whigs, 'M. de Ruzé'.[20] C'est là un exemple simple qui ne doit pas faire oublier que des pans entiers de correspondance chiffrée n'ont jamais été utilisés par les historiens, faute de pouvoir les lire.

Bien plus, la correspondance diplomatique constituait un univers par nature entouré de secret. Secret parce qu'il touchait aux 'mystères de l'Etat'. Secret, aussi, parce qu'un grand nombre de correspondants ne sont pas toujours identifiables, appelant un travail de reconstitution et de recoupement qui ne porte pas systématiquement ses fruits. Prenons à nouveau l'exemple de la série *State Papers foreign* 101 des Archives nationales britanniques qui couvre la période 1565-1763. Il s'agit d'une série qui contient pour l'essentiel des lettres de nouvelles (*news-letters*) envoyées par des agents en poste sur le continent. Certaines lettres sont signées, d'autres ne le sont pas. A défaut de connaître le rédacteur de la lettre, l'historien est contraint d'indiquer en note de bas de page 'anonyme à', le destinataire restant généralement l'un des deux secrétaires d'Etat. En un sens, c'est une faille dans un appareil critique. En un autre sens, c'est la preuve que le rédacteur de la dépêche jouait parfaitement le rôle de dissimulation qui lui était imparti. A cela s'ajoute le fait que certaines dépêches chiffrées ne contiennent pas de déchiffrement interlinéaire, rendant la lecture quasi impossible. Même lorsqu'il dispose d'une table de concordances, l'historien a rarement la patience, sauf en cas d'extrême nécessité, de percer les secrets bien gardés d'une dépêche chiffrée.

Quel classement?

La correspondance diplomatique pose un problème de définition mais aussi de classement et d'organisation. L'analyse se concentrera ici sur la situation de l'Angleterre. Comme dans chaque pays, le classement de la correspondance diplomatique dépend de l'évolution des institutions productrices de ces documents. Parallèlement persiste une ambiguïté

20. Bély, *Espions et ambassadeurs*, p.153.

qui ne s'applique pas aux autres sources diplomatiques, et notamment aux traités. Même si elle relève *a priori* des 'papiers d'Etat' (*State Papers*), la correspondance diplomatique se rattachait plus directement aux personnes chargées du pilotage de la politique étrangère – en Angleterre, les deux secrétaires d'Etat; en France, les secrétaires d'Etat des affaires étrangères. Dans le cas britannique, la suppression en 1782 des deux postes de secrétaire d'Etat et la création du Foreign Office ne résolut que partiellement cette ambiguïté. On trouve dans les papiers personnels de quasiment tous les *Foreign Secretaries* une correspondance diplomatique qui, au nom du principe de respect des fonds, n'a pas été rattachée aux archives du Foreign Office conservées à Kew. Papiers personnels ou papiers d'Etat, la frontière n'est pas toujours très claire et il faut reconnaître que le classement dans l'une ou l'autre des deux catégories a souvent été le fruit du hasard. La diplomatique, au demeurant, est une science qui ignore le déterminisme. Profondément ancrée dans l'histoire, elle en épouse les contingences.

Il importe donc de revenir sur certaines évolutions institutionnelles. Pendant la période médiévale, il n'y avait ni fonctionnaire ni personnage qui fût seul et unique responsable de la politique étrangère. Néanmoins, il serait erroné de voir dans le Moyen Âge une époque où la correspondance diplomatique se serait entassée dans le plus grand désordre, dans l'attente d'une révolution administrative qui entraînât un classement immédiat et automatique de la documentation disponible.

Si les médiévistes parlent volontiers de 'correspondance diplomatique',[21] ce n'est ni par coquetterie, ni par souci d'anticiper à tout prix sur les évolutions de la période dite moderne. Il y a derrière cela une réalité qui est que dès la fin du règne d'Edouard Ier, au début du quatorzième siècle, la correspondance diplomatique a été rangée sous une catégorie appelée 'lettres envoyées par la maison du roi' (*litterae missae domino regi*). Cette correspondance était inventoriée à la fin de chaque mois et, dès cette période, une distinction avait été opérée entre correspondance extérieure (*extra regnum*) et intérieure (*Anglia*).[22] Très tôt, bien avant le phénomène de bureaucratisation cher à des historiens comme Charles Tilly,[23] apparut l'idée d'un *distinguo* entre la correspondance qui touchait aux affaires intérieures et celle des affaires extérieures du royaume. On comprend donc que la distinction entre

21. Pierre Chaplais, *English medieval diplomatic practice*, 2 vol. (Londres, 1982), t.1, p.1-45; et *English diplomatic practice in the Middle Ages* (Londres, 2003).
22. G. P. Cuttino, *English medieval diplomacy* (Bloomington, IN, 1985), p.6.
23. *The Formation of national states in Western Europe*, éd. Charles Tilly (Londres, 1975). Sur ce sujet, voir aussi *Visions sur le développement des états européens: théories et historiographies de l'état moderne*, éd. Wim Blockmans et Jean-Philippe Genet (Rome, 1993).

State Papers foreign et *State Papers domestic*, qui date de 1547, apparaissait en filigrane dès le bas Moyen Âge.

Sous le règne d'Henri VIII et d'Elisabeth Ire apparut un phénomène de spécialisation des tâches[24] et, avec lui, un raffinement croissant dans le classement des papiers d'Etat. A cet égard, il faut insister sur deux évolutions, dont la naissance et le développement de la fonction de secrétaire d'Etat est la première. Sous Elisabeth, le principal secrétaire d'Etat était *de facto* responsable de la politique étrangère. Comme la charge de secrétaire d'Etat n'était encore que partiellement considérée comme une charge publique, les papiers des secrétaires d'Etat n'étaient que partiellement considérés comme des papiers d'Etat. Ainsi s'explique le fait qu'une partie non négligeable des archives de Sir William Cecil (1558-72 et 1590-96) se trouve à Burghley House, dans le Northamptonshire. De la même façon, on observe qu'une partie importante des archives de Sir Joseph Williamson, secrétaire d'Etat du Nord de 1674 à 1679, est rangée sous une cote spéciale aux Archives nationales à Kew, cote sous laquelle sont répertoriés des documents qui relèvent de la correspondance diplomatique, autrement dit des affaires extérieures du royaume.[25] Raffinement dans le classement des papiers d'Etat ne signifie pas fin d'un prétendu désordre hérité du Moyen Âge.

Dans le cas particulier de Sir Joseph Williamson, il paraît important d'insister sur l'imbrication entre réseaux diplomatiques et réseaux savants. De par ses fonctions ministérielles, Williamson noua des contacts avec des huguenots qui partageaient son goût des livres et de l'érudition. Ce fut le cas du pasteur Jean Claude, qui recommanda son fils à Williamson lorsqu'il l'envoya étudier la théologie en Angleterre[26] et qui, dans un autre courrier, fit part au ministre de Charles II d'une nouvelle traduction française de la Bible. Claude en expliqua la méthode critique, promettant aussi de communiquer des sermons qu'il avait rédigés. Ainsi souhaitait-il remercier Williamson pour les *Marmora Oxoniensa* qu'il avait reçus.[27] De toute évidence, l'échange de ces ouvrages

24. Pour l'analyse qui suit, nous nous sommes notamment appuyé sur les études suivantes: G. R. Elton, *England 1200-1640. The sources of history: studies in the uses of historical evidence* (Londres, 1969); R. B. Wernham, 'The public records in the sixteenth and seventeenth centuries', dans *English historical scholarship in the sixteenth and seventeenth centuries*, éd. Fox Levi (Oxford, 1956), p.11-30; F. Jeffrey Platt, 'The Elizabethan Foreign Office', *The Historian* 56:4 (1994), p.1-14.

25. TNA, SP 9. Pour plus de détails sur l'évolution de la fonction de secrétaire d'Etat au dix-huitième, jusqu'à la création du Foreign Office en 1782, voir la très belle étude de Mark Thomson, *The Secretaries of State 1681-1782* (Oxford, 1932).

26. TNA, SP 78/142, Claude à Williamson, 18 septembre 1677 NS, f.124. Jean Claude se rendit célèbre par la publication, en 1686, d'un pamphlet contre la Révocation de l'Edit de Nantes intitulé *Les Plaintes des protestants cruellements opprimés dans le royaume de France.*

27. TNA, SP 78/142, Claude à Williamson, 30 juin 1677 NS, f.53-54. Publiés à Oxford en 1676,

transitait par le courrier diplomatique, dont Williamson, en qualité de secrétaire d'Etat, contrôlait en partie l'acheminement. Au moment où les relations franco-anglaises se tendaient sous l'effet des avancées militaires de Louis XIV dans les Flandres et où les opposants de Charles II rejetaient la France comme un Autre fondamentalement étranger à la culture politique et religieuse de l'Angleterre, les circuits diplomatiques transmanches servaient de relais au commerce des livres et à la diffusion du savoir. C'est aussi en ce sens que le classement de la correspondance diplomatique pose problème: on y trouve parfois un matériau qui déborde largement de l'étude des relations internationales. La rationalité administrative qui préside à la diplomatique ne saurait être assimilée à un cantonnement de l'histoire dans des disciplines ou des sous-disciplines.

Revenons maintenant au problème du classement des papiers diplomatiques dans l'Angleterre de la Renaissance. La période élisabéthaine vit l'apparition d'archivistes spécialement chargés de l'inventaire des papiers d'Etat. Le premier s'appela Thomas Wilson et il s'attela à la tâche dans les années 1560. Depuis le début du quatorzième siècle, les papiers d'Etat étaient séparés en deux classes, selon qu'ils touchaient aux affaires intérieures ou extérieures du royaume, et par ordre chronologique. A partir de Thomas Wilson apparut un classement par pays. Promu secrétaire d'Etat en 1578, Thomas Wilson abandonna sa charge à John James, qui inventoria tous les papiers d'Etat produits sous la période de Sir Francis Walsingham (1573-1590). Connu sous le nom de *Walsingham's table book*, ce travail se présentait comme le premier inventaire complet des papiers d'Etat d'une période donnée, permettant de cerner avec plus de précision les *State Papers foreign* et, à l'intérieur de cette catégorie, la correspondance diplomatique. Malgré ces progrès, on notera que les papiers d'Etat ont été relativement mal conservés, en tout cas moins bien que les archives judiciaires. Cela s'explique par le fait que les archives judiciaires avaient plus de prix, surtout dans un pays de *common law*, mais aussi par le fait qu'un certain nombre de secrétaires d'Etat conservèrent leurs propres archives, ou en tout cas une partie d'entre elles, et qu'au fil des successions et des ventes, ces mêmes archives ont été dispersées à travers le monde. Ainsi n'est-on pas étonné de trouver des archives de Sir William Cecil à la Folger Library ou à la Huntington Library.

Un autre exemple intéressant est celui de William Blathwayt, secrétaire d'Etat à la guerre de 1683 à 1704 et probablement l'un des administrateurs les plus importants de la fin du dix-septième siècle – un

les *Marmora Oxoniensa* constituaient un catalogue de marbres anciens, dont une partie reste aujourd'hui conservée au Ashmolean Museum d'Oxford.

Louvois anglais, en quelque sorte. Un peu plus de la moitié de ses archives sont conservées à la British Library.[28] Le reste est dispersé dans des dépôts britanniques et américains, à l'exception remarquable de cinq volumes de correspondance conservés aux Archives nationales du Danemark à Copenhague. Ainsi, une partie de sa 'correspondance diplomatique' est conservée aujourd'hui à la Beinecke Library à Yale. Il ne s'agit évidemment pas de l'ensemble de sa correspondance diplomatique, qui est en réalité dispersée dans l'ensemble de ses papiers. C'est là le signe d'une autre ambiguïté: en période de guerre, un secrétaire d'Etat à la guerre ne s'occupait pas uniquement de questions militaires et, au début de la guerre de Succession d'Espagne (1702-1713), le partage des rôles entre les deux secrétaires d'Etat, Godolphin et Marlborough, et le secrétaire d'Etat à la guerre n'était pas toujours clair, surtout dans le domaine mouvant des affaires étrangères. La Beinecke Library possède donc des papiers qui ont été acquis au début des années 1970 grâce aux fonds James Osborn et dont une partie a ensuite été inventoriée sous le nom de *diplomatic correspondence*, couvrant la période 1666-1703. C'est un classement qui a sa logique, mais, si le hasard en avait voulu autrement, ils pourraient se trouver aujourd'hui à la British Library ou dans un autre dépôt en Grande-Bretagne.

Il reste un dernier problème à évoquer, ou, plus exactement, une dernière distinction à prendre en compte: celle qui existe entre *in-letters* et *out-letters*. Les *State Papers foreign* et les papiers des personnages qui ont joué un rôle clé en matière de politique étrangère contiennent essentiellement des *in-letters*, des lettres qui leur étaient adressées par des agents diplomatiques anglais ou étrangers. Mais, sous l'expression 'correspondance diplomatique', il faut aussi entendre la correspondance des agents diplomatiques étrangers en poste à Londres, ou dans les villes portuaires pour les consuls. On peut donc écrire une histoire de l'Angleterre à partir des archives conservées dans les dépôts étrangers. C'est en partie ce que fit le grand historien allemand Onno Klopp dans sa monumentale histoire de la chute des Stuart, publiée à Vienne en quatre volumes (1875-1888), dont le dernier comprend de larges extraits de correspondance diplomatique.[29] Un autre exemple est celui des dépêches des résidents vénitiens publiées dans les *Calendar of State Papers Venetian*, dont les trente-huit volumes couvrent la période 1509-1675.[30]

28. BL, Add. MSS 38694-713, William Blathwayt, 'Correspondence and papers as secretary-at-war (1660-1759)'.
29. Onno Klop, *Der Fall des Hauses Stuart und die Succession des Hauses Hannover* (Vienne, 1875-1888).
30. *Calendar of State Papers and manuscripts relating to English affairs, existing in the archives and collections of Venice, and in other libraries of northern Italy* (Londres, 1864).

Ce sont là des sources qui témoignent de l'existence d'un espace européen de l'information dont faisait pleinement partie l'Angleterre.

Pour clore l'analyse, la définition de la correspondance diplomatique est mouvante et fluctuante; son classement et son organisation sont un objet souvent difficile à saisir. Le début du long dix-huitième siècle (1660-1715), en particulier, se distingua par une hausse quantitative très importante de la correspondance diplomatique, témoin de l'intensification des relations diplomatiques entre des pays européens dont la guerre était l'horizon permanent. La multiplication de réseaux transnationaux et la récurrence des réunions prolongées en congrès, tels que celui de Nimègue (1675-1679), y furent pour beaucoup. Les vingt-cinq années de paix qui suivirent la mort de Louis XIV (1715-1740) n'en furent pas moins riches en négociations dans l'Europe du Nord, notamment autour de la question très sensible de la Barrière qui séparait les Pays-Bas méridionaux du nord de la France, générant une documentation très riche dans chacun des pays concernés.

Médiateur ou acteur principal de ces négociations, l'Angleterre joua un rôle tout à fait central dans ces évolutions. La profusion des archives de la série *State Papers foreign* pour la période 1660-1715 et l'intérêt porté par les diplomates étrangers à la situation intérieure de l'Angleterre invitent à une requalification de la notion galvaudée d'insularité. Que l'Angleterre soit une île, nul ne saurait le contester. Que les Anglais aient eu et aient encore une 'mentalité insulaire', selon une expression du Premier ministre Anthony Eden, n'est pas impossible. Mais un simple aperçu des inventaires des *State Papers foreign* montre que la montée en puissance de l'Angleterre sur la scène européenne s'accompagna d'un affinement de ses réseaux diplomatiques et d'une compréhension de plus en plus fine de la situation des puissances continentales. Londres devint progressivement un nœud dans la diffusion de l'information en Europe, rivalisant largement avec La Haye, Vienne et Paris.

Au-delà du cas particulier de l'Angleterre, le début du long dix-huitième siècle se caractérisa par un accroissement considérable de l'information disponible qui entraîna une transformation intérieure de la correspondance diplomatique, développant en elle ce que l'on pourrait appeler une capacité réflexive. Par capacité réflexive, nous entendons ces moments où l'auteur d'une dépêche diplomatique, submergé par un flot d'informations contradictoires, faisait de sa missive le réceptacle des doutes et des interrogations qui entourent un événement présent ou à venir. La correspondance diplomatique pouvait alors se transformer en un espace autonome, porté par la conscience de ses failles et de ses fragilités, au lieu de rester ancrée, comme elle devrait l'être, dans la certitude d'une analyse donnée. Sans doute n'est-ce pas un hasard si ces incertitudes s'exprimaient fortement à l'occasion de bouleversements révolutionnaires, lorsque le temps de l'Histoire semblait victime d'une accélération soudaine et incontrôlable. Ainsi, trois mois à peine avant le débarquement de Guillaume III à Torbay, en août 1688, Louvois écrivit à d'Avaux pour l'inviter à la plus grande vigilance dans le traitement de l'information: 'Il est nécessaire que vous voyiez par des yeux assurés ce qui se passe et que vous ne vous en reportiez pas aux nouvelles qui peuvent être données par des personnes du pays.'[31] Pour croire, en d'autres termes, il fallait voir. Voir permettait en effet de prévoir et d'agir en conséquence.

Précisément parce qu'elle jouait un rôle de filtre, la correspondance diplomatique laissait souvent émerger un style distinctif, un *ars scribendi* qui s'accompagnait de la recherche du mot juste, de la formule idoine ou de l'image la plus adaptée. Résumons d'un mot: la correspondance diplomatique se définissait aussi par son invention rhétorique. Ainsi, il n'était pas rare de voir l'auteur d'une missive s'employer à trouver une formule récapitulative qui eût la brièveté et la concision d'une maxime. A mesure que s'intensifiaient les préparatifs de Guillaume III en 1688, un correspondant du Grand Pensionnaire glissa cette formule dans une dépêche: 'Il n'y a rien où un prince ait plus à gagner que dans la guerre, mais il n'y a rien aussi où il ait plus à perdre.'[32] Ou encore, dans une expression classique d'anti-papisme: 'L'Eglise, ce sont des loups sous l'agneau.'[33] Ce sont dans ces occasions précises que la correspondance diplomatique parvenait à s'extraire de la matérialité de l'information pour devenir création littéraire.

31. Service historique de l'Armée de Terre, Vincennes, A1, 822, Louvois à d'Avaux, 26 août 1688 NS, s.f.
32. NA, 1.10.29, 'Fagel familie archieven', inv.nr. 2019, anonyme au Grand Pensionnaire Fagel, lettre no.61, 10 septembre 1688 NS, s.f.
33. NA, 1.10.29, 'Fagel familie archieven', inv.nr. 2019, anonyme au Grand Pensionnaire Fagel, lettre no.11, 7 mai 1688 NS, s.f.

Diplomats and international book exchange

JOANNA CRAIGWOOD

> Books are cultural ambassadors, as hundreds of publishers have said unblushingly to officials with purse-strings.
>
> Gordon Graham, *As I was saying.*

The diplomats Matthew Prior and George Stepney moved books across borders during postings to Paris, The Hague and various German courts. They regularly sent and received books of all kinds, from political or philosophical works to poetry collections or the latest plays. Their letters from the 1690s and early 1700s make that clear and the archives show that they are typical. Diplomats were key agents in cultural transfers during the long eighteenth century. Yet the role they played in the international exchange of books, manuscripts and related news and knowledge has hardly even been noted.[1] This article aims to redress the lack of attention given to diplomatic agency in these sorts of exchanges.[2] The diplomats Prior and Stepney were remarkably important intermediaries in the transmission of books between Britain and France, the Dutch Republic and the Holy Roman Empire.[3] There is evidence that other diplomats had similar agency in book exchanges. These exchanges brought together an international network of elite readers. There were,

1. Marika Keblusek has argued for the importance of studying commercial and diplomatic agents in 'Book agents, intermediaries in the early modern world of books', in *Your humble servant: agents in early modern Europe*, ed. Hans Cools, Marika Keblusek and Badeloch Noldus (Hilversum, 2006), p.97-107. As far as I have been able to establish, other publication on the subject amounts to a two-page note on eighteenth-century diplomats (but see also note 2): Jeremy Black, 'Diplomats as book procurers in the age of Walpole', *Notes and queries* 30:1 (1983), p.38-39.
2. A handful of articles also provide examples of diplomatic book exchanges in earlier centuries, notably: Lisa Jardine and William Sherman, 'Pragmatic readers: knowledge transactions and scholarly services in late Elizabethan England', in *Religion, culture and society in early modern Britain*, ed. Anthony Fletcher and Peter Roberts (Cambridge, 1994), p.102-24 (102-107); Martin Lowry, 'Diplomacy and the spread of printing', in *Bibliography and the study of 15th-century civilisation*, ed. Lotte Hellinga and John Goldfinch (London, 1987), p.124-46; Tracey Sowerby, '"All our books do be sent into other countreys and translated": Henrician polemic in its international context', *English historical review* 121 (2006), p.1271-99.
3. I use 'Britain' here as a general term covering both the pre-1707 British kingdoms and the post-1707 kingdom of Great Britain, although it strictly only applies to the latter.

however, consequences attached to diplomatic involvement in cultural transfers: the book exchanges facilitated by Prior and Stepney were rooted in cultural nationalism, a nationalism that reflects the role of both diplomats as national representatives and books as cultural ambassadors.

Prior and Stepney were both educated at Westminster and Cambridge before going on to junior diplomatic posts. Matthew Prior (1664-1721) served as secretary to the embassy at The Hague (1690-1697), then as secretary to Paris (1698-1699); later, he was appointed envoy to Paris during and just after the peace negotiations between Britain and France (1711-1715). George Stepney (1663-1707) was in the diplomatic service from 1687 until his death, first as secretary, then mounting through minor positions to become an envoy-extraordinary. His postings ranged across the Holy Roman Empire: he served in Berlin, Saxony, Hesse-Cassel, the Palatinate, Cologne and Mainz, Trier, Prussia and Vienna. Neither Prior nor Stepney rose to ambassador, and their letters make it very clear that they remained reliant on political patrons in England for their postings. Both wrote some poetry, as most political actors did at this point, and Prior's writing eventually became commercially successful, though only after he retired from political work. The two men were acquainted from their schooldays, and they remained in close contact during the first part of their careers, both by letter and through personal visits; however, they drifted apart when Prior changed party affiliation in 1701.[4] Prior and Stepney's letters and notebooks are preserved primarily in the British National Archives and in the library of the marquis of Bath at Longleat;[5] selected papers are also published in transcription.[6]

4. Charles Kenneth Eves, *Matthew Prior: poet and diplomatist* (New York, 1939); L. G. Wickham Legg, *Matthew Prior: a study of his public career and correspondence* (Cambridge, 1921); Susan Spens, *George Stepney: 1663-1707: diplomat and poet* (Cambridge, 1997).

5. Manuscripts consulted: London, National Archives, Secretaries of State: State Papers foreign, archives of British legations, MS SP 105/27, 'Memoranda book of Matthew Prior 1712-13'; MS SP 105/28, 'Out-letter book of Matthew Prior 1712-13'; MS SP 105/29, 'Out-letter book of Matthew Prior 1713-1714'; MS SP 105/55, 'Letter-book of George Stepney'; MS SP 105/85, 'Memoranda book of George Stepney 1693-95'; London, National Archives, Secretaries of State: State Papers foreign, Holland, MS SP 84/223, 'Letter-book 1692-97'; London Metropolitan Archives, Jersey family papers, MS ACC/0510, 'Letters from Matthew Prior 1699'.

6. The Prior papers from Longleat (Longleat House, Archives, The Portland papers, 'The Prior papers') were consulted in the microfilm edition of Micro Methods (East Ardsley, 1970). Also consulted: Historical Manuscripts Commission, *Calendar of the manuscripts of the marquis of Bath preserved at Longleat, Wiltshire* (1904-1980), vol.3: *Prior papers* (Hereford, 1908); *The Lexington papers, or Some account of the courts of London and Vienna at the conclusion of the seventeenth century, extracted from the official and private correspondence of Robert Sutton, Lord Lexington, British minister at Vienna, 1694-1698*, ed. H. Manners Sutton (London, 1851); and various other published letter collections.

These archival records show that both Prior and Stepney, while they were working as diplomats, acted as informal agents in the international transfer of books, and of knowledge relating to book production and consumption. Prior negotiated for just such a transfer between Cambridge University and the French royal library in 1699. Prior represented Cambridge, and the abbé de Louvois the royal library. Cambridge wanted Greek typeface. Prior, based in Paris, wrote that the abbé asked for the following in exchange:

> That in the Preface of some Volumn which we shall first Print we shall own the Obligation with some enconium of gratitude, that we shal give them in books from England what we propose to pay them in money for these Types, and keep up a kind of Communication with them *propter bonum ac commodum reipublicae Literariae*, and that we shal give them the way of making that Ink in which the Essays upon Horace and Virgil which you sent me are Printed.[7]

Typeface, imprints, heaps of books, ink and continued communication, leading by implication to further exchanges in future: this represents a substantial transfer of textual knowledge between two institutional libraries and presses. Prior's evocation of the humanist *respublica litteraria* places this transfer imaginatively within a tradition of transnational intellectual networks. Though this exchange ultimately fell through, Prior's letters record a very great number of comparable and successful transfers of books or manuscripts, textual knowledge or literary news. Some of these have clear connections with his job, as when Secretary of State William Trumbull wrote to Prior in Paris in 1697 to request that he borrow three volumes of diplomatic letters and get them transcribed.[8] Yet the vast majority of Prior's commissions are not for diplomatic documents. In fact, the only constant between all the books and editions of books that Prior sourced abroad is their lack of availability at home. They are books that 'are not to be had here', to use the words of politician James Vernon in one of his commissions to Prior.[9] In 1698, for example, Prior wrote to ask the Chancellor of the Exchequer and literary patron Charles Montagu about a French-published series: 'Send me word what books you have about the Louvre edition, that I may get you the rest.'[10] That same year Prior sent the earl

7. The Latin translates as 'for the good of the Republic of Letters'. Prior, 'To Talbot', 20 May 1699 [NS], Paris. Longleat House, 'Prior papers', vol.11. In this and all subsequent references, I have recorded the date of letters as it appears in my source, indicating dates following the Julian calendar with 'OS', and dates following the Gregorian calendar with 'NS'. Where my source uses both dates, I have retained both.
8. Trumbull, 'To Prior', 21/31 May 1697, [London]. Historical Manuscripts Commission, *Prior papers*, p.121.
9. Vernon, 'To Prior', 22 February/4 March 1694/1695, Whitehall. *Prior papers*, p.48.
10. Prior, 'To Montagu', 21 May [NS] 1698, Paris. *Prior papers*, p.216.

of Albemarle a new French lampoon, dismissively adding: 'On s'attendroit à quelque chose de meilleur sur un si bon sujet, mais [...] dans une infinité de livres de vers et de lettres qui courent Paris, il n'y a guère qui vaillent la lecture.'[11] His letter reflects his correspondent's desire for the latest literary news as well as copies of the best new work. Needless to say, Prior's condemnation of recent Parisian publications in his letter to Albemarle was short-lived: his correspondence is witness to the great number of French writings he considered worth reading. He even complained that all his spare time in Paris was spent buying from 'monks, poets, tailors, academicians, nuns, seamstresses, booksellers and players'.[12]

Prior continued to follow new publications in Paris even after he had left for London, by corresponding both with his French contacts and with his successor as diplomatic secretary in Paris, Abraham Stanyan. In 1700 Stanyan sent Prior an update:

> We have had scarce any new books or plays since you went. There is published a little book called a '*Suite des Moeurs de ce Siècle*,' by Bruyère [Jean de La Bruyère], which I believe may be genuine; if you have a mind to it, you shall. De la Fausse [Antoine de Lafosse], the author of *Manlius*, who, I think, is known to you, has lately written a play called *Thésée*, which has been acted several times with great applause; I have not yet seen it; when 'tis printed I will send it you. Mons. Rousseau [Jean-Baptiste Rousseau] is very much your servant, and desires me to tell you so.[13]

Stanyan mixes his literary news with references to Prior's personal contacts among Parisian authors. His letter attests to Prior's assimilation into the Parisian intellectual scene during his diplomatic posting. It also shows that Stanyan was already, early on in his posting, in personal communication with at least one of the literary figures Prior knew, the poet Jean-Baptiste Rousseau. Diplomats' privileged social and political status and residence abroad clearly gave them access not only to politicians, but also to key thinkers and writers outside Britain. Stanyan's letter exposes the combination of institutional opportunity and institutional continuity that enabled diplomats to make and maintain the contacts necessary to keep abreast of literary news abroad as well as negotiate the transfer of books.

Prior and Stepney's contact with key thinkers during their postings in the Dutch Republic and the Holy Roman Empire led to similar circulations of texts and ideas. At The Hague, Prior met French émigré Pierre Bayle, then professor of philosophy and history at the Ecole Illustre in

11. Prior, 'To Albemarle', 19 March [NS] 1697/8, Paris. *Prior papers*, p.201.
12. Prior, 'To Jersey', 4/14 February 1697/1698, Paris. *Prior papers*, p.190.
13. Stanyan, 'To Prior', 20 January [NS] 1699/1700, Paris. *Prior papers*, p.395.

Rotterdam. At the end of 1696 Bayle personally presented Prior with a very early copy of his *Dictionnaire historique et critique*.[14] Since the Dutch Republic was then central to the Continental book trade, Prior also sent home a significant number of European publications during his time there. Meanwhile, Stepney regularly met and corresponded with another key Enlightenment thinker, Gottfried Leibniz. In 1695, for example, Stepney forwarded Leibniz one of his own poems, together with a celebrated pastoral by the English poet William Congreve originally sent to him from London; in the accompanying letter, Stepney asks Leibniz to forward copies of historical treaties in return – German texts for his English ones – and explains that they will be included in a forthcoming collection advertised in the enclosed London *Gazette*, to be published in London 'a l'imitation de ces 6 volumes que Leonard a imprimez en France'.[15] This is a truly international exchange. Stepney in the German states, like Prior at The Hague, catalysed the circulation of texts and textual knowledge around Europe.

These examples from Prior and Stepney's letters begin to indicate the extent and significance of the international book exchanges facilitated by these two early modern diplomats. Their letters contain evidence of many more such exchanges. The majority of the books they send home are either political or diplomatic in subject, or they are newly published poetry, drama or satirical prose; some are contemporary scientific, philosophical or religious works; and a few are rare and collectible editions of those kinds of books that historically made up the early modern 'Latin trade', including editions of classical authors and humanist writings. Most are in French or Latin, with some in other European languages. All are Continental publications that the diplomats' political patrons would, in the 1690s and early 1700s, still have found easiest and fastest to obtain through personal contacts. Convenience seems to be a major factor in accounting for diplomatic involvement in international book exchanges. After all, diplomats were well-educated and discerning consumers of publications, for themselves and for their contacts at home and abroad. They were also ideally placed, working in an increasingly established network of resident embassies across the Continent. As Marika Keblusek observes of the diplomatic agents who procured books for Duke August of Brunswick-Wolfenbüttel in the mid-seventeenth century, 'the social position of an agent, his professional background and education, his contacts in the political and intellectual *milieux* and his ability to construct a wide network were crucial qualifications.'[16]

14. Prior, 'To Bayle', 18/28 November 1696, The Hague. *Prior papers*, p.94.
15. Stepney, 'To Leibniz', 10/20 May 1695, Dresden. London, National Archives, MS SP 105/85, f.202*v*-203*r*.
16. Keblusek, 'Book agents', p.104.

Meanwhile, patronage remained immensely influential in obtaining diplomatic postings, and key political patrons were often also literary patrons and collectors.[17] Prior and Stepney's letters suggest that diplomatic book exchanges were part of an informal networking process that connected diplomats with a constellation of political and literary contacts at home and abroad.

Prior and Stepney – and Stanyan – were not the only eighteenth-century diplomats to be exchanging books in this way. In a two-page published note, diplomatic historian Jeremy Black remarks that state records show diplomats acting as key agents in book transfers through the 1720s to 1740s. They acted for the king and for notable aristocrats and politicians, and those most heavily involved in the purchase of books were those who, like Prior, served at Paris and The Hague. Black quotes the British ambassador to Paris in 1740, Earl Waldegrave, in a letter to Andrew Stone, secretary to the duke of Newcastle:

> The Book you writ to me for some months ago by H.M.'s command – *Advertessement des Catholiques Anglaises* etc. I had above twenty Brokers, hunting for it, but could not be found till at length in Marshal D'Estrées Library, and Comte d'Estrées had made me a present of it, for otherwise it was not to be had, there is not another copy of it in any library in Paris, the whole impression having been suppressed and destroyed for the dangerous doctrines it contained. I must trouble you farther with a book which Baron Swackheld wrote to one of my people for from Hanover [...] the Book is a new play and is for his Majesty.[18]

Waldegrave's account corresponds closely to the evidence of Prior and Stepney's letters. He transfers different types of book, here a politico-religious text and a play, without distinguishing qualitatively between them; the books are either rare or new; and their transfer involves a large network of contacts across several countries.

The Enlightenment emerged from just such cultural exchanges and interactions across borders, but diplomats' involvement in book transfers did not begin with the Enlightenment. The *Calendar of state papers, foreign series* contains evidence of diplomatic involvement in international book transfers in the sixteenth century. After all, the international exchange of ideas was important to the Renaissance as well as the Enlightenment, as Prior recalled in his reference to the *respublica litteraria* quoted above. In 1559, for example, Sir William Cecil requested French book catalogues from one of his junior diplomatic agents in France, and received catalogues listed by the *Calendar* as 'Memoires de

17. The role of book procurement in diplomatic networking is also noted by Jardine and Sherman, 'Pragmatic readers', p.104.
18. Waldegrave, 'To Stone', 8 July [?NS] 1740, [France]. Quoted in Black, 'Diplomats as book procurers', p.39.

livres nouveau imprime depuis deulx et trois an jusque à ce present an, 1559' and 'Livres nouveaux depuis l'an 1558, lesquelz sont imprimes à Paris'.[19] The archives point to continuity of practice over at least two centuries, and no doubt beyond – indeed, institutional traces in British diplomacy remain even today, in the form of British Council libraries abroad. The Renaissance origins of this practice, however, do not lessen its significance to the Enlightenment. If anything, two centuries of precedent help explain the routine nature of the diplomatic book exchanges in Prior and Stepney's letters.[20]

Prior and Stepney were, therefore, part of a diplomatic network responsible for cultural as well as political exchange. This institutional network formed the basis for an informal intellectual network of readers supplied by the diplomats. Prior and Stepney exchanged books and literary news with top politicians, thinkers, writers, academics and publishers in Paris, in London, at The Hague and in the German states. Prior corresponded with prominent London politicians and literary patrons – the earl of Dorset and Charles Montagu during his time as a Whig, and the earl of Jersey and Robert Harley after his change of affiliation to the Tories. He belonged first to the Whig writing group the Kit-Kat Club, then to the Tory social and literary society the Brothers' Club, and he corresponded with their members, most notably with Jonathan Swift. Stepney was in touch with the poet John Dryden and the literary journalist and politician Joseph Addison, as well as Montagu and Dorset. Both men were in regular contact with top London publisher Jacob Tonson. Abroad, their combined contacts included not only Leibniz and Bayle, but also French statesmen, writers and members of the Académie française and the Académie royale des sciences. Prior's personal contacts in Paris included the influential de Torcy family, Nicolas Boileau and the *beaux esprits*, Bernard Le Bovier de Fontenelle, and Louis XIV's royal librarian the abbé de Louvois.[21] Prior even boasts of his intimacy with Boileau and the Académie française in a letter to the earl of Jersey: 'I live

19. Jones, 'To Cecil', 29 November [OS] 1559, [France]. Public Records Office, *Calendar of state papers, foreign series, of the reign of Elizabeth: preserved in the state paper department of Her Majesty's public record office, 1559-60* (Nendeln, 1966), p.149. See also Jardine and Sherman, 'Pragmatic readers', p.102-107; Keblusek, 'Book agents', p.103-107; Sowerby, '"All our books"'.
20. Prior and Stepney's letters contain more frequent evidence of textual exchange than the sixteenth-century *Calendar*, so there may be growth in this diplomatic role over time. The *Calendar*, however, does not transcribe original manuscripts in full; diplomatic records are not as complete in the mid-sixteenth century; and other archives may well hold more evidence (as in Prior's case). The evidence suggests a predictable change in the types of books obtained, from mostly classical authors or Latin humanist texts in the 1500s, to fewer classical authors and more works in the vernacular in the 1700s.
21. E.g. Prior, 'To Jersey', 17 June [NS] 1699, [Paris]. London Metropolitan Archives, MS ACC/0510.

amongst my Savants and Boileau says I have more Genius then all the Academy'; although he does then ruefully add: '– good, but before He said, I had turned an Epigramm of his into Latin – good again: So Mankind is.'[22]

All these prominent and influential men sourced books and literary news through the same two diplomats. This linked them into the same flow of texts and ideas, and so made them into a kind of community, albeit a loose-knit one. They either knew each other personally or knew the same third parties, the diplomats; indeed, when the earl of Jersey writes to Prior to obtain some books from the marquis de Torcy, he emphasises the role of personal connection in this exchange: 'I would not have Mons. Torci forget me till he send me the books.'[23] And they shared books as those books circulated, which implies a corresponding exchange of ideas (for although we cannot say for certain that they read the books they obtained through Prior or Stepney, it is likely that they read most: the emphasis in the letters on new writing over collectible editions and the exchange of literary views and news as well as books imply reading). Exchanges additionally presume some assessment about value, and the transfers within this group were premised upon, and so also propagated, shared values about books. Prior articulates this when he remarks that, since one Paris correspondent sent him verses, he can 'infer he thought them good'.[24] The international readers connected through Prior and Stepney constitute a reading community because, directly or indirectly, they shared books, the ideas in those books, and their values about books.

A reading community is, of course, a form of intellectual network, and Stepney's memoranda book underlines the transnational nature of this network. Despite its considerable collection of unknown material, this miscellany has never been studied. Its 150 or so pages contain, interspersed and in no particular order, diplomatic treaties and correspondence, philosophical extracts, prose satire, poems and even a masquerade. The entries appear in a range of languages, primarily French, English, Latin and German, but also Spanish and Italian. So, in the space of five sample pages, a German diplomatic letter is followed by a French poem, then a Latin diplomatic letter, an English lampoon, a German poem and finally another French poem.[25] The range of the extracts is equally remarkable throughout. Ann Moss has argued that the typical structuring of collected extracts in Renaissance commonplace books both helped to create and reflected the mental categories of those who

22. Prior, 'To Jersey', 15 July [NS] 1699, Paris. London Metropolitan Archives, MS ACC/0510.
23. Jersey, 'To Prior', 8/18 June 1699. *Prior papers*, p.355.
24. Prior, 'To Stanyan', 8/19 January 1699/1700, Whitehall. *Prior papers*, p.393.
25. London, National Archives, MS SP 105/85, p.76-81 [Stepney's pagination].

used them.[26] Viewed as a reflection of Stepney's mental categories, this eclectic and unstructured miscellany provides a fascinating insight into his lack of distinction between the literary and the diplomatic, and his lack of categorical distinction between national literary traditions. Of course, by the end of the seventeenth century, many miscellanies were anyhow showing less structure. But even if Stepney's unstructured collection is viewed as part of a historical trend – or as plain laziness – the extracts remain strikingly international (there are more poems in French than in English), and the complete integration of diplomatic work with literary extracts remains noteworthy. This is the memoranda book of a diplomat who sees himself as a member of a transnational literary community, and perceives his agency within that network of readers as inseparable from his diplomatic job.

Networks also provide spaces for sociability, and the network of readers surrounding Prior and Stepney was no exception. Social exchange accompanied the textual and political exchange witnessed by Stepney's commonplace book. Spatial theorist Henri Lefebvre argues that social practices are bound up in material exchanges, and together these both produce social space, and are moderated by that space. Although his work refers to capitalist urban spaces, it provides a cogent model for understanding how the material exchanges of books mediated by Prior and Stepney related to social exchanges and, more broadly, spaces for sociability. The diplomats' letters show that the book exchanges they mediated were also social interactions, in which they exchanged news and expressions of mutual obligation with their correspondents. Some of these social exchanges were between readers who were connected via diplomats, such as those between Jersey and de Torcy. Many of them were between diplomats and readers, such as the extended correspondence entailed by the commissions Prior carried out for Jersey in Paris.[27] Some exchanges reinforced connections between a string of people, like one commission from politician James Vernon, for his son, in a letter to Prior about a package from Stepney: 'I find Mr Stepney has remembered some books he promised my son. James desires you will add to them Strauchius' *Chronology* and Puffendorf, *De Jure Gentium*, with his books *De Rebus Suecicis*.'[28] Visits strengthened and extended the web of social connections, as when Joseph Addison stayed with Stepney in December 1702 whilst the latter was on a short posting to Vienna, and subsequently spoke to individuals both in Britain and abroad of his obligations to Stepney.[29] Lefebvre writes of social space:

26. Ann Moss, *Printed commonplace-books and the structuring of Renaissance thought* (Oxford, 1996).
27. London Metropolitan Archives, MS ACC/0510.
28. Vernon, 'To Prior', 22 February/4 March 1694/1695, Whitehall. *Prior papers*, p.48.
29. Spens, *George Stepney*, p.302.

'*produit* qui s'utilise, qui se consomme, [l'espace] est aussi moyen de production; réseaux d'échanges, flux de matières premières et d'énergies façonnent l'espace et sont déterminés par lui.'[30] This idea helps explain how diplomatic book exchanges and their attendant social exchanges jointly produced a transnational social space inhabited by a network of writers and politicians drawn from Europe's elites, and, at the same time, highlights the role of this social space in determining the complex of social and material exchanges that occurred within it.

The diplomatic foundations for this transnational space certainly had a role in determining the character of the exchanges within it: diplomats are national representatives, and this perspective is reflected in Prior and Stepney's exchanges of books and literary news. Their exchanges are rooted in cultural nationalism, as an extract from Prior's own poetry clearly demonstrates. The poem in question is a dedication Prior intended for a French copy of Montaigne's *Essais* that he gave to an English politician, Charles Talbot, the duke of Shrewsbury. It is titled 'Written in Montaigne's *Essays*, given to the Duke of Shrewsbury in France, after the Peace, 1713', and its third and fourth stanzas read as follows:

> Thus shall fair BRITAIN with a gracious Smile
> Accept the Work; and the instructed Isle,
> For more than Treaties made, shall bless my Toil.
>
> Nor longer hence the GALLIC Style preferr'd,
> Wisdom in ENGLISH *Idiom* shall be heard;
> While TALBOT tells the World, where MONTAIGNE err'd.[31]

Prior claims that the import of a book, in this case a copy of Montaigne's *Essais*, will instruct Britain. This addition to the nation's cultural and intellectual capital through instruction will only grow, as Britain, now represented by the book's new owner Talbot, anglicises and even improves on Montaigne.[32] Prior then imagines this British bettering of

30. Henri Lefebvre, *La Production de l'espace*, 3rd edn (Paris, 1986), p.102.
31. Matthew Prior, *Poems on several occasions* (London, Jacob Tonson and John Barber, 1718), p.313. The manuscript original is in Prior's hand in a copy of *Les Essais de Michel Seigneur de Montaigne* (Paris, Abel l'Angelier, 1595) in the Montaigne Library collection recently acquired by Cambridge University Library and not yet catalogued. It reads: 'Thus shou'd fair Britain with a gracious Smile / Receive the Work, the Venerable Isle / For more than Treaties made shou'd bless my Toil. / Nor longer hence the Gallic Stile preferr'd, / Wisdom in English Idiom shou'd be heard: / While Shrewsbury told the World where Montaign' Err'd.'
32. The implication that a Talbot will anglicise Montaigne implicitly references John Florio's dedicatory poem to Lady Elizabeth Grey, daughter of Gilbert Talbot, seventh earl of Shrewsbury, in the third book of his 1603 translation of Montaigne's *Essais*: 'OF Honorable TALBOT honor'd-farre, / The forecast and the fortune, by his WORD / *Montaigne* here descrives'. John Florio, *The Essayes or morall, politike and millitarie discourses of Lo[rd] Michaell de Montaigne* (London, Val. Sims for Edward Blount, 1603), f.Rr3*v*.

French writing exported back out of the nation to the listening and reading 'World' as supposed evidence of Britain's superior cultural capital.

Prior was encouraged to act in cultural transfers by his official correspondents in the British Government, who perceived them to be in the nation's cultural interests. In 1698 the earl of Dorset wrote to ask him: 'There is a design here afoot to make Gresham colledge less ridiculous and more usefull then it has been: therefore pray let mee know exactly what the new regulations are in the R[oyal] academy des beaux Esprits at paris.'[33] Dorset wants to know about the Academy in Paris to improve the cultural and intellectual infrastructure in London. His request for imported information provides an easy and illuminating parallel with Prior's book imports; books are, after all, just another form of cultural and intellectual capital. Or at least, the right books are; Prior's letters do also feature the wrong kind of book – smuggled subversive publications mentioned in code – but only in order to alert governmental authorities so they can prevent their distribution.[34] The import of the right books and the right textual and cultural knowledge are nationalist in their aspiration of making not only Gresham College but also the nation as a whole 'less ridiculous and more usefull', and so more able to tell the rest of the world where it errs.

Meanwhile, exports of the right books in turn project a nation's cultural capital abroad, as Prior's poem has already suggested. Prior certainly implies that it is part of his diplomatic remit to influence the Parisian literary scene in favour of Britain, in a 1713 letter to the Chancellor of the Exchequer proposing sponsorship of a Parisian opera:

> I inclose to You a triffle, the last New Opera here. I wish however that Her Majesty saw the passage in it relating to the Praise of Her and Her People, I think it is pretty fair that we have the generosity of a British Queen acknowledged by Astrea upon a French Theatre, It is good Your Lordship sees to have your Ministers a little poetically given, and incouraging such as are so here, I intend to make a present to the Author pour l'honneur de ces peuples genereux qu'environne Thetis.[35]

Prior's letter aligns literary patronage with governmental interests and the projection of Britain and Queen Anne abroad. Like the import of books and literary news, the export of literary patronage or books supported government and nation.

Cultural nationalism therefore fuelled international cultural exchange,

33. Dorset, 'To Prior', 6/16 March 1697/1698, London. Longleat House, 'Prior papers', vol.4.
34. E.g. *Prior papers*, p.36, 250.
35. Prior, 'To Harley', 5 January 1712 [OS], [Paris]. London, National Archives, MS SP 105/28, f.65*v*-66*r*.

at least through diplomatic channels, in an interesting corollary to the historical coincidence of the trans-European Enlightenment and the rise of the nation-state. This previously unappreciated evidence from diplomatic archives offers new insights into the relationship of the national to the international in book history, which remains an important and under-researched area. In Robert Darnton's often-quoted words, 'By its very nature [...] the history of books must be international in scale', but, also in his words, the history of the book 'faces a danger [...]: nationalization'. For Michael Suarez, writing more recently about his work editing the 2009 *Cambridge history of the book in Britain*, vol.5: *1695-1830*, international research remains both a problem and a possibility for the field of book history.[36] Archival evidence of diplomatic book exchanges provides one way of realising that possibility, because it documents the intersection of national and international, and reveals how they relate.

Prior's poem 'Written in Montaigne's *Essays*' jokingly claims that the nation will thank him more for the import of a book than for his diplomatic work:

> the instructed Isle,
> For more than Treaties made, shall bless my Toil.[37]

The joke more seriously serves to draw a parallel between the national representative as a diplomat and as a trader in books. He and I are not the only ones to do so. In 1990 Gordon Graham, whose long career in publishing included membership of the British Library Board, presidency of the British Publishers Association and fifteen years at the head of a major publishing house, gave a speech in London on the nationalism that, in his view, still held the publishing industry back in the twentieth century. Remarking that, in his experience, the preciousness shown by countries towards their cultures is proportionate to their sensitivity about traffic in books, he also made the observation that served as epigraph to this article: 'Books are cultural ambassadors, as hundreds of publishers have said unblushingly to officials with purse-strings.'[38]

Books are cultural ambassadors, or, at least, they are and have been perceived to be such. Certainly Prior seemed to think so. Graham talked of 'cultural ambassadors' in a speech advocating greater internationalism and his phrase is telling because it cuts both ways. Ambassadors travel; they mediate between countries; they create alliances; but in essence they

36. Michael F. Suarez, 'Historiographical problems and possibilities in book history and national histories of the book', *Studies in bibliography* 56 (2003-2004), p.141-70 (147-50). Suarez quotes Darnton and summarises subsequent responses on p.147-48.
37. Prior, *Poems*, p.18.
38. Gordon Graham, *As I was saying: essays on the international book business* (London, 1994), p.14.

always represent their own nation. The book exchanges facilitated by Prior and Stepney fit that ambassadorial model. The books travelled internationally and mediated between readers in different countries. Book exchanges created a kind of alliance, in the form of a loose-knit intellectual network, made up of influential writers and politicians circulating books and ideas across Europe – and this was the kind of network and these were the sorts of cultural transfers that resulted in the Enlightenment. But in the end nationality remained essential to this international exchange. Cultural nationalism actively promoted the flow of texts and ideas across borders, at least through diplomatic routes, and book history has much to learn from this encounter between the national and the international. Like the visits of foreign officials, the import of foreign books added to the nation's status and influence, though it was still better if influential books acted as the nation's own ambassadorial representatives – after all, that is why Prior imagined the anglicisation and re-exportation of Montaigne's *Essais*. There are a number of likely explanations for British diplomatic involvement in the international exchange of books and book-related news and knowledge over centuries (the institutional infrastructure of diplomacy, which enabled continuous privileged access to key figures abroad and at home, certainly provides compelling practical reasons), but the most thought-provoking reason of all is this correspondence between the ambassadorial functions of diplomats and books. For the ambassadorial nature of books does not only help explain why the diplomatic archives are so rich in the records of book exchange; it also sheds light on the nature of those exchanges, on how as well as why those diplomats Prior and Stepney handled quite so many of those cultural-ambassador books.

Quand les francs-maçons signent des traités diplomatiques: circulations et échanges maçonniques entre France et Angleterre (1765-1775)

PIERRE-YVES BEAUREPAIRE

L'histoire des relations maçonniques franco-britanniques au dix-huitième siècle s'écrit sur le mode de la rivalité européenne et coloniale entre puissances maçonniques – il y a donc une contamination de la sphère fraternelle par la géopolitique profane. La perméabilité de la sphère maçonnique aux tensions franco-anglaises est une réalité, notamment dans le contexte de la guerre d'Indépendance américaine qui voit les francs-maçons parisiens accueillir en triomphe Benjamin Franklin et lever des fonds pour l'armement d'un navire de ligne, *Le Franc-maçon*, qui aurait été offert à la marine royale pour remplacer les unités perdues par l'amiral de Grasse à la bataille des Saintes. Révélatrice est l'opposition entre les deux gloires nationales, Descartes et Newton. Si Newton est l'une des figures tutélaires de la Grande Loge de Londres née en 1717, notamment parce que les pères fondateurs sont très liés à la Royal Society, les francs-maçons de la loge La Réunion des Etrangers choisissent d'exalter Descartes et de l'opposer à Newton, dans le cadre du 'nouveau patriotisme français' étudié par Edmond Dziembowski.[1] Le *Discours sur l'origine, les progrès, et les révolutions de la franc-maçonnerie philosophique*[2] de Edme Béguillet, avocat au Parlement de Paris, membre de l'Académie royale des sciences, auteur prolixe, collaborateur de l'*Encyclopédie*, et 'secrétaire général' de La Réunion des Etrangers est sans ambiguïté: 'L'éloge m[açonnique] de Descartes sera suivi d'une exposition de sa philosophie trop peu connue, & qui est tombée presque totalement depuis que l'Anglomanie nous a engoués d'un système étranger.' Cependant, l'histoire des relations maçonniques franco-anglaises au dix-huitième siècle ne se limite pas à l'évocation des rivalités entre Grandes Loges, ou à la sensibilité des francs-maçons à l'exaspé-

1. Dziembowski, *Un Nouveau patriotisme français*.
2. Edme Béguillet, *Discours sur l'origine, les progrès, et les révolutions de la franc-maçonnerie philosophique, contenant un plan d'association et un projet maçonnique de bienfaisance, pour l'érection d'un double monument en l'honneur de Descartes, par le frère Béguillet, avocat au Parlement, secrétaire général de la Loge de la Réunion des Etrangers* (A Philadelphie, 1784).

ration du sentiment national après la guerre de Sept Ans. Visites fraternelles, circulations des rituels et des catéchismes maçonniques, traductions de textes, correspondances entre obédiences, loges et individus ont dessiné tout un espace d'échanges et de circulations maçonniques entre France et Grande-Bretagne – y compris dans le domaine colonial – qui mérite d'être étudié pour lui-même et en relation avec l'ensemble des transferts culturels franco-britanniques.

Depuis les années 1730 et notamment le *Discours* du chevalier Andrew Ramsay, Grand Orateur de la Grande Loge de France, jacobite notoire, les francs-maçons français ont cultivé les liens à la fois historiques – si l'on songe au nombre important d'aristocrates jacobites francs-maçons réfugiés en France – et légendaires avec l'Ecosse – réputée ultime refuge des templiers, dont les Stuart seraient eux-mêmes les héritiers et par là même les Supérieurs inconnus de l'ordre maçonnique – comme mère de 'leur' franc-maçonnerie, chevaleresque et chrétienne. A Marseille, notamment, la prestigieuse loge Saint-Jean d'Ecosse, atelier du grand négoce français et étranger, prétend tenir ses constitutions de la Grande Loge d'Edimbourg.

Mais au-delà du récit de fondation mythique, les liens avec la franc-maçonnerie anglaise sont les plus nombreux et les plus vivants tout au long du dix-huitième siècle. Les visites de francs-maçons anglais dans les ateliers français sont une réalité tout au long du siècle. Elles concernent aussi bien un espace habitué aux circulations franco-anglaises, le Boulonnais, que l'Auvergne, lorsque le fils d'un lord anglais décide de s'y installer. A Boulogne-sur-Mer, Gabriel Abot de Bazinghen pratique la maçonnerie d'adoption (qui réunit hommes et femmes), qu'on pense à tort absente d'Angleterre, avec les dames Coolebrooke mère et fille.[3] Ils font également vivre un théâtre de société. A Clermont, Edouard Onslow appartient à la principale loge de l'orient, Saint-Maurice, où il fréquente le futur monarchien Stanislas comte de Clermont-Tonnerre en garnison dans la ville et le futur conventionnel Georges Couthon. Ces liens se manifestent aussi par l'obtention de constitutions anglaises par des loges françaises, mais surtout par l'existence d'une loge *bifrons* qui matérialise la nécessité de mettre sur pied des interfaces entre maçonneries anglaise et française, par-delà les rivalités, profanes et maçonniques. Significativement, cette loge, 'connue au grand orient de France sous le titre de l'Heureuse Rencontre, et à celui d'angleterre sous le n°184', est érigée à Brest qui, port de guerre, est au centre de la rivalité franco-anglaise.

3. *Boulonnais, noble et Révolutionnaire, le journal de Gabriel Abot de Bazinghen (1779-1798)*, éd. Alain Lottin, Louisette Caux-Germe et Michel de Sainte-Maréville (Arras, 1995).

Le traité maçonnique anglo-français de 1765

Les tensions comme le maintien d'un nécessaire espace de dialogue et d'échanges entre les obédiences maçonniques des deux pays ont conduit Paris et Londres à élaborer – difficilement – un traité de bon voisinage et de prévention des risques – plus que d'entente cordiale – au lendemain de la guerre de Sept Ans (1756-1763). De fait, les années 1764-1768 ont été déterminantes pour les relations entre la Grande Loge de France et la principale puissance maçonnique du temps, la Grande Loge d'Angleterre (dite des Modernes). Marquées par une intense activité épistolaire et diplomatique, elles se soldent, en 1765, par la conclusion d'un traité visant à développer les échanges d'information, à faciliter l'accueil des frères voyageurs et, surtout, à délimiter les ressorts, où chaque obédience peut exercer, de manière exclusive, sa souveraineté, par l'acceptation mutuelle d'un principe de non-ingérence.

Le traité que les francs-maçons anglais et français signent en 1765 peut être défini comme une sorte de *gentleman's agreement*. Une lettre adressée au Grand Orient de France le 20 mai 1774 par le Deputy Grand Master[4] Rowland Holt et le Grand Secretary Heseltine nous apprend que les relations entre les deux obédiences ont été soigneusement codifiées par

> a Treaty entered into between our Grand Lodge, and that of France, about the year 1765 whilst the late Count de Clermont was Grand Master. The substance of which Treaty was That as there were several lodges in France under the authority of our Grand Loge – we, on our part, should not constitute any New lodges in France after the date of such Treaty – and in consideration there of the Grand Lodge of France should not constitute any lodges out of the French Dominions to interfere with our authority.[5]

Les Anglais affirment avoir respecté les clauses du traité jusqu'à la mort du Grand Maître français, le comte de Clermont. C'est le sens de la lettre qu'adresse John Salter, Deputy Grand Master, le 15 mars 1768, au frère Brest de La Chaussée, important officier de la Grande Loge de France:

> I have received some letters from different parts in France, particularly one from Bordeaux[6] praying a Deputation to appoint a Provincial Grand Master,

4. C'est-à-dire substitut du Grand Maître, dans la terminologie maçonnique française de l'époque.
5. Dans une lettre sans date au Grand Secretary James Heseltine, Vignoles, Grand Maître Provincial pour les pays étrangers, écrit: 'Comme il a entendu que M. Heseltine entendoit faire quelques changemens dans la liste des Loges, il croit devoir lui proposer d'ajouter aux G[rands] M[aîtres] P[rovinciaux] ceux de France et de Hollande *en conséquence des traités faits avec eux*, ainsi: France, SAS le Prince de Clermont; Hollande, Charles Baron de Boetzelaer'. Londres, Grand Lodge Library, *Freemasons' Hall*, Archives de la Grande Loge Unie d'Angleterre, 25/A/13.
6. L'Anglaise de Bordeaux, fondée le 27 avril 1732, a été constituée par la Grande Loge d'Angleterre en 1766.

> but I have ordered the Grand Secretary to acquaint them that I could not comply with their Request as there is a Grand Master and Grand Lodge in France to whom they ought to apply in all affairs relative to Masonry and I beg leave to assure you that the Grand Lodge of England will not for the future interfere with lodges in France as we look upon it to be highly improper to take cognizance of lodges under the jurisdictions of your Grand Lodge.[7]

La Grande Loge de Londres a certes constitué la loge de la Candeur, orient de Strasbourg, après 1765, mais elle ne l'a fait qu'après la mort du comte de Clermont, et la faillite consommée de la Grande Loge de France; elle estime donc ne pas être en infraction par rapport aux clauses du traité:

> this Compact was strictly adhered by both Parties until after the Death of the Count de Clermont, with whom the Grand Lodge of France also died as we were informed. And subsequent this Death, and before the reestablishment of the Order under the Duc de Chartres, a New Lodge was constituted by us at Strasbourg in Alsatia, composed of many of the most respectable Persons there[8] – which is the only Lodge constituted by us, within the Dominions of France, since the Compact of Treaty before mentioned.[9]

Les dignitaires anglais sont-ils vraiment de bonne foi, lorsqu'ils avancent ces arguments? La consultation des *Masonic records* de John Lane confirme-t-elle que la puissance anglaise n'a pas octroyé de 'deputation to constitute' entre 1766, année où elle porte sur ses registres l'Anglaise de Bordeaux, et 1772 où elle patente la Candeur de Strasbourg? En réalité, d'autres ateliers ont été constitués, au Havre et à Grenoble. Les renseignements les concernant sont très fragmentaires. Ainsi, les archives de la Grande Loge Unie d'Angleterre ne conservent pas de dossier pour la loge havraise de la Sagesse, indice de relations très épisodiques, ou qui se limitèrent à la demande et à l'octroi de constitutions. Elle figure pourtant clairement sur les *Lists of Freemasons' lodges*, sous les numéros 374, puis 375, qu'elle garda jusqu'en 1770, année à partir de laquelle le matricule 310 lui fut attribué jusqu'en 1776, où elle disparut des registres de la Grande Loge d'Angleterre.

Faut-il voir, avant même ces constitutions, dans l'octroi de patentes à l'Anglaise de Bordeaux, en 1766, soit trente-quatre ans après sa fondation, mais quelques mois après la signature du traité entre les deux obédiences, une violation consciente de celui-ci? C'est ce qu'affirmera plus tard un membre influent du Grand Orient et de la commission pour les Grands Orients étrangers, le célèbre docteur

7. Paris, Archives de la Grande Loge d'Ukraine (il s'agit en réalité des papiers personnels de Nicolas Choumitzki), 1734 M.
8. La Candeur a été constituée le 2 mai 1772.
9. Paris, Archives de la Grande Loge d'Ukraine, 1743 M.

Guillotin.[10] Les Britanniques protestèrent, on l'imagine aisément, de leur innocence: on ne pouvait en toute bonne foi les accuser d'avoir commis la moindre infraction aux clauses du traité. La lettre du Deputy Grand Master Salter citée plus haut, qui refusait à l'Anglaise de Bordeaux la nomination d'un Grand Maître Provincial, au nom du respect du traité liant les Grandes Loges d'Angleterre et de France, en apportait la preuve indiscutable. Considérant que l'Anglaise de Bordeaux était sous sa protection, dès sa naissance en 1732, la Grande Loge d'Angleterre n'estimait pas que l'octroi d'une reconnaissance officielle à cet atelier constituait une quelconque violation des termes du traité, qui interdisait toute *nouvelle* fondation.

Reste le problème des constitutions octroyées ultérieurement à Grenoble et au Havre. Il faut faire la part des faiblesses de l'administration maçonnique anglaise: manque de personnels, mauvaise conservation des archives, retards dans l'expédition des planches, méconnaissance fréquente de la langue française de la part de nombreux dignitaires.[11] Il n'empêche que la Grande Loge d'Angleterre a deux interprétations du traité de 1765, laxiste lorsqu'elle y trouve son avantage, rigoureuse lorsqu'il s'agit de contrarier les entreprises et les intérêts français. La Grande Loge de France ne manque d'ailleurs pas de suivre sa consœur et rivale sur le terrain de la chicane diplomatique. Son interprétation de la clause d'interdiction qui lui est faite de constituer hors du territoire français diverge de celle des Anglais. Dès 1763, elle affirme ne pas constituer de loges en territoire étranger, dès lors qu'il dispose de sa propre Grande Loge,[12] ce qui demeure actuellement la règle de conduite du Grand Orient.[13] Elle semble d'ailleurs avoir respecté ce principe si l'on en croit une planche de l'Amitié, orient de Bordeaux: 'Considérant que l'autorité du Grand Orient de France ne s'étendant pas au-delà des limites du Royaume [...] par le refus qu'il fit des Constitutions à des Maçons de Ratisbonne, renvoyés devant le G[rand] M[aître] d'Allemagne'.[14]

Mais, pour la Grande Loge d'Angleterre, le traité interdit aux Français toute fondation hors de France, que le territoire considéré relève de

10. Paris, Archives de la Grande Loge d'Ukraine, 1752 M. Note de Guillotin, 2 octobre 1775.
11. Le 18 juin 1773, répondant à la demande de constitutions adressée par la Candeur, orient de Strasbourg, à Londres, l'officier chargé du dossier regrette son manque de maîtrise de la langue française, et rédige sa planche en anglais (Grand Lodge Library, *Freemasons' Hall*, Archives de la Grande Loge Unie d'Angleterre, *Letter book* 2, f.102 A).
12. A. Bernheim, 'Notes on early Freemasonry in Bordeaux (1732-1769)', *Ars Quatuor Coronatorum* 101 (1989), p.66.
13. L'article 14 du règlement général du Grand Orient stipule que 'le Grand Orient de France ne constitue pas d'Ateliers dans les pays étrangers où il existe une puissance maçonnique régulière et en relations fraternelles avec lui.'
14. Paris, BnF, Cab MSS, FM, FM^2 169 bis, dossier *Amitié*, Orient de Bordeaux, f.68*v*.

l'autorité d'une Grande Loge ou non. Il s'agit bien évidemment pour Londres de se réserver l'exclusivité des fondations sur le continent, et de protéger les intérêts de ses Grandes Loges provinciales. Les correspondances internes échangées à ce sujet par les officiers de la Grande Loge d'Angleterre sont particulièrement éclairantes: 'J'ai un consentement formel de la Hollande, *qui nous abandonne toutes les loges qu'elle a constituées au delà de son territoire* qui sont deux à Gand, une à Naples et une à Dusseldorf *que je force à prendre de nouvelles constitutions de nous*, & dont j'attends réponse à ce sujet.'[15] Comme les intentions de Londres à l'égard de Paris sont identiques, les risques de différends, voire de rupture, sont bien réels. D'autant que la Grande Loge de France affiche bien haut sa volonté de veiller jalousement à l'intégrité du ressort qui lui a été reconnu par le traité. Une lettre circulaire adressée à l'ensemble des loges de sa correspondance prouve sa détermination à profiter de la signature du traité pour asseoir son contrôle sur le territoire français. Quelques années plus tard, le Grand Orient emploiera le même ton, dans le même dessein:

> The T. R. [Très Respectable] and S. G. L. [Souveraine Grande Loge] of France, wishing to put you in a position not to be deceived by Lodges which pretend to have been constituted by England, warn you that by the list sent to them by the very reverend and very sublime Grand Lodge of London July 18th, 1765, signed, sealed and stamped, commencing with n°1 and ending with n°340, it follows that England never have warranted more than three Lodges in France [...] The said lodges, according to the list, became extinct and were suppressed on July 24th, 1765, at the General Meeting of the Grand Lodge of London, because they had no power to warrant lodges in France. Therefore the T. R. and T. S. G. L. of France [...] forbids by the presents any communication with the therefore mentioned Lodges who state that they have been constituted by the Grand Lodge of London or of Scotland, as also with Lodges which have not been warranted by the Grand Orient of France, and which are not entered on the list which you will receive in a very short time.[16]

Ne reconnaissant pas de fondation étrangère sur son territoire, on comprend l'exigence réitérée par la Grande Loge de France, puis par son successeur le Grand Orient, de voir l'Anglaise de Bordeaux demander des patentes à l'obédience française, et son corollaire, la surprise anglaise – feinte? – devant une telle démarche. Il s'agit d'un symbole, et la franc-maçonnerie affectionne les symboles. Si l'Anglaise de Bordeaux plie, la Grande Loge de France progresse dans sa maîtrise de l'espace maçonnique français, en réduisant les enclaves anglaises, et

15. Grand Lodge Library, *Freemasons' Hall*, Archives de la Grande Loge Unie d'Angleterre, *Letter book* 2, f.102 A.

16. Lettre dont l'original français a été traduit et édité par Sitwell, *Transactions of the Lodge of Research n°CC*, 1928, p.49-50.

impose sa conception d'un territoire 'national' relevant d'une Grande Loge 'nationale'.

De la crise des années 1770 et de l'importance des intermédiaires dans les échanges entre Londres et Paris

La lecture des archives de la commission pour les Grands Orients étrangers mise sur pied par le Grand Orient, conservées à la Bibliothèque nationale de France, témoigne de ce que la question de la définition des relations avec les autres obédiences s'est posée très tôt à la nouvelle obédience avec acuité. Sa politique extérieure s'oriente initialement en direction de la Grande Loge d'Angleterre, entamant un illusoire dialogue bilatéral, qui devient rapidement monologue. Constatant le refus anglais de négocier sur les bases établies par les commissaires français, le Grand Orient entreprend alors de diversifier ses relations diplomatiques.

Dès mars 1775, la nécessité de textes juridiques régissant les rapports avec Londres s'est imposée aux Français. Le Grand Orient ne peut ignorer plus longtemps les fondations britanniques en France, d'autant qu'aux yeux d'une large majorité de frères, l'Angleterre apparaît plus que jamais comme le conservatoire de la tradition, donc de la légitimité maçonnique. Or, à la même date, l'autorité de l'obédience française est vivement contestée par les francs-maçons français. Lui sont reprochés son coup de force sur l'ordre maçonnique en France, son ambition dévorante, ses prétentions financières... et tout naturellement, certains opèrent un transfert d'allégeance en faveur de la Grande Loge d'Angleterre, que l'on presse d'accorder des constitutions régulières. De son côté, la Grande Loge d'Angleterre profite de cette transition difficile pour tenter d'imposer au Grand Orient la prorogation du traité de 1765, mais sous une forme qui entérinerait sa lecture du document, défavorable aux intérêts français. Le 20 mai 1774 le Deputy Grand Master Rowland Holt et le Grand Secretary Heseltine écrivent au frère baron de Toussainct, secrétaire général du Grand Orient, la lettre suivante:

> We see with pleasure in your excellent code of laws, the formation of a permanent Masonic system in France, and we accept with equal satisfaction your obliging invitation to a mutual correspondence and communication between the two grand Lodges.[17] We wish however to be fully informed of

17. Ils répondent à la lettre du 17 décembre 1773 du secrétaire général du Grand Orient au Deputy Grand Master Charles Dillon, où l'on pouvait lire: 'C'est pour nous procurer ce précieux avantage [l'union des francs-maçons] que le Grand Orient de France m'a chargé de vous faire part de cette intéressante révolution, de vous demander la faveur de votre correspondance, votre protection et votre appui pour ceux de ses membres que le hasard pourroit conduire dans votre Orient.' Paris, Archives de la Grande Loge d'Ukraine, 1736 M.

> the intentions of your Grand Lodge with respect to Foreign Nations, and in particular whether you mean to adhere to a Treaty entered into between our Grand Lodge, and that of France, about the year 1765.[18]

Après les félicitations d'usage à la nouvelle puissance maçonnique, les dignitaires anglais, en politiques pragmatiques, affichent leur vigilance à sauvegarder leurs intérêts, et sondent les intentions de l'obédience française en politique extérieure. Il est vrai que la situation de la puissance française est alors particulièrement délicate. Tentant de faire coïncider les limites de son autorité et celles du royaume, elle butte inévitablement sur des fondations étrangères, essentiellement britanniques, souvent nettement plus anciennes, donc plus prestigieuses que les créations 'indigènes'. Ces ateliers renâclent bien évidemment à demander des patentes au Grand Orient, comme nous l'avons déjà observé pour l'Anglaise de Bordeaux notamment. Mais l'obédience française ne peut entrer en conflit avec les Britanniques, sans risquer d'être encore plus contestée à l'intérieur. En revanche, si elle réussit à obtenir de la Grande Loge d'Angleterre sa reconnaissance comme centre maçonnique français, elle bénéficiera d'un surcroît de légitimité, capital qu'elle fera ensuite fructifier par une habile propagande en direction des ateliers provinciaux. La politique extérieure du Grand Orient a donc une dimension 'intérieure' évidente. La position du Grand Orient est rendue encore plus inconfortable par le fait qu'il désire – mais peut-il faire autrement? – traiter avec la Grande Loge d'Angleterre sur un pied d'égalité, afin d'affirmer son autorité et son indépendance pleines et entières. Ne pas le faire, ce serait reconnaître sa sujétion, même théorique, avaliser l'obédience anglaise comme source unique de légitimité maçonnique. *Mutatis mutandis*, il s'agit donc de demander l'adoubement sans même reconnaître celui qui l'accorde comme *primus inter pares*, et encore moins comme suzerain, mais tout simplement comme un pair! Malgré ses contradictions internes, et son peu de chance d'aboutir, la démarche française se conçoit. On imagine cependant aisément le peu d'empressement des Anglais à y répondre, d'autant plus que, malgré un certain infléchissement de leur position enregistré au cours de la décennie 1760, ils continuent de considérer que l'ensemble des ateliers maçonniques des deux hémisphères relèvent *de jure* de l'autorité du Grand Maître anglais, nonobstant leur autonomie de fait.

'Le projet de traité entre le Grand Orient de France et celui d'Angleterre' est étudié en commission à partir du 7 mars 1775. Sa rédaction mobilise des francs-maçons de grande envergure comme l'abbé Rozier et le docteur Guillotin, ce qui prouve son importance

18. Paris, Archives de la Grande Loge d'Ukraine, 1743 M.

aux yeux des dirigeants. D'emblée, les Français fixent le principe de toute relation future: 'l'intention du g[rand] o[rient] de france est de traiter avec celui de Londres d'égal à égal cette égalité devant être la base du traité d'union.'[19] Le Grand Orient n'est pas une Grande Loge Provinciale émancipée de la tutelle de la mère britannique. L'insistance des Français sur ce point est permanente. Au-delà de l'affirmation des principes de souveraineté, cette attitude se comprend mieux si l'on s'intéresse à l'interlocuteur des négociateurs français, de Vignoles.[20]

Vignoles porte le titre de Grand Maître Provincial pour les pays étrangers.[21] Le contenu réel de ses attributions est fort vague, et l'usage qu'il en fait importe dans un premier temps assez peu aux dirigeants de la Grande Loge. En effet, à cette époque, et on l'oublie trop souvent, un frère pouvait être revêtu par le Grand Maître de la Grande Loge d'Angleterre de la charge de Grand Maître Provincial, sans que la Grande Loge Provinciale correspondante n'existât dans les faits. Il lui revenait d'ériger 'sa' Grande Loge Provinciale et de payer capitation à Londres. De son côté, Vignoles considère d'une manière toute différente sa Grande Maîtrise Provinciale, et revendique une tutelle des plus strictes sur les ateliers continentaux constitués par Londres. Sa vénalité et ses abus de pouvoir qui devaient le rendre tristement célèbre parmi les francs-maçons et conduire à sa radiation de l'ordre n'étaient pas encore connus. Entre le manque d'empressement de la Grande Loge d'Angleterre à négocier avec les obédiences continentales et le soin jaloux de Vignoles – qui est l'une des nombreuses figures de chevalier d'industrie comme on nomme alors les aventuriers qui profitent de la franc-maçonnerie – à veiller sur ses intérêts (il prélevait une véritable dîme sur les fonds adressés par les ateliers pour obtenir leurs patentes), le Grand Orient de France allait devoir faire preuve de patience et de détermination.

Le 'traité d'union' qu'étudie la commission *ad hoc* du Grand Orient désigne en fait un traité d'amitié, sinon de non-agression, entre deux puissances maçonniques: 'le g[rand] o[rient] de france et celui d'angleterre, pour maintenir entr'eux l'union et l'amitié, entretiendront une correspondance mutuelle.'[22] Mais il n'est pas d'amitié sans bon voisinage, tout particulièrement dans une Europe maçonnique où les fondations françaises et étrangères coexistent dans une même ville: en

19. Paris, BnF, Cab MSS, FM, FM[1] 118, f.408*r*, article 1.
20. Qui se prétend marquis.
21. Voir W. Wonnacott, 'De Vignoles and his lodge L'Immortalité de l'Ordre', *Ars Quatuor Coronatorum* 34 (1921), p.132-69; N. S. H. Sitwell, 'The marquis de Vignolles and the Provincial Grand Lodge for foreign countries', *Ars Quatuor Coronatorum* 49 (1936), p.122-28; E. E. Stolper, 'More about de Vignoles', *Ars Quatuor Coronatorum* 96 (1983), p.211-18.
22. Paris, BnF, Cab MSS, FM, FM[1] 118, f.408*v*, article 3.

Italie (à Naples par exemple), en Allemagne (à Francfort notamment), mais d'abord en France. L'article 2 du projet pose donc que 'le g[rand] o[rient] de france aura une jurisdiction première entière et exécutive dans son territoire.'[23] L'intention est claire, mais le ressort de cette autorité éminente n'est pas clairement précisé. Rapidement, la commission en arrive à l'idée que les limites du territoire profane, en l'espèce du royaume, doivent s'imposer aux francs-maçons. Emettre des prétentions sur un territoire qui relève au profane d'une autorité étrangère, c'est risquer d'éveiller l'inquiétude des puissances européennes, de donner l'impression que l'on nourrit des ambitions politiques inavouées, ce que les francs-maçons craignent plus que tout. Parallèlement, faire allégeance à une obédience relevant d'un Etat étranger peut susciter de la part des autorités la crainte de voir les frères devenir, éventuellement, un instrument au service de cette même puissance étrangère.

La planche du 10 juin 1775 nous apprend donc que

> la commission a cru devoir changer, quant à la rédaction, les articles du traité d'union entre le grand orient de france et celui d'angleterre et les arrêtés ainsi qu'il en suit [...] art[icle] 2 le g[rand] o[rient] de france et celui d'angleterre auront une jurisdiction, première, entière et exclusive dans leur territoire respectif lequel sera déterminé par l'étendue des états soumis à la domination française et britannique.[24]

Mais, à ce point de l'élaboration du projet, une question se pose encore, celle du temps de guerre, des territoires militairement contrôlés par les Etats belligérants. Or il s'agit d'un point essentiel. Les conflits ont marqué le continent européen et les territoires coloniaux tout au long du dix-huitième siècle, les armées en campagne ont emmené dans leurs bagages leurs ateliers ambulants, suscité des fondations. Pour aplanir les différends éventuels et prévisibles,[25] c'est la domination civile qui est finalement retenue. On éludait ainsi la question des territoires occupés militairement et où travaillaient des ateliers maçonniques. A l'occasion de sa cinquième réunion, le 20 août 1777, la commission précise

> [qu']il doit être écrit à la G[rande] L[oge] de Londres que le G[rand] O[rient] de France ne voulant prendre aucune supériorité, il n'en accordera point sur lui, qu'il ne constituera point dans les Etats soumis à la domination civile de la Grande Bretagne, tant que la G[rande] L[oge] de Londres ne constituera point dans ceux soumis à la domination françoise; mais qu'il

23. Paris, BnF, Cab MSS, FM, FM¹ 118, f.408*r*, article 2.
24. Paris, BnF, Cab MSS, FM, FM¹ 118, f.413*r*.
25. Les relations franco-britanniques se tendent alors de plus en plus sur le plan profane en raison de l'engagement français aux côtés des 'Insurgents' d'Amérique. On sait par ailleurs quel rôle a joué la commune appartenance à l'ordre maçonnique, dans les premiers contacts entre officiers français et américains.

> continuera de jouir du droit d'établir des l[oges] dans les autres quand il en sera requis.[26]

Manifestement, le ton s'est durci devant le rejet par la Grande Loge d'Angleterre de la rédaction française. Mais Londres ne bronche pas, c'est au Grand Orient à revoir sa copie et à réviser ses prétentions à la baisse. Les exigences communiquées aux Français par une planche du 5 septembre 1775 ne sont pas négociables. Cette lettre du Grand Maître Provincial de Vignoles est un document essentiel pour comprendre le désaccord de fond qui oppose les deux puissances maçonniques et l'échec final des pourparlers.[27]

> J'ai vu notre F[rère] Heseltine – écrit Vignoles – avec lequel j'ai conféré pendant les deux jours qu'il a été en ville. Il désire que l'Alliance entre nos deux O[rients] réussisse; mais selon son avis particulier les art[icles] 1, 2, 4 sont inadmissibles [...] L'égalité base du 1° article ne peut avoir lieu dit-il surtout après que l'Allemagne, la Suède, la Hollande &c ont unanimement reconnu leur Mère dans la G[rande] L[oge] de Londres qui a les preuves d'avoir établi le premier G[rand] M[aître] N[ational] en France [...] Il ne conçoit pas comment le 2° article veut resserrer la G[rande] L[oge] établie à Londres dans l'étendüe du gouvernement Britannique, lorsque ses branches ou ses rameaux sont déjà dans toutes les parties de l'Europe. A cela j'ai proposé de copier le traité avec la Hollande, où il est stipulé à ce sujet que l'Angleterre reconnoissant une G[rande] L[oge] N[ationale] indépendante pour les Provinces Unies, Généralité et colonies dépendantes, s'engageait à ne plus constituer de loges dans ce district. La clause qui énonce la liberté mutuelle d'étendre la lumière où il n'y a point de G[rand] O[rient] me paroît à moi même une source de difficulté puisqu'il peut être des parties ou nous n'aïons point de G[rand] O[rient] mais que je n'en connoisse point où nous n'aïons des tabernacles – de loges –; et d'ailleurs j'ose vous assurer que Selon mon opinion, une G[rande] L[oge] N[ationale] qui a toute l'etendüe de son gouvernement politique, en a bien assez [28] [...] L'article 4 soumet l'Angleterre à forcer les Loges qu'elle a constituées en France, à se joindre au G[rand] O[rient] territorial; mais elle ne croit pas pouvoir les y obliger, et croit beaucoup faire en laissant l'option à ces Loges. En vain ai-je objecté que cette distinction ne regardoit que la L[oge] Angloise de Bordeaux, celle de Strasbourg étant membre du parti schismatique du Nord.[29]

La lettre de Vignoles valide le raisonnement que nous avions pu ébaucher à partir des premières divergences entre les Grandes Loges d'Angleterre et de France. Que l'Angleterre prenne acte de l'apparition

26. Paris, BnF, Cab MSS, FM, FM[1] 118, f.424*r*.
27. Paris, Archives de la Grande Loge d'Ukraine, 1751 M.
28. Il était bien évidemment de l'intérêt personnel du frère de Vignoles de ne pas voir les Français le concurrencer sur le continent.
29. La Candeur, orient de Strasbourg, a obtenu le 2 mai 1772 des constitutions de la Grande Loge d'Angleterre. Strasbourg, Bibliothèque nationale universitaire de Strasbourg, MSS 5437, procès-verbal de la tenue du 30 juin 1772, f.258-60.

sur le continent de Grandes Loges 'nationales' – elle préfère les appeler territoriales – qu'elle consente à reconnaître leur indépendance et leur juridiction maçonnique sur leur ressort territorial, soit. Mais, pour autant, elle ne renonce nullement à l'héritage de ses premières décennies d'existence, et refuse de traiter sur un pied d'égalité, de Grande Loge souveraine à Grande Loge souveraine. Elle est la loge mère, la gardienne des origines; si ses filles émancipées ont vocation à propager la lumière dans leur ressort respectif, elle seule a vocation universelle, et n'entend nullement en rabattre. Elle exige de ses filles respect et reconnaissance de son antériorité, c'est-à-dire une allégeance morale, et ne se laissera dicter sa conduite que par elle seule. Et l'affirmation de Vignoles, selon laquelle la Grande Loge d'Angleterre a les preuves documentaires qu'elle a nommé le premier Grand Maître français, a pour but de rappeler les origines anglaises de la franc-maçonnerie française, qui peut dès lors aspirer à l'autonomie, mais non à l'indépendance complète. Les Anglais attendent des Français un texte récognitif de la maternité de leur Grande Loge.

Devant l'intransigeance anglaise, les commissaires français, et principalement Guillotin, ne désespèrent toutefois pas d'aboutir. A les croire, il est possible d'amender le projet, pour qu'il blesse moins l'orgueil anglais, et d'obtenir un accord minimum qui ne sacrifie pas les intérêts essentiels du Grand Orient. Surtout, il faut tâcher de prouver aux Anglais qu'ils n'ont pas à redouter un quelconque expansionnisme maçonnique français. Ces tentatives pour renouer les fils du dialogue sont éclairées par deux notes préparatoires de Guillotin, ainsi que par une lettre du Premier Grand Surveillant du Grand Orient, l'astronome Jérôme Lalande, professeur au Collège royal, qui, fort de son prestige international et de ses relations en Angleterre au sein de la Royal Society et des cercles dirigeants de la Grande Loge, espère rétablir une situation compromise.

La première note de Guillotin, du 2 octobre 1775, répond aux objections de Vignoles:

> Quant aux autres Etats – qui ne relèvent ni de l'autorité politique anglaise, ni de celle de la France –, il n'y a qu'à n'en point parler, si l'on veut. Chaque Grande Loge s'arrangera avec eux... Faire observer à cette occasion que bien loin de chercher à nous étendre nous engageons au contraire les L[oges] de Naples à former une Grande Loge.[30]

Une seconde note, non datée, précise la première. Il n'est pas question de visée expansionniste, mais de faire assaut de zèle maçonnique, de profiter d'une saine émulation pour relayer plus vite le flambeau

30. Archives de la Grande Loge d'Ukraine, 1752 M.

maçonnique à travers l'Europe: 'ils répandront concurremment la lumière.'[31] Naïveté ou candeur? Toujours est-il que l'on est surpris de constater que ce franc-maçon, d'ordinaire particulièrement avisé et lucide, ait pu croire un seul instant que la Grande Loge d'Angleterre, et surtout un homme aussi âpre au gain et jaloux de son autorité que Vignoles, toléreraient cette émulation sans y percevoir une menace. D'ailleurs, au sein même de la commission, certains ont dû émettre des doutes, car une note manuscrite anonyme fut jointe au texte de Guillotin: 'Le G[rand] O[rient] anglais n'acceptera pas cet article ainsy minuté. Son entousiasme [*sic*] ne lui permettra pas d'accepter la concurrence.'[32]

Devant cette impasse, Jérôme Lalande estime qu'il faut contourner l'obstacle de Vignoles, tenter d'approcher directement les principaux dignitaires de la Grande Loge d'Angleterre, pour trouver entre gens de bonne compagnie les bases d'un accord favorable à chacune des parties. La lettre du savant français traduit cependant le cruel manque d'informations précises concernant les obédiences étrangères, leurs organigrammes, et leurs politiques dont souffre le Grand Orient.

> Ma qualité de premier Surveillant de la Grande Loge de France m'oblige à vous faire quelques questions; si le manque de temps ne vous permettait pas d'y répondre, je vous prie de m'envoyer du moins le nom et l'adresse du secrétaire de la Correspondance de la grande loge pour que je puisse m'adresser directement à lui; il pourra m'écrire en anglois sans difficulté. Depuis deux ans que la maçonnerie a pris en France une nouvelle consistance et une nouvelle activité nous avons constitué et réformé plus de 200 loges, mais il s'est trouvé quelques unes sous le titre de Loges réformées d'Allemagne ou de Dresde [...] qui ayant établi trois directoires écossais à Lyon, Bordeaux et Strasbourg n'ont pas voulu de nos constitutions, étant prétendu bien Supérieurs à toute la maçonnerie d'Angleterre et de France [...] Je vous demanderai aussi si la grande Loge de Londres a reçu les nouveaux mémoires que nous avons fait imprimer depuis un et deux ans avec nos Statuts, les tableaux de nos loges, la liste de nos officiers pour que je vous les envoie si vous le désirés, en vous priant de m'envoyer ceux de Londres, que vous pouvés faire remettre chez le libraire Elmsley, ou chez M. Nourse qui ont souvent des occasions pour la France. Si vous avez quelqu'un qui veuille établir avec moi une correspondance des deux grandes Loges cela fera à tous le plus grand plaisir.
> Je voudrais bien savoir à quel endroit s'assemble la grande Loge, et si le plan de contribution pour faire l'acquisition d'une maison a eu lieu comme on le projettait en 1773? Si la grande loge a quelque bâtiment ou établissement public à Londres ou en Ecosse.
> [...] Delalande

31. Paris, BnF, Cab MSS, FM, FM[1] 118, Commission pour les Grands Orients étrangers, f.431*r*.
32. Paris, BnF, Cab MSS, FM, FM[1] 118, f.432*r* en réponse au f.431*r*.

De l'académie des Sciences et de la Société Royale de Londres, au collège royal place de Cambrai.[33]

De son côté, Vignoles a compris la menace, car sans remettre explicitement en cause la légitimité de sa qualité de Grand Maître Provincial pour les pays étrangers, Lalande l'a écarté des futures négociations, pour s'adresser directement aux officiers de la Grande Loge. Sa riposte est immédiate: il n'est plus question de négociation. Que le Grand Orient cède ou bien toute perspective d'accord disparaît! 'Je le répète en deux mots: la maternité de notre Grande Loge avouée, comme titre dû à l'ancienneté, mais sans aucun droits en résultans; la juridiction de votre Grande Loge bornée à l'étendue immense de votre gouvernement politique actuel ou futur, notre alliance n'a plus d'obstacle.'[34] Vignoles n'exige rien moins qu'une capitulation en rase campagne, et pour finir d'assommer l'adversaire, il brandit quelques jours plus tard une menace lourde de conséquences. Si le Grand Orient poursuit ses manœuvres à l'étranger, en infraction au traité de 1765, la Grande Loge pourrait bien se sentir déliée de ses engagements souscrits alors, et multiplier les constitutions sur le sol de France: 'Si cet acte émane de votre Grande Loge – il s'agit de la constitution accordée par le Grand Orient à Saint-Jean du Secret et de la Parfaite Amitié, orient de Naples – c'est une infraction au traité de 1766 [*sic*], qui nous met en droit de répondre aux demandes de vingt endroits de la France.'[35]

Les premiers nuages des années 1760 ont donc fait place à une atmosphère de plus en plus tendue, annonciatrice de la rupture définitive. Au total, ces tentatives pour parvenir à codifier les relations maçonniques franco-britanniques témoignent à la fois des rivalités internationales dans le champ maçonnique, de l'institutionnalisation de la sociabilité dans la seconde moitié du dix-huitième siècle ainsi que du déficit d'intermédiaires et d'informations fiables dont souffrent les francs-maçons français, même de haut rang, tels Jérôme Lalande, par rapport à l'Angleterre.

33. Londres, Grand Lodge Library, *Freemasons' Hall*, Archives de la Grande Loge Unie d'Angleterre, document communiqué par M. Brodsky.
34. Paris, Archives de la Grande Loge d'Ukraine, 1754 M. Londres, 4 juin 1776.
35. Paris, Archives de la Grande Loge d'Ukraine, 1749 M. Londres, 23 juin 1776.

London by the light of Montpellier: scientific networks between Britain, northern Europe and the Languedoc (1706-1789)

JAMES LIVESEY

The Languedoc was well endowed with scientific and scholarly institutions in the eighteenth century. The university at Montpellier, and particularly its medical faculty, had been one of the pre-eminent centres of learning from the thirteenth century and from its base in medicine the university and the community around it had gone on to inspire work across the sciences. The university continued to be a creative centre into the eighteenth century. Having been one of the first centres to abandon Galen in favour of Hippocrates, the university became a sponsor of vitalism.[1] The institutional richness of the city was reinforced by the foundation of the Société royale des sciences in 1706, well supported by the Estates of Languedoc. The archbishop of Narbonne, Arthur Richard Dillon, titular president of the Estates, was a particularly enthusiastic supporter. After 1762 he integrated the work of the society into strategies of economic improvement in the province and was the patron through which the society acquired a permanent home in the Hôtel de Guilleminet in 1777.[2] Scholarship on the society has argued that its work was largely derivative and dominated by the needs and concerns of the medical corporation.[3] This judgement accorded with the more general view that the provincial institutions of France were sclerotic in the eighteenth century, but a new body of work reassessing the role and function of French provincial institutions has argued that political institutions, in particular, were more vibrant and creative than has been recognised.[4] The scientific community in the Languedoc is also

1. Laurence Brockliss and Colin Jones, *The Medical world of early-modern France* (Oxford, 1997), p.418-33; Elizabeth Ann Williams, *A Cultural history of medical vitalism in Enlightenment Montpellier* (Aldershot, 2003).
2. *Assemblée publique de la Société royale des sciences, 30 décembre 1777* (Montpellier, 1778); Elizabeth Rendall Kindleberger, 'The *Société royale des sciences de Montpellier*, 1706 to 1793', doctoral dissertation, Johns Hopkins University, 1979.
3. Daniel Roche, *Le Siècle des Lumières en province: académies et académiciens provinciaux, 1680-1789*, 2 vols (Paris, 1978).
4. Marie-Laure Legay, *Les Etats provinciaux dans la construction de l'Etat moderne aux XVIIe et XVIIIe siècles* (Geneva, 2001); William Beik, *Absolutism and society in seventeenth-century France* (Cambridge, 1985).

due for reassessment. The Estates of Languedoc took on new roles, particularly in directing the infrastructural development of the province; the scientific societies similarly transformed their function. Montpellier's intellectual vitality becomes clear once we approach it in international and European context.

Despite its prestige the intellectual autonomy of Montpellier could not be taken for granted. The French monarchy's intervention in scholarly life in the seventeenth century transformed the relationships between centres of learning in the country and beyond. Royal patronage and funding transformed existing Parisian institutions and the creation of the Académie française in 1635 and the Académie des sciences in 1666 laid the foundations for a novel, centralised model of scholarly life. Independent provincial schools of learning now lived with the threat of becoming nothing more than satellites and feeders for the dominant centre. Laurence Brockliss' portrait of Esprit Calvet illustrates how the Académie des inscriptions, founded in Paris in 1663, created the intellectual and social environment, and so dominated the ambitions, of one meridional scholar.[5]

Calvet in Avignon was more isolated than any scholar in Montpellier and new national institutions did not threaten total domination by Paris of its doctors, botanists and astronomers. Instead a more subtle, but real, change in the relative positions of Paris and Montpellier, and in particular between their respective medical faculties, developed in the first half of the eighteenth century. Graduates of the Montpellier faculty controlled key institutions in Paris in 1700. The Montpellier doctor Guy de La Brosse had founded the Jardin du Roi in 1635. It offered a site where Montpellier graduates could give courses in chemistry, anatomy and botany under royal patronage and in defiance of the monopoly of medical education claimed by the Paris medical faculty.[6] This independent foothold was lost when Buffon became director of the Jardin in 1739. Buffon was not only an outsider to the patronage networks of the Montpellier faculty, but his materialism was totally antithetical to the school's central intellectual commitments.[7] Montpellier graduates continued to find an outlet in the Jardin but they no longer controlled it.

Something similar occurred in the relationship of the Montpellier medical faculty to the court. The Chicoyneau family, who were descended from Richier de Belleval and controlled the post of chancellor of the university, developed a trans-generational strategy of family promotion through their access to the post of *médecin du roi*. In 1730

5. Brockliss, *Calvet's web*.
6. Edouard Brygoo, 'Les médecins de Montpellier et le Jardin du roi à Paris', *Histoire et nature* 14 (1979), p.3-29.
7. Jacques Roger, *Buffon* (Paris, 1989), p.208-22.

Chicoyneau's father-in-law Pierre Chirac was appointed *premier médecin du roi*, a post to which Chicoyneau succeeded him in 1732. Chicoyneau held the post until his death in 1752, leaving the chancellorship of Montpellier in the hands of his son. The teaching of botany and anatomy was farmed out to clients of the family, which led to criticism that the university was losing its prominence in medical education. The Chicoyneau connection to the court did open up the Paris market for medical services to Montpellier graduates. Court doctors had the right to practise in Paris without obtaining an expensive Paris medical degree and of the forty-nine doctors in the royal medical household in 1789 twenty-six had been trained in Montpellier.[8] Individual careers benefited enormously from this connection, but the general effect was to move the intellectual centre of gravity north and to centre careers in Paris. Elizabeth Williams argues that Théophile de Bordeu's vitalism was elaborated as an identity for Montpellier doctors at court rather than as a new ideal for medical education at Montpellier.[9] Moreover, the chancellor of the university in the second half of the century, Jean-François Imbert, neglected his home university even more than Chicoyneau in favour of his court connections.[10]

In the 1730s and 1740s a new generation of Montpellier students complained that their instruction no longer addressed their needs.[11] Samuel Auguste David Tissot, who attended the university from 1745 to 1749, was highly critical of the curriculum and the teaching.[12] The foundation of the Société royale was ambiguous in this regard. The society offered a means to organise individuals working within and without the university. As Pierre Joseph Amoreux explained, it allowed scholars interested in topics beyond the medical sciences to work together and remedy some of the deficiencies in the faculty curriculum. He had benefited from the intellectual sociability of young members such as Antoine Gouan.[13] The society, however, had been created at the instigation of Jean-Paul Bignon and the Cassini family as a southern pole for their project of mapping France.[14] Bignon was the intelligence

8. Colin Jones, 'The *médecins du roi* at the end of the *ancien régime* and in the French Revolution', in *Medicine at the courts of Europe 1500-1837*, ed. Vivian Nutton (London and New York, 1990), p.214-67 (228).
9. Williams, *A Cultural history of medical vitalism*, p.185.
10. Williams, *A Cultural history of medical vitalism*, p.55.
11. J. Livesey, 'Botany and provincial Enlightenment in Montpellier: Antoine Banal père et fils, 1750-1800', *History of science* (2005), p.57-76.
12. Antoinette Emch-Dériaz, *Tissot: physician of the Enlightenment* (New York, 1992), p.244.
13. Avignon, Bibliothèque municipale d'Avignon, MS 1269, 'Mes souvenirs ou détails historiques des époques principales de ma vie', f.23.
14. *Sur les traces des Cassini: astronomes et observatoires au sud de la France*, ed. Paul Brouzeng and Suzanne Débarbat (Paris, 2001).

shaping the world of knowledge toward royal service across the country. The society's right to publish its work in the annals of the Académie des sciences simultaneously promoted the society's work while advertising its secondary status.

Scholars at Montpellier defended their autonomy by pursuing a variety of strategies of reform beginning in the 1740s. The most important was their ability to pursue independent research programmes. The backbone of the scientific community was the medical faculty and so medical research and the life sciences, and botany in particular, were their most important spheres of activity. Montpellier graduates, especially Bordeu and the chemist Gabriel-François Venel, who contributed 673 articles, were enthusiastic contributors to the early volumes of the *Encyclopédie*.[15] This underlined the existence of an alternative reform community. Under the leadership of François Boissier de Sauvages de Lacroix in the middle of the eighteenth century Montpellier became the French centre of Linnean botany. Sauvages inspired the work of an impressive generation that included Antoine Gouan and Pierre Cusson who in turn trained Pierre-Marie-Auguste Broussonet.[16] The opportunity for Montpellier to play this role arose from Buffon's refusal to embrace the Linnean programme, which opened the door to an alternative French centre. Such leadership was difficult to sustain in the long term and, after Buffon's resistance to Linnean typology and nomenclature had been overcome, the distinction of Montpellier became more difficult to maintain in this regard. Paris attracted talent; Bernard de Jussieu, originally from Lyon, was educated in medicine and botany at Montpellier but removed to Paris. His nephew Antoine Laurent de Jussieu and his student Michel Adanson developed their methods of natural classification from this Montpellier tradition, but did so in the Jardin du roi in Paris.

Montpellier could defend its pre-eminence in medical research more easily and the vitalist tradition, which sustained the Galenic practice of seeing the patient as a whole but with a new theoretical justification, distinguished Montpellier from the middle of the eighteenth century.[17] Sauvages's own work in nosology hybridised the typological strategies of Linnaeus with Montpellier's medical tradition to create a new method of diagnosis and disease classification.[18] Yet even an independent model of

15. Jacques Proust, *L'Encyclopédisme dans le Bas-Languedoc au XVIIIe siècle* (Montpellier, 1968).

16. Junius Castlenau, *Mémoire historique et biographique sur l'ancienne société des sciences de Montpellier* (Montpellier, 1858), p.53.

17. Williams, *A Cultural history of medical vitalism*.

18. Julian Martin, 'Sauvages' nosology: medical enlightenment in Montpellier', in *The Medical Enlightenment of the eighteenth century*, ed. Andrew Cunningham and Roger French (Cambridge, 1990), p.111-37.

medicine was not an entirely stable basis for a separate intellectual tradition and after the foundation of the Société royale de médecine in 1776 the same pattern of centralisation began to emerge in this world also. The animating spirit behind the Société, Félix Vicq d'Azyr, pioneered new research in neuroanatomy, the field that directly affected the Montpellier interest in the interaction of mind and body, and created new ideas on public health based on statistics and demography. He achieved all this without any connection with Montpellier or its tradition and was elected to the Académie française in 1778.[19] The emergence of a national scholarly and scientific world was ineluctable; Montpellier could not pursue completely independent projects and was driven to find counter-weights to the intellectual and social gravity exerted by Paris.

The antidotes to the crushing weight of Paris were found outside the borders of France. Institutions and individual scholars retained their room for manoeuvre and self-assertion by membership in international networks which maintained the status of scholars in the Languedoc by establishing reciprocity of esteem between a variety of scholarly centres. This article describes, through a prosopographical study of the foreign and corresponding members of the Société royale des sciences, how relationships with centres in Northern Europe, and with Edinburgh and London in particular, increased in importance for the Languedoc throughout the eighteenth century.[20] The scholarly world of Montpellier reorganised itself and subtly adjusted its social and intellectual ideals after 1750. This reorganisation was motivated by a mixture of endogenous forces, particularly the reassertion of an anti-Chicoyneau group within the university, and the exogenous context of alternative values to those of the medical corporation. Participation in cultural exchange injected dynamic forces into the local context. The Languedoc network, and in particular Pierre Broussonet, was central to the foundation of the London Linnean Society, which was to be the most prominent centre of biological research in Britain in the early nineteenth century. George Bentham, nephew of the more famous Jeremy, and latterly president of the Linnean, wrote a *Catalogue des plantes indigènes des Pyrénées et du Bas Languedoc* which was a late flower of this Franco-British cultural exchange and went on, in collaboration with his colleague Joseph Hooker, to establish the *Genera plantarum*, which is still in use. Cultural transfer occurred between a variety of centres, including Uppsala, Dublin, Edinburgh, Geneva and London, and generated a distinctive body of work.

19. P. Thuillaud, 'Vicq d'Azyr: anatomie d'une élection', *Histoire des sciences médicales* 20:3 (1986), p.229-36.

20. The membership and correspondence record used to construct this data are in the Archives départementales de l'Hérault (henceforward ADH), D116-22, Registers of the Society 1706-1793; D 192, 199, 202, Membership lists.

The novel context created by the international exchanges of Montpellier scholars and scientists is best illustrated by the contrasts between the international web of the Société des sciences and that of the university. Both the university and the wider scientific and scholarly community internationalised in the late eighteenth century, but in different though sometimes complementary ways. A total of 114 doctorates were awarded by the university to persons from outside France between 1706 and 1789 (see fig.1).[21] Of course this substantially under-reports the numbers of foreign students who attended the university, many of whom would not have taken degrees, but it will stand as a proxy for that wider community.

The international network of the university had three striking features. It depended on two contrasting sets of historical relationships that were conditioned by the politics of religion of the seventeenth century. More students were recruited from the Swiss cantons than from anywhere else in Europe and, among the cantons, they were disproportionately recruited from those of Berne and Geneva, both Protestant. This reflects the historic Protestantism of Montpellier and the loyalty of refugee families who continued to send their sons to Montpellier for their medical education after the revocation of the Edict of Nantes. Important figures in the university, notably Sauvages, remained sympathetic to Protestantism throughout the eighteenth century as did the group around the Haguenot family.[22] The other striking European zone of recruitment was Ireland. Irish recruitment was heavily skewed toward Munster, in the south-west of Ireland, the zone of recruitment for the Jacobite regiments in the service of France in the eighteenth century. Irish medical students in Montpellier were part of the patterns of diffusion of the Catholic gentry of Ireland in search of service and advancement in Catholic societies and courts. The university, paradoxically, was an education centre for two diasporas, one Protestant, the other Catholic. Irish Catholics were attracted to Montpellier after the closure of medical training to non-Protestants in the British Isles after the Glorious Revolution. This aspect of the international network of Montpellier was a result of political changes far beyond the control or influence of the university. The same is true of the third striking feature of the university's recruitment: the numbers attending from the colonies. Ten of these students came from France's Caribbean possessions, mostly Saint-Domingue (modern Haiti), but there were also students from Cuba, Peru, Brazil and, most strikingly, Chandragore (modern Chandannager) in Bengal. The university intensified its international

21. Louis Dulieu, *La Médicine à Montpellier*, vol.3: *L'Epoque classique* (Avignon, 1986), part 2.
22. Williams, *A Cultural history of medical vitalism*, p.69.

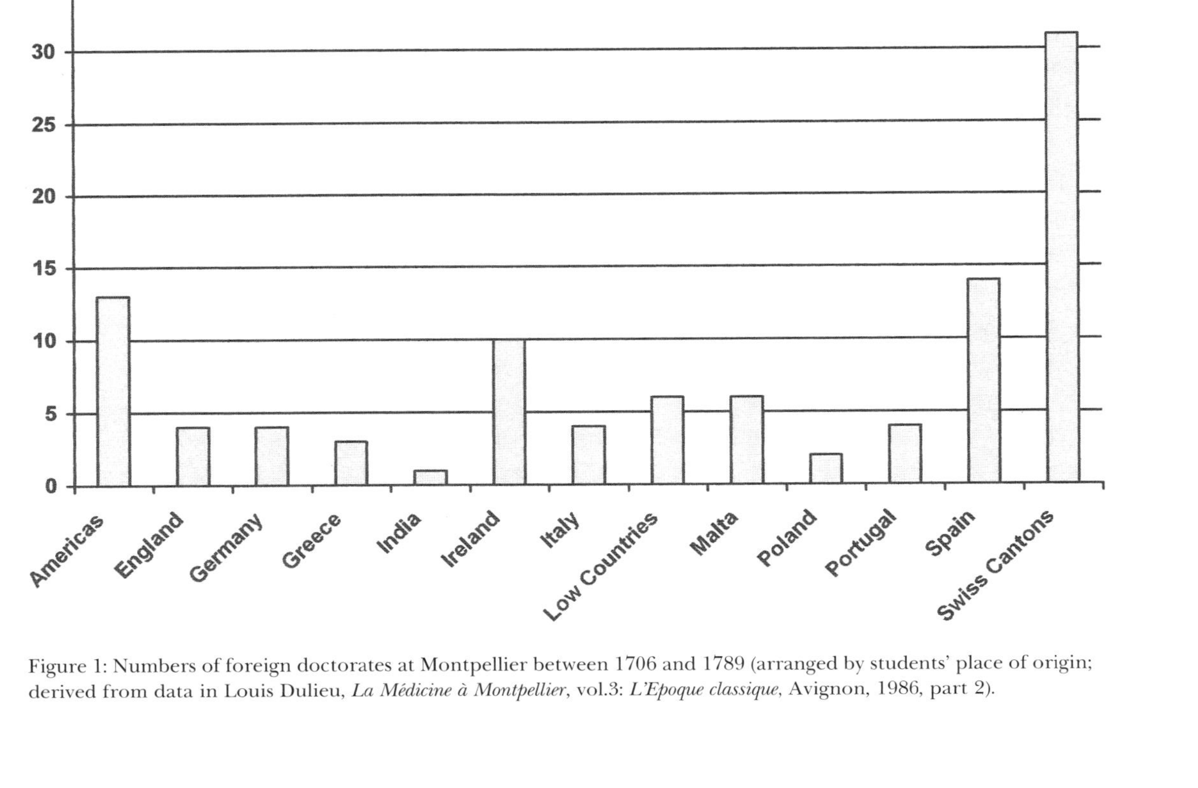

Figure 1: Numbers of foreign doctorates at Montpellier between 1706 and 1789 (arranged by students' place of origin; derived from data in Louis Dulieu, *La Médicine à Montpellier*, vol.3: *L'Epoque classique*, Avignon, 1986, part 2).

recruitment after 1750 (sixty-three doctorates were awarded to students from outside France after 1750 compared to eighteen before), but the university did not seek out and create new networks. Rather it passively exploited opportunities that were created by political change.

By contrast, the international network constructed by the Société royale des sciences after 1743 was part of a strategy illuminated and explained by Antoine Gouan.[23] Gouan, born in 1732, was well qualified to explicate the world of the sciences in Montpellier. A graduate of the university, he had worked as an instructor in the botanical garden in the 1760s when its neglect by the chancellor and professor of botany, Imbert, had threatened its survival. Gouan became its director in the 1790s.[24] A member of the Société royale from 1757 and a correspondent of Linnaeus, he made an international career from Montpellier. Responding to the claim by Deleuze, in the *Moniteur* of 27 October 1811, that Montpellier had been losing its pre-eminence in the natural sciences since the time of Richer de Belleval in the sixteenth century, Gouan drew attention to the two generations of Linnean botanists, including Broussonet, Cusson, Dorthes and himself, all of whom had first been taught by Sauvages and had been active in the university, the botanical garden and the scientific society since 1740.[25] Gouan deliberately chose that very particular group of Montpellier scholars to defend the honour of the whole. What really stung Gouan was Deleuze's claim that botany had only become systematic since Parisian botanists had laid down the foundations of a natural system of classification. This was a calumny since the Jussieus and Commerson, who had developed these new ideas, all had extensive links with Montpellier. Gouan stood his ground on the genealogical roots of any system in the Linnean typological system. Abandoning that would lead to chaos, and Linnean botany was the gift of Montpellier to France. Montpellier represented the collective wisdom of Europe in this regard.[26] The international significance of the Montpellier school of natural science, according to Gouan, derived from the participation of this particular group of scholars in the international Linnean network, in which northern Europe was privileged.

This idea that the Montpellier scientific society was distinguished by its particular European vocation had already been articulated by Georges-Christophe Wurtz (1756-1823), writing from Strasbourg in 1785 seeking

23. Antoine Gouan, *Lettre de M. Gouan à M. Deleuze, en réponse à l'article en botanique inseré dans le Moniteur du 27 Octobre 1811* (Montpellier, 1811).
24. Livesey, 'Botany and provincial Enlightenment'.
25. *Lettre de M. Gouan*, p.3.
26. *Lettre de M. Gouan*, p.6.

to be made a correspondent of the society. Wurtz presented the society with his early writing, including the journal of his medical voyage to Vienna. He went on to offer his services as another eye over Europe.[27] Montpellier seemed an obvious place for a provincial scholar to reinforce his international connections, particularly for one already integrated into the web of scientific societies. Court de Gébelin's *Musée* aimed to organise and recruit exactly that newly emergent body of scientists and scholars who were not comfortable in the structure of the academies.[28] Gouan did not try to assert greater importance for Montpellier within French science; instead he asserted an international standard of comparison. This was the strategy that Montpellier scientists had employed for nearly seventy years.

After 1740 the students of François Boissier de Sauvages de Lacroix (1706-1767) reconstructed the Montpellier Société des sciences away from the model of the academy that had dominated its first forty years and toward that of a society. As James McClellan explains, these two differing models of intellectual sociability derived from the roughly contemporaneous Parisian Académie des sciences and the London Royal Society, though the academy model clearly had roots in Italy and France earlier in the century. The academy acknowledged scholarly eminence through royal patronage and promoted the sciences by integrating their leading members with the social and political elite.[29] Societies comprised self-organising groups of scholars and scientists that recruited external members who in turn acknowledged and internalised their scholarly values. McClellan argues that an embryonic network of societies of this sort, comprised of the London, Oxford, Dublin and Boston scientific societies, already existed by the 1680s.[30] The language of the republic of letters submerged these differences and connoted a wider ideal of scholarly unity but, as Anne Goldgar has argued, we need to be sensitive to the differing, and sometimes even incompatible, values promoted in different regions of that republic.[31] After 1740 the Montpellier scientific society distinguished itself from other French provincial societies by adhering to the northern, mostly Protestant, ideal, but it was not totally isolated in southern Europe. The Turin scientific academy similarly abandoned the humanistic ideal of the academy in favour of the more

27. ADH, D206, Wurtz to unknown, Strasbourg, 5 January 1785.
28. Michael R. Lynn, *Popular science and public opinion in eighteenth-century France* (Manchester, 2006), p.80-82.
29. David Sturdy, *Science and social status: the members of the Académie des sciences 1666-1750* (London, 1995).
30. James McClellan, *Science reorganized: scientific societies in the eighteenth century* (New York, 1985), p.57.
31. Goldgar, *Impolite learning*.

exacting model of the sciences.[32] Cultural exchange with the British Isles was central to this development.

Like every other institution of scholarly sociability, the Montpellier society used different kinds of membership to establish its intellectual and social network. On its foundation in 1706 the society had assumed the same structure as the Parisian Académie des sciences of associates, honorary associates (generally socially and politically prominent men without distinctly scholarly interests), 'free' associates (meaning non-resident scholars), students and correspondents. The resident associates were made up of fifteen members split into five classes of three. From the foundation the residents used the other posts as an element of the patronage network centred on the medical faculty. The six honorary posts were offered to the bishop of Montpellier, the archbishop of Narbonne (the titular head of the Estates of Languedoc), the marquis de Castries (*lieutenant-général* of the province), the *intendant* Lamoignon de Basville, abbé Jean-Paul Bignon (nephew of the comte de Ponchartrain) and François Xavier Bon. These posts continued to be used throughout the existence of the society as a means of acquiring credit with the political and social elite of the *ancien régime*. The 'free associates' similarly mapped the status pyramid of the *ancien régime*. The nineteen men honoured in this way were almost all French, the exception being the Irish chemist Richard Kirwan who was appointed in 1787. Otherwise this group comprised a classic mixture of social, political and scholarly distinction. The most eminent scholar was Jean François Séguier, the classicist who deciphered the inscription on the Maison Carrée in Nîmes and he was flanked by Antoine de Parcieux, the hydraulic engineer and Dezallier d'Argenville, who had done primary work on the classification of molluscs. The bulk of the free members were elected by virtue of their social role and position. The successive perpetual secretaries of the Paris academy of surgery, the head of the Languedoc corps of engineers and a variety of *intendants*, members of the Cour des comptes (the highest court sitting in Montpellier) and syndics general of the Estates were invited to join the society. In some cases the society played a literal role in the reproduction of the local elites. Joseph de Carney was made an *associé libre* in 1732 and went on to marry the eldest daughter of Jean de Clapies, a founder of the society and the holder of the senior chair in mathematics.

Much of the scientific work of the society would have been impossible without the support of these men. The enthusiastic support and involve-

32. Vincenzo Ferrone, 'The Accademia Reale delle Scienze: cultural sociability and men of letters in Turin of the Enlightenment under Vittorio Amadeo III', *Journal of modern history* 70 (September 1998), p.519-60 (537).

ment of Jean Antoine de Montferrier, syndic general of the province, was crucial to the funding of the institution, as the abbé Bignon, himself a scientific entrepreneur of great skill, acknowledged.[33] This model of scholarly life, however, tended to locate Montpellier within a national hierarchy and to reinforce its provincial stature. The latent alternative model of the society as an element in an international, or more properly inter-regional, scholarly world was represented in the less prestigious class of correspondents to the society. The sheer number of correspondents – Kindleberger calculates that up to 200 persons were at one time connected with the society in this way – allowed different patterns of recruitment within this one class.[34] Clearly one pattern formed part of the patronage system of the authorities in the medical faculty. A plurality of correspondents came from the Languedoc. Many future *associés* were first introduced to the life of the society through this route and one of its functions was to identify talent. This was not its only function, however; fifteen correspondents came from beyond the French borders of which only one was from the traditional zone of influence in the Swiss cantons. This group represented the embryo of an alternative network into which members of the society might integrate themselves if they wished to devise an alternative to the endless attraction of Paris.

In 1743 the society invented a new class of *associé étranger*. Phélypeaux, comte de Saint Florentin and Secretary of State, whose family had dominated French cultural and scientific policy for a century, allowed the society to appoint four foreign members at the behest of François Xavier Bon, *premier président* of the Cour des comptes in Montpellier and president of the scientific society for that year.[35] In return Phélypeaux was appointed as an honorary member of the society, in the classic pattern. There could be no better example of the interpenetration of scholarly and social elites, but the use to which this new instrument of network building was put helped transform the society and to give it a new international orientation. Appointments to this new grade were almost totally captured by the group of botanists, physicists and chemists inspired by Sauvages. Ten men were elected as foreign members from 1743 to 1789, Carl Linnaeus, Peter Simon Pallas, Tobern Olaf Bergman, Charles Bonnet, Eustachio Zanotti, Philip, second earl of Stanhope, Georges Louis Le Sage, Pieter Van Mussenbroek, Gabriel Cramer and Jean Jallabert. Linnaeus was the heart of this group of scholars and the network into which the Montpellier scientists were projecting themselves can easily be interpreted from the cumulative table of memberships of

33. Montpellier, Bibliothèque municipale de Montpellier, MS 52, Bignon to Gauteron, Paris, 31 March 1737.
34. Kindleberger, 'The *Société royale des sciences*', p.34.
35. ADH, D118, Registers of the Société royale des sciences, 12 February 1743.

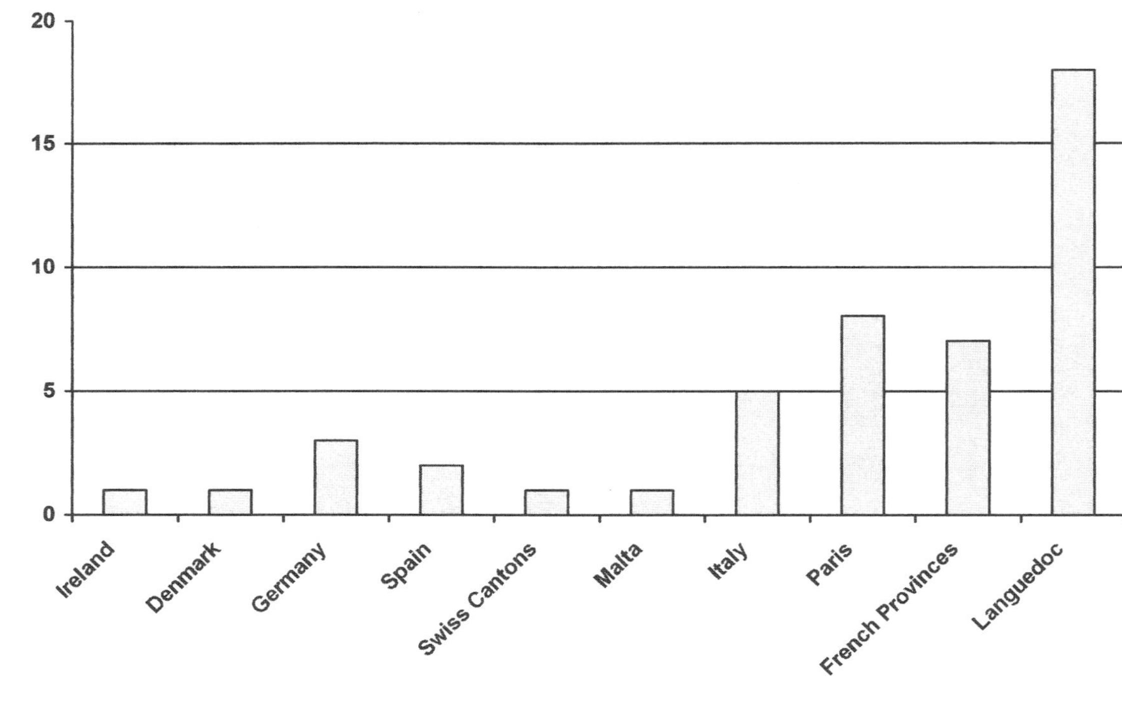

Figure 2: Numbers of correspondents recruited by the Montpellier Société des sciences between 1706 and 1789 (arranged by correspondents' place of origin).

its foreign members. All these men were members of multiple societies and their memberships overlapped in telling patterns.

As well as these multiple memberships, particular individuals were members of academies at Saint Petersburg, Stockholm, Göttingen, Philadelphia, Utrecht and Lyon, all of which reinforced the northern bias in this selection.

Several of the elections were deliberate moves within the smaller world of university politics and were calibrated to undermine the university's dominant medical humanism. Even appointments that seemed to compromise with that ideal were in fact at odds with it. The astronomer Eustachio Zanotti was a graduate of the University of Bologna, which along with Montpellier had been one of the first universities in Europe to incorporate a medical faculty.[36] Zanotti, however, ran the observatory at the Accademia delle Scienze, part of the private institute founded by the count de Marsigli in 1714[37] and animated by exactly the same dissatisfaction with the teaching and research of the medical faculty that drove the reform group around Sauvages in Montpellier. There was even a historic link between reform efforts in the two university towns. The count de Marsigli had been a correspondent of the society from its inception. He had communicated at length with the society in 1706 and 1707 when the society was debating the nature of corals and had even displayed admirable intellectual flexibility in moving from his initial position to finally accepting that corals were plants.[38] Marsigli had been associated with two groups in the society, the mathematicians around Bon and the botanists and natural scientists Pierre Magnol and Pierre Nissolle, and all three were members of the Royal Society (Marsigli himself had been appointed in 1691).[39] Hans Sloane, the long-time president of the Royal Society, had studied botany in Montpellier under Magnol's supervision and sustained his links with Magnol and his friends.[40] Nissolle was receiving packets of samples from Sloane even on the eve of the War of Spanish Succession.[41] This group of

36. Vivien Nutton, 'The rise of medicine', in *The Cambridge history of medicine*, ed. Roy Porter (Cambridge 2006), p.46-70 (64).
37. Maria Teresa Borgeto, 'Mathematical research in Italian universities in the modern era', in *Universities and science in the early-modern period*, ed. Mordechai Feingold and Victor Navarro-Brotons (New York, 2006), p.133-35.
38. ADH, D116, Registers of the Société royale des sciences, 12 August 1706, p.68; 19 August 1706, p.77; D117, 1 June 1707, p.120.
39. John Stoye, *Marsigli's Europe: the life and times of Luigi Ferdinando Marsigli, soldier and virtuoso* (New Haven, CT, 1994), p.293.
40. Jean Jacquot, *Le Naturaliste Sir Hans Sloane, 1660-1753 et les échanges scientifiques entre la France et l'Angleterre* (Paris, 1954).
41. ADH, D116, Registers of the Société royale des sciences, Guillaume Nissolle, 'Mémoire de botanique', 14 July 1707.

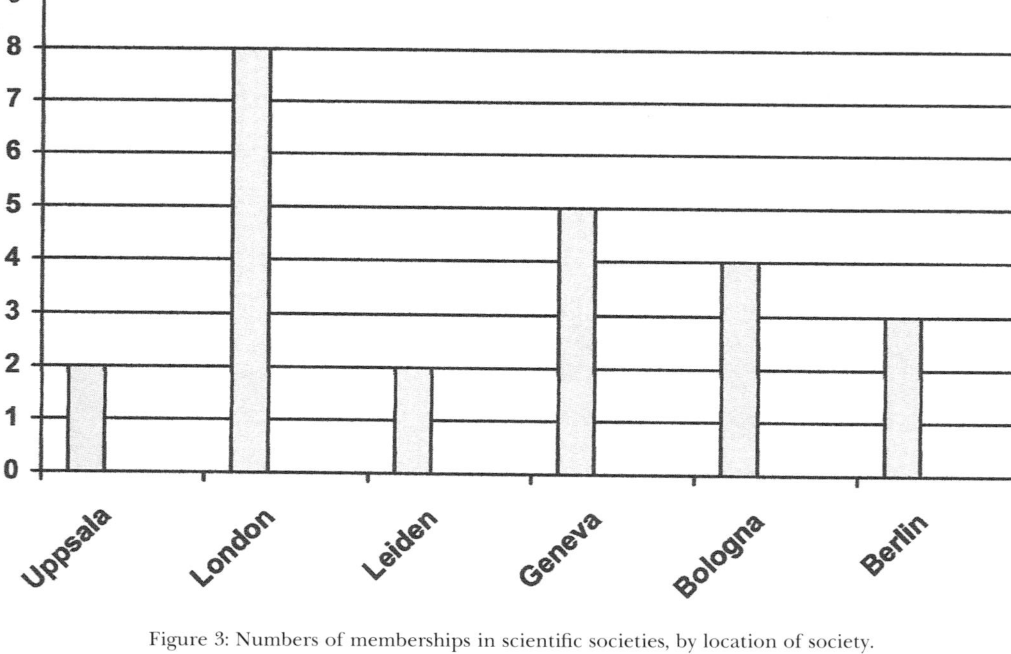

Figure 3: Numbers of memberships in scientific societies, by location of society.

dissident ex-Protestant medical faculty such as Magnol, and surgeons like Nissolle, who had been interested in locating the Montpellier society in the emerging European world of the natural sciences, were eclipsed by the more locally powerful Chicoyneau interest. The connection was not totally eliminated and the chemist Antoine Deidier, who taught Sauvages, corresponded with James Jurin and was appointed a fellow in the 1720s.[42] Appointing Zanotti was a means of reaching over the intervening period to reconstitute engagement with this international world. Van Mussenbroek was another recruit from the Newtonian world centred on London. Like Pallas he was a member of the Saint Petersburg Academy. The most telling pattern was of course a contrast between the total absence of Paris and the importance of the Royal Society in the intellectual make-up of the group. Montpellier scientists were deliberately inserting themselves into an alternative network to that dominated by Paris. If we unpack the individual stories behind the group portrait, the intellectual choices that were being made stand out even more starkly. Four of the foreign correspondents were from Geneva: Charles Bonnet, Gabriel Cramer, Jean Jallabert and Georges Louis Le Sage. This would seem on the face of it to be an entirely unremarkable and even predictable pattern since Montpellier and Geneva had shared scholarly connections since the Middle Ages. This old connection, however, was not what promoted them to the society. Le Sage had left Paris without earning his medical degree or even examining for it in one of the cheaper provincial faculties such as Caen or Reims.[43] All but one of these men were mathematicians and Newtonians and one of them, Le Sage, was fascinated with the mixture of religious heterodoxy and scientific speculation of Nicolas Fatio de Duiller, the contemporary of Newton,[44] who was linked to the French Huguenot prophets of the Cévennes in the early decades of the eighteenth century.[45] Le Sage acquired Fatio's manuscripts from England so that he could develop their ideas. He was able to do this because in 1764 he had been appointed tutor to Charles Stanhope, the son of Philip, second earl of Stanhope, and one of the most consistently Whig dynasties in English politics. Philip Stanhope was elected as a foreign member of the society along with these Genevans. Charles Stanhope, Le Sage's student, would go on to be one of the most important British supporters of the French Revolution and

42. James Jurin, *The Correspondence of James Jurin (1684-1750): physician and secretary to the Royal Society*, ed. Andrea Alice Rusnock (Amsterdam, 1996), p.510.

43. Brockliss and Jones, *The Medical world*, p.519.

44. Hine, *Jean-Jacques Dortous de Mairan*; Scott Mandelbrote, 'The heterodox career of Nicolas Fatio de Duillier', in *Heterodoxy in early-modern science and religion*, ed. John Brooke and Ian Maclean (Oxford, 2005), p.264-65.

45. Charles Domson, *Nicolas Fatio de Duillier and the prophets of London* (Manchester, NH, 1981).

president from 1788 of the Revolution Society. The Genevan connection also led to London.

The Montpellier network was a curious hybrid. Its real centre was London and the dominating scientific ideal at London was Newtonianism. Montpellier scientists viewed London through the optic of Uppsala though and endlessly reasserted the primacy of a Linnean ideal of science. Gouan explained how his writing was conditioned and disciplined by this Linnean network in the precis of his 1776 work on the flora of Montpellier he offered to the society.[46] Pierre Joseph Amoreux identified the light of scientific reason with Linnean ideals in his *éloge* for his friend Brunet.[47] The same metaphor had been used by Antoine Banal in his introduction to his catalogue of the plants in the Montpellier botanical garden forty years before.[48] The scientific imagination of Montpellier was dominated by the figure of Linnaeus. It is therefore completely unsurprising that Montpellier scientists were instrumental in the foundation of the Linnean Society in London in 1788.

The founder of the London Linnean Society, James Smith, was captured for the Montpellier network through the friendship he struck up with Pierre-Marie-Auguste Broussonet while they studied medicine together at Edinburgh. Smith introduced Broussonet to scholarly sociability in Scotland and had him elected as a member of the medical society.[49] In 1787 Broussonet founded a Linnean society in Paris and the following year Smith did the same in London. Broussonet's effort to extend the Linnean network into the citadel of Paris was a total failure, but Smith's foundation, buttressed by his acquisition of Linnaeus' collections, was successful.[50] Smith may not even have been aware of how far his relationship with the world of Continental science was mediated by the Montpellier network. When on tour with Arthur Young in France in 1787, they were passed around the network from Hermann in Strasbourg to Willemet in Nancy and then down to Gouan in Montpellier.[51] Broussonet worked hard to sustain the Montpellier connection, recommending to Smith that he sustain a correspondence with Dorthes

46. ADH, D162, Antoine Gouan, 'Précis d'un ouvrage de botanique', 1776.
47. Bibliothèque municipale de Montpellier, MS 149, 'Eloge de J.-J. Brunet', 22 December 1822.
48. Antoine Banal, *Catalogue des plantes usuelles rangées suivant la méthode de M. Linnaeus* (Montpellier, 1786), p.5.
49. Linnean Library, Smith correspondence, Vol. I, f.54, Broussonet to Smith, Paris, 20 January 1783; *Memoir and correspondence of the late Sir James Smith M.D.*, ed. Pleasance Smith, 2 vols (London, 1832), Vol I, f.51, 66-67.
50. Charles Coulton Gillispie, *Science and polity in France: the Revolutionary and Napoleonic years* (Princeton, 2004), p.168-70.
51. Linnean Library, Smith correspondence, vol I, f.59, Broussonet to Smith, Paris, 3 August 1787.

if he wished to retain his supply of botanical samples from the Languedoc and eventually introducing him to Gouan.[52] Gouan, by the late 1780s the centre of the network, was delighted to be made a fellow of the Linnean and in his letter of thanks for the honour to Smith revealed that he was thinking of starting a new Linnean society in Montpellier as well while also sending on twenty new botanical samples and news of their colleague Thomas Pennant.[53] If we look at the membership list of the London Linnean Society in 1788 we see that Gouan was one of five Montpellier members, including the gardener at the botanical garden Antoine Banal, and in all there were thirteen French members of the new society.[54]

The role of Montpellier in the creation of the most important institution for research in biology in late-eighteenth-century Britain may seem surprising. It is an example of the varieties of culture contact and cosmopolitanism that characterised the eighteenth century. The models we use to understand the shared European culture of that era, and in particular the idea of the public sphere, are highly unitary. We write of, and imagine, an Enlightenment, rather than Enlightenments, and much of the work on cultural exchange has assumed that the capacity to negotiate between differing national traditions was mediated through the capitals. The scientific community in Montpellier successfully constructed an international and inter-regional network that was designed to evade the power of the national centre. That success should help us reconsider what possibilities existed for cultural innovation and communication across provincial Europe.

52. Linnean Library, Smith correspondence, vol I, f.79, Broussonet to Smith, Paris, 16 September 1791.
53. Linnean Library, Smith correspondence, vol V, f.35, Gouan to Smith, 30 December 1788.
54. Georgia Beale, 'Early French members of the Linnean Society of London, 1788-1802: from the Estates General to thermidor', *Proceedings of the annual meeting of the Western Society for French History* 18 (1991), p.272-82.

Le réseau franco-britannique du *Recueil* Duquesnoy

MARIANA SAAD

L'objet de cet article est de montrer comment la mise au jour d'un réseau franco-britannique de philanthropes, d'hommes politiques et de philosophes permet d'éclairer les enjeux et l'histoire d'une publication ambitieuse mais opaque, le *Recueil de mémoires sur les établissements d'humanité*, qui paraît à Paris de l'An VII à l'An XIII (de 1798 à 1804) en trente-neuf fascicules,[1] sous la direction d'Adrien-Cyprien Duquesnoy. Dans cette œuvre, collection de textes sur la bienfaisance 'traduits de l'allemand et de l'anglais', comme cela est indiqué dans son titre même, publié 'par ordre du Ministre de l'Intérieur', paraîtront pour la première fois en français des ouvrages essentiels sur la question sociale, les prisons et les hôpitaux. Rompant avec la tradition des longs comptes rendus des textes en langue étrangère habituellement publiés par les périodiques et dont il est question ailleurs dans le présent ouvrage, le *Recueil* présente des traductions des œuvres intégrales, à une seule exception près, l'*Etat des pauvres* de F. M. Eden, qui paraît sous forme d'extraits traduits et commentés par le duc de La Rochefoucauld.

Ce grand effort éditorial a été voulu par le ministre, François de Neufchâteau, pour qui, comme l'explique l''Avertissement' du premier numéro, le *Recueil* doit jouer un rôle important dans la reconstruction des institutions hospitalières et l'élaboration d'une véritable politique pour améliorer le sort des pauvres. Il s'agit d'attirer 'l'attention des savants et des bons citoyens' qui 'sont invités à indiquer les modifications que peuvent exiger en France les plans qui ont en leur faveur l'expérience des autres pays.'[2]

L''Avertissement' affirme la dimension largement européenne du projet.[3] Le *Recueil* fait ainsi une place à l'Espagne, l'Italie, la Suisse ou le Danemark. Les tables des matières révèlent cependant que les textes d'origine britannique ont été privilégiés, car trente-trois des trente-neuf

1. *Recueil de mémoires sur les établissements d'humanité; traduits de l'allemand et de l'anglais* (Paris, 1799-1804). Désormais désigné comme *Recueil*, suivi du numéro de fascicule.
2. *Recueil* 1, p.2.
3. *Recueil* 1, p.2: 'Le ministre [...] a commencé par recueillir ce qu'on a publié sur les établissements d'humanité qui existent dans les divers Etats de l'Europe; il fait traduire ceux de ses [*sic*] ouvrages qui ne sont pas encore connus en France.'

fascicules que compte le *Recueil* ont d'abord paru en anglais. Travailler sur la place de ces textes dans leur contexte national, sur leurs auteurs et sur la manière dont ils sont parvenus aux éditeurs français constitue une première étape indispensable pour l'étude de cette publication et la mesure de son éventuelle influence. Apparaissent ainsi peu à peu des liens dessinant à la fois un réseau solide dans les îles Britanniques, un réseau français équivalent, et une toile de relations denses et complexes entre les membres de ces deux groupes: trois réseaux qui éclairent d'une façon toute nouvelle les échanges d'idées et de pratiques en matière de philanthropie entre la France et la Grande-Bretagne à la fin du dix-huitième et au début du dix-neuvième siècle.

L'apparition d'un réseau britannique

L'étude de la composition du *Recueil*, de l'ordre et du rythme de parution permet de mettre en lumière des choix éditoriaux importants. Les douze premières livraisons forment un ensemble très cohérent avec la parution alternée des *Essais* de Rumford et des *Rapports d'une société établie pour améliorer le sort des pauvres*. Non seulement ces ouvrages sont parus très récemment à Londres, mais de plus des liens très étroits unissent leurs auteurs.

Benjamin Thompson, fait comte von Rumford par l'Electeur de Bavière, est alors connu en France pour un ensemble de mesures qu'il a imposées aux indigents de Munich afin d'améliorer leurs conditions de vie. Personnage complexe, qu'on ne connaît plus guère aujourd'hui que pour ses travaux sur la conservation de la chaleur, Rumford était alors célébré en France pour ses réalisations à caractère philanthropique, en Bavière d'abord, en Angleterre, Ecosse et Irlande ensuite. Né au Massachusetts, alors colonie britannique, Rumford a bénéficié dans sa jeunesse d'une formation relativement solide en physique et en chimie, domaines dont il approfondira la connaissance tout au long de son existence. Soldat lors de la Guerre d'Indépendance américaine, il reste fidèle à la Couronne britannique et sert le roi George jusqu'en 1783, date à laquelle il entre en fonctions auprès de Charles Théodore de Bavière. Il occupera différents postes à la Cour, passant de lieutenant-général des armées à ministre de la guerre, poste qui englobait la direction de la police. C'est en tant que responsable de la police qu'il décide de s'attaquer au problème de la mendicité. Il lance le 1er janvier 1790 une opération de type militaire pour arrêter et décompter tous les mendiants de Munich.[4] Son registre établi, il attribue des tâches à ceux

4. Le choix de la date n'est pas aléatoire. Rumford profite en effet de la trêve traditionnellement respectée le premier jour de l'an entre mendiants et forces de l'ordre pour lancer son opération.

qui sont capables de travailler, qu'il regroupe au sein d'une 'maison de travail', et s'occupe également de nourrir de façon saine et équilibrée, mais également bon marché, l'ensemble de cette population. Les *Essais* qui occupent les fascicules numéros 1, 3, 4, 5, et une partie des numéros 7, 10 et 12 du *Recueil* sont la traduction des chapitres consacrés à ces réformes dans les *Essays, political, economical, and philosophical* de Rumford, qui commencent à paraître à Londres en 1796, et dont une version allemande est disponible depuis 1797.[5] La publication des *Essays* marque le retour de Rumford en Angleterre où il a rencontré un succès certain.

Il est en effet arrivé à Londres en 1795 avec, dans ses manuscrits, les 'Principes généraux, sur lesquels doivent être fondés en tout pays les établissements pour les pauvres',[6] à côté de la description détaillée de la 'maison de travail' qu'il avait créée à Munich et de nombreuses considérations sur l'alimentation. La grande activité qu'il déploie pour faire connaître ses idées s'avère parfaitement efficace. Il est cité comme une autorité incontournable en matière d'énergie et de philanthropie au Parlement britannique au cours de l'été 1796,[7] son modèle de cheminée économique est adopté pour leur maison par nombre de personnages influents et, surtout, certains de ses plus puissants admirateurs créent une société pour le secours des pauvres sur le modèle qu'il préconise. Cette association, appelée Society for Bettering the Condition and Increasing the Comforts of the Poor,[8] obtient en décembre 1796 le patronage royal et commence ses activités en février 1797.[9] En 1798 paraissent les *Reports* traduits dans le *Recueil*. Ils sont édités par Thomas Bernard, membre du comité de la Société, et un de ses fondateurs. Proche de Rumford et alors trésorier du Foundling Hospital de Londres, Thomas Bernard a d'ailleurs fait construire une cheminée Rumford dans les cuisines de l'hôpital et y promeut les idées de Rumford en matière d'alimentation. On retrouve des comptes rendus sur ces sujets dans les *Rapports*[10] qui forment un ensemble de trente-neuf textes d'une dizaine de pages chacun, relatant des expériences de secours envers les pauvres

5. Benj. Grafen von Rumford, *Kleine Schriften politischen, ökonomischen und philosophischen Inhalts* (Weimar, 1797-1800).
6. Je suis ici le titre français, publié dans le *Recueil* 3. En anglais: 'Of the fundamental principles on which general establishments for the relief of the poor may be formed in all countries'.
7. A. H. Ewen, 'The friend of mankind: a portrait of Count Rumford', *Proceedings of the Royal Institution of Great Britain* 40 (1964-1965), p.192.
8. Désormais Société ou SBCP.
9. Egon Larsen, *An American in Europe* (London, 1953), p.90 et suiv.
10. Il s'agit du rapport n°12, 'Extrait d'un rapport sur une cuisine établie à l'hôpital des Enfans-Trouvés, sous la direction du comte de Rumford, communiqué par la gouvernante de cette maison' et du rapport n°25, 'Extrait d'un rapport sur l'avantage de l'usage du riz, par la gouvernante des Enfans-trouvés'.

et rédigés soit par des membres de la Société, soit par des témoins qui n'appartiennent pas à son comité.

Les deux publications choisies pour commencer le *Recueil* gardent donc un lien étroit avec le comte Rumford, auteur des *Essais* et inspirateur direct des *Rapports*. Or il apparaît que la grande majorité des auteurs britanniques traduits dans la suite du *Recueil* sont en contact ou ont entretenu des liens soit avec Rumford, soit avec d'autres membres de la SBCP. C'est ainsi le cas de John Aikin, dont les *Réflexions sur les hôpitaux* sont proposées dans une nouvelle traduction à partir du fascicule nº12. Ce médecin évangéliste était très lié, à l'époque qui nous occupe, à William Wilberforce, membre du comité de la SBCP et soutenu par Aikin dans sa lutte contre l'esclavage. Ce dernier était également un grand ami de John Howard, mort en 1790, avec qui il a collaboré dans la rédaction de l'ouvrage célèbre sur les hôpitaux et les prisons, *Histoire des principaux lazarets de l'Europe*, qui est publié dans le *Recueil* à partir du nº6.[11]

L'étude des correspondances des auteurs traduits dans le *Recueil* permet de mettre en lumière des liens jusqu'à présent insuffisamment explorés entre ces différents réformateurs. C'est notamment le cas de la correspondance de Jeremy Bentham, dont l'*Esquisse d'un ouvrage en faveur des pauvres* et les *Lettres à Lord Pelham* paraissent en 1801 et en 1804 respectivement. Correspondant prolifique, attentif à promouvoir ses idées en matière de réforme sociale, Bentham a en effet attiré la sympathie de William Wilberforce, de Patrick Colquhoun et de Frederick Morton Eden qui figurent également dans le *Recueil*. Encore une fois, Rumford apparaît comme la figure centrale de ce réseau. En effet, Bentham a développé sa réflexion sur la pauvreté et l'emploi des indigents à l'instigation de Wilberforce qui voulait adapter le plan suivi par Rumford à Munich. Bentham l'explique ainsi à son frère Samuel, dans une lettre du 20 février 1796: 'I have just seen Wilberforce – what he wants chiefly from us he says is – indications of employment – and of places to be hired for the purpose of working rooms on Rumford's plan.'[12] Bentham a entretenu d'ailleurs une correspondance épisodique avec Rumford à partir de décembre 1795, date à laquelle il lui a envoyé le texte auquel celui-ci se réfère sous le titre *Essays on the poor laws*.[13]

Colquhoun, dont le nom est cité dans un des rapports de la SBCP et qui entretient une correspondance suivie avec Bentham, est aussi très lié à Rumford. Les lettres qu'il échange avec Bentham montrent son grand

11. *Histoire des principaux lazarets de l'Europe, accompagnée de différens mémoires relatifs à la peste et suivie d'observation [...] sur quelques prisons et hôpitaux*, dans *Recueil* 6, 9, 13, 19, 22.

12. *The Correspondence of Jeremy Bentham*, t.5: *1794-1797*, ed. A. T. Milne (London, 1981), p.186-87.

13. *The Correspondence of Jeremy Bentham*, t.5, p.166.

respect pour les travaux du philosophe et ses efforts pour promouvoir ses idées et rallier à sa cause des personnalités influentes.[14] Ancien *provost* de Glasgow, devenu magistrat de police à Londres, Colquhoun est membre du comité de la SBCP. Philanthrope particulièrement actif, le travail qu'il accomplit avec la création des premières soupes populaires de l'est de Londres est loué dans un des comptes rendus de Thomas Bernard.[15] Or les *soup kitchens* établies par Colquhoun sont une application des idées de Rumford sur l'alimentation des pauvres.

Colquhoun est aussi l'auteur de *Treatise on the police of the metropolis*, paru en 1795, exposé exceptionnellement complet pour l'époque sur la criminalité à Londres dans lequel il propose des réformes. Cet ouvrage, très bien accueilli, est cité par Frederick Morton Eden dans *State of the poor*, premier effort pour faire un état des lieux de la pauvreté en Grande-Bretagne et qui vaut à son auteur une importante renommée. Rappelons que cette œuvre paraît en français dans le *Recueil*, sous la forme d'extraits traduits et commentés par le duc de La Rochefoucauld. Viendra s'ajouter un peu plus tard un autre texte d'Eden, *Observations sur les sociétés amicales, établies pour soutenir les classes ouvrières pendant les maladies, les infirmités et la vieillesse, et dans leurs autres besoins*.[16] F. M. Eden ne fait pas partie du comité de la SBCP, mais Thomas Bernard, dans l''Adresse préliminaire au public' qui ouvre les *Rapports*, loue 'l'estimable ouvrage sur les pauvres, de sir Fred. Eden'.[17] Il faut noter que la Société fera paraître dans ses *Rapports*, avec le nº81, un texte d'Eden consacré à 'une maison de soupe dans West-Street, quartier St Giles'.[18] En revanche, si Eden n'est pas partie prenante dans la SBCP, il entretient une correspondance régulière avec Bentham dont il soutient le projet de panoptique.[19]

Doit-on en conclure que les textes britanniques traduits dans le *Recueil* se divisent en deux groupes distincts, l'un constitué autour de Rumford et de la SBCP, l'autre autour de Bentham et d'Eden? Ce n'est pas ce que semble montrer l'étude du réseau de réformateurs français impliqués à des titres divers dans la publication de ces ouvrages.

14. La lettre de Colquhoun à Bentham du 20 janvier 1797 est particulièrement intéressante, car il y rapporte une rencontre avec le duc de Portland qu'il espère avoir convaincu d'aider Bentham dans la réalisation de ses projets. *The Correspondence of Jeremy Bentham*, t.5, p.353-54.
15. Voir *Recueil* 31, rapport nº30, p.33.
16. *Recueil* 33, p.213 et suiv.
17. *Recueil* 2, p.ix.
18. La traduction est publiée dans le *Recueil* 37 (An XII, 1804).
19. Voir la lettre du 27 janvier 1803, *The Correspondence of Jeremy Bentham*, t.7: *1801-1808*, ed. J. R. Dinwiddy (Oxford, 1988), p.194-95.

Le réseau français

Curieusement, alors que la mention du ministre de l'Intérieur apparaît dès le titre, le *Recueil* demeure une entreprise anonyme jusqu'à ce que sa parution soit interrompue une première fois en brumaire de l'An VIII, empêchant la publication de la première livraison de l'*Etat des pauvres* de Eden. Jusqu'à ce vingt-et-unième numéro, seuls quelques 'Avis' et 'Avertissements' signés 'les Editeurs' donnent des indications sur les idées et les objectifs qui guident le projet. Mais lorsque celui-ci est menacé, paraît chez Agasse, l'imprimeur même du *Recueil*, une édition séparée et complète de l'*Etat des pauvres*. Celle-ci s'ouvre sur un échange de lettres entre Adrien Duquesnoy et Pierre Louis Roederer, et se ferme sur une 'Note de l'Editeur' qui exposent les conditions d'interruption de la publication des *Mémoires sur les établissements d'humanité*. L'ensemble de textes fait clairement apparaître Duquesnoy comme le principal, si ce n'est le seul, responsable éditorial du *Recueil*. Cet ancien constituant, appelé par le ministre de l'Intérieur François de Neufchâteau au Bureau de la statistique, devient 'le directeur officieux' de celui-ci, comme l'écrit Stuart Woolf dans un article remarquable.[20] Duquesnoy obtient la reprise de la publication en l'An IX, grâce au soutien de Lucien Bonaparte d'abord, de Chaptal ensuite, quand ceux-ci sont nommés à la tête du ministère. Les nouveaux numéros portent la mention 'publié en français par Ad. Duquesnoy' et les 'Avis de l'Editeur' qui accompagnent alors certaines des parutions donnent des informations précieuses sur la manière dont les œuvres lui ont été communiquées. Duquesnoy y remercie nombre d'hommes connus pour leurs activités de réformateurs, comme La Rochefoucauld, le traducteur d'Eden, mais aussi 'le Citoyen Camus, archiviste, et membre du Conseil des Hospices',[21] le 'citoyen Barbé-Marbois, ministre du trésor public', le 'citoyen Grégoire, sénateur', le 'citoyen Gallois, tribun',[22] ou encore 'M. Delessert'.[23] On voit alors se dessiner un groupe informel de philanthropes qui se retrouvent dans différentes sociétés et institutions où ils s'efforcent de promouvoir les réformes décrites dans le *Recueil*.

La Société des soupes économiques créée par Benjamin Delessert en 1800 est un de ces lieux. Cette Société doit soutenir les établissements mis en place par Delessert et qui servent aux indigents des soupes à la Rumford, cuites sur des fourneaux à la Rumford également. C'est un projet ambitieux, et les fourneaux de la rue du Mail serviront quelques

20. Stuart Woolf, 'Les bases sociales du Consulat: un mémoire d'Adrien Duquesnoy', *Revue d'histoire moderne et contemporaine* 31 (1984), p.605-606 (606).

21. *Recueil* 26, p.376.

22. Ces trois derniers noms figurent dans l'avis qui ouvre le n°33 (An XI, 1803), p.vi.

23. *Recueil* 34, 'Note de l'éditeur' (pages non numérotées).

160 000 soupes au cours de ce premier hiver d'activité.[24] Duquesnoy fait son éloge lorsqu'il le remercie de lui avoir transmis les rapports de la SBCP: 'Cet excellent citoyen fait le bien sous toutes ses formes, et il se multiplie pour soulager ceux qui souffrent. Puisse-t-il trouver une récompense digne de son cœur!'[25] Le lien avec le *Recueil* apparaît clairement dans la liste des premiers souscripteurs où figurent en dehors de Benjamin Delessert, François de Neufchâteau, Duquesnoy, La Rochefoucauld, Chaptal et Barbé-Marbois.[26] Or ces hommes, qui se réunissent d'abord pour fournir aux pauvres une alimentation gratuite ou bon marché, vont développer de nouvelles formes de secours au sein de la Société philanthropique et, en particulier, à partir de l'An XIII, dans les sociétés de secours mutuels. Le projet figure dès le règlement établi en l'An IX qui annonce: 'Elle [la société] s'occupera ensuite successivement, et à mesure que ses moyens le lui permettront, de l'établissement des maisons de travail, des écoles de charité, des sociétés de prévoyance, etc.'[27]

Cette évolution est intéressante, car elle montre l'importance des relations entre deux des membres du réseau français, Delessert et La Rochefoucauld, et leur volonté de faire adopter en France une structure qui rencontre le succès en Grande-Bretagne. Soulignons que le thème des sociétés de secours mutuels est abordé à plusieurs reprises dans le *Recueil*: dans les *Rapports* de la SBCP d'abord, au travers de la présentation de la 'Société de Bienfaisance mutelle' établie à Castle Eden et des 'Observations sur les sociétés amicales' de F. M. Eden, et ensuite, longuement, dans l'adaptation française de *State of the poor* par La Rochefoucauld. Ce dernier introduit dans la traduction de cette œuvre des commentaires et des explications détaillées qui montrent son intérêt et son enthousiasme. Conscient que les *friendly societies* sont peu connues en France, il ajoute au texte de Eden des descriptions et souligne: 'l'utilité de ces associations a été largement reconnue; elles assuraient des secours à des individus qui sans elles auraient été à la charge des paroisses.'[28] En 1800, La Rochefoucauld revient en France après six années d'exil et reprend ses activités philanthropiques en insistant particulièrement sur la promotion des sociétés de prévoyance. Pour C. Duprat, il est même l'introducteur de ce modèle dans le pays. Mais comme l'association avec la Société philanthropique l'indique, La Rochefoucauld n'est pas isolé dans ses efforts. La création, en 1818, des premières caisses d'épargne,

24. Voir Catherine Duprat, *Le Temps des philanthropes* (Paris, 1993), p.434.
25. *Recueil* 34, 'Note de l'éditeur'.
26. Duprat, *Le Temps des philanthropes*, p.434-41.
27. Duprat, *Le Temps des philanthropes*, p.439.
28. F. M. Eden, *Extrait d'un ouvrage ayant pour titre: état des pauvres, ou histoire des classes travaillantes de la société en Angleterre, depuis la conquête jusqu'à l'époque actuelle*, dans *Recueil* 21, p.149.

grâce à l'action conjointe de La Rochefoucauld et de Delessert, montre la pérennité d'un engagement social et de liens personnels étroits qui remontent à 1800.

Delessert est, d'ailleurs, une figure essentielle au sein d'une autre institution qui accueille de nombreux réformateurs associés au *Recueil*: le Conseil général des hospices de Paris. Le Conseil est créé en nivôse An IX, alors que Duquesnoy a déjà réussi à relancer la publication des *Mémoires sur les établissements d'humanité*. Les fonctions du Conseil, qui se voit adjoindre en germinal An X le Comité général de bienfaisance, sont définies comme suit: il a 'la direction générale des hospices: il fixera le montant des dépenses de tout genre, l'état des recettes, réparations et améliorations; enfin, il délibérera sur tout ce qui intéresse le service desdits hospices, leur conservation et la gestion de leurs revenus.' Alors que le Conseil a en charge toutes les finances des hôpitaux, ses membres s'engagent à travailler à titre gracieux et sont nommés par le ministre de l'Intérieur.[29] Dès sa création, entrent au Conseil, outre Delessert, qui y demeurera jusqu'à sa mort en 1848, Duquesnoy, Camus, Thouret, Parmentier, Pastoret, Mourgue, Fieffé, Richard, d'Aguesseau et Bigot de Préameneu. Nous retrouvons le 'citoyen Camus', que Duquesnoy remercie pour la rédaction de la 'Notice des rapports, opinions et autres écrits sur la mendicité, les hôpitaux et les hospices, depuis 1790 de l'ère ancienne, jusqu'à l'an 9 de la République'. Il inclut ce texte à la suite de la traduction de l'*Histoire des pauvres* de Ruggles.[30] Font également partie du Conseil deux réformateurs directement intéressés par les propositions publiées dans le *Recueil*: Michel Augustin Thouret et Antoine Augustin Parmentier. Le premier est un médecin très connu et, ardent défenseur de la vaccine, préside le Comité central de vaccine créé par La Rochefoucauld en 1800. Duquesnoy lui-même fait paraître dans le n°35 du *Recueil* l''Avis aux indigents' du médecin britannique Ferriar, un important manifeste en faveur de la vaccination. Il prend fermement position dans une 'Note de l'éditeur' dans laquelle il affirme: 'aujourd'hui on [doit] recommander la pratique de la vaccine, dont les avantages sont prouvés par les faits.'[31] Il faut ici souligner également que Delessert fait partie du comité d'administration du Comité de vaccine. Si Thouret n'est pas directement mentionné dans le *Recueil*, tel n'est pas le cas de Parmentier. Celui-ci est cité à deux reprises dans le fascicule n°7, à propos des soupes économiques. Ainsi, on peut lire, d'abord dans l''Avertissement': 'Ah! sans doute, ceux-là sont respectables qui, comme M. de Rumford, comme le cit. Parmentier, s'occupent des moyens de

29. Le ministre doit nommer onze des treize membres; le préfet de la Seine et le préfet de police sont membres de plein droit.

30. *Recueil* 26.

31. *Recueil* 35, p.107.

procurer aux pauvres une nourriture saine et peu dispendieuse',[32] et plus loin, dans la 'Note des éditeurs' cette fois-ci: 'On voit dans les mémoires de la Société d'agriculture de Paris, un rapport fait par Larochefoucauld-Liancourt, Cadet-Devaux et St. jean de Crévecœur sur la marmite américaine, dont la première idée ou du moins la perfection est due au citoyen Parmentier; cette machine est très propre à faire cuire les légumes promptement et à peu de frais.'[33] Duquesnoy fait référence ici à un débat qui a agité les philanthropes français au cours de l'An VIII concernant les soupes à la Rumford. Promues alors par Delessert, celles-ci furent accueillies comme une nouveauté importante par le public éclairé. Parmentier, au nom du Comité général de bienfaisance, rédige alors un *Rapport au ministre [...] sur les soupes de légumes dites à la Rumford*, dans lequel il met en avant les réalisations des réformateurs français depuis Vauban jusqu'à Mirabeau, l'ami des hommes. Parmentier, cependant, reconnaît à Rumford le mérite d'avoir rendu possible la fabrication et la distribution de ces soupes à l'échelle de toute une ville. Il rejoindra par la suite la Société philanthropique et participera à la promotion des soupes à la Rumford. Ce débat peut paraître banal aujourd'hui, mais son enjeu est alors d'importance car à l'époque et dans les buts que le Conseil général des hospices s'était fixés, les soupes, telles que Rumford les avait promues, constituaient un moyen particulièrement efficace et par conséquent très important pour assurer une nourriture saine et bon marché aux malades.

Dès sa création, le Conseil a déployé une très grande activité et les réunions de travail se sont succédé à un rythme soutenu et régulier.[34] Les minutes des délibérations du Conseil, conservées aux Archives de l'assistance publique de Paris, montrent comment Duquesnoy et Delessert cherchent à faire adopter les idées de Rumford dans les hôpitaux parisiens. Un de ces épisodes concerne un système de chauffage à la Rumford. En germinal An X, Duquesnoy propose de destiner 'la maison de la Pitié' à cette expérience.[35] Il s'appuie pour ce faire sur une proposition qui émane de Rumford lui-même et qui est transmise à Paris par le ministre plénipotentiaire français à Londres. Dans l'état actuel de nos recherches, il nous est impossible de savoir si Rumford avait informé Duquesnoy de cette initiative, voire s'ils en ont formé le projet ensemble. La question, cependant, doit être posée.

32. *Recueil* 35, p.11.
33. *Recueil* 35, p.37.
34. Sur le Conseil, l'étude indispensable est celle de Florence-Ella Cassaigne-Greffe, 'Le Conseil général des hospices (1801-1830)', thèse de doctorat, Ecole des Chartes, 1975. Qu'il nous soit permis de remercier ici Mme Greffe qui nous a laissé consulter ses travaux et nous a accueillie avec une extrême gentillesse et une grande générosité.
35. Archives de l'assistance publique, Inventaire Fosseyeux 136, liasse II, f.293-95.

De son côté, Delessert présente au Conseil, au nom de la Société philanthropique, un modèle de lit très bon marché imaginé par Rumford. Il obtient que le Conseil passe une commande de quarante-huit lits pour les distribuer aux bureaux de bienfaisance.[36]

Duquesnoy apparaît ainsi comme le fédérateur, autour du *Recueil*, d'un réseau de philanthropes qui cherchent à développer conjointement les 'sociétés amicales', défendues par Eden, et les soupes à la Rumford. De nombreux membres du réseau français ont un accès direct aux ouvrages publiés en Grande-Bretagne et qu'ils cherchent à promouvoir en France. Pour bien comprendre le fonctionnement du réseau, il devient indispensable, par conséquent, d'étudier à présent les liens personnels qu'ils ont entretenus avec les auteurs d'outre-Manche.

Les échanges franco-britanniques

Parmi les membres des deux réseaux que nous avons identifiés, deux s'exilent dans le pays voisin. Il s'agit du côté français du duc de La Rochefoucauld et, du côté anglais, de Rumford. La Rochefoucauld fuit la France en 1792. Il réside en Angleterre jusqu'en 1794, date à laquelle il part pour les Etats-Unis. Au cours de ce séjour dans les îles Britanniques, il rencontre un des réformateurs de notre réseau, Jeremy Bentham. La correspondance qu'ils continuent à entretenir même de manière sporadique révèle quelques éléments significatifs. Ainsi, malgré ce lien avec La Rochefoucauld, Bentham n'est informé de la publication en français de son *Esquisse d'un ouvrage en faveur des pauvres* que par Etienne Dumont, qui lui écrit en décembre 1801: 'M. Duquesnoi, a man of sense, has just translated your publications respecting the Poor. I have not seen the translation; but I fear the book is not of a character to have any great success at Paris, for whose meridian it is not calculated'.[37] Quelque temps plus tard, dans une lettre à Dumont datée de février 1802, Bentham raconte avoir eu un exemplaire de la traduction française entre les mains, mais il se plaint de n'en posséder aucune copie: 'One of these days – *if I had a friend in Paris* – I should have a copy of it by some means or another.'[38] Ceci est écrit avant le séjour de Bentham à Paris, la même année, au cours duquel il retrouve La Rochefoucauld et fait la connaissance de Delessert et de Grégoire. Des lettres tardives, datées de novembre 1820, adressées respectivement à Delessert et La Rochefoucauld, évoquent les moments passés autrefois ensemble en

36. Duprat, *Le Temps des philanthropes*, p.448-49.
37. *The Correspondence of Jeremy Bentham*, t.6: *1798-1801*, ed. J. R. Dinwiddy (Oxford, 1984), p.465-67. Sur le rôle joué par Etienne Dumont, voir l'article par Emmanuelle de Champs dans ce volume.
38. *The Correspondence of Jeremy Bentham*, t.7, p.9-11.

France.[39] Grégoire est mentionné bien avant, en 1804, dans une lettre à son frère Samuel. Il y rapporte que deux ans plus tôt, 'When I was at Paris for a few days dining with the Society of Agriculture, I happened to sit opposite to Gregoire (the famous Abbé and Bishop Gregoire).'[40]

Il faut souligner ici que la liste de textes anglais que Grégoire communique à Duquesnoy concerne trois institutions dont deux au moins sont liées aux antiesclavagistes londoniens et tout particulièrement aux Quakers. Il s'agit du règlement de La Retraite, l'établissement fondé par William Tuke pour les Quakers souffrants de maladies mentales, et de la *Notice sur la société philanthropique de Londres*. Cette société avait été alors récemment créée pour venir en aide aux enfants pauvres et aux enfants de criminels. Le Dr Lettsom, également un Quaker, était l'un de ses membres les plus actifs. Curieusement, nous retrouvons ici un autre membre du réseau britannique, Colquhoun, qui a entretenu une correspondance suivie avec Lettsom.[41] Mais le Britannique avec lequel Grégoire entretient les relations les plus suivies est l'abolitionniste Thomas Clarkson qui, par différence avec Wilberforce dont il est très proche, consacre exclusivement ses forces à la lutte contre l'esclavage.

D'eux tous, Rumford est le plus fortement lié à la France. Il quitte d'ailleurs l'Angleterre et vient s'installer à Paris en 1803, où il épouse Anne-Marie Lavoisier deux ans plus tard. Il mourra dans la maison de Mme Helvétius, à Auteuil, en 1814. Sa rencontre avec Mme Lavoisier a eu lieu lors du long séjour qu'il fit à Paris en 1801, à la faveur de la Paix d'Amiens qui venait d'être signée. Ce voyage est un succès, car Rumford est fêté par les Parisiens. La Classe des sciences de l'Institut l'invite à assister à ses séances et à y exposer ses travaux. Il sera fait membre associé étranger. Il est également présenté à Bonaparte qui se montre très attentif et l'invite à dîner chez lui. Cet épisode souligne l'intérêt suscité par les découvertes de Rumford. Un article qui paraît dans la *Décade philosophique* au cours de l'An X traduit cet enthousiasme:

> On sait que nous avons depuis quelques jours le bonheur de posséder à Paris le célèbre comte de Rumford, et c'est déjà un bienfait de la paix de nous avoir amené un homme aussi cher à tous les amis de l'humanité. Décadi dernier, il se rendit au Conservatoire des arts et métiers, accompagné du C. Benjamin Delessert, qui, comme on sait, a été le premier à réaliser parmi nous ses principales découvertes.[42]

39. *The Correspondence of Jeremy Bentham*, t.10: *1820-1821*, ed. Stephen Conway (Oxford, 1994), p.200-205.
40. *The Correspondence of Jeremy Bentham*, t.7, p.280.
41. Voir Thomas Joseph Pettigrew, *Memoirs of the life and writings of the late John Coakley Lettsom with a selection from his correspondence* (London, 1817).
42. *La Décade philosophique*, An X, premier trimestre, p.311-12.

Au cours des nombreuses années qu'il passe à Paris, Rumford rencontre tout un ensemble de savants et de philanthropes français. Mais c'est la relation avec Delessert qui reste la plus forte et la plus constante. Ses excentricités éloignent peu à peu la plupart de ses amis, et seule la fidélité de Delessert empêche que Rumford ne finisse ses jours dans une très grande solitude. Les propositions de Rumford en matière d'alimentation et de lutte contre la pauvreté semblent avoir profondément marqué Delessert. Rappelons que ce dernier, devenu un des banquiers les plus importants du pays, continue jusqu'à la fin de sa vie à déjeuner d'une soupe à la Rumford.

Nous avons pu mettre au jour des liens étroits entre les auteurs britanniques publiés dans le *Recueil* dirigé par Adrien-Cyprien Duquesnoy. Nous avons également montré qu'un réseau de réformateurs français se trouvait étroitement associé à cette entreprise éditoriale originale. Notre étude nous a mis en évidence de mettre en évidence, également, le rôle fédérateur joué par une autre grande personnalité, Rumford, et par une institution, le Conseil général des hospices. Cela permet donc de comprendre que le *Recueil* a vu le jour dans un moment singulier et fort significatif de l'histoire du développement de la philanthropie. Il perd ainsi son apparence première de somme de textes sans liens visibles ou explicites, pour devenir un ensemble cohérent chargé de promouvoir une approche scientifique de la pauvreté.

Les réseaux d'un excentrique: vies et parcours de William Playfair (1759-1823)

JEAN-FRANÇOIS DUNYACH

Le parcours du dessinateur, ingénieur, statisticien, économiste, voyageur... et escroc notoire William Playfair (1759-1823) semble, de prime abord, davantage évoquer les errances d'un aventurier que l'œuvre d'un théoricien parfois visionnaire.[1] Cependant, de récentes études ont permis de réévaluer les travaux statistiques de Playfair, notamment sa contribution décisive dans l'élaboration des graphiques statistiques, que ce soient les graphiques linéaires chronologiques (*time series line graphs*), les histogrammes (*bar charts*) ou encore les figurés circulaires (également appelés 'camemberts': *pie charts*).[2] Playfair fut également un commentateur informé de la *Richesse des nations* dont il compléta l'information économique et statistique dans une édition remarquée de l'ouvrage d'Adam Smith.[3] Novateur tout autant que piètre maître-chanteur, ce personnage pose donc la question de l'excentricité dans la définition d'une position sociale et les formes, particulières ou non, de solidarité comme les réseaux qu'elle peut mettre en place.[4]

1. La dimension biographique est développée dans Jean-François Dunyach, 'L'excentrique et la richesse des nations: considérations biographiques sur William Playfair (1759-1823)', à paraître dans les *Mélanges en l'honneur du Professeur Jean-Pierre Poussou* (Paris, 2010). Sur le parcours de Playfair, voir Ian Spence, 'William Playfair', dans *Oxford dictionary of national biography* (dorénavant *ODNB*), éd. H. C. G. Matthew et Brian Harrison, 61 vol. (Oxford, 2004), t.44, p.562-63, ainsi que Ian Spence et Howard Wainer, 'William Playfair: a daring worthless fellow', dans *Graphic discovery: a trout in the milk and other visual adventures*, ed. Howard Wainer (Princeton, NJ, 2005), p.24-27.
2. Voir I. Spence et H. Wainer, 'William Playfair (1759-1823): inventor and ardent advocate of statistical graphics', dans *Statisticians of the centuries*, ed. C. C. Heyde et E. Senata (New York, 2001), p.105-10; I. Spence et H. Wainer, introduction au *Commercial and political atlas and statistical breviary* (Cambridge, 2005), p.1-35; I. Spence, 'The invention and use of the statistical charts', *Journal de la Société française de statistique* 141:4 (2000), p.77-81. Le terme histogramme a été forgé par le statisticien anglais Karl Pearson en 1895.
3. Il s'agit de la cinquième édition de la *Richesse des nations* publiée en 1805. Ce travail, mal reçu des contemporains qui le jugeaient présomptueux à l'égard du *magnum opus*, a fait l'objet d'une réédition récente, présentée par William Rees-Mogg (Londres, 1995).
4. La question de l'excentricité en tant que telle n'a pas fait l'objet d'études véritablement sérieuses et n'a suscité que des galeries de portraits dont la littérature britannique est friande. Seules les catégories de l'exclusion, ou de la relégation, ont fait l'objet d'analyses comme celles de Iain McCalman, *Radical underworld: prophets, revolutionaries and pornographers in London, 1795-1840* (Cambridge, 1988).

Cependant, l'excentricité n'est pas tout lorsqu'on a affaire, comme ici, à un personnage gyrovague qui, de l'Ecosse à l'Angleterre jusqu'à la France, a maintes fois noué et brisé ses réseaux tout en étant, constamment et où que ce fût, un *outsider*. A bien des égards, Playfair incarne, comme on va le voir à travers ce bref exposé de son parcours, la récurrente fatalité, quel que soit le pays et quelle que soit la matière, d'un *radical underworld*, tour à tour inventeur plagiaire, homme d'affaire véreux ou 'Burke du ruisseau'.

Réseaux initiaux: Lumières écossaises, invention technique, patronage

On ne saurait voir en Playfair un excentrique de naissance ou par vocation, comme l'atteste son milieu d'origine. Fils du révérend James Playfair (1712-1772), frère cadet du 'D'Alembert écossais', le célèbre mathématicien et géologue John Playfair (1748-1819) qui fut titulaire de la chaire de mathématiques, puis de la chaire de philosophie naturelle à l'Université d'Edimbourg, William apparaît résolument au cœur d'un réseau familial et de sociabilités à l'origine bien établies dans la société écossaise.[5]

Il convient cependant de nuancer le propos dans la mesure où il apparaît qu'à l'évidence son exil d'Ecosse et ses frasques londoniennes et parisiennes lui ont aliéné nombre de soutiens locaux. Le manque de reconnaissance de ses travaux par ses contemporains trouve d'ailleurs une illustration éclatante dans l'absence de tout ouvrage du pourtant prolifique William dans le catalogue de la bibliothèque de son frère.[6] Il est vrai que John et William suivent des parcours radicalement différents liés aux conséquences de la mort de leur père, le révérend James Playfair, en 1772: alors que le premier connaît un cursus universitaire classique le conduisant de Saint Andrews à Aberdeen puis à Edimbourg, le cadet, orphelin à treize ans, est placé en apprentissage par son aîné devenu chef de famille.[7] Faut-il pour autant attribuer au seul revers de fortune

5. Ami de Robertson, Smith, Ferguson, Blair et Hutton, John Playfair est une figure importante des Lumières écossaises. Voir Jack Morrell, 'John Playfair', dans *ODNB*, t.44, p.555-56. C'est John Playfair qui fournit à William Robertson l'information mathématique pour son *Historical disquisition concerning the knowledge which the Ancients had of India* (Londres, s.n.1791). On lui doit également la *Dissertation exhibiting a general view of the progress of mathematical and physical science since the revival of letters in Europe*, l'une des quatre dissertations préliminaires de l'*Encyclopædia britannica* publiées entre 1815 et 1824.

6. *Catalogue of the library of the late John Playfair, esq.* (Edimbourg, 1820).

7. Sur la valorisation croissante des carrières techniques en Ecosse au dix-huitième siècle, voir Ben Marsden, 'Engineering science in Glasgow: economy, efficiency and measurement as prime movers in the differenciation of an academic discipline', *British journal for the history of science* 25 (1992), p.319-46. Voir aussi Larry Stewart, *The Rise of public science: rhetoric, technology, and natural philosophy in Newtonian Britain, 1660-1750* (Cambridge, 1992),

familial le parcours chaotique de Playfair? Guère, à en juger par les débuts prometteurs d'un autre frère, l'architecte James Playfair, qui connut les mêmes difficultés.[8] A bien des égards, la fonction de chef de famille qu'assurera John Playfair jusqu'à la génération de ses petits-neveux et la brouille évidente avec son cadet William, expliquent l'ostracisme écossais dont ce dernier a fait l'objet.[9]

A la différence de celle de ses aînés, la voie suivie par William est celle de l'apprentissage technique qui le conduit sous la direction d'Andrew Meikle, alors installateur de moulins pour le compte de la famille Rennie, à Houston Mill sur le domaine de Phantassie (East Lothian).[10] Cette formation choisie pour Playfair n'apparaît en rien comme une relégation sociale, à en juger par la nature des relations nouées: Playfair se lie en effet avec John Rennie, alors apprenti ingénieur et bientôt constructeur de renom.[11] Avec Rennie, Playfair poursuit son apprentissage technique chez Matthew Boulton et James Watt à Birmingham, où il passe l'essentiel de son temps (entre 1777 et 1781) dans la maison du second, à Harper's Hill, à préparer et dessiner des esquisses de machines. Les Watt Papers à Birmingham montrent les échanges soutenus d'informations et les transferts de collaborateurs entre les différents inventeurs britanniques. Ainsi de Playfair qui, s'il ne fut pas toujours loué par Watt, n'en demeurera pas moins un constant admirateur du plus célèbre de ses premiers maîtres.[12] C'est d'ailleurs en partie par le biais de Boulton et de Watt que Playfair entre en contact avec une autre institution importante de la vie intellectuelle et scientifique britannique de la fin du dix-huitième siècle, la Lunar Society de Birmingham.[13] Le jeune homme devait également ses contacts avec le

---

et *Metropolis and province: science in British culture, 1780-1850*, éd. Ian Inkster et Jack Morrell (Londres, 1983).

8. James Playfair (1755-1794) fut le père du célèbre architecte William Henry Playfair (1790-1857).
9. John Playfair fut notamment le soutien et le tuteur de William Henry Playfair.
10. Andrew Meikle (1719-1811), inventeur de la batteuse en 1786.
11. John Rennie (1761-1821), l'un des plus importants constructeurs d'infrastructures et de ponts de la fin du dix-huitième siècle en Grande-Bretagne; on lui doit notamment le pont de Waterloo à Londres.
12. Matthew Boulton (1728-1809) et James Watt (1736-1819) entrèrent en partenariat au cours de l'année 1775. Playfair manifesta son attachement à son premier maître dans un texte rédigé à l'occasion du décès de Watt, 'Original memoirs of eminent persons: the late James Watt, esq., F.R.S., &c &c', *Monthly magazine, or British register* 48 (1819), p.230-39. Sur les relations entre les deux hommes, voir I. Spence et H. Wainer, 'Introduction', p.5.
13. Sur la Lunar Society de Birmingham, dont les activités se déroulent de 1765 à 1813, voir Robert E. Schofield, *The Lunar Society of Birmingham: a social history of provincial science and industry in eighteenth-century England* (Oxford, 1963) et Jenny Uglow, *The Lunar men: five friends whose curiosity changed the world* (Londres, 2002). Les membres les plus assidus étaient notamment, outre Boulton et Watt, Samuel Galton Junior, James Keir, Joseph Priestley et Josiah Wedgwood.

cénacle scientifique et intellectuel à un proche de sa famille, William Small, mathématicien de renom et membre fondateur de la prestigieuse société.[14] La présence de Joseph Priestley parmi les membres de la société apparaît particulièrement importante pour Playfair qui s'inspire plus tard des diagrammes chronologiques publiés par ce dernier dans *A Chart of biography* (1765) et *A New chart of history* (1769).

Mais c'est tout d'abord avec un autre membre de la société, James Keir, que Playfair s'associe, pour se lancer dans sa première entreprise industrielle: la commercialisation de la machine à copier les lettres (*copying machine*) de Watt.[15] L'échec rapide de l'entreprise ouvre une série de déboires pour Playfair qui s'étendent sur près de dix années et le conduiront jusqu'en France.[16] En effet, malgré l'obtention (entre 1781 et 1785) de quatre patentes sur des procédés techniques largement élaborés dans l'atelier de Soho House, Playfair s'attire l'acrimonie de Keir, qui en revendique la propriété intellectuelle. Cette première tentative d'exploitation de l'incertitude sur la paternité d'un procédé industriel et la séquence rupture–faillite–fuite qui lui fit suite devaient se répéter à de nombreuses reprises.[17] Les réseaux de l'invention technique n'en demeureront pas moins toujours actifs pour Playfair, notamment à l'occasion de ses séjours londoniens, et ce jusque fort tard dans sa carrière et sous un jour parfois inattendu, comme l'extorsion de 25 livres à son ami John Rennie au cours de l'été 1816 au prétexte d'un possible scandale.[18]

14. Le frère de William Small, le révérend Robert Small, était très lié à James Playfair, le père de William: même université (Saint Andrews), paroisses voisines et passion identique pour l'enseignement. A la mort de son père, William fut recommandé aux bons soins des frères Small. Le renom et les réseaux très puissants de ces derniers dans le monde des sciences et des lettres britanniques constituaient un parrainage de choix.
15. James Keir (1735-1820), chimiste, géologue, inventeur et entrepreneur écossais, était lié à Erasmus Darwin, autre membre de la Lunar Society, avec lequel il avait étudié la médecine à l'Université d'Edimbourg. En 1778, après plusieurs essais industriels infructueux, il devint gérant de l'entreprise Boulton et Watt à Soho.
16. Sur les carrières difficiles des inventeurs-entrepreneurs au dix-huitième siècle, voir Christine Macleod, *Inventing the Industrial Revolution: the English patent system, 1660-1800* (Cambridge, 1988); C. Macleod, 'The paradoxes of patenting: invention and its diffusion in 18th- and 19th-century Britain, France, and North America', *Patents and invention, Technology and culture* 32 (1991), p.885-910; Harold Irvin Dutton, *The Patent system and inventive activity during the Industrial Revolution, 1750-1852* (Manchester, 1984).
17. On compte près de six tentatives infructueuses du même ordre entre 1781 et 1787. La dernière, l'échec d'une entreprise de commercialisation d'objets en argenterie chantournée par un procédé breveté (inspiré de Watt en vérité), pousse Playfair à quitter Londres pour Paris.
18. National Library of Scotland MSS, MS 19829, Rennie Papers, une série de lettres entre juin et août 1816 au sujet du projet de publication par John Byerley d'un pamphlet contre les agissements financiers de John Rennie sur ses différents chantiers. Playfair, qui a pris

Si Playfair doit partir en France, c'est sans doute autant à cause de ses déboires entrepreneuriaux que de son premier succès éditorial. En effet, si son premier essai sur les lois de l'intérêt de la monnaie (1785) et, plus encore, son *Atlas commercial et politique* (1786) ne suscitent qu'indifférence en Grande-Bretagne, ils déclenchent en revanche l'enthousiasme du roi de France Louis XVI.[19] L'*Atlas*, destiné à l'analyse du commerce anglais au cours du dix-huitième siècle, contient en effet une innovation de taille, les quarante-quatre graphiques qui, s'ils s'inspirent à l'évidence des figurés chronologiques de Joseph Priestley publiés vingt années plus tôt, n'en apportent pas moins des innovations remarquables.[20]

Plus remarquable encore est le soutien apporté par le comte de Shelburne à l'initiative de Playfair. On en trouve une trace dans un courrier de 1785 du philosophe Dugald Stewart à Benjamin Vaughan où l'Ecossais rend compte des activités de Playfair auprès du protégé de Shelburne:[21]

> M. Playfair about whom you make enquiry in your last letter was originally destined for the profession of a civil engineer. I am not acquainted with the particulars of his history in England, but I know in general that he has been unfortunate in business. Of his principles and dispositions I have a very favourable opinion, and I know that he possesses a great deal both of mathematical & mechanical information. Of late he has turned his attention to the study of commercial politics, & so far as I am able to judge is well fitted for such speculations as he has strong natural abilities, and has acquired a considerable stock of facts both from books and from his own observation.[22]

L'étude ici envisagée par Playfair semble être *The Commercial and political atlas* (1786), auquel Shelburne donnera son patronage après avoir accueilli Playfair chez lui pour qu'il en termine la rédaction. On voit ici une véritable enquête préliminaire en patronage, effectuée sur le jeune Playfair par un potentiel mécène. C'est chez ce dernier que Playfair

connaissance du manuscrit, en avertit Rennie (avec lequel il reprend contact pour l'occasion), s'entremet pour éviter le scandale et en tire visiblement profit pour soutirer un soutien financier.

19. *Regulations of the interest of money* (Londres, s.n., 1785); *Commercial and political atlas* (Londres, s.n., 1786). Un manuscrit de ce second ouvrage circulait déjà en 1785. La seconde édition de l'ouvrage est traduite en français en 1789 sous le titre *Tableaux d'arithmétique linéaire du commerce, des finances et de la dette nationale de l'Angleterre*.

20. Reproduits en fac-similés dans *Commercial and political atlas*, éd. Ian Spence et Howard Wainer (Cambridge, 2005). Sur les apports de Playfair à la représentation graphique, son appareil mathématique et statistique, voir les p.16-27 de cette édition.

21. Benjamin Vaughan (1751-1835), économiste et écrivain, était conseiller de Shelburne lors des négociations de paix de 1783. Vaughan fréquentait Price, Priestley, Paine et Romilly entre autres.

22. National Library of Scotland MSS, MS 2521 [correspondance diverse, dont une lettre de Dugald Stewart], f.171.

rencontrera Price, ainsi que de nombreux autres penseurs et théoriciens du moment. En outre, Playfair devra au patronage de Shelburne l'envoi d'exemplaires de son *Atlas* au comte de Vergennes qui lui-même en fera don à Louis XVI... D'un réseau l'autre, Playfair, toujours aussi malheureux en affaires et méconnu scientifiquement, pourra ainsi tenter l'aventure française avec quelques espérances.

Les réseaux parisiens: de la recommandation 'ancien régime' au *networking* révolutionnaire

Le projet français de Playfair relève d'un calcul assez simple: pensant compter sur l'avance technologique britannique vis-à-vis du continent, et fort de ce qu'il croit être le soutien royal, Playfair quitte en effet l'Angleterre pour la France en 1787.[23] On suit, dans le journal de Playfair, les déboires de son installation à Paris: la plupart des accréditations obtenues de Shelburne se révèlent finalement assez peu utiles, et Playfair évoque notamment avec dépit une entrevue ratée avec l'abbé Morellet.[24] Si Playfair évoque dans son journal le peu d'intérêt de Morellet pour ses entreprises, Morellet nous en fait également part dans sa propre correspondance avec Shelburne:

> J'ai vu hier M. Playfair dont vous avez eu la bonté de m'envoyer l'ouvrage ci-devant. Sa méthode est ingénieuse mais ce me semble tout à fait inutile. On ne peut exprimer les choses qu'aux yeux de cette méthode, mais dès qu'il faut les communiquer ou en discourir on est bien forcé d'employer et les chiffres et les nombres, et alors toute la carte de M. Playfair devient inutile. Un but plus utile est celui qu'il se propose de nous vendre des boucles et des boutons bon marché. Comme il ne parle pas un mot de français, je lui ai proposé de m'apporter par écrit ses projets; je les traduirai, et *to make his way*, je l'aiderai de mes connaissances et de celles de mes amis.[25]

Le soutien de Morellet s'en tiendra là et le projet de Playfair, encore une fois emprunté (un procédé pour laminer et polir les métaux inspiré de Boulton et Watt ainsi que du brevet déposé par Henry Cort en 1783) échoue.[26] Cependant, l'entreprise montre, à travers les actions mises en

23. Sur la question du retard technique français, voir François Crouzet, *De la supériorité de l'Angleterre sur la France* (Paris, 1999).

24. Cette scène est décrite dans le journal autographe de William Playfair détenu par John Playfair que nous remercions vivement ici pour nous avoir permis d'y avoir accès. Shelburne et Vaughan connaissaient Morellet, rencontré lors de l'ambassade du premier lors des négociations pour le traité de Paris en 1783.

25. *Lettres de l'abbé Morellet,* [...] *à Lord Shelburne* (Paris, 1898), p.242-43 (lettre du 27 juin 1787).

26. Playfair obtient en effet du roi des lettres patentes pour l'exploitation de son procédé: Paris, Archives nationales, T 1613. Il ne tarde pas à s'associer avec Etienne Clavière au cours de l'année 1788, comme l'indique Jocelyne Moreau-Zanelli, *Gallipolis: histoire d'un mirage américain au XVIIIe siècle* (Paris, 2000), p.75-76.

circulation, l'intéressante pérennité de certains réseaux britanniques de Playfair: ainsi de Gérentet, son co-entrepreneur, rencontré en Angleterre au début des années 1780 lorsque ce dernier tentait de lancer à Birmingham une entreprise de fabrication de papier destiné à la construction de montgolfières. Les réseaux de l'échange technique fonctionnaient bien dans les deux sens, de part et d'autre de la Manche.

La carrière d'ingénieur-entrepreneur de Playfair touche donc quasiment à son terme, le contraignant à s'engager dans une série d'affaires financières alors même que le cours des événements parisiens s'emballe. En pleine Révolution, Playfair est en effet impliqué dans l'escroquerie – et le scandale – de la Scioto Land Company dont il est l'agent.[27] Dans cette affaire, notre Ecossais se trouve associé au constituant Duval d'Eprémesnil, qui tient lieu de caution, et à l'aventurier américain Joel Barlow, alors représentant parisien de la compagnie.[28] Cette association fait entrer Playfair dans le cercle de Brissot comme l'illustre peu après l'affaire du Scioto dans laquelle trempe une partie des patriotes 'américains' de la Révolution.

L'affaire, compliquée, conduit quelques 600 Français à acheter des concessions de terrains réputés fertiles dans l'Ohio avant de se rendre compte – sur place – de leur peu de valeur et de la totale déréliction dans laquelle les laisse, malgré ses promesses, la Compagnie.[29] Si certains émigrants restent et fondent la cité de Gallipolis, dans l'actuel comté de Gallia en Ohio, l'affaire fait grand bruit à Paris et Playfair doit défendre l'entreprise contre une campagne de pamphlets mordants qui acculent les agents de la Compagnie au procès.[30] Le journal de Playfair montre d'ailleurs l'implication de nombreuses personnalités dans ses différentes affaires sous la Révolution: d'une banque d'assignats à la Scioto Company, l'Ecossais au faîte de sa réussite financière côtoie à l'occasion les élites de la monarchie constitutionnelle. C'est d'ailleurs à cette proximité ainsi qu'aux déboires liés au scandale de l'affaire du Scioto (relatés dans le journal de Playfair) et d'autres tracas financiers que

27. Citoyen du faubourg Saint-Antoine, Playfair aurait été membre de la Garde nationale formée le 13 juillet 1789. Voir I. Spence et H. Wainer, 'Who was Playfair?', *Chance* 10 (1997), p.35-37. La question de savoir si Playfair a assisté, voire participé, à la prise de la Bastille reste encore à trancher. Son nom ne figure pas dans la liste (certes très incomplète) des 'vainqueurs de la Bastille'.

28. Joel Barlow (1754-1812), poète, juriste, financier et diplomate pour le compte de son ami James Madison.

29. Voir Theodore T. Belote, *The Scioto speculation and the French settlement at Gallipolis* (New York, 1907); J. Moreau-Zanelli, *Gallipolis*, p.97-98; cette dernière évoque les coïncidences troublantes qui tendent à soupçonner une manipulation de la Compagnie par Clavière et Brissot.

30. *Lettre et observations adressées à M. l'abbé Aubert, au sujet de l'extrait d'un écrit intitulé: 'Le Nouveau Mississipi, ou les Dangers d'habiter les bords du Scioto'* (Paris, s.n., 1790).

l'Ecossais, devenu critique à l'égard de la Révolution, doit sa chute. Les raisons précises n'en sont pas claires à la lecture des rares archives qui demeurent mais Barère, devenu président de la Convention, lance la police aux trousses de Playfair qui doit quitter précipitamment la France pour Francfort puis l'Angleterre en 1793, peu avant que ne s'instaure la Terreur.[31] L'ampleur des contacts noués à Paris, ainsi que l'intérêt sensible que porte Playfair à la capitale française, explique d'ailleurs que, dès la Paix d'Amiens signée en 1802, il fera un court séjour à Paris, vraisemblablement pour y récupérer ses papiers personnels.[32] Cependant, avec la fin de l'épisode révolutionnaire, les activités de Playfair se recentrent désormais sur la Grande-Bretagne.

Des réseaux britanniques? Les errances d'un 'Burke du ruisseau'

A son retour à Londres, Playfair s'engage résolument dans le journalisme et l'écriture, non sans poursuivre des activités financières suffisamment interlopes – à tout le moins calamiteuses – pour que la Banque d'Angleterre le menace d'un procès en 1797.[33] L'exercice de telles activités accompagne une graphomanie remarquable qui le voit signer pas moins d'une centaine d'ouvrages.

Il faut tout d'abord faire état de l'activité journalistique intense déployée par Playfair qui lance successivement deux journaux. Le premier, le quasi-quotidien *Tomahawk*, journal politique anti-français, s'il n'eut que 113 numéros (octobre 1795-mars 1796), est intéressant dans la mesure où non seulement il exprime les opinions politiques (très anti-françaises, anti-jacobines et anti-Fox) de l'Ecossais, mais encore il évoque les perspectives intellectuelles qui donneront ses ouvrages ultérieurs.[34] Cette activité s'accompagne de multiples offres de services aux membres

31. Les locaux de la Compagnie abritaient un tripot le soir, que fréquentait Barère: Playfair tenait peut-être certaines informations, ou savait certains faits que le nouveau président de la Convention voulait peut-être garder secrets.

32. J. G. Alger, 'British visitors to Paris, 1802-1803', *The English historical review* 14:56 (1899), p.739-41.

33. Playfair doit ses ennuis à la faillite d'une banque établie en collaboration avec le Hollandais Jan Caspar Hartsinck en 1797: TNA, C 13/1981/63 [W1806 S2]. Une autre de ses affaires financières peu sûres lui vaut un procès devant le King's Bench en 1805: TNA, TS 11/457. Le dossier d'instruction nous apprend notamment que Playfair exerce alors le métier de 'fabricant d'affûts de canons' pour le compte de l'East India Company et qu'il a fait un séjour à la prison de Fleet (séjour des faillis à l'époque) en 1804.

34. Le *Tomahawk*, dans sa partie principale intitulée 'General politics', s'en prend presque systématiquement à la France, sur le ton de l'attaque *ad hominem* ou de l'éloge de caractère: on y lit ainsi des 'anecdotes' sur l'abbé Sieyès, une 'défense de Marie-Antoinette', le récit des 'cruautés républicaines' ou encore une édifiante 'vie de Robespierre'. On y trouve également un véritable essai politique en huit épisodes intitulé 'On the danger from

du cabinet, notamment le renseignement sur les activités de l'émigration française à Londres. Ces entreprises occuperont régulièrement l'Ecossais jusqu'à la fin des guerres napoléoniennes sans que l'on puisse réellement juger des avantages qu'elle a pu lui octroyer.[35]

Cependant, outre ses activités interlopes souvent à son initiative personnelle, Playfair s'essaie à la reprise de ses publications scientifiques, sans que de véritables réseaux se dégagent clairement. Ainsi de son *Inquiry into the causes of the decline and fall of rich and wealthy nations* (1795) qui, sous la forme d'un éloge à Adam Smith, définit les perspectives de l'économie politique.[36] Playfair se lance également dans l'aventure éditoriale d'inspiration anti-française avec plusieurs publications et journaux: rédacteur du journal *Tomahawk*, il n'hésite pas à mobiliser l'auguste personne d'Edmund Burke dans une lettre où l'auteur des *Réflexions sur la Révolution de France* est présenté comme supérieur à Rousseau et véritable garant du sursaut national face aux dangers de la décadence anglaise.[37] Une autre publication, *Anticipation*, véritable journal hebdomadaire de réflexion économique, apparaît également remarquable par la variété des sujets abordés et par son but: l'analyse économique et politique au service du gouvernement.[38] L'invocation de l'expertise comme fondement de l'information et du conseil pour l'action politique est notamment défendue dans l'article liminaire de la publication, qui souligne l'ampleur des dangers qui menacent une Angleterre désormais isolée d'un continent européen tenu par la France et soumise au blocus continental.[39] A bien des égards, Playfair répond parfaitement au profil du *radical underworld* littéraire et cet infatigable polygraphe mérite bien, par les accents nationalistes de sa prose mâtinée d'économie politique à la Smith et de conservatisme politique hérité de l'auteur des *Réflexions sur la Révolution de France*, le titre de 'Burke du ruisseau'.

---

democracy being greater than from royal prerogative'. Ces articles complètent les ouvrages anti-français de Playfair comme *The History of Jacobinism, its crimes, cruelties and perfidies* (Londres, s.n., 1795).

35. Voir les Windham Papers, BL, Add. MSS 37875, f.227-33, notamment ce courrier du 24 octobre 1795, dans lequel Playfair renseigne le ministre sur l'identité d'emprunt et l'adresse de l'abbé Calonne, correspondance assortie d'informations sur le milieu de l'émigration française (BL, Add. MSS 37868, f.17) qui confirment les fonctions d'indicateur sur les milieux interlopes de la capitale anglaise. Plus tard, Playfair donnera également dans le renseignement 'gracieux' sur la préparation de publications séditieuses, ou un projet de mutinerie dans l'armée.
36. *Tomahawk* 13 (11 novembre 1795), p.53.
37. *Tomahawk* 111 (4-5 mars 1796).
38. Le titre exact est *Anticipation, in politics, commerce and finance during the present crisis*; seulement quatorze numéros paraissent, de mars à juin 1808.
39. *Anticipation* 1 (12 mars 1808), p.1-3.

Cependant, le patriotisme économique ne réussit guère à Playfair dont les deux entreprises, visiblement destinées à être lucratives, échouent rapidement, preuve s'il en est de la faible surface sociale du personnage.[40] Le journalisme n'est pas le seul moyen envisagé pour accéder à la notoriété: Playfair s'essaie en effet à la généalogie nobiliaire – vraisemblablement inspirée du *Baronia anglica* (1736) de l'historiographe royal Thomas Madox – et à la biographie politique, avec le même insuccès.[41] Les déboires judicaires de l'Ecossais, notamment liés à une entreprise financière qui se voit intenter un procès par la Banque d'Angleterre en 1797, comme des procès pour escroquerie et une tentative de chantage à l'égard de Lord Archibald Douglas, lui aliènent tous les soutiens de la bonne société tant londonienne qu'écossaise, comme le montrent les commentaires souvent peu amènes sur la moralité du personnage à l'occasion des différentes instructions dont il fait l'objet.[42] Si les sources manquent, l'infatigable activité de l'Ecossais et ses déboires à répétition illustrent les tentatives d'un polygraphe marginal pour réussir en société comme dans la République des Lettres par tous les moyens entrepreneuriaux et les ressorts de l'édition radicale anti-française.

C'est dans la veine économique que Playfair donne ses productions les plus remarquables avec le *Statistical breviary* (1801) dans lequel il crée le diagramme circulaire pour figurer le rapport entre population et revenu national d'une quinzaine de puissances européennes. L'utilisation des informations statistiques et leur transcription graphique font l'objet d'une rapide reconnaissance: Humboldt en Allemagne, l'Académie des sciences en France et Jefferson aux Etats-Unis en saluent l'intérêt.[43] Cependant, les savants britanniques réservent leur adhésion jusqu'aux années 1840, bien après la mort de leur auteur. L''arithmétique linéaire'

40. On doit à Playfair, outre son premier essai de 1785 sur le développement économique et financier en relation avec les libertés civiles, toute une série de publications économiques sur les perspectives de l'économie britannique (activités industrielles, agricoles, ressources financières) au cours des guerres napoléoniennes. Ces travaux fournissent l'information statistique du commentaire d'Adam Smith et de son essai sur les nations opulentes.

41. *British family antiquity* (Londres, 1809-1811); au total neuf volumes avec illustrations et diagrammes chronologiques seront publiés, sans le succès escompté. Les *Political portraits in this new era* (Londres, 1813-1816), qui célèbrent notamment les vainqueurs de Napoléon, ne remportent pas davantage de succès.

42. Playfair approche Lord Douglas, l'une des principales fortunes d'Ecosse, au sujet de prétendus documents pouvant semer le doute sur la légitimité de sa succession. Sur cette escroquerie, voir I. Spence et H. Wainer, 'William Playfair: a daring worthless fellow'. Les traces de Playfair dans les archives anglaises sont éloquentes: deux procès pour faillite frauduleuse en 1805 et 1806 (TNA, TS 11/457 et C 13/1981/63).

43. La traduction de l'ouvrage de Playfair fut réalisée par Denis François Donnant sous le titre *Eléments de statistique* (Paris, 1802).

comme moyen scientifique de mesure de l'état économique des nations connaît donc un succès d'estime qui ne fait pourtant pas plus la renommée de son auteur que sa fortune.[44] Playfair donne également, en 1805, un commentaire de la onzième édition de la *Richesse des nations* d'Adam Smith, premier véritable travail critique de l'œuvre. Car Playfair ne se contente pas d'annoter l'ouvrage: il le complète par une véritable actualisation à l'aune des progrès de l'information statistique et des développements politiques de la Révolution française comme de l'évolution de la situation britannique.

A bien des égards, ces travaux illustrent une remarquable continuité intellectuelle et une rigueur scientifique que le parcours personnel de l'Ecossais ne laisse guère deviner. Playfair apparaît ici fidèle au projet intellectuel de l'économie politique assigné à Dugald Stewart, alors titulaire de la chaire de philosophie morale à l'Université d'Edimbourg. Dès 1795, Playfair lance en effet un appel au successeur d'Adam Smith pour entreprendre une telle étude:

> That admirable writer on political economy, Dr Adam Smith, has thrown a light upon what may be called the theory of commercial wealth and riches. This is a masterpiece, both as a philosophical and a mercantile work. But he has, most unfortunately for mankind, stopped at the zenith. He has traced and explained the subject, from the humble cot of the savage, to the grand palace and rich storehouse. But the gradation by which that same ascendancy in arts and commerce is acquired, is not much more important, perhaps, than an inquiry into the manner in which it may be retained.
> If the able biographer of that learned author, and his countryman, Professor Stewart, would undertake this inquiry; we think he is more likely to succeed in philosophy, elegance, and deep research, in the manner of his deceased friend, than any other author that we know of in this country. We wish he may be laid by our observation to undertake it.[45]

En somme, Playfair lance officiellement l'idée de l'économie politique comme une science au service d'un conservatisme de l'opulence. Le ton de l'adresse à Stewart, notamment l'évocation de la commune origine écossaise des deux *literati* sans que Playfair lui-même ne s'inclue dans le propos ni ne fasse état de sa connaissance du premier, montre combien les ponts écossais sont, depuis longtemps, irrémédiablement coupés pour lui. L'influence de Playfair paraît difficile à cerner car la correspondance de Stewart manque et même si ce dernier commence bien à donner de véritables cours d'*Economie politique*, séparément de sa

44. Sur la naissance des méthodes scientifiques de mesure de l'économie, voir Judy L. Klein, 'Reflections from the age of economic measurement', *History of political economy* 33, 'Annual supplement' (2001), p.111-36.

45. W. Playfair, 'An inquiry into the causes of the decline and fall of nations', *Tomahawk* 13 (11 novembre 1795), p.53.

chaire de philosophie morale, à Edimbourg à partir de 1799. Cependant, le cours de Dugald Stewart ne constitue pas totalement une première dans l'histoire universitaire européenne. En effet, l'italien Antonio Genovesi avait été titulaire de la première chaire connue d'économie politique (dénommée 'chaire de mécanique et de commerce') à l'Ateneo de Naples dès 1754.[46]

A ce titre, il faut bien mesurer l'isolement scientifique et intellectuel quasi-absolu de Playfair dans le Londres de la fin du dix-huitième siècle. Le caractère entrepreneurial de beaucoup de ses essais politiques et économiques s'explique certes par une situation économique précaire, mais ne saurait tout expliquer des évidentes qualités et de l'originalité de certains d'entre eux. Comprendre et formuler les lois économiques et politiques de la persistance des progrès des sociétés développées et opulentes: c'est dans le cadre de ce projet intellectuel qu'il faut en effet comprendre cette 'suite' aux travaux d'Adam Smith que constitue l'*Enquête sur les causes pérennes du déclin et de la chute des nations puissantes et riches* publiée l'année même de son commentaire de la *Richesse des nations*.[47] Cette évocation historique, enrichie de quatre gravures statistiques, se veut fondée sur les principes avancés dans la *Richesse des nations*. S'il reconnaît les difficultés de la distinction entre les structures politico-économiques 'permanentes' d'une part et la conjoncture d'autre part dans l'évaluation des causes du déclin des nations opulentes, Playfair se fait volontiers l'avocat de l'arithmétique linéaire comme outil de la définition des fondements de toute société développée.[48] S'il est ostracisé socialement, tant à Londres qu'à Edimbourg, Playfair n'apparaît donc en rien isolé scientifiquement: sa connaissance des auteurs en atteste.

Reste une séquence finale du parcours chaotique de l'Ecossais, sa fonction de rédacteur en chef du *Galignani messenger* à Paris décrochée peu après la Restauration. Cette preuve manifeste de la reconnaissance de ses 'compétences' françaises tranche en effet avec l'évident isolement du personnage. Les explications nettes manquent encore de cette éphémère promotion qui atteste cependant de l'infatigable activité de constitution de réseaux, qui anime l'Ecossais.[49]

46. Voir John Robertson, *The Case for the Enlightenment: Scotland and Naples 1680-1760* (Cambridge, 2005), p.325-75.

47. *Inquiry of the permanent causes of the decline and fall of powerful and wealthy nations, designed to show how the prosperity of the British Empire may be prolonged* (Londres, 1805).

48. J. L. Klein, 'Reflections'. Sur le plan théorique, outre Adam Smith, l'influence des *Principes d'économie politique* (1767) d'un autre Ecossais, James Steuart, semble manifeste.

49. Cette promotion pourrait s'expliquer par la rencontre, dans le Londres des polygraphes désargentés de la fin du dix-huitième siècle, de Giovanni Antonio Galignani, lui-même chassé de Paris par la Révolution, et de William Playfair. Les commentaires de ce dernier dans le *Galignani messenger* sur le duel entre le colonel Duffay et le comte Saint Morys, lui valent un procès intenté par la veuve du dernier (1818). Condamné à trois mois de prison

On a bien affaire, avec William Playfair, à un personnage complexe, au cœur de nombreuses problématiques de la compréhension des parcours sociaux dans leurs différentes dimensions, personnelles, familiales, collectives, et enfin nationales. A bien des égards, Playfair n'est en rien un isolé. S'il peut apparaître comme un marginal des Lumières écossaises, les liens familiaux et particuliers entretenus avec l'élite des universités comme les relations nouées dans les milieux intellectuels, scientifiques et techniques, en Ecosse comme en Angleterre et en France, forcent à convenir, sinon d'une intégration sociale et d'un réseau de solidarités fortes, davantage d'un incessant travail de constitution, d'activation et de réactivation de réseaux autour de ce bouillonnant personnage, en fonction des circonstances. L'indéniable réprobation sociale comme l'indifférence relative à l'égard de ses travaux en Grande-Bretagne ne sauraient ainsi occulter l'intense activité de *networking* de Playfair dans des milieux et des lieux extrêmement différents. L'Ecossais apparaît en effet depuis différents points de vue comme un véritable entrepreneur de réseaux, capable de lier autour de lui des personnalités différentes dans des projets variés, allant de l'entreprise technique à la banque, jusqu'à la pure et simple escroquerie... L'Ecossais brouille la notion de réseaux, entendus comme des ensembles structurés parfaitement repérables (par les membres, les modalités de communication, la nature des informations échangées), dans la mesure où il cristallise, de manière éphémère, des ensembles disparates, voire évanescents, aux membres, aux fonctions et aux modalités toujours différents. Ainsi, l'excentricité du personnage apparaît clairement comme un jeu, une latitude prise par rapport à un 'cœur', un 'centre', une hiérarchie sociale, dont on voit varier la géométrie en fonction des critères retenus. Une nouvelle fois, les Lumières méritent bien leur pluriel, jusque dans la prétendue définition d'un cadre national ou intellectuel. Par-delà les frontières de l'Ecosse et le berceau intellectuel de ses universités, des personnages comme William Playfair – entre continent et îles Britanniques, entre centre et périphérie des milieux de l'innovation technique et intellectuelle, entre reconnaissance et exclusion en somme – bousculent les cadres convenus de la compréhension des processus d'échanges des connaissances, des savoirs et des idées au dix-huitième siècle.

---

et de lourds dommages, il doit fuir à nouveau la France pour Londres où il meurt dans le dénuement en 1823.

II

Journalism

Le rôle des périodiques dans la diffusion du savoir médical en France et en Grande-Bretagne (fin dix-septième–fin dix-huitième siècle)

CLAIRE CRIGNON-DE OLIVEIRA

Les historiens de la médecine présentent souvent le dix-huitième siècle comme un 'moment de stagnation', une 'longue pause' entre 'les découvertes biomédicales du 17e siècle' et 'les conquêtes [...] thérapeutiques du 19e siècle'.[1] Depuis l'exposition en 1628 du principe de circulation sanguine par William Harvey, aucun événement majeur ne vient en effet bouleverser les fondements de la science et de la pratique médicales. Mais surtout cette découverte peine à être acceptée par les médecins qui ne renoncent pas aux pratiques qui ont accompagné le succès de la théorie des humeurs pendant des siècles, celle de la saignée en particulier.

Peut-on pour autant se fonder uniquement sur le nombre de découvertes ou sur leur impact du point de vue des pratiques pour qualifier une période de l'histoire des sciences médicales de 'dynamique' ou de 'statique'? Nous voudrions ici proposer un autre éclairage sur la médecine du dix-huitième siècle en abordant la question des modes de communication du savoir médical. Alors que la pratique du secret a longtemps prévalu dans le milieu médical et que la diffusion des connaissances est jusqu'alors restée très limitée, les choses changent à la fin du dix-septième siècle avec la création des académies savantes et l'apparition de périodiques scientifiques.[2] Les deux types d'événements sont en effet étroitement liés, les lancements de périodiques précédant ou succédant de peu à la création d'une académie ou d'une société savante. Pour nous en tenir aux deux pays sur lesquels portera notre enquête (la Grande-Bretagne et la France), on peut rappeler que le *Journal book of the Royal Society* commence à paraître en 1660, date de la

1. Renato G. Mazzolini, 'Les lumières de la raison: des systèmes médicaux à l'organologie naturaliste', dans *Histoire de la pensée médicale en Occident*, éd. Mirko Grmek, t.2 (Paris, 1997), p.93-115 (93).
2. Fielding H. Garrison a établi une liste des périodiques scientifiques et médicaux en Europe aux dix-septième et dix-huitième siècles dans 'The medical and scientific periodicals of the 17th and 18th centuries', *Bulletin of the Institute of History of Medicine* 2:5 (juillet 1934), p.285-343. Voir aussi Jean-Pierre Vittu, 'Périodiques', dans *La Science classique, XVIe-XVIIIe siècles, dictionnaire critique*, éd. Michel Blay et R. Halleux (Paris, 1998), p.140-48.

création de la Royal Society of London (en 1665 il prendra le titre de *Philosophical transactions*) et que le *Journal des sçavans* est lancé en 1665, un an avant les premières réunions informelles de ce qui deviendra en 1699 – sous le règne de Louis XIV – l'Académie royale des sciences. Les périodiques apparaissent alors comme un moyen indispensable permettant aux facultés et aux académies de se faire connaître et de diffuser leurs travaux.

Mais il existe bien d'autres journaux en dehors de ces titres les plus connus. Selon Fielding H. Garrison, on passe de trois périodiques médicaux français, trois en anglais, deux en hollandais, un en allemand, un en danois au dix-septième, à 50 en France, 26 en Angleterre, 246 en Allemagne au dix-huitième. L'étude de ce corpus apparaît indispensable pour déplacer le regard porté sur l'évolution du savoir médical au dix-huitième siècle, généralement centré sur l'histoire des découvertes ou sur les 'grands textes'. Notre enquête partira de la fin du dix-septième siècle – moment de création des académies savantes et de lancement des périodiques scientifiques, où toute une réflexion se met en place sur la nécessité de collecter et de communiquer le savoir médical, sur les moyens les plus appropriés et efficaces pour assurer cette diffusion, sur les objectifs de cette entreprise ainsi que sur les obstacles ou les limites qu'elle pourrait rencontrer – pour s'achever à la fin du dix-huitième siècle, à une époque où la pratique de la diffusion des connaissances scientifiques et médicales est désormais généralisée à l'Europe des Lumières. Nous nous intéresserons principalement aux avertissements, avant-propos et aux préfaces de ces volumes dans lesquels on trouve un exposé des motifs ou des interrogations suscitées par la volonté de diffuser les connaissances médicales et qui permettent de se faire une idée plus précise du lectorat visé par ce type de littérature: un lectorat souvent non savant, avide de disposer d'un savoir médical pratique mais aussi de se distraire en satisfaisant sa curiosité.

La fin du secret et la prise de conscience des difficultés matérielles d'accès aux connaissances médicales

L'apparition de périodiques consacrés à la diffusion des connaissances scientifiques est une conséquence directe de la création d'académies savantes à la fin du six-septième siècle. La volonté de diffuser le savoir médical se heurte pourtant à une longue tradition de non-communication ainsi qu'à la pratique du secret. C'est précisément avec l'intention de mettre un terme à ces usages que Nicolas de Blegny fait paraître en 1679 l'un des premiers périodiques spécifiquement consacré à la médecine, les *Nouvelles descouvertes sur toutes les parties de la médecine*. Le titre de la planche illustrant la parution du second tome est à cet égard significatif: 'Le temple d'Esculape ouvert, pour la révélation des secrets de médecine'.[3]

Pour autant, la multiplication de périodiques diffusant des nouvelles aussi bien scientifiques que littéraires s'accompagne d'une prise de conscience de la nécessité de créer des outils plus spécialisés. Certains mettent en cause, de manière polémique, la compétence des auteurs de périodiques généralistes pour justifier le lancement d'un nouveau journal. C'est le cas des rédacteurs du *Mercure sçavant* (lancé au mois de janvier 1684 à Amsterdam), Nicolas de Blegny (1643?-1722, le rédacteur des *Nouvelles descouvertes sur toutes les parties de la médecine*) et Abraham Gaultier (1650?-1720) qui ironisent sur la compétence de l'abbé Jean-Paul de La Roque, proche des Jésuites et rédacteur à cette époque du *Journal des sçavans* (avec Cureau de La Chambre), pour traiter de questions relatives au corps, à la génération ou aux maladies sexuellement transmissibles:

> L'auteur du Journal des Sçavans, qui prend la qualité d'Abbé, de Prédicateur, & de Protonotaire du S. Siège, n'oseroit s'expliquer utilement sur les plus beaux endroits de la Physique et de la Médecine; car il effaceroit la dignité de son caractère en parlant des parties génitales de l'un & de l'autre sexe, de la matière spermatique, de la génération de l'homme, de la formation, & de l'accroissement du fœtus, de sa situation dans la matrice, des avortemens, des accouchemens, des effets de l'imagination des femmes grosses, des vuidanges qui se font pendant les couches, [...] des maladies galantes, [...] ni enfin d'une infinité de semblables choses dont on veut bien croire qu'il n'a jamais parlé, ayant dû prendre une modestie exemplaire dans le Corps des RR. PP. Jésuites, dont il a l'honneur d'avoir été.[4]

Au-delà de cet aspect polémique qui traduit le climat de rivalité entre les grands périodiques de l'époque, c'est le besoin d'une information délivrée par des personnes compétentes qui s'exprime ici avec l'idée qu'il faut être médecin pour pouvoir traiter ces sujets. A cela s'ajoute la prise de conscience croissante des difficultés matérielles auxquelles le lectorat est confronté pour accéder aux découvertes médicales ou s'informer des publications les plus récentes dans la République des Lettres. Quand bien même on supposerait le lecteur suffisamment fortuné pour se procurer tous les périodiques contenant des informations relatives au savoir médical, il lui resterait à faire le tri au sein de cette littérature qui délivre des nouvelles aussi bien littéraires qu'artistiques, scientifiques ou techniques. Comme le soulignent les éditeurs du *Medical museum* dans leur introduction, les mémoires de mathématique et de physique, les mémoires de l'Académie royale des sciences, les *Philosophical transactions*

3. Nicolas de Blegny, *Nouvelles descouvertes sur toutes les parties de la médecine* 2 (1679).
4. *Mercure sçavant* 1 (janvier 1684), préface.

ne sont pas à la portée de la bourse de tous les lecteurs – 'and yet they all promiscuously contain matters that deserve to be better known to the medical world'.[5] La multiplication de ce type de périodiques, la masse des informations délivrées, la diversité des langues dans lesquelles elles sont communiquées, voilà quelques-uns des obstacles que les éditeurs de périodiques ou de bibliothèques choisies entendent surmonter, comme le déclare François Planque dans la préface du premier tome de la *Bibliothèque choisie de médecine, tirée des ouvrages périodiques, tant françois qu'étrangers*, en 1748:

> Que dirais-je de ces collections admirables publiées par ces sociétés savantes, dont les génies font la gloire de leur Patrie, et l'admiration de leur siècle? Mais malheureusement pour une science qui intéresse tout le genre humain, les morceaux que ces ouvrages renferment, sont mêlés avec un si grand nombre d'autres pièces, qu'on ne sait s'ils existent, et quand même ils ne seraient pas ignorés, comment rassembler un si grand nombre de volumes qui se multiplient encore tous les jours dans tous les pays et dans différentes langues? Combien se trouvera-t-il de personnes en état d'en faire l'acquisition, et de les entendre? Tous ces obstacles insurmontables sont levés par ce recueil.[6]

La diversité des types de périodiques consacrés à la diffusion des connaissances médicales en France et en Angleterre durant cette période permet de se faire une idée de l'ingéniosité déployée par les rédacteurs et des moyens mis en œuvre pour surmonter les obstacles mentionnés par François Planque.

Promotion et circulation du savoir médical: du monde savant au peuple

Pour permettre au lecteur d'accéder directement aux informations relatives à la médecine, les éditeurs proposent des abrégés ou des compilations des grands périodiques généralistes. On voit par exemple apparaître en 1745 une compilation des essais médicaux contenus dans les *Philosophical transactions* sous le titre de *Medical essays and observations relating to the practice of physic and surgery abridg'd from the philosophical transactions*. Cette compilation est d'ailleurs traduite en français par le médecin Jacques Gibelin et paraît à Paris entre 1787 et 1791 en un *Abrégé*

5. *The Medical museum, or a Repository of cases, experiments, researches, and discoveries, collected at home and abroad in anatomy, medicine, pharmacy, botany, chemistry, surgery, physiology etc.* (1763), introduction, p.9.

6. *Bibliothèque choisie de médecine, tirée des ouvrages périodiques tant françois qu'étrangers, avec plusieurs pièces rares et des remarques utiles et curieuses*, par M. Planque, docteur en médecine, continuées et achevées par M. J. Goulin, M. des Académies royales de La Rochelle, d'Angers et de Nisme, de Villevranche en Beaujolais, de Lyon et de la société littéraire de Châlons sur Marne (1748; publiée jusqu'en 1770).

des Transactions philosophiques. On voit aussi des recueils qui compilent plus largement des expériences, découvertes, comptes rendus d'ouvrages médicaux parus dans différents périodiques européens ou mémoires produits par les académies scientifiques: *The Medical museum, or a Repository of cases, experiments, researches, and discoveries, collected at home and abroad in anatomy, medicine, pharmacy, botany, chemistry, surgery, physiology etc.* recense toutes les informations et découvertes médicales à partir des *Acta medicorum Berolinensium*, des *Acta Watislaviensia*, des œuvres de l'*Academiae naturae curiosum* en Allemagne, des *Mémoires de mathématiques et de physique*, des *Mémoires de l'Académie royale des sciences* ou encore des *Philosophical transactions*.

Enfin on trouve aussi des bibliothèques choisies de médecine, préfigurations des dictionnaires, qui classent les informations contenues dans différents journaux selon un ordre alphabétique. Le lecteur de la *Bibliothèque choisie de médecine, tirée des ouvrages périodiques tant français qu'étrangers* commencée par Planque en 1748 peut ainsi directement se reporter aux rubriques 'alchimie', 'hydrophobie' ou 'mélancolie'.

Quelle que soit la forme retenue (abrégé d'un périodique, compilation de plusieurs périodiques nationaux ou étrangers, bibliothèques/dictionnaires), tous ces recueils entendent diffuser les connaissances médicales dans un but essentiellement pratique: la conservation de la santé et parfois aussi la prolongation de la vie. L'influence de Francis Bacon est en effet notable dans les périodiques britanniques mais aussi français. D'abord on y retrouve le vocabulaire de l'avancement et de la promotion du savoir et l'idée qu'il faut, pour faire progresser et avancer utilement la science médicale, recueillir des informations, les collecter, observer les maladies (pour ne pas se contenter d'un savoir détaché de l'expérience).[7] Ensuite certains éditeurs évoquent la nécessité d'envoyer des correspondants dans chaque pays étranger, à la manière des messagers que Bacon proposait d'expédier via des navires pour recueillir des informations dans sa description de la Maison de Salomon.[8] C'est par exemple ce que proposent les auteurs de *The Medical museum*:

> To render this plan as extensive in its utility as possible, the authors have resolved to spare neither pains nor expense in soliciting and establishing learned correspondents in all parts of the world, wherever they may expect to obtain new hints, remarks, or observations relative to the improvement of those branches of knowledge which [...] contribute their fruits to the aid and advancement of the medical science.[9]

7. Cette influence baconienne est par exemple très visible dans l'avertissement du premier volume des *Medical essays and observations relating to the practice of physic and surgery, abridg'd from the philosophical transactions* (1745), publié par S. Milhes.
8. Bacon, *Nouvelle Atlantide* (1626; Paris, 1995), p.105.
9. *The Medical museum*, introduction, p.2.

Enfin, l'intérêt porté aux naissances monstrueuses, aux cas faisant exception à la règle, aux curiosités de la nature, se trouve justifié par la manière dont Bacon déplorait dans le livre 2 de *The Advancement of learning* les manques de ce qu'il appelle l''histoire de la nature errante ou divergente'. Il faut en effet préciser que les périodiques accordent alors autant de place aux découvertes ou ouvrages des plus grands savants de l'époque qu'aux récits de naissances monstrueuses ou autres événements extraordinaires.[10] Même lorsqu'ils se veulent spécifiquement consacrés au savoir médical, les périodiques médicaux ne sont pas réservés aux seuls savants. Le caractère singulier ou exceptionnel des pratiques ou des cas observés apparaît souvent comme un critère de sélection. En témoigne par exemple le titre de cette revue parue à Paris entre 1695 et 1709: *Progrès de la médecine, contenant un recueil de tout ce qui s'observe de singulier par rapport à sa pratique* ou l'avertissement au tome 2 des *Nouvelles descouvertes*:

> On trouvera toujours dans ces cahiers les découvertes qui se feront dans les ouvertures et dans les dissections des corps, les événements *extraordinaires* qui se remarqueront dans les maladies communes, les signes et les accidents de celles qui sont nouvellement connues, les histoires et les figures des monstres et des autres *prodiges* de la nature, [...] les *singularités* qui s'observeront dans l'art de guérir.[11]

Car l'objectif est non seulement d'instruire le lecteur mais aussi de le divertir et de satisfaire sa curiosité et son goût pour l'extraordinaire. Nicolas de Blegny s'intéresse ainsi tout particulièrement au cas d'une grossesse qui aurait duré vingt-cinq ans, relatée dans les *Nouvelles descouvertes*, mais aussi dans un ouvrage du même auteur publié la même année à Paris: *Histoire anatomique d'un enfant qui a demeuré vingt-cinq ans dans le ventre de sa mère, avec des réflexions qui en expliquent tous les phénomènes*. D'autres périodiques s'attachent à décrire des maladies de peau extraordinaires, des naissances monstrueuses provoquées par l'imagination des femmes enceintes,[12] des grossesses d'hommes ou des accouchements par la bouche.[13]

10. Le premier numéro du *Journal des sçavans* paru en janvier 1665 contient par exemple un récit de la naissance d'un monstre à Oxford en même temps qu'un compte rendu d'une nouvelle édition du *Traité de l'homme* de Descartes.
11. Nicolas de Blegny, 'Avertissement', *Le Temple d'Esculape, ou le Dépositaire des nouvelles decouvertes qui se font journellement dans toutes les parties de la Medecine* 2 (1680), nous soulignons.
12. Rappelons que ces questions sont au centre de la réflexion de philosophes comme Henry More dans *The Immortality of the soul* (1659) ou encore Nicolas Malebranche dans *La Recherche de la vérité* (voir livre 2, 1678).
13. Voir *Progrès de la médecine* (1697), table des matières, art.2: 'D'une enfant à face monstrueuse. La puissance qu'a l'imagination des femmes grosses pour changer leur fruit [...]. D'une grossesse d'homme'. Voir aussi la *Bibliothèque choisie de médecine* 1 (1748), rubrique accouchement, p.92: 'Observation singulière d'un accouchement par la bouche, tirée de Ephémérides des curieux de la nature'.

Là encore, et même si certains de ces recueils semblent davantage entretenir les 'fables et erreurs populaires' dénoncées par Bacon plutôt que de procéder au 'recueil substantiel et rigoureux des cas hétéroclites ou irréguliers de la nature' qu'il appelait de ses vœux,[14] l'influence de ce penseur se fait sentir. La curiosité, longtemps considérée comme un obstacle pour le progrès des connaissances, en particulier dans le domaine médical et dans celui de l'anatomie, devient un motif de justification de la diffusion des connaissances médicales[15] bien au-delà du seul cercle du public savant.

Il faut, pour toucher un public non savant, faire état de ces événements extraordinaires, mettre le savoir médical à la portée du plus grand nombre, assurer la promotion d'un savoir pratique destiné à aider tout un chacun à se conserver en bonne santé. Si certains auteurs de périodiques cherchent à s'adresser aux deux types de publics,[16] d'autres au contraire privilégient la communication d'un savoir populaire, comme le rédacteur du *Recueil périodique d'observations de médecine, chirurgie, pharmacie*:

> Parmi les observations & les expériences que nous fournissent la Médecine, la Chirurgie & la Chimie, il en est qui, pour être entendues, exigent des connaissances profondes & multipliées; ce serait mal employer son temps & celui du commun des lecteurs, si on essayait de mettre ces objets à leur portée; ils sont faits pour les seuls savans. Mais il est des connaissances d'un autre genre, qui doivent être communiquées avec d'autant plus de détail & d'empressement, qu'elles deviennent plus utiles & plus nécessaires, soit pour prévenir des abus & pour éviter des excès qui ne sont que trop communs à la suite des richesses, soit pour enseigner à se préserver des influences nuisibles auxquelles la mauvaise qualité des alimens, les changements de climat & les vicissitudes de l'atmosphère exposent tous les hommes; mais plus fréquemment ceux qui ne peuvent se procurer les premiers besoins de la vie que par des travaux rudes et dangereux.[17]

Plus on avance dans le cours du dix-huitième siècle et plus les périodiques médicaux semblent se consacrer, sur le modèle de *l'Avis au*

14. Voir le propos de Bacon sur la nécessité d'une 'histoire de la nature errante' dans le livre 2 de *Du progrès et de la promotion des savoirs* (1605), traduit par M. Le Doeuff (Paris, 1991), p.91.
15. Voir M. Gaille, 'Ce n'est pas un crime d'être curieux de l'anatomie: la légitimation de la connaissance médicale du corps humain dans l'Europe catholique et protestante des 16e et 17e siècles', dans *La Mesure du savoir, études sur l'appréciation et l'évaluation des savoirs*, éd. P. Hummel et F. Gabriel (Paris, 2007), p.217-42.
16. L'auteur de la préface au tome 10 de la *Bibliothèque choisie* précise par exemple que la variété des objets traités est destinée à 'fixer l'attention des médecins, des physiciens etc. [...] et piquer la curiosité de ceux qui ne le sont pas, mais qui aiment à s'instruire et à s'amuser utilement et agréablement'.
17. *Recueil périodique d'observations de médecine, chirurgie, pharmacie* (1754), 2e éd., t.1 (1783), p.xi-xii.

peuple sur sa santé de Tissot (1761), à rendre la médecine accessible au peuple, et plus particulièrement à ceux que leur mode de vie expose au risque de la maladie et à une vie brève. L'auteur de la préface de la *Gazette de santé* insiste sur la nécessité d'éclairer 'les personnes étrangères à l'art de guérir sur les dangers qui les environnent et sur les moyens de les combattre, lorsque leurs facultés ou la distance des lieux les éloigneront des secours ordinaires'.[18]

Alors que les premiers périodiques se caractérisaient par une communication étroite entre le savoir savant et le savoir populaire, on constate qu'il n'en est plus de même dans le courant du dix-huitième siècle. Les différences s'accentuent entre les périodiques savants, composés de comptes rendus d'ouvrages, de récits d'expériences, et les gazettes de santé qui consistent souvent en des recueils de cas et délivrent des recettes de remèdes.[19] Ce second type de périodiques, qui fait la promotion du modèle de la 'médecine de soi',[20] ne remet pas en cause la nécessité d'une communication du savoir médical. Mais leurs auteurs ont de plus en plus tendance à rendre le monde savant responsable de la mauvaise circulation des connaissances. C'est en examinant les obstacles à la diffusion du savoir médical que nous conclurons, tout en nous intéressant à la manière dont les auteurs de gazettes et autres périodiques populaires mettent en cause le modèle de circulation du savoir défendu par les savants depuis la fin du dix-septième siècle.

Les obstacles à la diffusion du savoir médical

Malgré les objectifs affichés par les rédacteurs et les éditeurs, force est de constater que les périodiques ont souvent une existence extrêmement éphémère. Qu'il s'agisse d'hebdomadaires ou de mensuels, il n'est pas rare de ne voir paraître que deux ou trois numéros avant la disparition définitive de la revue. Les rédacteurs qui se voient parfois obligés de diminuer la fréquence de parution font d'ailleurs état des difficultés matérielles qu'ils rencontrent. C'est le cas en particulier des *Nouveautez journalières concernant les sciences et les arts qui font partie de la médecine* (Paris,

18. *Gazette de santé, contenant les nouvelles découvertes sur les moyens de se bien porter et de guérir quand on est malade*, par J.-J. Gardane, docteur régent de la Faculté de médecine de Paris, 1773-1774, préface. Pour la référence à Tissot voir aussi la préface: 'Ce que MM. Astruc, Van-Swieten, Lieutaud, Tissot & plusieurs autres écrivains célèbres ont fait pour mettre la médecine à la portée de tout le monde, nous essayerons de le faire dans cette Gazette'.
19. Voir la préface de la *Gazette de santé*: 'Une satisfaction bien vive que nous avons goûtée en travaillant à ces feuilles, c'est celle d'avoir rendu la santé à beaucoup de gens de la campagne, par des instructions populaires, et par des recettes non moins simples et familières.'
20. Sur la fortune de ce thème aux dix-septième et dix-huitième siècles, voir E. Aziza-Shuster, *Le Médecin de soi* (Paris, 1972).

1680)[21] où l'on voit le rédacteur de la revue se justifier de l'espacement de plus en plus important des parutions en évoquant les charges qui lui incombent par ailleurs et en particulier la 'rédaction d'un ouvrage de longue haleine et qui sera d'une grande utilité pour le public' (avis du 20 juillet 1680). L'auteur du tome 10 de la *Bibliothèque choisie de médecine tirée des ouvrages périodiques tant françois qu'étrangers* commencée par François Planque et reprise par divers auteurs fait lui aussi état des difficultés à assurer une parution régulière: 'A l'égard de la bibliothèque de médecine, le premier dessein de M. Planque était de la donner périodiquement: quelques obstacles, qu'il trouva d'abord à ce projet, le déterminèrent à y renoncer.'[22]

Les activités professionnelles des éditeurs de ces périodiques, la profusion des découvertes et des ouvrages qui rend le travail de collecte difficile, la nécessité parfois aussi de traduire les informations ou les comptes rendus recueillis dans les périodiques étrangers ou transmis par des correspondants, voilà autant de facteurs qui peuvent expliquer les difficultés à assurer une parution régulière. Mais les obstacles ne sont pas toujours extérieurs au savoir médical. Certains éditeurs considèrent même que les médecins, enclins à se diviser en sectes, plus soucieux de leurs intérêts que de faire part à tous de leur savoir, sont parfois les premiers responsables des difficultés rencontrées.

Comme le fait remarquer l'éditeur de *The British physician*,[23] la médecine est sur ce point comparable à la religion, et les conflits qui opposent encore les partisans de l'ancienne théorie des humeurs, les adeptes de la 'médecine chimique', ou les 'iatromécaniciens'[24] (pour ne faire référence qu'à quelques-uns des grands courants qui s'affrontent durant cette période) sont aussi forts que ceux qui déchirent catholiques et protestants ou les différentes sectes dissidentes en Grande-Bretagne. La présence de ces conflits est présentée dans cette revue comme le principal obstacle à l'avancement du savoir médical et à la diffusion d'une médecine préventive, fondée sur le respect des règles d'hygiène et sur l'idée d'un soin individuel.

21. Périodique recueilli dans une liasse de périodiques médicaux consultables à la BL, *Tracts*, 1678-1716 [1172 g 4].
22. *Bibliothèque choisie de médecine* 10 (1770), préface, p.iii.
23. *The British physician, concerning our diet, and common nourishment, air and medicines, of physical and chyrurgical writers, and of distempers and diseases, &c. for the use of all true Britons, who desire health, hoping at the same time, that reading the virtues of coffee, or other liquors, in these houses, or elsewhere; may sometimes not only prove as amusing, but also fully as instructive, as the continual poring upon dull politicks; or other less useful studies* 1 (mercredi 30 mai 1716).
24. C'est-à-dire de ceux qui proposent d'appliquer des modèles mécaniques pour expliquer le fonctionnement du corps humain, en prenant modèle sur les conceptions cartésiennes. Voir 'Iatromécanisme', *Dictionnaire de la pensée médicale*, éd. D. Lecourt (Paris, 2003), p.616-17.

On ne s'étonnera donc pas de trouver dans les revues consacrées à l'hygiène et à la médecine préventive une mise en cause critique du type de communication du savoir médical proposé dans les périodiques médicaux qui se font le relais des grandes académies savantes. On sait en effet le succès rencontré par ces conseils diététiques fondés sur le respect des 'six choses non naturelles' (air, alimentation et boissons, exercice et repos, sommeil et veille, rétention et évacuation, passions et émotions) depuis l'Antiquité[25] et plus particulièrement depuis la diffusion en Europe du traité de l'italien Luigi Cornaro, le *Trattato de vita sobria* (1558), traduit rapidement en Angleterre (1634) et un peu plus tard en France (1701).[26] En Grande-Bretagne en particulier les règles de santé du Dr Cheyne (*An Essay of health and long life*, 1724) ou de John Arbuthnot (*Practical rules of diet in the various constitutions and diseases of human bodies*, 1731) ont rendu extrêmement populaire l'idée d'une 'médecine de soi', que tout un chacun peut exercer en se passant de l'aide du médecin, et dont le but est de se conserver en santé en prévenant l'apparition des maladies.

Les auteurs de gazettes de santé qui se chargent de diffuser et de défendre cette médecine préventive et diététique vont alors s'interroger sur le type de communication du savoir médical le plus adapté à leur lectorat. On voit de plus en plus apparaître au dix-huitième siècle des périodiques recueillant les observations d'une société médicale locale, par exemple les *Medical essays and observations revised and published by a society in Edinburg*. Dans la dédicace du premier volume, adressée à Hans Sloane, secrétaire de la Royal Society à Londres depuis 1693 et responsable de l'édition des *Philosophical transactions* pendant vingt ans, les éditeurs s'interrogent sur la fiabilité des connaissances communiquées par des correspondants étrangers, remarquent que les informations relatives à la médecine sont noyées dans les collections établies par les académies scientifiques, qu'il s'agisse de la Royal Society à Londres ou de l'Académie royale des sciences à Paris. Ils se demandent surtout si les informations recueillies par les médecins continentaux peuvent avoir une quelconque utilité pour les habitants de l'Ecosse, compte tenu de la différence de climat, de mode de vie, et de la variété des constitutions physiques:

> our climate, way of living, and other circumstances, which ought to be greatly regarded in the cure of diseases, are very different from most inhabitants of the Continent; to which may be added, that every Nation has its own prevailing mode of prescribing. On these accounts young

25. Voir à ce sujet J.-L. Rather, 'The six things non natural: a note on the origins and fate of a doctrine and a phrase', *Clio Medica* 3:1 (février 1968), p.337-47.
26. Voir sur ce point A. Wear, *Knowledge and practice in English medicine, 1550-1680* (Cambridge, 2000), p.175.

> practisers must be under the greatest difficulty to accommodate foreign observations, which they must have recourse to, to the constitutions of their countrymen, and to the then fashionable Formulae of Medicines.[27]

Il ne s'agit pas pour autant de se désintéresser totalement de ce qui se passe à l'étranger, mais on comprend que les auteurs de ce type de périodique cherchent d'abord à communiquer un savoir médical adapté aux habitants d'un pays, à leur constitution et à leurs besoins particuliers: 'From all which we would conclude, that a Collection of Observations wholly relative to Medicine, made in our own Country, and candidly and accurately related, would be the most effectual way to improve physick among us.'[28]

Le premier volume débute ainsi par une description d'Edimbourg, par un registre des températures, de l'hygrométrie, un compte rendu des maladies épidémiques qui ont affecté la ville, des essais sur les remèdes adaptés à la population, pour s'intéresser, dans un second temps seulement, aux découvertes effectuées à l'étranger.

D'autres périodiques adoptent une position plus radicale en militant explicitement pour une médecine nationale. C'est le cas en particulier de *The British physician* dont le sous-titre indique clairement les intentions: 'For the Benefit of all Britons who desire Health'. Les nouvelles diffusées dans ce journal s'adressent à une population spécifique et font la promotion d'une médecine nationale, si ce n'est patriotique. Les observations venant de l'étranger sont d'emblée disqualifiées puisque l'on ne peut partir du principe qu'elles s'appliqueront à un autre pays: 'foreign informations [...] very fallacious with us'.[29] Les effets des remèdes préconisés par des médecins venant d'autres pays ne peuvent être les mêmes selon les personnes auxquelles ils s'appliquent et si l'on tient compte des différences de constitutions physiques, de modes d'alimentation et de climats: 'Thus, for example, a Hollander, or a German, can successfully take a much stronger Emetic, or Vomit, than an Italian, Spaniard, Frenchman, or even, an Englishman. So other medicines will also have different effects, according to the various textures of the bodies they meet with, the difference of the aliment or nourishment, and that of the clime or country.'[30]

La disqualification du mode de communication proposé par les grands périodiques savants européens (qui visent au contraire à collecter le plus d'informations possible venant de tous les pays d'Europe) est ici une

27. *Medical observations* 1 (1733), dédicace, p.viii.
28. *Medical observations* 1 (1733), dédicace, p.xiii.
29. *The British physician, concerning our diet, and common nourishment, air and medicines* 2 (mercredi 12 juin 1716), section 3.
30. *The British physician* 2.

conséquence directe du parti pris de privilégier le modèle de la 'médecine de soi' fondée sur la connaissance par chaque individu de son propre corps, de ses besoins ou de ses passions. Le choix de privilégier les observations provenant du territoire national plutôt que de partir à la recherche d'observations ou de découvertes faites à l'étranger est défendu à partir d'une perspective nominaliste: le savoir médical ne concerne pas l'homme en général, mais l'individu toujours envisagé en fonction de ce qui le singularise non seulement physiquement (sa constitution physique ou l'air qu'il respire), mais aussi moralement (ses passions) et socialement (les activités qu'il pratique, son travail):

> since there are no two bodies upon earth so much alike, as to be exactly the same in all respects of structure, solides and fluids, nor all circumstances perfectly to agree in the persons who are ill: and thus the distempers and effects still in some measure varying, there cannot therefore be any just, exact, or perfect parallel betwixt any two bodies in the universe.[31]

La Grande-Bretagne ne constitue d'ailleurs pas sur ce point un cas isolé et l'on constate la même tendance nationaliste en Allemagne, où paraît entre 1724 et 1726 à Hambourg un périodique intitulé: *Der Patriotische Medicus*, ou en France avec la parution de la *Gazette salutaire* entre 1761 et 1792. Il convient aussi de souligner que ce parti pris (qui, comme nous l'avons vu, n'est pas l'expression d'un pur et simple préjugé nationaliste mais est défendu à partir d'un argument nominaliste qui est loin d'être étranger à la définition du soin)[32] a des conséquences directes sur les modalités d'écriture et de diffusion de ces périodiques. L'auteur de *The British physician* explique ainsi que la forme de la publication doit s'adapter aux inclinations du peuple auquel il est destiné. L'absence de régularité dans la publication de la revue se trouve par exemple justifié par le caractère changeant des inclinations des habitants du pays auquel il s'adresse: 'the author is also resolved to be as little fixed in the publishing of his papers, as the generality of his country men and readers are in their inclinations.'[33]

Le titre du périodique varie d'ailleurs lui aussi de la publication d'un numéro à un autre puisque l'on passe de *The British physician for the benefit of all Britons who desire health* à *Great Britain's rules of health, or the British physician*. La volonté de s'adresser au lecteur britannique explique aussi le choix de la langue vulgaire (l'anglais) en lieu et place de la langue savante

31. *The British physician* 2.
32. 'Ce n'est pas l'homme en effet que guérit le médecin, sinon par accident, c'est Callias, ou Socrate, ou quelque autre individu ainsi désigné, qui se trouve être, en même temps, homme', Aristote, *La Métaphysique*, traduit par J. Tricot, t.1 (Paris, 1991), A, 1, p.3.
33. *Great Britain's rules of health, or the British physician* 3 (s.d.), avertissement.

(le latin). Pour l'auteur, c'est à ceux qui s'intéressent à ces observations et aux règles de santé délivrées dans *The British physician* d'étudier la langue anglaise et de traduire le texte s'ils estiment qu'elles peuvent fournir la base d'un travail de comparaison intéressant.[34] La diffusion des informations contenues n'incombe plus à l'auteur ou à l'éditeur du périodique, mais au lecteur étranger.

Pourtant, ironie du sort dont il convient de mesurer les enjeux, ces recueils d'observations médicales destinés aux habitants d'un seul pays, qui refusent le principe d'une diffusion internationale du savoir médical, font souvent l'objet de traductions dans d'autres langues. C'est le cas en particulier des *Medical essays and observations* qui paraissent en français entre 1740 et 1747 sous le titre de *Essais et observations de médecine de la société d'Edinbourg*.[35] Le traducteur justifie son entreprise dans un 'Avertissement' en remarquant qu'en dépit de ce qui était annoncé dans le premier volume de ce périodique, 'la société d'Edinbourg ne borne pas sa correspondance à l'Ecosse': 'Les éditeurs de ce premier volume ont eu soin de déclarer expressément des vues plus étendues dans une courte préface qu'ils ont ajoutée au second volume de leur recueil, où ils exhortent les sçavans de tous les pays à leur communiquer leurs Observations.'[36]

S'il est vrai que les éditeurs de ces observations adoptent une position plus modérée que celle que l'on peut observer à la lecture de *The British physician*, le fait que ces recueils d'observations d'abord destinés à la population d'un pays ou d'une ville soient assez rapidement traduits révèle pourtant toute l'importance de ce mode de diffusion très populaire du savoir et des pratiques médicales. Non seulement la comparaison entre les types de conseils prodigués selon les pays, les climats et les constitutions peut être instructive, mais en outre on peut penser que la réflexion critique développée dans les avertissements de ces périodiques sur les limites du projet de communication du savoir médical suscite l'intérêt des médecins, y compris à l'étranger.

Quels enseignements peut-on tirer de ce survol nécessairement incomplet des périodiques médicaux parus en Angleterre et en France

34. 'and then if any other nations do find ours of use to them (as comparative anatomy may be) until they have supply'd themselves with a sufficient number of domestical ones of their own, let them be at the trouble of translating them, or study our language, as we have already done theirs, or those of the Ancients', *Great Britain's rules of health, or the British physician* 5 (s.d.), section 2.

35. *Essais et observations de médecine de la société d'Edinbourg, ouvrage traduit de l'anglois, & augmenté par le traducteur d'observations concernant l'histoire naturelle & les maladies des yeux*, par M. P. Nemours, médecin de Paris.

36. *Essais et observations de médecine de la société d'Edinbourg* 1 (1740), 'Avertissement du traducteur', p.iv-v.

pendant le dix-septième et le dix-huitième siècle? Le premier constat que l'on peut faire, c'est que, si le savoir médical s'écrit d'une manière assez similaire à ce qui se pratiquait pendant l'Antiquité, avec les recueils d'observation, les descriptions jour par jour de l'état des malades, ou pendant la Renaissance, avec les recueils de curiosités et les récits extraordinaires, les raisons avancées pour justifier la nécessité de diffuser le savoir médical ont changé. Il ne s'agit pas seulement de promouvoir l'art médical, de contribuer aux progrès de la médecine, mais aussi de satisfaire la curiosité légitime des savants et des lecteurs désireux de s'instruire et aussi de se divertir. La médecine, contrairement à ce qui se passait encore à la fin du seizième siècle, ne constitue plus un savoir interdit, susceptible pour ceux qui s'y intéressent d'entraîner le soupçon d'athéisme. L'existence d'outils spécifiquement consacrés à la communication de ce savoir apparaît désormais comme une nécessité incontestable.

En même temps, on constate aussi que l'absence de séparation stricte entre une forme savante et une forme plus populaire de communication du savoir médical (bien repérable dans les premiers grands périodiques savants comme les *Philosophical transactions* ou le *Journal des sçavans*) est de plus en plus contestée au fur et à mesure que les périodiques médicaux se spécialisent et se multiplient. D'où l'intérêt qu'il y a à se pencher sur les périodiques à destination du peuple, souvent consacrés à la diffusion de conseils d'hygiène destinés à permettre à tout un chacun de se conserver, en se passant donc du recours (onéreux) à l'art médical. On y trouve d'abord une réflexion sur les limites du modèle de diffusion des connaissances proposé par les périodiques dits 'savants': quelles sont les conditions, les finalités de l'échange des connaissances? Peut-on se fier aux informations délivrées par des correspondants (des intermédiaires donc) ou traduites d'une langue à l'autre? Peut-on transposer le savoir médical d'un pays à un autre? D'un individu à un autre? A qui s'adresse le savoir médical? A l'homme en général ou bien plutôt aux habitants d'une nation? On y trouve aussi un effort pour définir un autre type de communication, fondé non pas sur le critère de l'universalité des connaissances mais sur celui de la particularité du savoir médical, et sur l'exigence d'adapter les conditions matérielles et formelles de diffusion du périodique (coût, régularité de la parution, langue de parution, etc.) au lectorat visé.

Cette contestation du modèle de diffusion du savoir véhiculé par les périodiques savants s'explique aussi sans doute par les attaques que la médecine populaire subit depuis très longtemps de la part de la médecine savante. On se souvient par exemple de l'interdiction demandée en 1643 par la faculté de Paris à l'encontre des conférences organisées par Théophraste Renaudot, dont les sujets portaient souvent sur des questions relatives au savoir et aux pratiques médicales.[37] Mais elle pose aussi des questions importantes concernant les conditions et les limites du projet de communication des connaissances dans le domaine bien particulier du savoir médical.

37. J.-P. Vittu, 'Périodiques', p.142. Voir aussi S. Mazauric, *Savoirs et philosophie à Paris dans la première moitié du XVII*[e] *siècle: 'Les conférences du Bureau d'adresse' de Théophraste Renaudot (1633-1642)* (Paris, 1997).

Les journalistes du Refuge et la diffusion de la pensée politique de John Locke auprès du public francophone dès la fin du dix-septième siècle

DELPHINE SOULARD

Lorsque l'on pense aux journalistes du Refuge de la fin du dix-septième siècle, deux grands noms viennent immédiatement à l'esprit: Pierre Bayle et Jean Le Clerc. Toutefois, Bayle n'assura la rédaction de son journal que de sa fondation en mars 1684 à février 1687, lorsque des ennuis de santé l'obligèrent à passer la main à des journalistes moins talentueux qui firent péricliter puis disparaître les *Nouvelles de la République des Lettres* en avril 1689.[1] Or c'est justement à cette époque que les œuvres politiques de John Locke furent publiées anonymement.[2] Les *NRL* de Bayle ne purent donc en assurer la publicité. Reste qu'entre temps, Bayle avait non seulement fait des émules – en la personne de Le Clerc, fondateur de la *Bibliothèque universelle et historique*[3] – mais également repéré un journaliste prometteur, Henri Basnage de Beauval, qu'il avait patronné à l'occasion du lancement de son périodique, l'*Histoire des ouvrages des sçavans*, qui fit office de continuation des *Nouvelles* de Bayle[4] avant que Jacques Bernard n'en reprenne la direction en 1699.[5]

1. *Dictionnaire des journalistes*, éd. J. Sgard, t.1, p.58-60; *Dictionnaire des journaux*, éd. J. Sgard, t.2, p.940-43.
2. *A Letter concerning toleration* (Londres, Awnsham Churchill, 1689) et *Two treatises of government* (Londres, Awnsham Churchill, 1690).
3. Désormais notée *BUH*. *Dictionnaire des journalistes*, éd. J. Sgard, t.2, p.604-607 et *Dictionnaire des journaux*, éd. J. Sgard, t.1, p.205-206. Voir aussi Hans Bots, H. Hillenaar, J. Janssen, J. van der Korst et L. van Lieshout, *De 'Bibliothèque universelle et historique' (1686-1693): een periodiek als trefpunt van geletterd Europa* (Amsterdam, 1981); H. Bots, 'Jean Leclerc as journalist of the *Bibliothèques*'; H. Bots et H. Hillenaar, 'La Bibliothèque universelle et historique (1686-1693)', dans *Horizons européens de la littérature française au XVIIe siècle* (Tübingen, 1988), p.321-32.
4. Sur Henri Basnage de Beauval voir E. et E. Haag, *La France protestante*, t.2, p.14-16; *Dictionnaire des journalistes*, éd. J. Sgard, t.1, p.46-47 et *Dictionnaire des journaux*, éd. J. Sgard, t.1, art. '*Histoire des ouvrages des sçavans*' (désormais notée *HOS*), p.543-45; H. Bots et L. van Lieshout, *Henri Basnage de Beauval en de Histoire des ouvrages des savans, 1687-1709*, 3 vol. (Amsterdam, 1976-1984); H. Bots et L. van Lieshout, *Henri Basnage de Beauval et sa correspondance à propos de l'Histoire des ouvrages des savans* (Amsterdam, 1984).
5. Pour Jacques Bernard, voir E. et E. Haag, *La France protestante*, t.2, p.204-207 et *Dictionnaire*

Nous analyserons ici le rôle de relais que Le Clerc, Basnage de Beauval et Bernard jouèrent dans la diffusion de la pensée politique du philosophe anglais en France.[6] Rédigés en français, ces journaux du Refuge s'adressaient à l'Europe entière. Alors qu'aucun des périodiques anglais de l'époque n'expose les idées contenues dans *Two treatises*, Le Clerc ne consacre pas moins d'une trentaine de pages à un abrégé des arguments des deux traités dans son numéro de décembre 1690. Qui plus est, cet article paru dans la *BUH*[7] fut bientôt suivi de deux autres condensés qui, à l'occasion de la parution de la traduction française de l'œuvre de Locke, en offrirent une exposition.[8]

Nous mettrons en évidence les disparités qui existent entre ces trois comptes rendus, ce qui nous conduira à tirer deux conclusions. Nous montrerons d'une part que les journalistes de la *BUH* et de l'*HOS* ne s'adressaient pas tout à fait au même public; d'autre part, comment les idées du philosophe anglais se trouvèrent infléchies par ces journalistes qui commentèrent la pensée politique de Locke à la lumière des circonstances qui les avaient poussés à fuir la France ainsi qu'à l'aune des débats qui animaient la vie au Refuge.

Dès le dix-septième siècle et les années suivant la révocation de l'Edit de Nantes et la Glorieuse Révolution, les journaux rédigés par les membres de la 'Religion Prétendument Réformée' – qui, comme le démontre Rachel Hammersley dans un autre article de ce volume, firent connaître les ouvrages républicains anglais au lecteur francophone – sont un support privilégié pour étudier la diffusion des idées politiques de Locke. En effet, aux témoignages de contemporains[9] s'ajoutent les résultats fournis par diverses enquêtes qui permettent d'attester que malgré les interdits, ces journaux furent lus et acquis par bon nombre de

des journalistes, éd. J. Sgard, t.1, p.77-80. Pour sa reprise des *NRL*, puis sa collaboration à la *BUH*, voir *Dictionnaire des journaux*, éd. J. Sgard, t.2, p.940-43; et t.1, p.205-206. Pour son rôle dans la diffusion de la pensée anglaise, voir aussi l'article de Hammersley ci-dessus.

6. Dans 'Locke in French: the *Du gouvernement civil* of 1691 and its readers', *Historical journal* 47 (2004), p.47-79, S.-J. Savonius observe: 'Few historians have traced the dissemination of Locke's political ideas on the Continent [Ross Hutchison's study aimed to trace all the early references to Locke's works in French-language texts, but it failed to discuss [...] the reviews of the *Du gouvernement* and the *Epistola*] and fewer still assessed the significance of his *Du gouvernement*' (p.51) et s'attelle à la dernière tâche. Nous analyserons ici les comptes rendus de *Two treatises* et *Du gouvernement*.

7. *BUH* 19 (décembre 1690), art.8, p.559-91.

8. *BUH* 20 (mai 1691), art.6.1, p.263-65 et *HOS* 7 (juin 1691), art.3, p.457-65.

9. P. Bayle, *Prélude de réponse sur ce qui regarde l'Avis aux réfugiez, ou II. partie de la cabale chimérique* (Rotterdam, 13 mai 1691), dans *Œuvres diverses de Mr. Pierre Bayle*, éd. Elisabeth Labrousse, 6 vol. (Hidelsheim, Olms, 1965-1982), t.2, p.653-85 (654).

Français.[10] Il n'en demeure pas moins délicat d'en quantifier la diffusion. Plus aisée est sans doute l'analyse qualitative des divers comptes rendus consacrés aux œuvres de Locke.

Un bref survol des préfaces des deux journaux qui assurèrent le transfert des idées du philosophe anglais sur le continent nous offre quelques pistes. Si Basnage de Beauval se présente clairement comme l'héritier de Bayle, Le Clerc se contente de s'inscrire dans la tradition inaugurée par Denis de Sallo et Otto Van Mencke, tradition ensuite renouvelée et enrichie par Bayle.[11] Mais il s'inscrit dans cette tradition tout en justifiant 'l'utilité' de la création d'un nouveau périodique: si 'de si habiles ouvriers ont [déjà] moissonné [dans ce champ]', il s'autorise néanmoins à aller y 'glaner',[12] promettant de ne pas traiter des mêmes sujets que ses confrères et concurrents ou du moins d'adopter une méthode originale permettant de les présenter sous un jour différent. Et Le Clerc semble avoir suivi à la lettre la ligne de conduite qu'il avait annoncée dans sa préface.

Sur les trois plus anciens journaux du Refuge, la *BUH* fut la seule à consacrer un article à *Two treatises* lors de la parution de la version originale anglaise. En cela, Le Clerc marquait la spécificité de son journal qui fit la part belle aux publications d'ouvrages anglais.[13] Fort de sa maîtrise de la langue anglaise et des contacts qu'il entretenait avec de nombreux savants d'outre-Manche,[14] il put en effet tenir son public informé des dernières nouvelles en provenance d'Angleterre qui n'avait que peu de commerce livresque avec le reste de l'Europe.[15] Mais Le Clerc fit bien plus. D'ailleurs, selon Hans Bots: 'there [cannot] be any doubt that Le Clerc's three *Bibliothèques* made a major contribution to the spread on the continent of English learning in general and of Locke's ideas in particular.'[16]

10. Daniel Mornet, 'Les enseignements des bibliothèques privées (1750-1780)', *Revue d'histoire littéraire de la France* 17 (1910), p.449-96 (479) et Henri-Jean Martin, *Livre, pouvoirs et société à Paris au 17e siècle* (Genève, 1969), p.938. Anne Sauvy, *Livres saisis à Paris entre 1678 et 1701* (La Haye, 1972), p.242 et 273.
11. Les préfaces de la *BUH* et de l'*HOS* ont été éditées par H. Bots et J. J. V. M. de Vet dans *Stratégies journalistiques de l'ancien régime: les préfaces des 'Journaux de Hollande', 1684-1764* (Amsterdam, 2002), respectivement p.15-23 et p.24-29.
12. H. Bots et J. J. V. M. de Vet, *Stratégies journalistiques de l'ancien régime*, p.15.
13. H. Bots et H. Hillenaar, 'La Bibliothèque universelle et historique', p.325. Si Le Clerc se distinguait en cela de collaborateurs comme Bernard, c'était surtout une façon pour lui de concurrencer les *NRL* de Bayle et l'*HOS* de Basnage de Beauval.
14. Voir Annie Barnes, *Jean Le Clerc (1657-1736) et la République des Lettres* (Paris, 1938), ch.5.
15. Voir par exemple P. Bayle, *Œuvres diverses*, éd. Elisabeth Labrousse, t.4, lettre 79, 13 mai 1686, p.622-23. Même remarque une trentaine d'années plus tard sous la plume de Michel La Roche dans la préface de la *Bibliothèque angloise*, sur laquelle voir dans ce volume l'article de Thomson.
16. Bots, 'Jean Le Clerc as journalist of the *Bibliothèques*', p.66.

Exilé en Hollande dans les années 1680, Locke y avait rencontré Le Clerc et les deux hommes avaient noué une profonde amitié qui perdura après le retour de Locke en Angleterre au lendemain de la Glorieuse Révolution. Locke ayant épaulé Le Clerc lors du lancement de la *BUH* en lui fournissant divers articles, Le Clerc lui rendit la pareille en lançant sa carrière d'écrivain. Certes Locke avait déjà publié quatre poèmes dans les années 1650 à 1670,[17] mais on ne peut pas dire que cela faisait de lui un homme de lettres. Sa carrière d'écrivain ne commença que dans les années 1680, lorsque Le Clerc encouragea le quinquagénaire à publier sa *Méthode nouvelle de dresser des recueils*,[18] mais surtout lorsqu'il fit paraître sa traduction de l'abrégé de l'*Essai* dans la *BUH* en janvier 1688,[19] propulsant ainsi Locke sur le devant de la scène philosophique. Les premiers lecteurs de Locke furent donc des francophones, et le compte rendu de *Two treatises* qui parut dans le numéro de décembre 1690 de la *BUH* fut le seul article consacré aux idées politiques de Locke à l'occasion de la parution du livre. En Angleterre l'ouvrage n'eut aucune presse. Les idées que Locke fit paraître en 1690 afin de justifier l'entreprise du 'Grand Restaurateur' furent écartées par un Convention Parliament désireux d'éviter toute justification quelque peu radicale de l'état de fait.[20] D'ailleurs, Locke prit soin de publier de façon anonyme son 'Exclusion tract', devenu pour l'occasion 'a Revolutionary pamphlet'.[21]

A ce sujet, il est pertinent de noter deux choses. D'une part, Le Clerc, n'ignorant sans doute pas que Locke était l'auteur de *Two treatises*, protégea l'anonymat de son ami, conformément à la promesse qu'il avait faite dans la préface de son journal.[22] Mais d'autre part, malgré un exposé fidèle dans l'ensemble à la pensée politique de Locke, Le Clerc ne souffla mot des circonstances qui le conduisirent à publier une œuvre vieille de près de dix ans au lendemain de la Glorieuse Révolution. En effet, dans ce compte rendu qui passe en revue les arguments tant du

17. Jean S. Yolton, *John Locke: a descriptive bibliography* (Bristol, 1998), p.305. Voir aussi H. R. Fox Bourne, *The Life of John Locke*, 2 vol. (1876; Londres, 2007), t.1, p.50-52 et 231-33; Maurice Cranston, *John Locke: a biography* (1957; Oxford, 1985), p.36 et 113; et Roger Woolhouse, *Locke: a biography* (Cambridge, 2007), p.19-20 et 81.
18. *BUH* 2 (juillet 1686), art.19, p.315-40.
19. *BUH* 8 (1688), art.2, p.49-142.
20. J. H. Franklin, *John Locke and the theory of sovereignty* (Cambridge, 1978); M. Goldie, 'The revolution of 1689 and the structure of political argument', *Bulletin of research in the humanities* 83 (1980), p.473-564; C. D. Tarlton, 'The rulers now on earth', *Historical journal* 28 (1985), p.279-98; J. Farr et C. Roberts, 'John Locke on the Glorious Revolution', *Historical journal* 28 (1985), p.385-98 et M. Goldie, 'The roots of true Whiggism, 1688-1694', *History of political thought* 1 (1990), p.195-236 et 'The political thought of the Anglican revolution', dans *The Revolutions of 1688*, éd. R. Beddard (Oxford, 1991), p.102-36.
21. Les formules sont de P. Laslett, *Two treatises of government* (Cambridge, 1960), introduction, p.61.
22. H. Bots et J. J. V. M. de Vet, *Stratégies journalistiques de l'ancien régime*, p.22.

second que du premier traité, et qui témoigne de surcroît d'une véritable rigueur d'analyse, il est étonnant que Le Clerc ne fasse pas mention du panégyrique de Guillaume d'Orange placé par Locke au début de sa préface. On sait en effet par ailleurs que Le Clerc fondait de grands espoirs en Guillaume puisqu'en juin 1689, il le voyait 'capable de *rompre les fers de l'Europe*' et de la 'délivrer de l'esclavage où elle commençoit de tomber.'[23] Renonçant à la mission de journaliste 'historique' qu'il s'était fixée,[24] Le Clerc prit donc le parti d'éviter toute référence au 'Grand Restaurateur' dans son article. Etait-ce par souci de clarté qu'il préféra ne pas établir de lien direct entre l'œuvre du philosophe et la légitimité du titre de Guillaume, craignant que cela puisse laisser croire que les arguments de Locke avaient servi à faire l'apologie de la Glorieuse Révolution?

Il semblerait en effet que Le Clerc ait été préoccupé par les débats qui faisaient rage au sein du Refuge. Pour preuve, son introduction qui précède l'analyse des arguments du *Premier traité* puis du *Second traité* s'avère la partie de son article la moins fidèle au texte de Locke, mais la plus fidèle au débat d'idées qui déchirait alors le Refuge. Le Clerc choisit de présenter l'œuvre en situant la discussion de l'origine, l'étendue et la fin du gouvernement civil dans une tradition ancienne avant de la ramener au contexte de la lutte entre ceux 'qui élevent si fort les droits des Puissances' et ceux qui '[soutiennent] les droits des Peuples'.[25] Il s'agit là d'allusions à peine voilées à la lutte entre absolutistes et partisans de la souveraineté populaire, incarnée dans la lutte opposant Bayle à Jurieu au sein du Refuge.[26] Mais en dernier lieu, Le Clerc se refuse à faire de Locke le défenseur de l'un de ces dogmes,[27] alors qu'une présentation de l'œuvre comme une apologie de la Glorieuse Révolution l'aurait irrémédiablement associé au clan de Jurieu.

L'avertissement qui figure à la tête de la traduction française de l'œuvre[28] témoigne du même besoin de ramener la discussion de ces principes universels au contexte plus particulier des exilés du Refuge. Nous ne traiterons pas ici des infléchissements du traducteur

23. Les italiques figurent dans l'original. *BUH* 13 (juin 1689), art.15, p.499-519 (505, 517).
24. H. Bots et J. J. V. M. de Vet, *Stratégies journalistiques de l'ancien régime*, p.21.
25. *BUH* 19 (décembre 1690), art.8, p.559-91 (559).
26. Voir: G. H. Dodge, *The Political theory of the Huguenots of the dispersion* (New York, 1947); F. R. J. Knetsch, 'Pierre Jurieu, theologian and politician of the dispersion', *Acta historiae Neerlandica* 5 (1971), p.213-42; M. Yardeni, 'French Calvinist political thought, 1534-1715', dans *International Calvinism 1541-1715*, éd. Menna Prestwich (Oxford, 1985), p.315-37 et E. Labrousse, *Conscience et conviction: études sur le XVII*^{e} *siècle* (Paris, 1996), ch.3: 'Les frères ennemis: Bayle et Jurieu'.
27. *BUH* 19 (décembre 1690), art.8, p.559-91 (591).
28. *Du gouvernement civil, où l'on traitte de l'origine, des fondemens, de la nature, du pouvoir, & des fins des sociétez politiques. Traduit de l'anglois* (Amsterdam, Abraham Wolfgang, 1691).

huguenot,[29] mais ferons simplement référence à l'avertissement car il servit de support à Bernard lorsqu'il rédigea son compte rendu de *Du gouvernement civil* qui parut dans la *BUH* en mai 1691.[30] Consacré à recenser les 'traductions françoises de quelques livres Anglois', cet article annonçait la publication de quatre livres anglais désormais disponibles en traduction française et en offrait un bref résumé. L'objectif visé par Bernard était donc différent de celui de Le Clerc.

Conscient du fait que la langue anglaise constituait un obstacle[31] à la connaissance des idées de Locke auprès du public européen, et que le prix des ouvrages anglais[32] en restreignait la diffusion sur le continent, Le Clerc s'était employé à faire le compte rendu le plus complet possible des arguments de son ami pour ses lecteurs. L'objectif de Bernard était tout autre puisqu'il espérait au contraire que son article incite les lecteurs à acheter la traduction de Mazel publiée par Wolfgang, l'imprimeur de la *BUH*. Puisque Le Clerc avait déjà fait un résumé de l'œuvre, il fallait que Bernard trouve un moyen de susciter chez ses lecteurs le désir d'acquérir cet ouvrage. En d'autres termes, il s'agissait davantage de vendre la traduction que les idées de Locke.

Aussi, passant sous silence le fait que Mazel avait amputé l'œuvre de moitié, ce qui eut de lourdes conséquences pour la postérité de la pensée politique de Locke sur le continent,[33] Bernard suscita l'intérêt de ses lecteurs en glosant la préface qui avait été substituée à celle de Locke. Elle ne contenait aucune référence à la Glorieuse Révolution ou à la lutte contre les disciples épiscopaliens de Sir Robert Filmer. Elle définissait un tout autre contexte à la réflexion sur la question de l'autorité civile: celui des persécutions que les huguenots avaient subies en France du Roi Soleil, sur les conseils des Jésuites. Si l'avertissement de *Du gouvernement civil* évoquait clairement les dragonnades, Bernard lui, n'y faisait qu'une allusion implicite et passait à l'évocation des souffrances de l'exil, parlant '[d']un million de personnes sacrifiées à [l]a fureur' d'un monarque absolu de droit divin.[34]

29. J'ai traité de cette question dans un article à paraître où je montre que les témoignages se recoupent pour attribuer cet avertissement à Le Clerc et non au traducteur lui-même comme le croit Savonius, 'Locke in French', p.68.
30. *BUH* 20 (mai 1691), art.6, p.263-65.
31. *BUH* 9 (mai 1688), art.6.3, p.196.
32. Basnage à Sloane, 1er août 1695, dans H. Bots et L. van Lieshout, *Henri Basnage de Beauval et sa correspondance*, lettre 47, p.94.
33. Le *Premier traité* ne fut pas traduit par Mazel. Or *Du gouvernement civil*, qui servit de base à toutes les traductions qui eurent cours au dix-huitième siècle (allemande, italienne, suédoise) et même à l'édition américaine, continua à faire autorité. Il fallut attendre 1998 pour que le *Premier traité* soit intégralement traduit en français: Franck Lessay, *Le Débat Locke–Filmer* (Paris, 1998).
34. *BUH* 20 (mai 1691), art.6, p.265.

Dans leur rôle de médiateurs de la pensée politique de Locke, Le Clerc et Bernard ne se contentaient donc pas de faire transiter les idées de Locke de l'anglais vers le français: recontextualisée, l'œuvre était mise au service de leur cause. La question de l'obéissance ou de la résistance au pouvoir civil s'inscrivait dans la réflexion sur les cas de conscience huguenots, dotée d'une dimension religieuse que Locke n'avait pas donnée à l'original.

A ce sujet, il est d'ailleurs intéressant de noter que, si Locke avait pris soin de bien séparer gouvernement civil et gouvernement ecclésiastique,[35] les huguenots du Refuge ne pouvaient envisager de dissocier la question de l'étendue du pouvoir civil de celle de la tolérance qui leur tenait tant à cœur. La décision que Le Clerc prit de consacrer le volume 19 de son journal à ces deux sujets, qui n'en faisaient au fond qu'un pour les exilés, est à ce titre éloquente. Dans l'avertissement, il explique:

> On trouvera dans ce Volume, quelques Extraits de Livres Anglois, un peu longs. L'importance de la matière m'a obligé d'en user ainsi, & je croi qu'on les pourra lire avec plus de fruit, que des Extraits d'autres Livres dont la matière est presque d'aucun usage dans la vie. D'ailleurs il n'y a rien dont on parle plus aujourd'hui, que de la *Tolérance* & des principes de la *Société Civile*.[36]

A l'insu de ses lecteurs, il proposa donc un hiver de lecture placé sous l'égide de Locke puisque dans ce fascicule se trouvaient réunis un aperçu à la fois des débats suscités par la *Second letter concerning toleration* et des arguments de *Two treatises*. C'était, selon lui, lire leur auteur 'avec plus de fruit'. C'était plutôt lire Locke à travers le prisme de la situation des huguenots du Refuge, pris entre trois cultures: les débats suscités par la Révocation de l'Edit de Nantes, la Glorieuse Révolution et la situation politico-religieuse des Provinces-Unies.[37] Aussi, le rôle de vulgarisateur 'impartial' que les journalistes de Hollande endossaient volontiers[38] n'était pas un simple rôle d'intermédiaire puisque les journalistes et traducteurs ne se privaient pas d'infléchir, voire de gauchir, la pensée politique de Locke à l'occasion du transfert des idées d'une langue à l'autre.

35. *A Letter concerning toleration*, éd. James Tully (Hackett, 1983), p.26 et 'Of the difference between civil and ecclesiastical power', dans *Locke political essays*, éd. Mark Goldie (Cambridge, 2006), p.216-21.
36. *BUH* 19 (octobre–décembre 1690), avertissement (pages non numérotées).
37. Voir J. Israel, 'The intellectual debate about toleration in the Dutch Republic', dans *The Emergence of tolerance in the Dutch Republic*, éd. C. Berkvens-Stevelinck, J. Israel et G. H. M. Posthumus Meyjes (Leiden, 1997), p.3-36; E. Labrousse, 'The political ideas of the Huguenot diaspora', dans *Church, state and society under the Bourbon kings of France* (Lawrence, KS, 1982), p.222-83; T. J. Hochstrasser, 'The claims of conscience', dans *New essays on the political thought of the Huguenots of the Refuge*, éd. J. C. Laursen (Leiden, 1995), p.15-51; et John Marshall, *John Locke, toleration and early Enlightenment culture* (Cambridge, 2006).
38. H. Bots et J. J. V. M. de Vet, *Stratégies journalistiques de l'ancien régime*, p.21 et 28.

Cela devient tout à fait évident dès lors que les journalistes dérogeaient à leur mission de 'rapporteur', 'd'historien'[39] pour devenir polémistes. Basnage de Beauval endossa ce rôle dans le compte rendu de *Du gouvernement civil* qui parut dans le numéro de juin 1691 de l'*HOS*. Lui qui évoluait dans le cercle de Bayle avait été pris à parti par Jurieu en 1690 pour 'ses maximes Françoises, despotiques & anti Republiquaines'.[40] Aussi n'est-il pas surprenant qu'il ait critiqué la position anti-absolutiste de Locke, tant elle semblait avoir des relents des maximes prônées par Jurieu dans ses *Lettres pastorales*.[41]

Basnage aurait très bien pu ne pas consacrer un article à *Du gouvernement civil*, sort qu'il réservait aux ouvrages qu'il considérait comme des 'libelles'.[42] Or Le Clerc ayant fait l'éloge de l'auteur de *Two treatises* dans sa *Bibliothèque* en vantant l'esprit de 'modération' dont il avait fait preuve dans son analyse d'un sujet si 'delicat',[43] et Bernard étant sur le point d'en dire autant sur le 'juste milieu' suivi par l'auteur,[44] Basnage ne pouvait garder le silence.[45] Il lui fallait faire voler en éclats cette réputation de modération et contrecarrer les idées à son sens subversives de l'auteur anglais.

Il attaqua donc de front aussi bien les prémisses de Locke, à savoir: 'les hommes naissent libres et indépendants', que ses conclusions: 'l'Auteur étend ce privilege naturel [l'auto-défense] aux iniquitez des Tribunaux reguliers. Il soûtient qu'il est permis de se faire justice à soi-même, quand on se sert du pouvoir des loix pour autoriser des injustices; & il n'en établit d'autre juge que la conscience de l'oprimé, sauf à luy à en rendre compte à Dieu.'[46] Basnage ridiculisa donc les idées de Locke, et en particulier la notion d'état de nature qu'il jugea non seulement chimérique, sortie tout droit de 'l'imagination d[u Poëte]', mais surtout dangereuse car, selon lui, un retour à l'état de nature dans le cas d'une dissolution du gouvernement représentait le pire des maux: 'tout seroit bientôt bouleversé, si chacun en pouvoit ainsi apeller devant soi-même'

39. Ce sont les titres que s'appliquent respectivement Bayle et Le Clerc dans les préfaces des *NRL* et de la *BUH*. Voir H. Bots et J. J. V. M. de Vet, *Stratégies journalistiques de l'ancien régime*, p.10 et 18.
40. P. Jurieu, *Avis de l'autheur des Lettres pastorales à Mr de Beauval, autheur de l'Histoire des ouvrages des sçavans* (n.p., 1691), A3*v*.
41. P. Jurieu, *Lettres pastorales addressées aux fidèles de France qui gémissent sous la captivité de Babylone* (Rotterdam, Abraham Acher, 1686-1689). Voir à ce sujet Savonius, 'Locke in French', p.64.
42. *HOS* 6 (avril 1690), art.10, p.367.
43. *BUH* 19 (décembre 1690), art.8, p.591.
44. *BUH* 20 (mai 1691), art.6, p.265.
45. Notons que Bernard fit la publicité de *Du gouvernement* pour Wolfgang qui imprimait aussi la *BUH*, alors que Basnage de Beauval qui travaillait pour Michel Charles Le Cène, le concurrent de Wolfgang à Amsterdam, n'hésite pas à attaquer les idées de Locke dans son *HOS*.
46. *HOS* 7 (juin 1691), art.3, p.457-65 (458 et 460 respectivement).

et si le peuple 'leger et inconstant [était] le maître du sort de ses Souverains'.[47] En somme, pour Basnage le droit de résistance, qu'il s'agisse de celui de l'individu ou du peuple constitué en corps, conduisait inéluctablement à l'anarchie. Or c'est précisément contre la souveraineté populaire et contre les dérives de cette théorie qu'il s'était élevé en 1690, reprochant en outre à Jurieu d'avoir varié dans ses convictions. Et c'est dans des termes à peu près semblables qu'il mit en garde contre les théories de Locke.[48]

Toutefois, il semblerait que ce qui le poussa à prendre la plume fut moins la crainte de voir le monde mis sens dessus dessous et soumis à une tyrannie populaire qu'il considérait comme tout aussi pernicieuse que la tyrannie exercée par un monarque absolu, que celle de voir le retour des exilés en France compromis par de telles théories. Comme Bayle, Basnage estimait que ce n'est qu'en se montrant fidèles à Louis XIV que les huguenots pouvaient espérer s'attirer sa bienveillance et revenir un jour en France où ils pourraient jouir d'une forme de tolérance civile similaire à celle garantie par l'Edit de Nantes. Comme l'explique E. Labrousse, 'il s'agissait pour eux de n'apparaître à aucun prix aux yeux de Versailles comme des rebelles contaminés par les théories "républicaines" du droit des peuples, afin de n'ajouter pas à leur "hérésie" religieuse des "hérésies" politiques qui leur fermeraient à tout jamais les frontières de la France.'[49]

La théorie de la souveraineté populaire représentait donc un danger car, avec ses relents républicains, elle assimilait les huguenots français aux régicides anglais du dix-septième siècle. Il fallait en outre se désolidariser des théories de Buchanan et même de celles légitimant la prise de pouvoir de Guillaume d'Orange en Angleterre. C'est pourquoi Basnage s'évertue à répéter que les principes justifiant la situation au-delà de la mer ne concernent que l'Ecosse et l'Angleterre et ne sont pas applicables à la France: il l'affirme dans l'article consacré à l'*Avis aux réfugiez*; suggère, dans sa *Réponse* à Jurieu, qu'une transposition de tels principes aurait des conséquences funestes pour le sort des huguenots français; et enfin refuse de conférer un caractère universel aux principes lockéens, reléguant leur validité au cas spécifique des sujets anglais.[50]

A travers Locke, c'était donc aussi Jurieu qui était visé, mais les flèches décochées à l'encontre de 'l'Auteur Anglois' permirent également à

47. *HOS* 7 (juin 1691), art.3, p.457-65 (460 et 464 respectivement).

48. Comparer Henri Basnage de Beauval, *Réponse de l'auteur de l'Histoire des ouvrages des sçavans à l'Avis de Mr. Jurieu auteur des Lettres pastorales* (Rotterdam, Reinier Leers, 1690), p.15-17 et *HOS* 7 (juin 1691), art.3, p.457-65 (464-65).

49. P. Bayle, *Œuvres diverses*, t.2, introduction, p.xii.

50. Voir *HOS* 6 (avril 1690), art.10, p.367; *Réponse de l'auteur de l'Histoire des ouvrages des sçavans*, p.17, et *HOS* 7 (juin 1691), art.3, p.457.

Basnage de jouer avec les préjugés de l'époque. Mettant l'accent sur les particularités nationales, il commença par faire remarquer que 'chaque gouvernement a ses loix particulières' puis, reprenant l'idée de l'auteur de l'avertissement de *Du gouvernement civil* qui soulignait que les penseurs 'règle[nt] les droits des peuples, ou des Rois, selon la forme du gouvernement sous lequel ils viv[ent]', il établit, de façon péremptoire: 'cherchez la situation d'un Auteur, & vous avez trouvé ses sentimens', ce qui l'amena à demander, d'un ton sarcastique, s'il était seulement possible que 'l'Auteur Anglois' ait pu adopter un point de vue neutre sur la question du gouvernement civil.[51] Au lieu de saluer la prouesse de Locke pour avoir 'trouv[é] un milieu'[52] entre les extrémités de l'absolutisme monarchique et de la souveraineté populaire, Basnage demanda implicitement à ses lecteurs si l'on pouvait s'attendre à ce qu'un Anglais prône autre chose que la révolte et la sédition; en un mot: 'la République'. Sa stratégie est ici évidente. Il stigmatise les Anglais qu'il présente comme autres pour mieux faire ressortir la loyauté des sujets français à leur monarque, et s'efforce d'appliquer les conseils de mise en 'quarantaine' donnés par l'auteur de l'*Avis* afin de purger les huguenots de l''infect[ion]' 'républicain[e]' contractée au contact des théories anglaises.[53] Locke est donc bel et bien instrumentalisé dans cette virulente controverse publique qui opposa partisans de Bayle et partisans de Jurieu et s'échauffa particulièrement avec la publication de l'*Avis aux réfugiez* en avril 1690.

A ce titre, il est intéressant de noter que les deux thèmes qui apparaissent sous l'entrée 'Du gouvernement civil' dans la table des matières du journal – la conquête et la dissolution du contrat entre le Roi et la nation[54] – ne sont pas des thèmes centraux dans la pensée politique de Locke mais dans celle de Jurieu, ce qui trahit de nouveau l'infléchissement de la lecture que Basnage nous présente. Dans son article, il néglige en effet des pans entiers de l'œuvre de Locke, et non des moindres – comme la question de la propriété qu'il esquive dans la discussion sur la conquête et ne traite même pas en tant que telle, alors que le chapitre 5 constitue l'un des piliers de l'œuvre et que Locke écrira en 1703: 'Propriety, I have no where found more clearly explain'd than in a book intituled, *Two Treatises of Government*.'[55] Il fait par ailleurs grand cas

51. Dans cet article, il est difficile de dissocier les propos de l'auteur de la préface de ceux du journaliste, de même qu'il est difficile de dissocier les citations de *Du gouvernement civil* des commentaires de Basnage. Ce manque de clarté ternit sa réputation de journaliste: voir Jean-Pierre Nicéron, *Mémoires pour servir à l'histoire des hommes illustres dans la République des Lettres*, 43 vol. (Paris, Briasson Libraire rue S. Jacques, 1729-1745), t.2, p.208.
52. *Du gouvernement civil* (1691), avertissement, *5*r*.
53. P. Bayle, *Avis aux réfugiez*, dans *Œuvres diverses*, éd. Elisabeth Labrousse, t.2, p.583.
54. Voir ce qu'en dit Savonius, 'Locke in French', p.79.
55. *The Correspondence of John Locke*, éd. E. S. de Beer, 8 vol. (Oxford, 1976-1989), t.8, lettre 3328.

d'un point que Locke n'a fait que survoler[56] mais qui tient particulièrement à cœur à Jurieu. Il s'agit de la question de la conquête, puisque Jurieu misait sur l'entreprise de Guillaume d'Orange pour délivrer la France esclave et lui rendre sa liberté.[57]

D'ailleurs, secoué par le séisme déclenché par la publication de l'*Avis aux réfugiez* et engagé dans une lutte pamphlétaire contre Jurieu,[58] Basnage passe à côté de la pensée politique de Locke lorsqu'il prétend que dans *Du gouvernement civil*, 'l'Auteur examine en quel cas le contrat entre le Roy & la Nation est rompu.'[59] Cette question se trouvait alors au cœur du débat sur la Glorieuse Révolution, après avoir été au cœur de celui sur la Révocation de l'Edit de Nantes, mais à aucun moment Locke n'évoque l'existence d'un tel contrat. Certes, il parle du 'Trust' qui lie le souverain à son peuple, mais cette mission de confiance ne repose nullement sur un pacte mutuel scellé à l'occasion de la cérémonie du couronnement tel que Jurieu le décrit dans ses *Lettres pastorales*, où il salue la nation britannique, 'bien fondé[e] en ce qu'elle a déclaré [Jacques II] dechu de la dignité Royale, pour avoir cassé le contract original qui faisoit la liaison du peuple avec lui'.[60] En faisant de Locke un théoricien du contrat légal entre le Souverain et son Peuple, c'est donc bien un aperçu faussé de la pensée politique de Locke que Basnage – juriste de formation – offrit à son public, mais en tout point conforme à la caricature des écrits des huguenots faite par l'auteur de l'*Avis* qui les décrivit comme

> aboutiss[ant] tous à [...] ce point capital, c'est *que les Souverains & les Sujets s'obligent réciproquement, & par voie de Contrat, à l'observation de certaines choses, de telle maniere que si les Souverains viennent à manquer à ce qu'ils avoient promis, les Sujets se trouvent par là dégagez de leur serment de fidélité, & peuvent s'engager à de nouveaux maîtres.*[61]

L'article de Basnage constitue d'ailleurs la première attaque journalistique de la pensée politique de Locke, puisque ce n'est qu'au début du dix-huitième siècle qu'elle devint la cible des Tories en Angleterre. Ce n'est en effet qu'en 1703 que Charles Leslie s'en prit aux 'Mobb Principles'[62] de ce 'CommonWealths-M[a]n who stir[s] up the

56. J. Locke, *Two treatises*, II, section 211.
57. Comparer P. Jurieu, *Lettres pastorales*, 3e année, lettres 12, 13, 15 et 16; *Apologie pour leurs serenissimes majestés britanniques, contre un infame libelle intitulé Le vray portrait de Guillaume Henry de nassau, nouvel Absçalom, nouvel Herode, nouveau Cromwel, nouveau Neron* (La Haye, Abraham Troyel, 1689), p.6, 31-32, 41, 44 et 89; et J. Locke, *Two treatises*, ch.16.
58. Voir E. et E. Haag, *La France protestante*, t.1, p.943-44.
59. *HOS* 7 (juin 1691), art.3, p.457-65 (464).
60. P. Jurieu, *Lettres pastorales*, 3e année, lettre 13, p.97-104 (103).
61. Les italiques figurent dans l'original. P. Bayle, *Avis aux réfugiez*, p.592.
62. *The Rehearsal* 58 (1er-8 septembre 1705), dans *The Reception of Locke's politics*, éd. M. Goldie, 6 vol. (Londres, 1999), t.2, p.38-39.

People to Rebellion'.[63] Les deux tiers de son article étaient toutefois consacrés à réfuter l'attaque cinglante que Locke avait faite de la lecture littérale de la Bible proposée par Filmer afin de défendre les principes de la monarchie absolue de droit divin, attaque dont le public francophone n'entendit parler que dans l'article de Le Clerc. On comprend alors pourquoi Le Clerc acquit auprès d'un public de lettrés et d'érudits une grande renommée pour la précision de ses comptes rendus d'ouvrages parfois aussi denses et difficiles à se procurer que *Two treatises*, tandis que les extraits faits par ses confrères firent connaître à un public plus mondain un plus grand nombre d'ouvrages, permettant ainsi à leurs lecteurs 'de parler d'une infinité de choses sans a[voir] pris beaucoup de peine'.[64]

Au terme de cette analyse, on ne saurait donc trop insister sur le rôle capital que les huguenots du Refuge jouèrent dès la fin du dix-septième siècle dans la diffusion des idées anglaises, et plus particulièrement dans la diffusion de la pensée politique de Locke auprès de ce double public francophone. Ils contribuèrent certainement à jeter un pont entre l'Angleterre et la France, mais c'est en leur qualité d'intermédiaires que ces journalistes assurèrent la diffusion et la vulgarisation des idées de Locke. Le processus de transfert culturel fut donc tributaire de leur médiation. Dans ces conditions, et au vu de la situation politico-religieuse de ces hommes qui préférèrent l'exil à l'apostasie mais qui ne désespéraient pas pour autant d'un retour en France, était-il seulement possible que la pensée politique de Locke ne subisse pas quelques infléchissements?

Le Clerc fut le journaliste le plus fidèle à la pensée politique de Locke, mais même s'il ne procéda pas à un élagage des arguments de Locke, il sélectionna les arguments sur lesquels il décida de faire porter l'accent de son article. Bien que long de plus de trente pages in-duodecimo (contre trois pour Bernard et huit pour Basnage), l'article de Le Clerc demeure un résumé:[65] il survole par exemple la réflexion sur la propriété qui constitue pourtant l'un des soubassements idéologiques de l'œuvre.[66] La dénaturation de la pensée politique de Locke est plus criante dans l'article de Bernard et est incontestable dans celui de Basnage qui braqua le projecteur sur les questions de la conquête, du contrat et de sa rupture

63. *The New association of those called moderate churchmen with the modern Whigs and fanatics, part II* [...] *supplement* (25 mars 1703), dans Goldie, *The Reception*, t.2, p.66.

64. *HOS* 8 (mars 1692), art.5, p.327.

65. Voir *BUH* 19 (décembre 1690), art.8, p.559-91 (563, 572-73 et 564, 578, 583).

66. 'C'est ainsi que la proprieté a commencé, mais il y a diverses choses à considerer là dessus, que l'on cherchera, si l'on veut, dans l'Original.' Cela apparaît d'autant plus lapidaire qu'il précise lui-même: '[Locke] s'étend beaucoup sur la maniére, dont on acquiert la proprieté des choses' (p.579).

engendrant le retour à l'état de nature, de la résistance et l'exercice du pouvoir constitutionnel par le peuple.

Que leurs motivations aient été économiques, idéologiques ou les deux à la fois importe peu. L'essentiel est que ces médiateurs lurent Locke et le donnèrent à lire à leurs lecteurs à travers le prisme des débats qui faisaient rage au sein du Refuge suite à la Révocation de l'Edit de Nantes, au succès de l'expédition de Guillaume et à la publication de l'*Avis*. Aussi pouvons-nous définir ce transfert culturel comme une 'transmutation' de sa pensée.

In defence of toleration: La Roche's *Bibliothèque angloise* and *Mémoires littéraires de la Grande-Bretagne*

ANN THOMSON

As is shown in several articles in the present volume, the learned periodicals published in Holland in the early eighteenth century were undoubtedly the main vector of detailed information in French on what was published in English and kept French readers up to date on intellectual developments and debates across the Channel.[1] There is much evidence of the role they played and the extent to which their articles and 'extraits' from works were drawn upon and re-used by several authors.[2] There is no denying that the Huguenot journals played a significant part in making known to a French-speaking public the much freer theological debates in Britain, even if these journalists were not as free as is sometimes supposed and needed to be circumspect in their presentation of certain ideas. Concentration on the 'Radical Enlightenment' has tended to lead to an emphasis on openly irreligious writers and their influence in undermining orthodoxy. It is clear from a study of these mainly Dutch periodicals in French, however, that a large amount of space was devoted to the works of British theologians, who aroused considerable interest in France. It is hardly surprising that the Huguenot refugees should pay particular attention to these theological debates which often sharply divided the Protestant world. The vigorous and sometimes violent religious disputes in England after the Glorious Revolution raised important issues which contributed to a questioning of orthodox beliefs. While they largely took place in England within the established Church, they could, in the very different atmosphere in France, be used to undermine Christianity altogether.

In this article I shall illustrate this concern with theological debate and the role played by the French-language periodicals published in the Netherlands, by presenting relatively briefly the *Bibliothèque angloise* published by Michel de La Roche from 1717, together with its continu-

1. See in particular the articles by R. Hammersley and D. Soulard in this volume.
2. I have studied the role they played in relaying information on the English debate on the soul in my *Bodies of thought: science, religion and the soul in the early Enlightenment* (Oxford, 2008). See also 'Locke, Stillingfleet et Coste: la philosophie en extraits', *Cromohs* 12 (2007), p.1-16.

ation, *Mémoires littéraires de la Grande-Bretagne* (which continued up to 1724). Little is known about the life of Michel de La Roche, despite the study by Margaret Thomas.[3] He was, according to her, quite young when he took refuge in England, where he was naturalised in 1701; although he visited Germany, Switzerland, Italy and Holland, he seems to have spent most of the rest of his life in London, where he died in 1742. He was clearly part of the network discussed in more detail elsewhere in this volume which included Pierre Des Maizeaux, although only one letter from him to Des Maizeaux survives; this is perhaps hardly surprising as they lived in the same town. There are, however, indications of their collaboration in other letters. Anthony Collins, for example, writes to Des Maizeaux in 1717 concerning Pictet's answer to his own *Discourse of free-thinking*: 'If Mr de la Roche gives an account of Mr Pictets book in his English journal, it seems proper for that letter to have a place there, otherwise not; and then I think it better he should publish that letter in his own translation from the french than that I should appear further on such an occasion.'[4]

There is also an extant letter to Jean Le Clerc, written from Utrecht at the end of 1699, and Christiane Berkvens-Stevelinck quotes letters from La Roche to Prosper Marchand.[5] Like many other Huguenots established in England, he translated works from English into French, as we see from Collins' letter, and was apparently one of the translators of Bayle's *Dictionnaire* into English. He seems to have known Bayle at the end of the latter's life and refers in some of his writings to their conversations. For example, in the *Mémoires littéraires* he refers to a long conversation with him four years before his death proving that Bayle was no atheist.[6] He later translated the exchange between Leibniz and Samuel Clarke, with whom he was also apparently familiar, although he wrote to Des Maizeaux, the editor, that he did not wish his name to be mentioned. His name was also mentioned as a possible translator of Collins' *Philosophical inquiry concerning human liberty* which was published in the same volume, but he did not in fact translate the work.[7]

La Roche's main activity was journalism, providing information about the Republic of Letters, mainly in England. Already in his 1699 letter to Le Clerc discussing various writings, he adds a post-script: 'Voudriez-vous bien, Monsieur, avoir la bonté de m'apprendre ce qu'il y a de

3. M. Thomas, 'Michel de La Roche: a Huguenot critic of Calvin', *SVEC* 238 (1985), p.97-195. See also Harvey and Grist, 'The Rainbow Coffee House', p.170-2.
4. BL, Add. MSS 4282, f.127, 26 April 1717.
5. Berkvens-Stevelinck, *Prosper Marchand*, p.175, 177.
6. *Mémoires littéraires* 2 (1720), p.485-86; see Thomas, 'Michel de La Roche', p.118.
7. See my article in this volume on the translation.

nouveau dans la Republique des Lettres?'[8] Unusually, he alternated between publishing journals in English in England and in French in Holland. This article will discuss the French journals (essentially the same journal under two different names, for reasons that will be explained below), devoted to informing the French-reading public about English publications. As already indicated, this activity covered a period of only seven years before he turned to purely English journals. One might in that case wonder as to the impact of this publication and therefore the importance of its role in cultural transfer. Indeed, a short article about the *Mémoires littéraires de la Grande-Bretagne* makes precisely this point; its author, G. V. King, quotes a letter written to Des Maizeaux in 1736 by the publisher of the *Bibliothèque britannique* Pieter de Hondt, saying that he would not draw up the table of the *Bibliothèque angloise* as it no longer interested anyone and it had not sold many copies.[9] King also points out that only 6 per cent of the books reviewed by La Roche were subsequently translated. This does indeed raise an important question, but several remarks need to be made. The first concerns the number of books reviewed and subsequently translated, which is not a good indication of the impact of a journal, as the role of these periodicals is much more complex. Firstly it should be remembered that it was often the same people who produced the journals and published the translations. An extract in a journal could create an interest leading to the publication of a translation of the whole work, and sometimes, as we learn from a letter from the publisher Du Sauzet in The Hague to Des Maizeaux, a translated extract in a journal could give the publisher of that journal a right over a subsequent complete translation; he writes in 1722, concerning news about the publication of Marlborough's memoirs in England: 'Mandez moi ce que vous en savez, et s'il seroit possible d'avoir une feuille de l'Anglois avant que le livre se publie, afin de la faire traduire et de s'en assurer le droit pour l'imprimer dans ce pais en François.'[10] Often, however, the 'extraits' or long summaries were given precisely because no translation was likely; when La Roche mentions the publication of the exchange between Leibniz and Clarke, he comments: 'Quoique j'aie lû ce livre plus d'une fois, je n'entreprendrai point d'en donner un Extrait, puis qu'on a dessein de le réimprimer incessamment en Hollande. Si tous les bons Livres d'Angleterre étoient traduits en Français, je ne m'amuserois pas à publier ce Journal.'[11]

8. Jean Le Clerc, *Epistolario*, vol.2: *1690-1705*, ed. M. Grazia and M. Sina (Florence, 1991), p.328, no.316.
9. G. V. King, 'Michel de La Roche et ses *Mémoires littéraires de la Grande-Bretagne*', *Revue de littérature comparée* 15 (1935), p.298-300 (299).
10. BL, Add. MSS 4288, f.61*v*, letter, 23 July 1722.
11. *Bibliothèque angloise* 1 (1717), p.457.

He also refers to Collins' work on liberty and Clarke's reply published in the same volume, indicating that he would review them if the expected French translation did not materialise. This was of course a marketing ploy; although the 'extrait' could also be used by the publisher to arouse curiosity about a forthcoming translation, journalists often contented themselves with such shorter announcements when a translation was forthcoming.[12] The longer articles and extracts usually contained enough information on English works and translated passages from them to satisfy the curiosity of the public on books which publishers were unwilling to undertake the expense of translating or which they thought might create problems for them. The lack of a subsequent translation does not therefore necessarily mean a lack of interest among the reading public. As for the claim that these journals never had a wide distribution, it is difficult to verify or to know how much credence to give to de Hondt's claim. There is indeed evidence to the contrary. Soon after its launch the publisher Du Sauzet in The Hague, writing to Des Maizeaux about getting La Roche to translate the pieces in his collection, adds 'Son journal est fort estimé en France, je l'ai envoyé à plusieurs personnes des plus distinguées de la Cour qui ont témoigné en faire beaucoup de cas.'[13] And according to Chancelier Daguesseau's secretary Veissière, writing from Paris in 1718,

> On goute fort icy la Bibliotheque angloise dont vous venez de voir la 5e partie. je vous prie Monsieur de me marquer quelque detail sur lauteur qu'on nomme Mr De la Roche françois refugié, et qui demeure à Londres. Il y a bien apparence que ce journal se soutiendra sur le meme pied, suivant ce quon nous dit icy de cet auteur.[14]

La Roche's journals are found in several French libraries, with more than one copy at the BnF, and cannot therefore be called obscure.[15] In addition, the *Bibliothèque angloise* drew comments from the editors of both *L'Europe savante* and the *Journal des sçavans*.[16] Des Maizeaux himself announced the publication of the *Bibliothèque angloise* in Du Sauzet's *Nouvelles littéraires* in 1717, reproducing La Roche's explanation in his 'Avertissement' that he had discontinued the publication, at his own

12. See also *Bibliothèque angloise* 2 (1717), p.272: 'Voici un ouvrage nouvellement imprimé, qui commence à avoir un grand débit. Nous en donnerions un Extrait fort détaillé, si l'Auteur n'avoit dessein de le publier en François. L'édition, qui doit s'en faire en Hollande, à laquelle il travaille actuellement, satisfera la curiosité du public.'
13. BL, Add. MSS 4287, f.356, letter to Des Maizeaux, 28 May 1717.
14. BL, Add. MSS 4288, f.207, letter to Des Maizeaux, 14 May 1718.
15. The BnF also has a second edition published by Pierre de Coup in 1729, which indicates a demand. Daniel Mornet found *Mémoires littéraires de la Grande-Bretagne* in forty private libraries (Harvey and Grist, 'The Rainbow Coffee House', p.172).
16. See *Bibliothèque angloise* 4 (1718), p.334-35.

expense, of his English-language *Memoirs of literature* in 1714 because 'les libraires, qui d'ordinaire n'aiment pas que les auteurs se mêlent de leur négoce, ne facilitèrent pas le débit de cet ouvrage.' His friends, possibly including Des Maizeaux himself, then advised him to publish a French journal on English publications in Holland 'parce que les libraires anglois n'ont presque point de commerce dans les pais étrangers'. According to Des Maizeaux,

> l'on ne doute pas que le public ne fasse à son livre un accueil favorable parce qu'en effet comme notre auteur le remarque, les livres anglois ne sont guères connus hors de l'Angleterre; & que ceux qu'on traduit en françois, ou dont les journalistes parlent, ne suffisent pas pour donner une juste idée de l'état où les sciences s'y trouvent aujourd'hui, & pour satisfaire la curiosité du public.[17]

La Roche and his friends clearly thought that there was a readership which was sufficiently curious about news in French on English publications. This comment also throws more light on the relationship between reviews and translated works. There is also evidence that this was one of the periodicals that continued to be mined for information long after it had ceased to appear. It is sometimes forgotten that these learned periodicals were not only read immediately on publication but that they were preserved in private and public libraries as sources of information about books. In 1757 abbé Pluquet refers to the information about Michael Servetus that La Roche had provided in the *Bibliothèque angloise* forty years earlier, referring to La Roche as an authority for bibliographical references concerning Servet's works, including the extremely rare *Christianismi restitutio*, and giving the precise volume and page reference.[18] La Roche's English-language journals seem also to have had an impact. In the preface to the first number of *The Present state of the Republick of Letters* in 1729 we read:

> The ingenious and learned Mr La Roche, who for some years past has written the *Memoirs of Literature* with general applause, having seen fit to discontinue that useful work, it was to be wished that some person sufficiently qualified would have undertaken it: But as no other offered, rather than see it drop entirely, I have ventured to supply his place; not perhaps without rashness.[19]

This indicates the extent of cultural exchange and shows that in addition to transmitting British ideas to France, La Roche also seems to have influenced British journalism. As I have said, however, for some time he concentrated on French-language publications with his *Bibliothèque angloise* (1717-1719) continued under the name of *Mémoires littéraires de*

17. *Nouvelles littéraires* 5 (23 January 1717), p.63-64.
18. *Examen du fatalisme* 1 (1757), p.294-96.
19. *The Present state of the Republick of Letters* 1 (January 1728), p.iii.

la Grande-Bretagne (1720-1724). The reasons for this are interesting: he was suddenly removed from the publication that he himself had created by its publisher Marret[20] and replaced by Armand de La Chapelle. La Roche explains in the 'Avertissement' to the first volume of the *Mémoires* that after complaining about Marret's 'inexactitude' and threatening to find another publisher, he was informed in a letter that Marret had found another author to continue the publication. 'Voilà comment le sieur Marret, à qui je ne m'étois confié que sur la recommandation de mon Correspondant, m'a ôté d'une maniére clandestine le Titre d'un Ouvrage, dont j'avois formé le Projet, & pour l'impression duquel j'avois cherché un Libraire. J'aurai soin à l'avenir d'empêcher qu'on ne s'empare des titres de mes Journaux.'

What is significant is the nature of the accusations made against La Roche: 'L'Auteur de cette Lettre disoit, que l'on m'accusoit d'être animé contre Calvin, & contre les Réformez; d'etre partial en faveur de l'Eglise Anglicane; & d'avoir trop d'indulgence pour l'Eglise Romaine.' He was particularly criticised for having published, in the fifth volume of his journal, an 'explication des 14 premiers versets de l'Evangile de St. Jean', of which he was accused of being the author, and thus 'Il semble que l'on veuille me faire passer pour Hérétique.'[21] Du Sauzet, informing Des Maizeaux of the replacement of La Roche by La Chapelle, remarks, 'Mr de la Roche ne travaillera plus à la Bibliothèque Angloise, un autre Auteur qu'on ne nomme point, s'est chargé de la continuation, et on assure qu'il est plus capable que Mr de la Roche, qui n'est pas au goût de bien de gens.'[22] What was not to the taste of many people was apparently his open refusal to tow the Calvinist line and the airing he gave to heterodox opinions of various types. It was clearly the content of this journal that aroused opposition and led to La Roche being replaced by La Chapelle. The latter, distinctly more orthodox, later attacked Collins in the *Bibliothèque angloise*; in Collins' opinion he was an 'incorrigible malicious priest', a 'fool, who is not worthy to have his journal exposd for its most egregious nonsense in almost every article, or, indeed, of any notice from me'.[23] La Roche indicated, also in his 'Avertissement', 'j'observerai une exacte neutralité à l'égard de tous les partis qui regnent dans cette isle, & j'entretiendrai le public de toute sorte d'ouvrages, soit qu'ils viennent des orthodoxes rigides ou des tolerans, des Whigs ou des Tories, & des Heretiques même'. And he stuck to this principle,

20. This was David Paul Marret, perhaps the son of Paul Marret discussed by R. Hammersley above.
21. *Mémoires littéraires de la Grande-Bretagne, par Michel de La Roche, auteur des cinq premiers tomes de la Bibliothèque angloise* 1 (1720), t.1, p.iii-ix.
22. BL, Add. MSS 4288, f.30, letter to Des Maizeaux, 4 August 1719.
23. BL, Add. MSS 4282, f.208, letter to Des Maizeaux, 3 February 1724.

continually emphasising his hatred of all intolerance and persecution and his defence of the freedom of expression.[24] Thus, while the content of his periodicals is heavily weighted in favour of works of theology (King has calculated that in the *Mémoires littéraires* over 66 per cent of the pages were devoted to theological works, although the number of actual scientific works reviewed was much higher: over 48 per cent as compared to 24.5 per cent), the range of opinions was, at first at least, quite large. The *Bibliothèque angloise* begins with a work by the Tory-inclined Humphrey Prideaux, dean of Norwich, and includes a life of the non-juror Henry Dodwell, counterbalanced by four letters that Dodwell exchanged with Burnet, the bishop of Salisbury, considered by the High Church to be unorthodox. In the second part of this first volume, La Roche reviewed Richard Bentley's attack on Collins' *Discourse of free thinking*, remarking:

> Je me ferois un véritable plaisir de communiquer aux lecteurs quelques autres remarques de Mr Bentley; mais il en coûte trop pour détacher ses raisonnemens des injures qui les accompagnent. Les expressions dures & choquantes, loin de faire rentrer les esprits forts dans le Sein de l'Eglise, doivent naturellement les confirmer dans l'incrédulité.
> Au reste les personnes habiles comparent le *Discours sur la liberté de penser* à un petit château, qui méritoit d'être assiégé dans les formes, & ajoutent que Mr Bentley s'est contenté de l'attaquer par les girouettes.[25]

This remark reflects not only a certain sympathy for Collins' position but also the journalist's hostility towards intolerance and theological polemic, his defence of reasoned debate and openness to the expression of arguments one may disagree with. In this first volume La Roche also translates almost in its entirety the seventh edition of a brochure called *The Difficulties and discouragements which attend the study of the Scriptures in the way of private judgement* [...] *by a presbyter of the Church of England* (an attack on clergymen who denounce those who study Scriptures for themselves instead of bowing to authority), which he says has aroused immense interest in England. He adds: 'On n'a point réfuté cet Ouvrage; & les Tolerans prétendent qu'on n'y sauroit répondre.'[26] One can doubtless count the journalist among the 'tolerant'. Most journalists avoided the difficulties involved in giving publicity to heterodox works by only reviewing criticisms of dangerous works while giving the reader a certain amount of information about the content of those dangerous works. La Roche, however, true to his professions of impartiality, consistently reviewed works representing a wide range of opinions, and the replies

24. But not necessarily the open exercise of religion by any sect whatever; see *Bibliothèque angloise* 2 (1717), p.177.
25. *Bibliothèque angloise* 1 (1717), p.445.
26. *Bibliothèque angloise* 1 (1717), p.249.

to them. Over the course of the *Bibliothèque* and the *Mémoires* we see, alongside his interest in scientific works (in particular the *Transactions* of the Royal Society), a clear preference for the works of latitudinarian theologians and for Trinitarian debates. The criticism of Bentley quoted above was followed immediately by a comparison with the bishop of Bangor Benjamin Hoadly, who had also published remarks on Collins' work: 'Comme cet illustre prélat est rempli de douceur & d'humanité, ces belles qualitez regnent dans tous ses ouvrages.' La Roche afterwards devoted considerable space to Hoadly's writings and the controversy aroused by his sermon on authority, giving extracts from both Hoadly and his opponents.[27]

In volume 4 of the *Bibliothèque angloise* La Roche reviewed Toland's *Nazarenus*, together with a reply to it by Mangey (p.301-27), and in volumes 6 and 7 of the *Mémoires littéraires* there is a long review of Toland's *Tetradymus* together with Toland's reply to Mangey. Although he takes care to inform his readers that he will simply give a summary of *Tetradymus* without adding any remarks, he had prefaced this with the following passage:

> Monsieur Toland déclare qu'on ne sauroit prouver par aucun de ses livres, qu'il soit ennemi de la religion. Il fait profession d'une Religion pure, telle qu'elle étoit originairement, avant qu'elle eût été corrompue par des hommes ignorans ou interessez; mais il reconnoit qu'il est ennemi de la Superstition. Il ajoute qu'il n'a attaqué aucun Dogme de l'Eglise Anglicane; qu'il aime les vrais Ministres de l'Evangile; & qu'il approuve les Eglises Nationales. Il fait quelques plaintes contre des Theologiens, dont il n'est pas satisfait, & il ne craint point que les bigots puissent le rendre malheureux. Car, dit-il, la Nature se contente de peu de chose. Des livres, assez de pain, & une compagnie bien choisie dans une agréable retraite, donnent un plaisir solide, que l'on ne sauroit se procurer en amassant de grandes richesses. Enfin, il nous assure qu'il travaillera toujours pour l'avantage du Genre humain, & qu'il ne fera jamais rien, qui puisse troubler le repos du Public.[28]

La Roche also gives an extract from Mandeville's *Free thoughts on religion*, 'rempli de traits hardis', a work which defends free examination in religion and condemns intolerance and persecution.[29] And in the last volume of his *Mémoires littéraires* there is a long review of Collins' *The Grounds and reasons of the Christian religion* (1724), insisting on the apology made for William Whiston's liberty in expressing his opinions. 'Cette

27. Hoadly preached a sermon before the king in March 1717 claiming that Scripture did not justify Church authority, leading to heated polemic, called the Bangorian controversy.
28. *Mémoires littéraires* 6 (1721), p.365-66.
29. *Mémoires littéraires* 4 (1720), p.205. See Edward James, 'Schism and the spirit of toleration in Bernard Mandeville's *Free thoughts on religion*', in *De l'humanisme aux Lumières, Bayle et le protestantisme*, ed. M. Magdelaine, M.-C. Pitassi, R. Whelan and A. McKenna (Paris and Oxford, 1996), p.693-700.

liberté, dit-il, est non seulement raisonnable en elle-même, mais aussi très-digne d'un Homme, d'un Chrétien & d'un Protestant, & sur-tout d'un Ecclesiastique, d'un Homme de lettres, & d'un philosophe.' In his review of the preface, he insists on 'liberté de penser', without which the truth is impossible.[30] There is no doubt as to his defence of the free expression of opinions and hostility to persecution, but the similarity with the position of Anthony Collins does make one wonder as to his true beliefs and intentions. This reinforces the need to be circumspect when assessing religious opinions in this period, as one cannot automatically assume that defence of freedom of thought necessarily hides irreligious intentions. It should also be remembered that the accusation made against La Roche was not that he spread irreligious ideas but that he was hostile to Calvinism. Justification for such a view may have been provided by his *Histoire de Michel Servet* which took up over a hundred pages of volume 2 of the *Bibliothèque angloise*.[31] While criticising the 'heretic' Servetus, whose views on the Trinity he calls obscure and incomprehensible and whom he defines as 'une espèce de Réformateur Enthousiaste, qui ne gardoit aucune mesure dans ses expressions' (p.100), he is extremely critical of the role played by Calvin in the condemnation of Servetus, who was burnt in Geneva in 1553. La Roche provides a detailed account not only of Servetus' works but also of his trial, and while he exonerates most of the Protestants from the charge of intolerance, his presentation of Calvin is hostile. For good measure, he adds in the same volume of his journal an *Histoire de Nicolas Anthoine*, who was executed in Geneva in 1632 for having converted to Judaism.

The greatest number of pages in both of La Roche's French-language journals, beginning in the last volume of his own *Bibliothèque angloise* in 1719 and continuing in the *Mémoires littéraires*, is, however, devoted to extracts from Gerard Brandt's *History of the Reformation in the Low Countries* (*Historie der Reformatie en andre kerklyke geschiedenissen in en omtrent de Nederlanden*), published from 1671 to 1704 and translated into English by John Chamberlayne.[32] Brandt's work, written at the request of the Remonstrants, propagates the ideals of liberty and toleration and aroused the displeasure of the Dutch authorities.[33] The journalist explains that he had long hoped for a translation of Brandt's work and

30. *Mémoires littéraires* 16 (1724), p.337 ff.
31. *Bibliothèque angloise* 2 (1717), p.76-198.
32. Chamberlayne's translation was dated 1720 but La Roche's first extract gives the publication date as 1719. On Chamberlayne's activities as FRS, see the article by Grist above.
33. See C. Berkvens-Stevelinck, 'La réception de l'*Historie der Reformatie* de Gerard Brandt et son influence sur la conception de la tolérance hollandaise', in *The Emergence of tolerance in the Dutch Republic*, ed. C. Berkvens-Stevelinck, J. Israel and G. H. M. Posthumus Meyjes (Leiden, 1997), p.131-40.

bestows lavish praise on the translator. This English version was followed by the publication of a French translation by Gosse in The Hague in 1726. Christiane Berkvens-Stevelinck has compared the translations of Brandt's 'Dedication to Clook' (which becomes the 'Préface' in the French translation); she notes that the style of the English translation is much more direct than that of the original Dutch and concludes that the English and French versions of the work were concerned with transmitting the 'lesson' of toleration adapted to the situation in those two countries in the 1720s. While according to her the English version insists on the excesses of popery (in accordance, I might add, with what the *ODNB* calls Chamberlayne's 'indefatigable zeal to defend Protestantism against Popery'), the French version tones this down, criticises the divisions of the different Protestant confessions and contains anti-Protestant passages. Indeed, the short preface added by Chamberlayne insists on the 'uniform spirit of Popery' and he adapts the dedication to condemn the spirit of party in Britain. The difference between the English and French texts, however, does not seem quite so marked, as both versions of Brandt's dedication criticise both Catholics and Protestants and insist on the need to look at our own defects as well as those of others, and the supposedly anti-Protestant phrase from the French preface is also to be found in the English one. Berkvens-Stevelinck also shows the existence of a hitherto unnoticed link between the Dutch, English and French versions, pointing out that the French version refers to a comment made by Fagel the Dutch pensionary to Gilbert Burnet praising the work, and that this information was provided by Burnet himself.[34] This reference to Fagel's remark to Burnet was also made by La Roche in his first extract from Brandt's work, where he claims that Chamberlayne provides it, noting 'C'est de Mr Burnet même que Mr Chamberlayne tient cette Particularité.' In fact Chamberlayne does not quote Fagel, contenting himself in his preface with the remark that 'there is no Gentleman, who has conversed with men of figure in Holland' who does not know how much value is placed on Brandt's *History*. Perhaps La Roche, who was in contact with Chamberlayne, made his translation from Chamberlayne's manuscript, which was different from the published version. It seems in any case clear that, as Margaret Thomas indicates,[35] the French translation of 1726 is La Roche's, as can be seen from a comparison of the texts: the passages directly quoted in his journals (as opposed to those summarised briefly) are the same as those in the published French work. And a quotation from Cudworth in

34. See Berkvens-Stevelinck, 'La réception', p.136-38. She does not discuss the authorship of the two translations, nor the question of whether the French is a translation from the English rather than the Dutch.

35. *Dictionnaire des journalistes*, ed. J. Sgard, vol.2, p.572.

the French preface is also provided in La Roche's first extract.[36] The extract and the translation also contain the same remark to the effect that Brandt was a theologian who was completely 'dégagé de préjugez', which was perhaps why his history had not been translated into French.[37] If La Roche removed some of the more anti-papist references, it was perhaps part of his attempt at neutrality and his apparently greater concern with the intolerance of his own camp rather than attacks on the easy target of papist intolerance, which might fall into the trap of sectarian zeal. It is also in line with remarks like the following, referring to the account of Emlyn's condemnation for Unitarianism: 'Je suis sensiblement afligé, toutes les fois que j'apprends que des Théologiens Protestants sont coupables de persecution. Si nous ne nous tolerons pas les uns les autres, comment pourrons-nous condamner les violences de l'Eglise Romaine?'[38] The fact that he was accused of anti-Protestantism (and in particular anti-Calvinism) and of favouring the papists led him frequently in his journals to counter such accusations in advance. Thus, when publishing the *History* of Michael Servetus, burnt in Geneva as a heretic (which doubtless fuelled the accusations), La Roche is careful to add:

> Les violences en matiere de Réligion, ne sont pas moins criminelles parmi les Protestans, que parmi les Catholiques Romains: mais on doit dire en faveur des premiers, qu'ils n'ont fait mourir qu'un très-petit nombre d'Hérétiques, au lieu que les derniers ont condamné au feu des milliers de martyrs [...] J'ajoute qu'il n'y a aujourd'hui aucun Protestant en Europe, qui approuve que l'on fasse mourir les Hétérodoxes; mais on voit encore, à la honte du genre humain, des Royaumes catholiques Romains, où l'on brûle les Hérétiques.[39]

In the same vein, in his extract from book 3 of Brandt's *History*, when translating Erasmus' reasons for not joining the Protestants, he writes: 'Parmi ces raisons, il y en a quelques unes qui déplairont aux Protestants. Si je les supprimois, mes lecteurs n'auroient qu'une idée imparfaite des motifs, qui empêchérent Erasme de travailler à la Réformation. D'ailleurs cette suppression siéroit mal à un Journaliste, qui fait profession d'écrire avec beaucoup d'impartialité. Nous aurons soin d'insérer quelques correctifs à la Marge.'[40] In the published translation, this passage reads: 'Voici les raisons [...] Il y en a quelques unes qui ne plairont point aux Protestants. C'est pourquoi nous aurons soin d'ajouter quelques

36. *Histoire abrégée de la Reformation des Pais Bas, traduit du Hollandois de Gerard Brandt*, 3 vols (The Hague, Pierre Gosse, 1726), vol.1, p.[5].
37. *Histoire abrégée de la Reformation des Pais Bas*, vol.1, p.[19]; *Bibliothèque angloise* 5 (1719), p.442.
38. *Bibliothèque angloise* 5 (1719), p.281.
39. *Bibliothèque angloise* 2 (1717), p.76-77.
40. *Mémoires littéraires* 1 (1720), p.39.

Correctifs à la marge.'[41] It is impossible in the present article to go into any more details concerning this translation, except to emphasise that, after giving great publicity in his periodical to the English translation by Chamberlayne, La Roche was responsible for the complete French translation several years later. Can one deduce that the interest aroused by the many pages devoted to this work in La Roche's journals was enough to convince Gosse to publish the three-volume translation of the complete work? In any case we can see that in order to be distributed in French, this important work in defence of toleration was first translated into English, and that the role of La Roche and his journals in this transmission, perhaps at the instigation of Des Maizeaux,[42] was crucial.

The defence of toleration and a non-dogmatic religion appears in most of the extracts from theological and controversial works published in his journals. Despite his often-repeated reluctance to publish works of controversy and his declared impartiality he clearly had a penchant for antitrinitarian texts. He defended this position as follows:

> D'ailleurs, on sait que les Ouvrages des Ecrivains heterodoxes entrent dans le Plan de mon Journal, aussi bien que ceux des Orthodoxes. Sans cela mon Histoire littéraire de la Grande Bretagne seroit fort imparfaite. La Hollande n'est pas un Païs d'Inquisition, non plus que l'Angleterre; & s'il est permis en Angleterre, de publier des Livres contre des Dogmes généralement reçus; il doit être permis en Hollande d'imprimer des Extraits de ces Livres; surtout, lors que l'Auteur de ces Extraits déclare, comme je le fais ici, qu'il n'aime point les Controverses. On peut s'assurer que je ne fatiguerai point le Public par un trop long détail des Disputes de Religion, qui regnent dans ce Païs. Je ne suis point entêté de ces Disputes: Une belle Remarque Critique sur un Passage de l'Ecriture Sainte me fait plus de plaisir qu'un gros Volume Polemique. Loin d'admirer les Ouvrages des Ariens & des Sociniens, je doute que l'on ait encore publié depuis l'an 1531 jusqu'à présent, un seul Livre qui puisse terminer parfaitement les Disputes sur la Doctrine de la Trinité.[43]

The final remark here concerning antitrinitarian works is, to say the least, double-edged. It is clear from the publicity he gave to books by William Whiston, Samuel Clarke and lesser-known controversialists that his sympathies lay with opinions considered heterodox concerning the Trinity, even if it is difficult to count him clearly among the Socinians. While reiterating his desire not to tire his reader with the Trinitarian controversy, he nevertheless brought a large number of works on the

41. *Histoire abrégée de la Reformation des Pais Bas*, vol.1, p.51.
42. See his letter to Des Maizeaux on 19 October 1717, 'vous ne serez pas fâché d'aprendre que l'Histoire de Servet a été inserée dans la Bibliotheque du troisieme Quartier de cette année, puisque vous souhaittiez qu'elle parût incessamment dans les païs etrangers' (BL, Add. MSS 4287, f.261).
43. *Mémoires littéraires* 2 (1720), p.495-96.

subject to the attention of his readers. This emphasis does reflect a theological issue of the time, but it probably also indicates his own sympathies. La Roche also devotes quite a lot of space to Gilbert Burnet's *History of his own time*, which according to him people are buying 'avec empressement'; in the course of this article he discusses the Cambridge theologians and the origin of the word 'latitudinarians', writing, 'Les Théologiens dont il s'agit ici, lisoient beaucoup Episcopius; & comme ils s'attachoient principalement à faire connoître les raisons des choses, leurs ennemis les traiterent de Sociniens. Ils étoient zélez contre l'Eglise Romaine; &, parce qu'ils se rendirent bien-tôt considérables, les Papistes les decrierent comme des Athées, des Déistes, ou du moins comme des Sociniens.'[44]

This article is followed by a discussion of *A Brief account of the new sect of latitudinarians*, published in 1669, in which he insists that the word came to be used 'pour designer un Tolérant' (p.131). As always, La Roche is on the side of toleration, the use of reason in religion and the refusal of sects. He is thus in the camp of the freethinkers, understood in a wide sense, and the enemies of 'Priestcraft', intolerant theologians and the laws against the non-conformists imposed by the Tories. This is not enough to count him among the enemies of religion, even organised, and he consistently defends the Church of England. What he transmits to his French readers is less an exposition of the arguments in favour of toleration – which had already been rehearsed by others, in particular Bayle – than examples of toleration and undogmatic religion. He provides, for example, lengthy extracts from Benjamin Hoadly's defence against the Lower House of Convocation and his works against the test and the exclusion of non-conformists from public positions and condemning the 'prostitution' of the sacrament.[45] La Roche's technique also includes making comments on the positions of certain theologians he disapproves of. For example, in an article summarising South's sermons, he gives the gist of one preached at Oxford University, in which South accused different sects including the Socinians of being instruments of Satan, and then remarks: 'Il y a des Prédicateurs, qui font trop souvent retentir le mot de Diable. Pour moi, j'avoue que je ne parlerois presque jamais de cet Esprit malin, si j'avois l'honneur de prêcher la Réligion de Jesus Christ.'[46] La Roche's main desire was to make known to the French reading public the more open and tolerant attitude of the Church of England, to condemn the division of the Protestants into opposing sects and to denounce dogmatism and intolerance wherever it lay, including

44. *Mémoires littéraires* 15 (1724), p.110-11.

45. See for instance *Bibliothèque angloise* 3 (1718), p.148-81 and 289-346; *Bibliothèque angloise* 5 (1719), p.114-97.

46. *Bibliothèque angloise* 5 (1719), p.24-25.

among the Protestants. It is difficult to judge the precise impact of his writings but they clearly contributed to encouraging interest in France for the latitudinarian theologians whose names appear even in certain irreligious works, some of which are attributed to English theologians. The case of La Roche raises once again the question of the motives of the Huguenots who were responsible for diffusing information about British publications. It is not always easy to decide how far their defence of free thought went. While their publications undoubtedly helped to provide ammunition for undermining not simply Catholic intolerance but even religion itself in France, it is difficult to decide whether this was their true intention. La Roche's sympathies for both Collins and Toland are perhaps an indication of a defence of free thinking in a wide sense. At the same time, most of his declarations put him on the side of a rational religion close to that of the Socinians. In the last volume of his *Mémoires littéraires* he writes:

> Il est certain que la Revelation suppose l'usage du bon sens. Si l'on avoit enseigné cette vérité constamment, il y auroit eu moins d'Incredules: & l'on ne verroit dans aucune Société Chrétienne des Dogmes contraires à la saine raison. Je ne sai pourquoi l'on s'imagine qu'un Chrétien ne doit pas être philosophe: c'est un principe qui avilit la Religion Chrétienne.[47]

His consistent defence of these principles in his journals and his tireless presentation of reviews and 'extraits' not only of works defending these ideas but also of English theological debate in general (despite his disclaimers) clearly made him an important vector for the transfer to a French reading public of a culture of greater freedom of thought on religious matters and opposition to the imposition of uniformity in religion.

47. *Mémoires littéraires* 16 (1724), p.406-407.

Le peuple français instruit: Edme-Jacques Genet et la traduction des écrits politiques britanniques pendant la guerre de Sept Ans

EDMOND DZIEMBOWSKI

> On vient de traduire de l'anglais une brochure qui a eu beaucoup de succès ici. L'original est intitulé *Quatrième lettre au peuple anglais*. Le traducteur français a cru devoir y substituer pour titre *Le Peuple instruit*, et ce titre est très-convenable: car l'auteur de cette lettre n'est occupé qu'à faire au peuple anglais un tableau fidèle de la conduite du ministère britannique dans la querelle qu'il a suscitée à la France. Vous lirez cette brochure avec grand plaisir. Vous y trouverez de la chaleur, de la véhémence, et une déclamation qui plaît; vous n'y verrez point d'ordre ni de méthode, et cela ne me déplaît point.[1]

C'est en termes élogieux que la *Correspondance littéraire* rend compte, à l'automne 1756, de la parution d'un ouvrage émanant des services du secrétariat d'Etat des Affaires étrangères.[2] Comme le remarque Grimm, *Le Peuple instruit* 'a eu beaucoup de succès'. Cette faveur du public s'explique par le contexte international qui prévaut à sa sortie. Depuis quelques mois, la guerre de Sept Ans fait rage. En juin 1756, les troupes du maréchal de Richelieu se sont emparées de Minorque, base stratégique britannique en Méditerranée occidentale. Aussitôt connu en Angleterre, ce revers déclenche une grave crise politique. L'on comprend qu'un ouvrage qui expose avec franchise les erreurs commises par le ministère britannique soit reçu avec intérêt par le lecteur français. Mais le succès du *Peuple instruit* tient aussi à un autre motif. Ce livre se donne ostensiblement à lire comme la traduction d'un écrit politique britannique: la *Fourth letter to the people of England* de John Shebbeare.[3]

1. F. M. Grimm *et al.*, *Correspondance littéraire, philosophique et critique*, éd. M. Tourneux, 16 vol. (Paris, 1877-1882), t.3 (1878), p.306-307 (15 novembre 1756).
2. Edme-Jacques Genet, *Le Peuple instruit, ou les Alliances dans lesquelles les ministres de la Grande-Bretagne ont engagé la nation, et l'emploi qu'ils ont fait de ses escadres et de ses armées, depuis le commencement des troubles sur l'Ohio, jusqu'à la perte de Minorque, considérées dans une quatrième lettre au peuple d'Angleterre* (s.l., 1756).
3. Médecin et homme de lettres, de sensibilité tory et très certainement jacobite, John Shebbeare (1709-1788) s'est distingué par ses six *Letters to the people of England* parues à Londres entre 1755 et 1757. La violence de ses attaques contre l'électorat de Hanovre dans sa sixième *Letter* lui valut une condamnation au pilori et à trois ans de prison. Voir Bob Harris, *Politics and the nation: Britain in the mid-eighteenth century* (Oxford, 2002), p.88-96.

Pour la première fois dans l'histoire de l'information, les Français sont mis en contact avec la virulence de la parole pamphlétaire britannique.

Cette nouveauté littéraire est l'œuvre d'un jeune interprète du secrétariat d'Etat des Affaires étrangères, Edme-Jacques Genet. Afin de convaincre les Français du bien-fondé de la politique de Louis XV, Genet leur dévoile les arcanes de la vie politique insulaire. Plutôt que de proposer une œuvre de sa composition, il se borne à publier les traductions des écrits politiques qui circulent chez l'ennemi. Aux Français de juger sur pièces. Assurément, pour reprendre le titre de la traduction de la brochure de Shebbeare, le public en sera mieux instruit.

Traduire pour instruire: telle est la tâche qui occupe Genet jusqu'aux derniers mois de la guerre de Sept Ans.[4] Une fois n'est pas coutume, les sources nous permettent de lever en partie le voile sur cette activité. Ce que nous apprenons s'avère très éclairant, tant sur la conception d'un périodique composé de traductions des écrits publics britanniques et sur les obstacles entravant sa mise en œuvre que sur les enjeux fondamentaux de la tâche d'un publiciste-traducteur-journaliste.

Edme-Jacques Genet (1726-1781): esquisse biographique d'un traducteur-publiciste-journaliste

Fils d'un premier huissier audiencier au Châtelet, Edme-Jacques Genet est né le 13 décembre 1726 à Paris.[5] Après des études brillantes au collège de Navarre, Genet part en Allemagne 'pour achever son droit public', puis effectue un séjour assez long dans le pays appelé à être au centre de son activité de publiciste, l'Angleterre.[6] En 1752, de retour à Paris, il épouse Marie Anne Louise Cardon, marchande lingère. L'année suivante, recommandé semble-t-il par le maréchal de Noailles,[7] il entre au service du secrétariat d'Etat des Affaires étrangères.

Lisant et parlant couramment l'allemand, l'anglais et l'italien, Genet

4. Pour des raisons de cohérence, cette étude se concentre sur l'activité du traducteur pendant la guerre de Sept Ans. Sur les pamphlets traduits par Genet pendant la guerre d'Amérique et leurs enjeux politiques, voir E. Dziembowski, 'Traduction et propagande'.
5. Voir *Dictionnaire des journalistes*, éd. J. Sgard, t.1, p.443-46. L'ouvrage de Meade Minnigerode fourmille de détails originaux sur la jeunesse de Genet. Malheureusement, il ne précise jamais ses sources: *Jefferson – friend of France, 1793: the career of Edmond Charles Genet, minister plenipotentiary from the French Republic to the United States, as revealed by his private papers, 1763-1834* (New York et Londres, 1928).
6. Jeanne Louise Henriette Genet, dame Campan, *Mémoires sur la vie de Marie-Antoinette reine de France et de Navarre suivis de souvenirs et anecdotes historiques sur les règnes de Louis XIV, de Louis XV et de Louis XVI* (Paris, 1876), p.441-44.
7. Jacob-Nicolas Moreau, qui connaissait bien Genet, écrit qu'il était 'créature, comme moi du très vieux maréchal de Noailles'. Jacob-Nicolas Moreau, *Mes souvenirs*, 2 vol. (Paris, 1898-1901), t.2, p.477.

est engagé comme interprète. Sa tâche consiste à traduire, non seulement pour le compte des Affaires étrangères, mais aussi pour d'autres départements comme le Contrôle général, la Guerre ou la Maison du roi, les écrits que lui soumettent les ministres.[8] Progressivement, l'embryon d'un nouveau service se crée sous sa direction. Au début de la guerre de Sept Ans, Genet emploie plusieurs personnes qui le secondent dans ses fonctions. Simultanément, il forme des jeunes gens aux langues étrangères. Cette structure informelle est pérennisée en 1768, lorsque Choiseul crée le Bureau des interprètes, service du département des Affaires étrangères que Genet dirige jusqu'à sa mort en 1781.

Avant d'être engagé par le ministère, Genet a déjà publié plusieurs ouvrages, dont une traduction d'œuvres de Pope.[9] Dès 1755 il collabore à la confection d'un nouveau périodique ministériel, l'*Observateur hollandais*, qui instruit le public sur les différends opposant la France et l'Angleterre en Amérique du Nord. Comme le rappelle son rédacteur, Jacob-Nicolas Moreau, Genet 'avait ordre de traduire pour moi tous les papiers anglais dont j'avais besoin'.[10] Depuis son entrée aux Affaires étrangères, Genet a accumulé un corpus documentaire très précieux pour la propagande de guerre: 'Il y a mille articles qu'il est bon d'enregistrer comme je le fais dans la vüe d'une utilité probable.'[11] En devenant publiciste, Genet n'ajoute donc pas, à proprement parler, une tâche à celle qui l'absorbe quotidiennement. Il est plus juste de voir cette nouvelle activité comme un prolongement de sa fonction d'interprète.

A l'automne 1755, Genet publie son premier ouvrage traduit de l'anglais, *La Vérité révélée*, qui critique la politique belliciste du Cabinet britannique.[12] En 1756, avec l'ouverture des hostilités, son activité s'intensifie. Tout en continuant à transmettre à Moreau les pièces utiles

8. Jean-Pierre Samoyault, *Les Bureaux du secrétariat d'Etat des Affaires étrangères sous Louis XV* (Paris, 1971), p.133. Voir, plus largement, le chapitre consacré au Bureau des interprètes, p.131-40.

9. *Lettres choisies de Pope sur différens sujets de morale et de littérature* (Paris, R. Davidts, 1753). Genet a en outre publié une *Epitre au roy sur la prise de Gand* (Paris, J. Chardon, 1745), une *Lettre en vers au curé de Fontenoy* (Paris, J. Chardon, 1745) et une *Histoire des différens sièges de Berg-op-Zoom* (s.l.,1747).

10. Moreau, *Mes souvenirs*, t.2, p.478.

11. Aix-en-Provence, Bibliothèque Méjanes, MS 1564 (1429), f.80*v*, mémoire de Genet au duc de Choiseul, non daté (décembre 1759). Le fournisseur des ouvrages anglais est un certain 'Sr. Wilcox', libraire à Londres, qui les a transmis 'avec toute la diligence et l'exactitude possibles depuis le commencement de la guerre souvent dans des circonstances critiques et avec un désintéressement peu ordinaire aux gens de sa profession'. Paris, Archives du ministère des Affaires étrangères (dorénavant AE), correspondance politique, Angleterre, t.445, f.181*v*, 'Notes sur différents particuliers qui peuvent être utiles à Monsieur le Duc [de Nivernais] à Londres', 1762.

12. Traduction de *The Naked truth*, ouvrage attribué à James Edward Oglethorpe.

à son *Observateur hollandais*, il fait paraître en quelques mois *Le Peuple instruit*, *Le Peuple juge* et le *Mémoire pour les ministres d'Angleterre*.[13] En 1757, Genet se lance dans une entreprise ambitieuse: la publication d'un périodique, l'*Etat politique actuel de l'Angleterre*, composé exclusivement d'extraits d'articles de journaux et de pamphlets traduits de l'anglais.[14] Lorsque l'*Etat politique* cesse de paraître à la fin de l'année 1759, Genet participe aussitôt à la confection d'une nouvelle gazette, les *Papiers anglois*, dont les maîtres d'œuvre sont le libraire David et l'écrivain Palissot.[15] En 1761, il publie deux traductions de pamphlets se rapportant à la crise politique consécutive à la démission de Pitt et un recueil de morceaux choisis tirés des papiers publics britanniques.[16] La première phase de la carrière du publiciste s'achève alors. Ce n'est qu'en 1776 que Genet renoue avec cette activité, en prêtant sa plume à la campagne visant à préparer l'opinion à la guerre de revanche contre l'Angleterre. Reprenant la forme de l'*Etat politique*, les *Affaires de l'Angleterre et de l'Amérique* se présentent comme un recueil de traductions des pièces politiques britanniques et nord-américaines. La feuille paraît de mai 1776 à octobre 1779.

Traduire et instruire le public: la vie politique britannique au service de la propagande

Examinée sous l'angle purement quantitatif, l'œuvre impressionne: plusieurs milliers de pages de traductions de pamphlets, d'articles de journaux et de débats parlementaires. Cette production ne constitue pourtant que la partie émergée de l'iceberg: de nombreuses traductions qui devaient être livrées au public ont été remisées dans les dossiers de Genet. Comme l'explique son collaborateur à l'époque des *Papiers anglois*, le libraire David, la tâche d'un traducteur-publiciste est tout sauf sereine: 'c'est absolument la nature de l'ouvrage en ce qu'il est politique, sujet [...] aux mêmes variations et aux mêmes incertitudes que la Politique.'[17]

13. *Le Peuple juge, ou Considérations sur lesquelles le peuple anglois pourra décider si la lettre qu'on attribue dans le précis des faits à S. A. R. le duc de Cumberland est bien véritablement de ce prince* (s.l., 1756); *Mémoire pour les ministres d'Angleterre, contre l'amiral Byng et contre l'auteur du Peuple instruit* (s.l., 1757).
14. *Etat politique actuel de l'Angleterre, ou Lettres sur les écrits publics de la nation angloise relativement aux circonstances présentes*, 10 vol. (1757-1759).
15. *Papiers anglois* (janvier 1760). La feuille continue ensuite sous le titre d'*Etat actuel et politique de l'Angleterre, ou Journal britannique* (mars-novembre 1760) puis sous celui de *Gazettes et papiers anglois* (novembre 1760-juin 1762).
16. *Lettre au comte de Bute, à l'occasion de la retraite de M. Pitt et sur ce qui peut en résulter par rapport à la paix* (Londres [Paris], 1761); *Nouvelle lettre au comte de Bute, concernant la rupture de l'Angleterre avec l'Espagne* (Londres [Paris], 1762); *Essais historiques sur l'Angleterre* (Paris, chez les frères Estienne, 1761).
17. Méjanes, MS 1564 (1429), f.71*r-v*, David à Genet, 13 juillet 1760.

Genet travaille sur une matière périssable. Et le produit qu'il fabrique s'avère tout aussi fragile, puisqu'il est susceptible d'être périmé à la moindre modification de climat politique. Simultanément, le succès de ses ouvrages est soumis aux fluctuations de l'horizon d'attente du lecteur: 'la traduction communément l'ouvrage d'un seul homme, et ensuite la censure et les autres formalités, prennent un tems toujours trop long, pendant lequel l'intérêt s'évapore.'[18]

Pour Genet, dont la tâche première est de façonner l'opinion, le succès littéraire se mesure aux effets que produisent ses écrits sur le public. Il s'agit, d'une part, de développer 'une antipathie que notre gouvernement ne sauroit peut être trop soutenir et encourager vis-à-vis d'une nation dont le principe favori est de nous regarder comme ses plus vrais et ses plus anciens ennemis' et, d'autre part, de 'fortifier l'amour d'un gouvernement qui assure aux citoyens une tranquillité et un bonheur que la constitution angloise ne peut donner'.[19] L'avertissement qui figure au début de la première livraison de l'*Etat politique actuel de l'Angleterre* révèle de manière lumineuse les intentions du ministère:

> Comme les affaires de l'Angleterre n'ont jamais été dans une crise plus forte, jamais aussi la fermentation n'a été plus grande parmi les Anglois. Tandis que la Nation fait au dehors les derniers efforts pour pousser une guerre qui doit entraîner sa ruine, il se livre au dedans une guerre qui n'est pas moins animée entre ceux qui travaillent à accélérer la perte de l'Etat et ceux dont l'intérêt est de le prévenir. Jusqu'à présent cette guerre intérieure s'est faite par écrit de part et d'autre, et ce sont les Gazettes, les Journaux et nombre de Brochures politiques qui ont servi de champ de bataille.[20]

L'objectif premier, à savoir entretenir l'anglophobie, passe par la publication des écrits publics britanniques. Ces ouvrages ont le mérite, selon notre auteur, de mettre en scène la véritable Angleterre, dépouillée de 'l'éclat trompeur qui l[a] déroboit à tous les regards',[21] une Angleterre déchirée par une espèce de guerre civile verbale, une nation qui, en définitive, s'avère conforme au cliché anglophobe des 'sauvages de l'Europe' en proie à une violence congénitale.[22]

Les circonstances sont encore plus propices pour fortifier l'attachement à la constitution française. Après la prise de Minorque, le ministère du duc de Newcastle est mis en cause par l'opposition

18. AE, dossiers personnels, 1re série, t.34, f.319.
19. AE, dossiers personnels, 1re série, t.34, f.319.
20. Genet, *Etat politique actuel de l'Angleterre* 1 (en date du 15 novembre 1756), p.5-6.
21. *Etat politique actuel de l'Angleterre* 1 (en date du 15 novembre 1756), p.5.
22. Paru en 1760 à Berlin, *Les Sauvages de l'Europe*, roman de Robert Martin Le Suire, est une œuvre emblématique de l'anglophobie qui fait rage en France au début de la guerre de Sept Ans. Sur l'expression de ce sentiment anglophobe, voir Dziembowski, *Un Nouveau patriotisme français*, p.59 et suiv.

patriote, qui se déchaîne dans les journaux et dans les brochures. Présentés comme l'expression de cette lutte fratricide entre les factions, les écrits politiques ont pour mission de donner la vision la plus noire qui soit du système politique britannique. C'est ici que la question 'que traduire?' prend tout son sens. Genet procède en effet à une sélection très stricte des papiers publics. Dans les extraits de la presse britannique qu'il donne à lire, son choix se porte en priorité sur les feuilles de l'opposition, comme le *London evening post* ou le *Monitor*, dont les pages au vitriol servent ses desseins. Lorsque l'opposition triomphe et que Pitt arrive pour la première fois au pouvoir aux côtés du duc de Devonshire, c'est au tour des feuilles anti-pittites, comme le *Test*, d'être privilégiées.[23] De cette sélection des sources se dégage nettement l'intention de Genet: montrer sans relâche à quels excès verbaux conduit cette constitution bizarre, qui confond liberté et licence. Au final, Albion sert de faire-valoir. Nul besoin de vanter les mérites de la monarchie française. Ses traits positifs se dessineront à mesure que le lecteur aura avancé dans sa lecture des papiers anglais.

Genet s'emploie aussi à corriger les tableaux de l'Angleterre brossés par les thuriféraires d'Albion. Aveuglés par les 'rayons éblouissans d'une prospérité apparente',[24] Voltaire et Montesquieu ont popularisé en France une vision subjective du système politique anglais. Genet rétablira la vérité. Face au modèle des philosophes où règne l'équilibre et l'harmonie, il livre à ses lecteurs le tableau dégoûtant d'un système gangrené jusqu'à la moelle. A nouveau, les attaques qui figurent dans la presse d'opposition servent excellemment son projet. C'est ainsi que dans la seconde livraison de l'*Etat politique*, Genet publie plusieurs extraits du *London evening post* qui s'en prennent avec âpreté à la corruption qui mine le Gouvernement britannique.[25]

L'*Etat politique* paraît pendant près de trois ans. Sa durée de vie est plus qu'honorable: au dix-huitième siècle, il est fréquent de voir disparaître une gazette au bout de quelques numéros. A la fin de l'année 1759, la situation est cependant devenue critique. 'Le cours de l'Etat politique de l'Angleterre', remarque Genet, est 'languissant [...] depuis plus d'un an.'[26] Au moment de sa disparition, la feuille ne se débite plus qu'à mille exemplaires.[27] Genet avoue son découragement: 'Je ne trouve que très

23. Les extraits de journaux de la feuille de Genet sont reproduits avec plusieurs mois de décalage. Lorsque l'*Etat politique* commence à paraître au début de l'année 1757, Pitt est déjà au pouvoir dans le ministère du duc de Devonshire.
24. Genet, *Etat politique actuel de l'Angleterre* 1 (en date du 15 novembre 1756), p.4.
25. *Etat politique actuel de l'Angleterre* 1 (en date du 18 novembre 1756), p.45-50.
26. Méjanes, MS 1564 (1429), f.81*r*, mémoire destiné au duc de Choiseul, fin 1759.
27. Méjanes, MS 1564, f.86, brouillon du mémoire destiné au duc de Choiseul, fin 1759.

peu de matières propres à y entrer [dans la gazette], surtout dans les circonstances présentes.'[28]

Ces 'circonstances' sont l'exact négatif du climat qui prévalait lors du lancement de la feuille. Au terme de l'année 1759, marquée par la prise de Québec par les *redcoats* et les victoires de la Royal Navy à Lagos et aux Cardinaux, les gazettes anglaises qui, naguère, se présentaient comme les alliées de la propagande française, sont devenues méconnaissables. Les divisions intestines ont cédé la place à l'unité derrière William Pitt, le ministre patriote qui a rétabli l'honneur national.

Une révision des buts de la propagande s'impose. En décembre 1759 est lancé le projet des *Papiers anglois*, dont la direction revient au libraire David et à un jeune écrivain protégé du duc de Choiseul, Charles Palissot. Genet, quant à lui, fournit à ses associés les traductions destinées à la publication. Comme le révèle une longue lettre adressée à David et Palissot, il se présente également comme le concepteur, aux côtés de Choiseul, de la nouvelle gazette:

> Voici la raison politique et sécrette de ce nouvel établissement. Vous n'ignorez point sans doute que depuis une couple de mois et plus les Papiers anglois sont farcis des traits les plus abominables contre la personne du Roi. Si l'autorité etoit un moien heureux, le ministre l'eut employée pour empecher ces infames papiers d'entrer en france ou ils servent de vehicule a un esprit d'indocilité et de rebellion qui s'y fait deja assez remarquer. Le Ministre veut donc parvenir au même but par un moien plus simple et moins eclatant. Ce sont les gazettes angloises, en anglois mesme que nous allons donner en deux feuilles 4° par chaque semaine avec le françois a coté. [...] Par ce moien, avec le tems le nombre de gazettes angloises qui rentrent dans le roiaume diminuera nécessairement ainsi que celui des françois qui lisent dans ces gazettes les choses les plus abominables. Dans les suppressions qu'on fera sur les originaux anglois, je dois vous avertir, qu'on se bornera aux seuls articles qui attaquent directement ou la personne du Roi ou celle des particuliers ainsi que les articles contre la Religion. La carriere reste ouverte pour tout le reste. On mettra les injures, les calomnies etc qui pourront tourner à la confusion des anglois: on y mettra de meme tout ce qui ne sera point hors de la sphere de la verité quoique cela soit dit avec peu de menagement.[29]

Nous manquons malheureusement de précisions sur ces écrits qui semblent circuler en toute impunité[30] et qui alimentent l''esprit d'indocilité et de rebellion' de certains Français. Il est vrai qu'en cette fin de décennie, les signes préoccupants ne manquent pas: dans sa lutte contre le 'despotisme ministériel', la parole oppositionnelle incarnée par

28. Méjanes, MS 1564, f.81*r*, mémoire destiné au duc de Choiseul, fin 1759.
29. Méjanes, MS 1564, f.89*r-v*, Genet à David et Palissot, Versailles, 17 décembre 1759.
30. Ce que nous apprend Genet mériterait un examen approfondi. Quelle est cette littérature subversive?

les remontrances parlementaires ne cesse de gagner en hardiesse; l'affaire *De l'esprit* paraît démontrer que l'irréligion a le vent en poupe; enfin, les défaites en cascade essuyées par les forces françaises attisent le mécontentement des Français.[31] L'inquiétude dont fait preuve Genet est partagée par les autres publicistes. Au même moment, Jacob-Nicolas Moreau prépare, lui aussi, un périodique visant à contrer les dangereux effets de la 'démangeaison d'écrire'.[32] Tout en participant à l'entreprise des *Papiers anglois*, Palissot achève pour sa part sa comédie des *Philosophes* ouvertement dirigée contre les encyclopédistes. Quand on sait que cette pièce est patronnée par Choiseul, il est clair qu'aux différents échelons du dispositif de propagande, l'heure n'est plus tant à la dénonciation de la conduite de l'Angleterre qu'à une entreprise de reprise en mains d'une opinion à la dérive.

C'est sur ce point que les recommandations de Genet se montrent très loquaces. L'extrait cité se donne en effet à lire comme un plan de campagne visant à la reconquête de l'espace public. Cette reconquête passe par le lancement d'une gazette bilingue, présentant en vis-à-vis l'original en anglais et sa traduction. Si le public boude la prose ministérielle, nous dit en substance le projet des *Papiers anglois*, c'est qu'il est persuadé qu'au mieux, elle lui cache la vérité, et qu'au pire, elle lui transmet des informations mensongères.[33] Restaurer la crédibilité de la parole officielle s'avère une tâche malaisée. Les seuls écrits susceptibles d'être jugés sur pièces par le lecteur, à condition qu'il ait accès aux originaux, restent en fin de compte les textes traduits. Dans le dispositif de propagande qui se met en place au début de l'année 1760 sous la supervision du duc de Choiseul, les *Papiers anglois* sont appelés à occuper une place centrale.

'La carriere reste ouverte pour tout le reste', écrit Genet à ses associés, indiquant par là que si l'on écarte les questions religieuses et les attaques contre la personne royale, la liberté d'action des journalistes sera particulièrement importante. Derrière cette consigne se dessine encore et toujours le même souci. Les insultes qui doivent figurer dans la feuille périodique sont indissociables de sa présentation bilingue. Si l'impression du texte dans les deux langues est destinée à dissiper les doutes éventuels sur l'exactitude de l'information produite, le contenu violent

31. Dziembowski, *Un Nouveau patriotisme*, p.425-34.
32. C'est l'expression de Moreau, dans l'article introductif de son *Moniteur français*. Voir *Gabriel-François Coyer, Jacob-Nicolas Moreau: écrits sur le patriotisme, l'esprit public et la propagande au milieu du XVIIIe siècle*, éd. E. Dziembowski (La Rochelle, 1997), p.59.
33. Même s'il est postérieur de vingt ans environ à l'expérience des *Papiers anglois*, l'avis de Louis-Sébastien Mercier mérite d'être rapporté. Pour Mercier, tout lecteur doté d'un minimum de discernement consulte les gazettes ministérielles d'un œil critique, en tentant d'y 'trouver le filet de vérité dans ce qui est déguisé'. Louis-Sébastien Mercier, *Parallèle de Paris et de Londres*, éd. C. Bruneteau et B. Cottret (Paris, 1982), p.123.

des articles vise à démontrer une fois pour toutes que l'accusation de dissimulation portée aux feuilles ministérielles est infondée.

Le projet de la nouvelle gazette paraît inattaquable. Sa réalisation s'avère cependant problématique. En premier lieu, le rythme de parution hebdomadaire se montre d'entrée de jeu difficile à respecter. Dès le 7 janvier 1760, Genet avertit David et Palissot qu'il se trouve dans l'impossibilité de leur fournir à temps 'la matière du second n^{o}'.[34] La lourdeur de l'exécution entraîne des retards: les articles, puis les épreuves, passent entre les mains de Choiseul. Or non seulement le ministre n'est guère disponible, mais il a aussi fâcheusement tendance à 'bâtir et à détruire continuellement' l'architecture de la gazette.[35] Pendant les trois semaines que dure l'entreprise, la fébrilité de David ne cesse de croître. Choiseul met fin à ce calvaire. Le 21 janvier, David est averti que le ministre a décidé 'la discontinuation des papiers anglois'. La raison de cet abandon? 'Il paroit que le public n'a pas pénétré les vues sages du ministre qui avoient donné naissance à ses papiers et que l'on a sçeu y trouver que des injures dites sans ménagement à la nation.'[36] La gazette s'est heurtée à l'écueil du tribunal de l'opinion.[37]

Du producteur au consommateur: la réception des traductions par le public

Il paraît établi que les traductions de Genet ont rencontré initialement les faveurs du public. Les chiffres de vente, malheureusement, ne sont pas connus. Le seul renseignement en notre disposition est le débit de l'*Etat politique* au terme de son existence, à une époque où les Français boudent la feuille ministérielle: un millier d'exemplaires. Qu'en était-il au début de l'entreprise? L'*Etat politique* a-t-il connu un succès comparable à celui de l'*Observateur hollandais* qui, si l'on se fie à Moreau, se vendait à plus de 8000 exemplaires?[38] Le brouillard s'épaissit quand on passe du quantitatif au qualitatif. Qu'ont retenu les Français de ces ouvrages? L'étude du message qui ressort du *Peuple instruit* et de sa réception dans les gazettes littéraires lève en partie le voile.

Le contenu du *Peuple instruit* semble de prime abord répondre aux objectifs de la propagande. La violence du ton de Shebbeare ne cesse de croître à mesure que l'on avance dans la lecture. Elle atteint son

34. Méjanes, MS 1564 (1429), f.11, Genet à David, Versailles, 7 janvier 1760.
35. Méjanes, MS 1564, f.13, David à Genet, 9 janvier 1760.
36. Méjanes, MS 1564, f.21, David à Genet, Paris, 21 janvier 1760.
37. L'*Etat actuel et politique de l'Angleterre, ou Journal britannique*, qui paraît à partir de mars 1760, est une feuille très différente des *Papiers anglois*. La publication bilingue a été abandonnée. Comme l'indique son titre, la nouvelle gazette renoue avec la formule de l'*Etat politique*.
38. Moreau, *Mes souvenirs*, t.1, p.60.

paroxysme dans les dernières pages, lorsque l'ardent pamphlétaire évoque explicitement le sort de Strafford et de Laud, laissant entendre que le ministère actuel mériterait le même traitement.[39] La publication d'une prose qui, inlassablement, suggère l'imminence de graves convulsions, vise indiscutablement à noircir la constitution britannique et, partant, à rappeler au lecteur qu'il vit sous des institutions autrement plus civilisées.

La stratégie qui consiste à faire parler un Britannique s'avère tout aussi payante. Non seulement les victoires françaises en Amérique et dans les Baléares sont systématiquement attribuées à l'impéritie des officiers du roi George, ce qui, on le devine, blessera le lecteur dans son amour-propre national, mais certaines expressions révoltantes sous la plume de Shebbeare jettent une lumière crue sur les excès que produit l'orgueil insulaire: ne le voit-on pas traiter les Allemands de 'race impure et abjecte'?[40] De même, le pamphlétaire sert admirablement les desseins de la propagande française lorsqu'en rappelant la décision du ministère britannique de capturer les vaisseaux français en pleine paix, il répète 'les épithétes infâmes de Voleurs et de Pirates qui nous ont été données par nos ennemis'.[41]

Le message que délivre *Le Peuple instruit* n'est pourtant pas univoque. L'ouvrage de Shebbeare, il faut le rappeler, est une belle illustration de ce torysme pré-radical qu'a bien mis en lumière Linda Colley.[42] Et il est légitime de s'interroger sur la réaction d'un lecteur français peu au fait des subtilités idéologiques insulaires. Est-il, par exemple, capable de saisir la substance du discours anti-hanovrien, thème récurrent de l'ouvrage? Ces diatribes contre les possessions de George II ne risquent-elles pas d'être comprises comme l'expression d'une pensée anti-monarchique? Est-il à même de comprendre l'apologie de la milice, vieux cheval de bataille de la pensée 'true Whig': 'Que le mot de *milice* retentisse donc éternellement' dans les oreilles des ministres 'pour les déterminer à mettre les armes dans la main d'un peuple qui gémit de se voir sans défense'?[43]

Un peuple en armes pour la défense du pays ou un peuple armé pour faire valoir ses droits? La question resurgit à la fin de l'ouvrage, où l'on voit Shebbeare se lancer dans un grand morceau d'éloquence. Le peuple anglais est assez instruit. Il lui faut maintenant agir:

39. Genet, *Le Peuple instruit*, p.209-12.
40. *Le Peuple instruit*, p.164.
41. *Le Peuple instruit*, p.182-83.
42. Linda Colley, *In defiance of oligarchy: the Tory party, 1714-60* (Cambridge, 1982). Voir aussi Marie Peters, 'The "Monitor" on the constitution, 1755-1765: new light on the ideological origins of English radicalism', *English historical review* 86:341 (1971), p.706-27.
43. *Le Peuple instruit*, p.180-81.

> Mais, insensés que vous êtes, pourquoi ne voyez-vous pas [...] qu'il n'est plus de ressources, plus d'espérance de salut pour vous, tant que vous n'aurez point d'autres Ministres à la tête des Conseils; que ce n'est pas enfin de vos seuls ennemis étrangers que vous devez craindre de devenir les esclaves? [...] Vous voulez être instruits, vous êtes curieux de nouvelles, et vous n'êtes point touchés de votre état malheureux. Quoi! vos ames ne doivent donc plus connoître désormais ces subites et généreuses sensations dont tous les Etats libres ont ressenti dans tous les tems des effets si salutaires?[44]

L'on se souvient que la *Correspondance littéraire* s'était montrée conquise par la 'déclamation' de l'auteur du *Peuple instruit*. Mais si Grimm et de ses amis ont été séduits par la forme, pouvaient-ils être indifférents au fond? Reflet de la pensée radicale du dix-septième siècle, et notamment des idées d'Algernon Sidney, cet appel à l'action directe s'avère même selon les standards en vigueur outre-Manche d'une puissance subversive indéniable: constitutionnellement parlant, le peuple anglais ne possède en aucun cas le pouvoir de faire et de défaire les ministères à sa guise.

Si la réaction des lecteurs de ces pages incandescentes nous est inconnue, les comptes rendus des gazettes littéraires nous donnent cependant quelques informations sur leur réception. Comparons, à titre d'exemple, l'accueil réservé à l'*Etat politique* dans l'*Année littéraire* et dans le *Journal encyclopédique*. En mettant l'accent sur le pandémonium politique qui ressort des articles britanniques, la feuille de Fréron se cantonne dans un loyalisme irréprochable.[45] Les mêmes articles sont analysés d'une tout autre manière par la gazette de Pierre Rousseau. La lecture de cette littérature politique, note le *Journal encyclopédique*, constitue la preuve la plus éloquente qui soit des bienfaits de la liberté de publication. Et le journal de louer 'un grand nombre d'écrits solides, où brillent l'amour de la patrie', pour conclure en estimant que 'L'Angleterre est en possession depuis long-tems de surpasser tous les autres Peuples, par le nombre d'Orateurs dont l'éloquence est inépuisable' et par le rôle salutaire joué par 'un corps qui ne l'est pas moins': celui des journalistes.[46]

Nous ne sommes pas loin de la situation de l'arroseur arrosé. Ce qui, pour Versailles, était destiné à valoriser la monarchie française est interprété comme un des fleurons de cette liberté britannique que les Français considèrent avec envie! Doit-on en conclure que Genet, absorbé par sa tâche, n'a pas perçu les failles de sa stratégie d'instruction publique? La réalité est plus complexe. Son attention s'est portée sur une catégorie bien précise de Français: les partisans des parlements. Exposant les motifs qui l'ont conduit à choisir le titre du *Peuple instruit*,

44. *Le Peuple instruit*, p.197-202.
45. *Année littéraire* 2 (1757), p.145-62 (147).
46. *Journal encyclopédique* (1757), p.47-48.

Genet écrit: 'étant dans l'obligation de donner un titre à un Ouvrage, où l'Auteur entretient le Peuple sur ses véritables intérêts, et que voyant par conséquent mon choix borné entre les idées de *Remontrances* et d'*Instructions*, j'ai dû donner à cette dernière la préférence comme étant en tous points la plus propre au sujet.'[47] Mais pourquoi cette 'préférence'? Ecoutons Genet:

> Pour que des représentations et des remontrances produisent quelque effet, il est sensible qu'on ne doit les adresser qu'aux personnes qu'elles regardent, et qui ont la faculté de les mettre à profit. Le Roi de la Grande-Bretagne n'a en partage que la seule puissance exécutrice; ses Ministres n'en ont par conséquent point d'autre à exercer [...]. C'est donc à ce Peuple en qui réside la puissance législative, que doivent s'adresser ceux qui s'apperçoivent qu'il abuse à son préjudice de sa grande autorité, et qui lui sont assez attachés pour ne pas souffrir qu'il opère lui-même sa ruine; on laissera donc le Roi et les Ministres qui ne font qu'obéir, pour se tourner du côté du Peuple qui a seul le droit d'ordonner.[48]

Genet s'efforce d'orienter la lecture de son ouvrage. En raisonnant à la manière de Montesquieu, c'est-à-dire en présentant le peuple anglais comme la base de la 'puissance législative' incarnée par le Parlement de Westminster et en indiquant que ce même peuple 'abuse à son préjudice de sa grande autorité', il atténue les effets de la prose subversive de Shebbeare. Puis, en s'étendant sur les singularités de la constitution britannique, il s'adresse expressément aux Français qui seraient tentés par un parallèle de la situation intérieure des deux royaumes. Prenons garde aux ressemblances trompeuses, met en garde celui qui, plus que jamais, montre ici sa qualité de traducteur. Les termes, explique-t-il, doivent être choisis avec soin, surtout lorsqu'il sont appelés à désigner des réalités politiques aussi dissemblables que celles des deux royaumes. Les remontrances ne sont adressées qu'à un roi, explique-t-il en égratignant au passage la pratique des remontrances publiques par les Cours souveraines. Cette même expression, ajoute-t-il dans la suite de l'introduction, ne sied absolument pas au contexte politique britannique. Les termes 'avis' ou 'instructions' se rapprochent beaucoup plus des réalités institutionnelles et de la vie politique de l'île: '*Le Peuple instruit* est donc le seul titre que j'aye pu choisir.'[49] Voilà le public averti, ou plutôt instruit sur la manière de lire cette traduction.

Le 14 septembre 1781, les *Mémoires secrets* annoncent la mort d'Edme-Jacques Genet, survenue trois jours auparavant. A en croire cette notice nécrologique, Genet n'aurait écrit qu'une 'foule d'ouvrages plus

47. *Le Peuple instruit*, p.x.
48. *Le Peuple instruit*, p.x-xii.
49. *Le Peuple instruit*, p.xv-xvi.

instructifs qu'agréables à lire'. Il avait, estiment les *Mémoires secrets*, 'le style incorrect, lourd et sans aucune chaleur. L'*Etat politique actuel d'Angleterre*, espece de journal périodique qui paroissoit durant la dernière guerre, presque en entier de sa composition, sera surtout très-utile pour en écrire l'histoire.'[50]

Genet écrivain médiocre? John Adams, qui l'a bien connu pendant sa mission à Paris, est d'un tout autre avis: 'He spoke the English language with great propriety and facility: was a man of letters and an excellent writer.'[51] Mais l'important ne réside pas dans cette polémique sur les talents de plume du défunt. L'on notera que les *Mémoires secrets* font référence à une feuille vieille d'un quart de siècle. L'œuvre du traducteur-publiciste, manifestement, a laissé des traces.

Cette œuvre est novatrice à plus d'un titre. Tout d'abord, les traductions du début de la guerre de Sept Ans apportent un bain de jouvence au dispositif de propagande. Genet s'adresse en toute confiance à un public adulte, capable de séparer le bon grain de l'ivraie. En fin de compte, la stratégie du parler-vrai et de la transparence qu'on voit se déployer avec l'expérience des *Papiers anglois* se trouve déjà en germe dans le *Peuple instruit*. Novateur, Genet l'est tout autant par la matière qu'il offre à ses compatriotes. En 1755, quand commence sa carrière de publiciste, la connaissance en France de la vie politique britannique est encore sommaire. Le modèle politique qui figure dans *De l'esprit des lois*, comme chacun sait, nous présente une Angleterre idéalisée et politiquement désincarnée. En ouvrant les livres de Genet, le lecteur du milieu du dix-huitième siècle entre en revanche au cœur de la vie publique britannique. Il y voit vivre des institutions qu'il ne connaissait que sous l'angle théorique; il y trouve exposés les grands enjeux qui divisent le pays; il y lit les arguments des principaux protagonistes; il y rencontre, enfin, des êtres de chair et de sang: le duc de Newcastle, William Pitt, Henry Fox ou encore, à la fin de la guerre, George III et Lord Bute. Novatrice, mais cette fois à son corps défendant, cette œuvre l'est enfin sur un point essentiel. Obéissant aux directives du ministère, Genet produit des œuvres politiquement orientées, visant à renforcer chez ses lecteurs leur attachement à la monarchie française. A la lecture du *Peuple instruit*, on peut douter que cet objectif ait été toujours atteint. Privilégiant les écrits de l'opposition, il laisse entrevoir, ici et là, les fragments d'un corpus idéologique foncièrement étranger. Au final, par son activité de journaliste traducteur et publiciste, Genet a transmis à ses

50. Louis Petit de Bachaumont *et al.*, *Mémoires secrets pour servir à l'histoire de la République des Lettres en France depuis 1762 jusqu'à nos jours*, 36 vol. (Londres, John Adamson, 1777-1789), t.18 (1784), p.37.

51. Cité par George B. Watts, *Les Affaires de l'Angleterre et de l'Amérique and John Adams* (Charlotte, NC, 1965), p.1.

compatriotes une sorte de mode d'emploi du système politique britannique. Même s'il est impossible d'évaluer de manière précise ce phénomène, ses traductions ont également favorisé le transfert, d'une rive à l'autre du Channel, de la culture politique britannique.

Dans ses *Mémoires*, Brissot affirme que le *Courier de l'Europe* (analysé par Simon Burrows ci-dessous), dont il était un des collaborateurs, a fait connaître aux Français la vie politique britannique: 'l'Angleterre avait été véritablement une terre étrangère pour le reste de l'Europe.'[52] Cette étude aura montré l'inexactitude de ces dires. C'est vingt ans plus tôt que l'éducation politique des Français a vraiment commencé. A la sortie du *Courier de l'Europe*, le peuple français, pour parler comme Genet, était déjà convenablement 'instruit'.

52. Jacques-Pierre Brissot, *Mémoires*, éd. M. de Lescure (Paris, 1877), p.118-19.

The *Courier de l'Europe* as an agent of cultural transfer (1776-1791)

SIMON BURROWS

Benedict Anderson's work would seem to imply that, in general, the newspaper press will offer lean pickings for historians of cultural transfer. In *Imagined communities*, Anderson suggests that newspapers played a fundamental role in forging the (often xenophobic) nationalism of the nineteenth century by helping readers to envisage themselves as part of a national community, linked and defined by a common and exclusive language and cultural values. This depiction suggests that the newspaper press acts primarily as a forum for national self-definition, rather than a bridge between cultures. As is so often the case, however, conditions before the watershed of the French Revolutionary and Napoleonic wars were very different to those which prevailed for most of the nineteenth century. In particular, many of the most prominent newspapers of the pre-Revolutionary period were aimed at a pan-European elite audience conversant with the French language.[1] Among these internationally orientated French-language gazettes was the *Courier de l'Europe*.[2]

As a newspaper produced in French in London for British, French and, indeed, European markets over an extended period, the *Courier de l'Europe* seems an ideal vehicle for studying cultural transfers. This chapter will therefore identify some of the strengths and weaknesses, successes and failures of the international press as a vector for cultural

1. On international gazettes see *Les Gazettes européennes de langue française (XVIIe-XVIIIe siècles)*, ed. Henri Duranton, Claude Labrosse and Pierre Rétat (Saint-Etienne, 1992); *Gazettes et information politique sous l'ancien régime*, ed. Henri Duranton and Pierre Rétat (Saint-Etienne, 1999); Simon Burrows, 'The cosmopolitan press', in *Press, politics and the public sphere in Europe and North America, 1760-1820*, ed. Hannah Barker and Simon Burrows (Cambridge, 2002), p.23-47; Jerzy Lojek, 'Gazettes internationales de la langue française dans la seconde moitié du 18e siècle', in *Modèles et moyens de la réflexion politique au XVIIIe siècle*, ed. P. Deyon, 3 vols (Lille, 1977), vol.1, p.369-82.
2. For previous studies of the *Courier de l'Europe* see Hélène Maspero-Clerc, 'Une "Gazette anglo-française" pendant la guerre d'Amérique: *Le Courier de l'Europe* (1776-1788)', *Annales historiques de la Révolution française* 48:226 (1976), p.572-94; G. and M. von Proschwitz, *Beaumarchais et le Courier de l'Europe*; G. von Proschwitz, 'Le *Courrier de l'Europe* (1776-1792)', in *Dictionnaire des journaux*, ed. J. Sgard, vol.1, p.282-93. Slauter, 'News and diplomacy', also makes extensive and innovative use of the *Courier de l'Europe*. I thank Dr Slauter for sending me a copy of his dissertation. On rival titles see *Dictionnaire des journaux*, ed. J. Sgard.

transfer in the period July 1776 to May 1791, drawing on my own work and existing studies of the *Courier de l'Europe*. In the process it will also highlight some ways in which the press was formative as well as reflective of culture in this period.

The *Courier de l'Europe* was the last of the great eighteenth-century French-language international gazettes to be founded, the last to go to the wall and the only one to operate from a British base. Established in 1776, it survived under various titles until 1826.[3] The paper, however, enjoyed its greatest political influence during its early years, prior to the Revolution, particularly under its founding editor, Alphonse-Joseph de Serres de La Tour, who liked to boast that he earned more from the paper in a year than Jean-Jacques Rousseau earned in his entire career.[4] This influence was largely a result of the Europe-wide interest in the American Revolution, a news event which focused the attention of Europe on the politics of the mother country as much as her rebel colonies. Hence, throughout its early years, the *Courier de l'Europe* was in a unique position to offer francophone Europe the freshest coverage of the most important news event of the day. As a result, for a brief while its circulation (at 6000 to 7000) appears to have exceeded even Jean Luzac's mighty *Gazette de Leyde*,[5] although it never enjoyed the same reputation for impartiality as its Dutch rival.[6] Once peace was restored, subscriptions to the paper collapsed, and at the end of 1783 the paper's proprietor, Samuel Swinton, ousted La Tour from the editorship. Thereafter sales grew gradually: there were only 1176 Continental subscribers when the new editor, the refugee scandalmonger Charles

3. On the *Courier de l'Europe* during the Revolutionary and Napoleonic period, when the paper was known as the *Courier de Londres*, see Simon Burrows, *French exile journalism and European politics, 1792-1814* (Woodbridge, 2000) and Hélène Maspero-Clerc, 'Montlosier, journaliste de l'émigration', *Bulletin d'histoire économique et sociale de la Révolution française année 1975* (1977), p.81-103.
4. Paris, Archives nationales, 446AP/3, Brissot papers, 'Mémoire pour J.-P. Brissot', f.28. On La Tour see S. Burrows, *Blackmail, scandal, and Revolution: London's French libellistes, 1758-92* (Manchester, 2006), p.48 and *passim*; Robert Granderoute, 'Serres de La Tour', in *Dictionnaire des journalistes, 1600-1789*, ed. J. Sgard, vol.2, p.917-20.
5. On the *Gazette de Leyde* see Jeremy D. Popkin, *News and politics in the age of Revolution: Jean Luzac's Gazette de Leyde* (London, 1989). Popkin stresses that in the period he covers (the 1770s to 1811) the *Gazette de Leyde* was considered the European newspaper of record, with a reputation akin to *The Times* of London or *New York Times* of later eras.
6. G. and M. von Proschwitz, *Beaumarchais et le Courier de l'Europe*, vol.1, p.33. The figures come from Charles Théveneau de Morande and the duc de Croy. Brissot put the figure at 5000 copies and 100,000 readers at about the same period: Paris, Archives nationales, 446AP/3, Brissot papers, 'Mémoire pour J.-P. Brissot', f.28, 165. According to Gunnar von Proschwitz, 'Le *Courrier de l'Europe*', p.289, Croy's journal also reveals (entry for 4 August 1778) that the paper sold 1500 copies in Britain, but Maspero-Clerc, 'Gazette anglo-française', p.590, puts the figure more reliably at 700 for November of the same year.

Théveneau de Morande, took over in January 1784. Four years later the figure stood at 1540 with perhaps 700 more in Britain.[7] It was, of course, normal for sales to rise during wartime and fall upon the restoration of peace, but the *Courier de l'Europe*'s post-war decline was more marked than most. During the pre-Revolution, however, subscribers began to flock back, as Morande began to find an independent voice.[8]

In the mid-1780s, the very survival of the paper was threatened, as Swinton found himself in financial difficulties. That it remained in business at all seems to have been due to the French Government, with which Morande, the *Courier de l'Europe* and Swinton, who ran a British espionage network, enjoyed an ambiguous relationship.[9] There is no reliable evidence that the paper ever had a cash subvention from the French Government, nor that during the American revolutionary war the French Government took out a mass subscription for 4000 or 4800 copies – a number which seems suspiciously high – as alleged by contemporary manuscript newsletters and repeated by some historians.[10] Indeed, all the informed sources that give sales figures appear to refer to private subscribers: any direct assistance therefore appears to have been marginal. The access the French Government gave the paper to the French market from late 1776, however, with permission to reprint in Boulogne, was a political favour that doubtless came at a price. In June 1785, moreover, the paper was bought from Swinton by Radix de Sainte-Foy, a former treasurer-general of the French navy and one-time lover of Mme Du Barry. There is reason to believe that Sainte-Foy was acting as a front-man for the French Government, for at that time Morande was the French navy's most active spy in London, and the *Courier de l'Europe* gave him the perfect cover for gathering naval and

7. Théveneau de Morande to Beaumarchais, 17 January 1788, reproduced in G. and M. von Proschwitz, *Beaumarchais et le Courier de l'Europe*, vol.I, p.513. On Morande see Paul Robiquet, *Théveneau de Morande: étude sur le XVIIIe siècle* (Paris, 1882); S. Burrows, 'A literary low-life reassessed: Charles Théveneau de Morande in London, 1769-1791', *Eighteenth-century life* 22 (1998), p.76-94; S. Burrows, *A King's ransom: the life of Charles Théveneau de Morande, scandalmonger, blackmailer & master-spy* (London, 2010).

8. G. and M. von Proschwitz, *Beaumarchais et le Courier de l'Europe*, vol.1, p.180-81; Burrows, 'Literary low-life', p.85-86.

9. Swinton's spying was first noted by H. Maspero-Clerc, 'Samuel Swinton, éditeur du *Courier de l'Europe* à Boulogne-sur-Mer (1778-1783) et agent secret du gouvernement britannique', *Annales historiques de la Révolution française* 57 (1985), p.527-31. Yet despite her title, Maspero-Clerc based her claim on a document which proves only that Swinton gave some snippets of intelligence to the British Government in the hope of gaining employment as a secret agent. Confirmatory evidence, supplied to the present author by Professor Nicholas Rodger, is discussed in Burrows, *King's Ransom*, ch. 4.

10. Eugène Hatin, *Les Gazettes de Hollande et la presse clandestine aux XVIIe et XVIIIe siècles* (Paris, 1865), p.42; Popkin, *News and politics*, p.54.

political intelligence.[11] He even used the paper as a method of sending coded messages.[12]

As a late-comer to the pan-European market, and a nakedly commercial affair, the *Courier de l'Europe* was a highly innovative paper in terms of both format and content. Thus to appraise the *Courier de l'Europe*'s role in cultural transfer, we need to consider it both in terms of the news and information it conveyed and as a cultural artefact in its own right. Considering the *Courier de l'Europe* as an artefact is doubly productive, for an examination of its format and appearance reveals some of the limitations facing those wishing to make even small-scale transfers across cultures. Many of the paper's innovations appear to have met with audience resistance or non-comprehension. The paper's early history suggests that *ancien régime* readers had very deep-rooted expectations and prejudices concerning the appearance and format of international gazettes, and that editors and proprietors violated them at their peril.

The gazette format was long-established. Indeed, it actually pre-dated the appearance, in the early seventeenth century, of printed newspapers. The first gazettes appear to have been handwritten news sheets sold in Venice in the mid-sixteenth century, copies of which survive in British ambassadorial correspondence. They offer a miscellaneous diet of news stories sourced from different parts of Europe under a dateline and country of origin. There were no headlines or contextual information.[13] This remained the basic format for gazettes across Europe for the next 250 years. They reported news in a standard order according to the source of a story, with stories from the most distant lands being reported first. Many gazettes did not include 'local' news of their home state, due to censorship, while others saved it until last. In any case, stories were reported without comment or editorial input, and the same item might be reported from several places, often in contradictory form. It was not the journalist's role to interpret where the truth lay: that was for the reader to discern. The gazetteer was little more than a compiler. Only relatively late in the history of the gazette form, from the 1760s, did editorial comment come to play a small, if significant, role, usually in the form of clearly marked paragraphs commenting on a particular news report. The early leaders in developing editorial comment were the *Gazette de Leyde* and its arch-rival *Courrier du Bas-Rhin*, but they were quickly surpassed by the *Courier de l'Europe*.[14]

11. On Sainte-Foy see G. and M. von Proschwitz, *Beaumarchais et le Courier de l'Europe*, vol.1, p.153, n.3. Strangely, the authors fail to note the significance of Sainte-Foy's links to the French navy.
12. See Burrows, *King's ransom*, ch.5.
13. Stephens, *A History of news*, p.151-56.
14. Burrows, 'Cosmopolitan press', p.25, 34. On the *Gazette de Leyde*'s editorial line see Popkin,

The international gazettes were intended as purveyors of high-quality news information. They were, as Jeremy Popkin has shown in his study of the *Gazette de Leyde*, an elite press, reporting to a quality and informed readership across Europe. Their content was restricted almost entirely to political news, but the best of them were considered 'papers of record' and had, for the day, large international readerships, particularly in France. They carried few advertisements, largely because they generally only appealed to advertisers with international, and ideally Europe-wide, product-distribution networks. Such advertisements as they published, seldom more than four in any given edition, would appear at the end of the paper.

The international gazettes also shared key attributes regarding format and periodicity. Due partly to the international posts, and partly to the pace of news gathering, printing and distribution, they almost invariably published twice a week. They were generally printed across eight pages with two columns per page, and although their format was in-quarto, their size was little bigger than an octavo book.

Given this context, the first number of the *Courier de l'Europe*, published on 28 June 1776, marked a quite extraordinary break with tradition, for the paper was modelled on the British press in numerous ways. It was only four in-folio pages long, with three columns per page. It carried a very heavy volume of advertising (twenty-two advertisements) though this soon declined. By the fifth edition it carried just five advertisements, indicating perhaps a failure to marry the commercial culture and imperatives that dominated the British press with the form and readership of a gazette. In addition, the early numbers of the *Courier de l'Europe* resembled the British press by carrying large numbers of readers' letters, anecdotes, poems and cultural news, all of which were alien to the international gazettes. In consequence, the space for international political news was quite limited, particularly as there was a long column of stories from the English papers.

The most remarkable thing about these innovations, which appear refreshingly modern, is that they alienated much of the audience. In September 1776 a message to the public announced a change of plan, inspired, according to Serres de La Tour, by the advice contained in numerous letters from readers. To explain his reasoning, he published one of these letters, which claimed that the paper could easily become

News and politics; on the *Courier du Bas-Rhin* see François Moureau, 'Lumières et libertés vues de Cleves par le *Courier du Bas-Rhin* de 1768', in *Le Concept de liberté dans l'espace rhénan supérieur*, ed. Raymond Oberlé (Gap, 1976), p.77-88; J. J. V. M. de Vet, 'Le *Courier du Bas-Rhin* de Jean Manzon et les Provinces-Unies (1787-1795): un traitement idéologique de l'information', in *Gazettes européennes*, ed. H. Duranton *et al.*, p.107-20.

'excellent' if it focused on political content, and shifted literary material and essays into a periodical (*journal*) that La Tour proposed to establish:

> puis qu'elle [the *Courier de l'Europe*] n'a de véritable défaut que celui d'être tronquée; par tronquée j'entends qu'elle manque de ces articles que vous destinez sans doute à votre journal & qu'il faut substituer dans votre gazette à ces lettres & essais qui ne signifient rien, & que vous n'avez introduits que pour vous conformer à l'usage Anglois, mais que tout Anglois vous verra supprimer avec plaisir.[15]

In other words, the *Courier de l'Europe* should stick to the core business of a gazette, and stop trying to imitate a British newspaper. This point became still clearer on 15 October, when a new 'Avis' informed readers that henceforth the paper would adopt the quarto format, as the editors had repeatedly been told that the in-folio format was not appropriate to the sort of collection the paper offered.[16]

To be fair, this reorientation accompanied a widening in the paper's vision of its market. Its initially stated aim was to serve the large community of francophone expatriates in London who read too little English to enjoy the British press.[17] But after three months of existence the paper was determined to seek a major part of its market overseas, and by 1 November had indeed gained permission to republish in France and be distributed via the French postal system.[18] This had always been the aim of the paper's founders, La Tour and his financial backer, Samuel Swinton. The editors, moreover, now asked British readers for their permission to adopt the quarto format in Britain too.[19] It is suggestive that this rejection was mirrored by the only other London-based French journalist to flirt with a folio format in the later eighteenth century. From November 1793 to August 1794, the *émigré* journalist Jean-Gabriel Peltier published his *Correspondance politique* newspaper in folio format, but the five other titles he published in London between 1792 and 1818 all appeared in either quarto or octavo.[20]

Nevertheless, there remained important divergences between the new format of the *Courier de l'Europe* and Continental gazettes. The first was size. Although both appeared in quarto formats, the dimensions of the pages of the *Courier de l'Europe* were considerably larger – approximately 27 by 21 centimetres, compared to the *Gazette de Leyde*'s 21 by 15.5 centimetres. This extra size (about 80 per cent larger by area) was put to good use: the extra white space gave the *Courier de l'Europe* a less cramped

15. *Courier de l'Europe* no.20 (September 1776).
16. *Courier de l'Europe* no.32 (15 October 1776).
17. See *Courier de l'Europe* no.1 (28 June 1776).
18. G. and M. von Proschwitz, *Beaumarchais et le Courier de l'Europe*, vol.1, p.xii, 19.
19. *Courier de l'Europe* no.32 (15 October 1776).
20. Burrows, *French exile journalism*, p.18.

appearance and made the text easier to scan. There also remained more cultural coverage than in Continental papers, some of it apparently provided in 1783 by the future Revolutionary Brissot, who had also worked on the paper in 1778. Brissot's connection to the *Courier de l'Europe* was significant, for he was the means by which some of its editorial practices were transferred to Revolutionary Paris, where his *Patriote françois* proved the model for many other newspapers.

From its inception, the *Courier de l'Europe* contained more editorial content than other international gazettes. Under Morande's editorship, however, the paper's editorial content began to take on innovative new forms. The first of Morande's innovations, the regular *Bulletin de Londres* column, was clearly modelled on the British press. It offered a series of stories mingled, in many cases, with editorial opinion, just as the London newspapers offered similar copy under their 'London' datelines. The *Bulletin de Londres* column, which first appeared in the *Courier de l'Europe* of 21 May 1784, still bore little resemblance to a fully fledged editorial essay, but it did represent a progression in that direction. It also appears to have been unique among the cosmopolitan gazettes: none of those I have examined offered a designated space for editorial observations. Even the most outspoken of Morande's Continental rivals had no such designated vehicle for expressing opinion. Most just indicated editorial input by a textual symbol such as a pointing hand or three hollow circles.

During the pre-Revolutionary crisis, starting on 19 December 1786, Morande moved beyond mere appropriation of British editorial forms and pioneered a radical new style of essay journalism in the *Courier de l'Europe.* His contributions, most of which were entitled 'Lettre d'un voyageur', were single-issue partisan editorial articles on French policy matters.[21] This was a gradual development. At first the *Lettres d'un voyageur* appeared only spasmodically, and they never became so regular as to appear in every edition. In addition, the early *Lettres d'un voyageur* were in effect a series of essays on the same topical theme – British commerce and trade.

Morande's early *Lettres d'un voyageur* analyse the reasons for Britain's commercial success, and openly call for the remoulding of French culture and society along British-style commercial lines.[22] In the process, he attacks the French laws of *dérogeance,* which punished nobles engaging in trade with loss of privileges, and denounces the custom whereby

21. Morande's autobiographical *Réplique de Charles Théveneau Morande à Jacques-Pierre Brissot: sur les erreurs, les infidélités et les calomnies de sa réponse* (Paris, Froullé, 1791), p.25, states that his *Lettres d'un voyageur* first appeared in 1787, but he first signed an article 'un voyageur' in the *Courier de l'Europe* vol.20, no.49 (19 December 1786).

22. See his second to sixth *Lettres d'un voyageur,* in *Courier de l'Europe* vol.21, nos 4-11 (13 January to 6 February 1787).

successful merchants aspired to move from trade into the nobility. He praises British workers for taking pride in their products and notes the high quality and ubiquity of machinery in British factories. He is also convinced that the British system of granting patents creates a far better incentive to innovation than France's arbitrary granting of *privilèges* dependent on favour. Finally, he pinpoints the importance of Britain's financial institutions, insurance companies and public credit, as well as the harmony that he claims exists between all forms of wealth. A second series of *Lettres d'un voyageur*, published between 4 December 1787 and 18 January 1788, is critical of the British Government and their customs-and-excise service, detailing systematic attempts to evade or manipulate the Eden trade treaty. By mid-1789, however, the *Lettres d'un voyageur* each address a discrete theme, noted in their subtitle.[23] Morande was aspiring to reform French society. In the process, he became a forerunner of the self-styled Revolutionary 'tribunes of the people' who claimed to speak in the name of the populace and to patrol and scrutinise the acts of authority.[24]

The originality of what Morande was attempting should not be underestimated. Although some gazette editors had produced annual opinion pieces on the political state of Europe,[25] engaged editorial essays on domestic policy issues were a novel development. Nothing like them had appeared in the French newspaper press before, and they were one of the innovations that Brissot introduced into the Parisian Revolutionary press in 1789 via his much-imitated *Patriote françois*. Nor did the English newspaper press have anything resembling them: its own leader columns would only develop slowly across the next two decades or more. Clearly, by 1789, Morande's *Courier de l'Europe* had moved beyond imitating the British press and was a leader in the provision of editorial comment and the interpretation of affairs.

There were of course antecedents for Morande's journalistic style in the French-language periodical press (as opposed to newspapers). The most important was the journalism of Simon-Nicolas-Henri Linguet, especially in his celebrated *Annales*, which served almost entirely as a vehicle for Linguet's own views.[26] But this line of descent was not

23. It should be noted that a long series of these articles published in the summer and autumn of 1789 appear under the overarching title 'Lettre d'un voyageur sur la constitution de la France'. Each relates to a distinct and frequently topical subject, however.
24. On this phenomenon see Elizabeth Eisenstein, 'The tribune of the people: a new species of demagogue', in *The Press in the French Revolution*, ed. Harvey Chisick, *SVEC* 287 (1991), p.145-59.
25. I thank Claude Labrosse for drawing my attention to these essays on international politics.
26. On Linguet's journalism see M. Yardeni, 'Paradoxes politiques et persuasion dans les *Annales* de Linguet', in *The Press in the French Revolution*, ed. H. Chisick, p.211-19. See also

something to which either Morande or Brissot admitted, for Morande so hated Linguet that, on encountering him in Piccadilly, he spat in his face, while Brissot and Morande were arch-enemies.[27] In 1784 Morande supplied the falsified evidence on which Brissot was arrested and imprisoned in the Bastille. Seven years later, having returned to Paris, he led a press and pamphlet campaign to prevent Brissot's election to the Legislative Assembly. There is good reason to believe that Brissot was behind orders for Morande's arrest in September 1792 at the time of the Parisian prison massacres. Morande apparently returned the favour: an unsolicited letter to Fouquier-Tinville in the pieces relating to the trial of the Girondins proposes Morande as a witness.[28]

There was also a link between Brissot and Linguet, for Brissot worked briefly as an indexer on the *Annales*. The line of development, however, from Linguet's journalism to Brissot's *Patriote françois* evidently leads via London and Morande's *Courier de l'Europe*, with its fusion and adaptation of Linguet's journalism and British editorial practices. As Brissot's newspaper was one of the first Revolutionary papers to appear, and highly influential to the genre, it seems fair to hypothesise that the Revolutionary press, which as Jeremy Popkin has shown did so much to 'script the revolution', was shaped in significant part by cultural innovations inspired by the British press and *Courier de l'Europe*. These included the extension of partisan editorial comment and publication of large numbers of readers' letters.[29]

This was not the *Courier de l'Europe*'s only contribution to Revolutionary political culture, nor perhaps its most important. The monumental work of Gunnar and Mavis von Proschwitz on *Beaumarchais et le Courier de l'Europe* argues that the paper's coverage of British parliamentary politics during the American revolution introduced the political vocabulary of representative democracy to the French elite. Among the usages whose first appearance they trace to the *Courier de l'Europe* are the political meaning of the words 'opposition', 'majorité', 'minorité' and 'responsabilité'. This cultural transfer of meanings, Gunnar and Mavis von Proschwitz imply, was the main contribution of the *Courier de l'Europe*

Darline Gay Levy, *The Ideas and careers of Simon-Nicolas-Henri Linguet: a study in eighteenth-century French politics* (Urbana, IL, 1980).

27. The spitting incident seems to be datable to late August 1784: Morande referred to it obliquely in *Courier de l'Europe* vol.16, no.18 (31 August 1784). For more explicit references, see Morande, *Réplique à Brissot*, p.36; *Mémoires secrets* 28 (3 April 1785) and 29 (30 May 1785); Morande to Beaumarchais, 3 October 1784, published in G. and M. von Proschwitz, *Beaumarchais et le Courier de l'Europe*, vol.2, p.853-55, document 403. On Morande's enmity with Brissot see S. Burrows, 'The innocence of Jacques-Pierre Brissot', *Historical journal* 46 (2003), p.843-71.
28. Burrows, 'Innocence of Brissot'.
29. J. D. Popkin, *Revolutionary news: the press in France, 1789-1799* (Durham, NC, 1990), p.136.

to the emergence of Revolutionary political culture under Serres de La Tour's stewardship.[30] Interestingly, this view was shared by contemporaries: for example, the émigré journalist Jean-Gabriel Peltier accused the *Courier de l'Europe* of helping to cause the Revolution by creating a vogue for opposition, so that everyone in France wished to be a Sheridan or a Burke.[31]

Nevertheless, under Morande's editorship, the *Courier de l'Europe* was not uncritical in its depiction of the British constitution, and it was often quite damning. Morande might be characterised as a 'pragmatic' or 'critical' anglophile, who sought what might be useful in British manners, institutions and constitution. He compared the British constitution to a once-beautiful woman who was showing the blemishes of age: a system that had worked well in the age of William III was now decaying as a result of electoral corruption and the burgeoning power of the Crown and a ministry inimical to liberty.[32]

Edmond Dziembowski has shown that French readers had access to hundreds of printed sources of information on the British constitution, not just the *Courier de l'Europe*.[33] These included newspapers, particularly propaganda papers devoted to portraying British politics, such as those described by Dziembowski's chapter in the current volume or their successors in the American revolution, notably the *Affaires de l'Angleterre et de l'Amérique*, which was published with covert French backing between May 1776 and 1779 and received some of its materials from Franklin.[34] For the duration of the American revolutionary war, British politics also received intense coverage in many of the international gazettes: it was for example the most covered issue in the *Courrier d'Avignon* at this period.[35] If scholarly examination of these newspaper sources suggests that Peltier, Brissot, and Gunnar and Mavis von Proschwitz over-estimated the originality, uniqueness and influence of the *Courier de l'Europe*'s British reporting, it does not altogether negate its significance. After all, no other international gazette could match the freshness, immediacy and proximity of the *Courier de l'Europe* in its reportage throughout the critical fifteen years covered by this chapter, and hence no other newspaper was better placed to share and continuously reinforce its ideas among French elite readers. There is also little doubt that Morande's expertise on British politics, law and trade was valued by French policy-makers: he was

30. G. and M. von Proschwitz, *Beaumarchais et le Courier de l'Europe*, vol.1, p.22-24.
31. See Peltier's newspaper, the *Correspondance française* (subsequently *Correspondance politique*) 1 (2 November 1793).
32. The image is taken from the *Courier de l'Europe* vol.26, no.6 (21 July 1789).
33. Dziembowski, *Un Nouveau Patriotisme français*.
34. P. Ascoli, 'American propaganda'.
35. J. R. Censer, 'English politics'.

for several years, in the *ancien régime*, France's leading spy in London, and the Revolutionary Directory sought out his advice when considering peace and the renewal of trading links with Britain.[36] The paper was therefore one of the places to which French readers naturally turned for information, or at least a vision of how British politics worked in practice. Its insistence that British liberties were succumbing to royal and ministerial prerogative might thus even be implicated in the defeat of the anglophile *monarchien* political programme of bicameralism and an absolute veto in the Constituent Assembly in the autumn of 1789.

Morande placed the French Revolution within a wider pre-existing metanarrative: that of international revolution in favour of liberty. In this he was not alone among the leading French-language journalists of the period. Well before 1789, the *Gazette de Leyde* under Jean Luzac, Jean Manzon's *Courier du Bas-Rhin*, and Mallet Du Pan in the political pages of the *Mercure de France* were portraying Revolutionary movements as part of an epic struggle between freedom and despotism. Some were cheerleaders for the process (Morande, Luzac) while others were hostile (Manzon, Mallet).[37] This was not so much a case of cultural transfer as pan-European cultural formation, as these journalists interpreted the news events to the elite.

Cultural news remained important to the *Courier de l'Europe* throughout the period from 1776 to 1791. The Proschwitzs' study has shown how the paper served as a mouthpiece for Beaumarchais, announcing his works to readers in Britain as well as the French provinces, and preparing their reception, well before they were translated for the London stage. Indeed, Morande was so zealous in this role that he wrote to Beaumarchais seeking to translate the libretto of Beaumarchais and Salieri's opera *Tarare* into English.[38] In an extensive review the *Courier de l'Europe* informed its readers that the opera was a completely new genre for the French stage, combining pleasurable comic scenes with moving tragic ones.[39] Morande also chronicled the advances of French theatre and actors in Britain, assuring readers that British manners and attitudes had softened greatly in the two decades since M. Monnet was run out of town by the mob for having taken charge of the Haymarket theatre to stage a French play.[40] By recording the conquest of London society by

36. On these points see Burrows, *King's ransom*.

37. Burrows, 'Cosmopolitan press', p.35-38; Popkin, *News and politics*, p.137-214; Frances Acomb, *Mallet Du Pan (1749-1800): a career in political journalism* (Durham, NC, 1973), p.158-252; Vet, 'Le *Courier du Bas-Rhin*'.

38. See G. and M. von Proschwitz, *Beaumarchais et le Courier de l'Europe*, vol.1, p.157-62.

39. *Courier de l'Europe* vol.21, no.50 (22 June 1787). Surprisingly, this review is not among the many documents on the *Courier de l'Europe*'s coverage of the theatrical career of Beaumarchais reproduced by Gunnar and Mavis von Proschwitz.

40. *Courier de l'Europe* vol.15, no.31 (16 April 1784).

French pantomime, as performed by Mlle Rivière; the success of the little theatre troupe led by M. Volanges, who staged dramatised French proverbs in the hall in Hanover Square in the early summer of 1786; or the triumphs of the refugee Le Texier, who was renowned for his readings of French plays and even performed in front of George III, the paper helped to promote the idea that England was now a suitable destination for French performers. So, too, did his accounts of lesser-known French artists, such as the musician Mme Guedon, who performed with Volanges and was described as the daughter of 'Carlin l'Harlequin'; or the ventriloquist Thiemet, who Morande asserted had introduced his art to Britain and was attracting large crowds. The paper's endorsements probably counted more than any advertising in attracting pupils to Mme Guedon's residence at 14 Suffolk Street. As the paper noted, her husband gave dance lessons at the same address to former pupils of Vestris, one of the most celebrated dancers of the era, who had taken him as an adjunct while in London.[41]

The paper's cultural coverage was not all one-way traffic. The *Courier de l'Europe* also suggested that the British capital had a vibrant cultural life of its own. For Morande, the highlight was perhaps a concert in commemoration of Handel, which involved over 550 musicians and was held in the presence of George III in May 1784. Nothing, declared the captivated journalist, could be more brilliant or magnificent than the sound of a hundred violins playing as one and a choir of over a hundred singers. As for the lead singer, Mme Mara, even music lovers had been astonished to witness the talents she displayed.[42]

This preliminary survey suggests that the *Courier de l'Europe*'s role in the transmission of information in both directions between Britain and France was complex and varied, spanning fields ranging from political culture to the performing arts. The paper, however, was not simply a vector for the transplantation of ideas and practices for, in the very process of transfer, it often played a dynamic role in their transformation or transmutation. Equally, the success of the paper's own cultural innovations was dependent on their reception by a far from passive audience. They could be, and often were, rejected by readers, and when this happened consumer pressure and commercial imperatives proved decisive. This was clearly shown by the paper's failed experiments with content and format. Equally, the success of Morande's more successful editorial innovations had been prepared in advance by the prior success

41. On these performers and their reception, see especially *Courier de l'Europe* vol.15, no.36 (4 May 1784); vol.19, no.43 (29 May 1786); vol.19, no.44 (2 June 1786); vol.19, no.49 (20 June 1786); vol.19, no.50 (23 June 1786). On Le Texier, *Courier de l'Europe* vol.15, no.31 (16 April 1784).

42. *Courier de l'Europe* vol.15, no.43 (28 May 1784). See also the following edition (1 June 1784).

of Linguet, which also helped prepare the ground for their transplantation into the Revolutionary press. The *Courier de l'Europe*'s influence in the processes of cultural transfer was shaped and constrained by factors which were both intrinsic and external to the newspaper as a medium. Ultimately, the audience perhaps had a more decisive role in shaping the message it received than the medium or the author.

III

Translation

La compréhension et la traduction des débats parlementaires à Londres par les diplomates de Louis XIV

STÉPHANE JETTOT

> When Jupiter was sending a messenger from Heaven to Earth, whom would he choose but the eloquent Mercury? When an Embassy was to be sent from England by the English Jupiter, whom would he choose but the English Mercury? The messenger of the gods (as the Poets claim) was winged: the ambassador of Augustus was also winged. These qualities [his rhetoric, his gravity] serve you as the feathers affixed to the wings of a bird.[1]

C'est par cette formule que les membres du collège anglais de Lisbonne accueillent l'ambassadeur Richard Fanshawe en 1662. Ils font allusion à ses célèbres traductions en portugais, notamment de l'ouvrage de Luis Camoes, *Les Luciades*, et se réfèrent aussi à toute une littérature prescriptive de la Renaissance et du baroque sur les analogies entre le missionnaire de Dieu et celui du prince. Ainsi, Le Tasse appelle l'ange Gabriel 'l'interprète': celui qui, par sa médiation, met fin aux malentendus entre Dieu et les hommes.[2] La figure de Mercure et les variations autour des différentes significations accordées aux plumes de Fanshawe est un autre exemple. Fanshawe, par ses qualités de traducteur, est capable de se déplacer entre l'anglais et le portugais avec rapidité et en préservant le sens. L'espace et le temps n'apportent aucune distorsion au message apporté par l'envoyé du roi d'Angleterre. Cette conception du diplomate traducteur n'est pas partagée par tous les auteurs d'essais sur les relations internationales. D'autres auteurs, comme Herman Kirchner dans son *Legabus* (1614), condamnent la pratique d'une langue étrangère par l'ambassadeur, car l'abandon de la langue maternelle peut annoncer d'autres formes de concession. Kirchner recommande donc plutôt l'usage d'un truchement: 'C'est une grandeur du Roy d'entendre

1. Fanshawe MS Dangenham Library, n.f.; Herbert C. Fanshawe, *The History of the Fanshawe family* (Newcastle-upon-Tyne, 1927).
2. 'L'ambassadeur tel qu'il [Le Tasse] le voit ramène l'amour entre les princes tout comme l'ange est le signe de l'amour de Dieu pour les hommes. L'un comme l'autre s'emploient à ouvrir ce qui était fermé. L'ange rappelle à l'homme sa relation à Dieu, l'ambassadeur rappelle au prince sa relation aux autres.' Daniel Ménager, *Diplomatie et théologie à la Renaissance* (Paris, 2001), p.2-3.

par une tierce personne, car en passant par deux creusets, la conception est plus pure à l'oreille.'[3]

L'activité diplomatique est évidemment au cœur des problématiques de la traduction, notamment sur la compréhension d'un message et des multiples négociations qui interviennent dans sa transmission. Comme pour les creusets successifs de Kirchner, la négociation du sens s'effectue à plusieurs niveaux entre l'ambassadeur et ses interlocuteurs. Il y a la compréhension de la langue orale – avec ou sans 'truchement' ou traducteur – puis une première décantation avec la retranscription de la parole sous forme écrite, ce qui est déjà en soi une traduction. Survient ensuite le tri effectué par l'envoyé dans les courriers qu'il fait parvenir à son maître et enfin leur réception sous forme écrite, la correspondance lue par le ministre ou exposée devant le monarque. Il y a donc quantité de filtres qui transforment en profondeur la nature du message.

Le rôle de la traduction dans les relations franco-anglaises sous Louis XIV

Si l'on envisage le cas des relations entre la France et l'Angleterre, on pourrait dire que ces opérations sont simplifiées dans la mesure où il n'y a, d'une certaine manière, qu'une seule langue des relations anglo-françaises dans la seconde moitié du dix-septième siècle. En effet, la quasi-totalité des négociations étudiées pour la période s'effectue en français. Les principaux ambassadeurs de Louis XIV comme le marquis d'Estrades pour les années 1662 à 1665, le marquis de Barillon pour les années 1678 à 1688 ou encore le comte Tallard pour la période 1698 à 1701 ne parlent pas anglais. En revanche, leurs interlocuteurs sont pour la plupart bilingues: Charles II et Jacques II ont une mère française et ont longuement séjourné en France pendant la guerre civile. Guillaume III maîtrise bien mieux le français, qu'il utilise volontiers dans sa correspondance, que l'anglais. Une partie de ses discours au Parlement sont d'ailleurs écrits en français et traduits en anglais par ses ministres. Il en va de même pour une grande partie des élites sociales anglaises.[4] Il ne semble donc pas y avoir eu de forte évolution depuis le début du dix-septième siècle, lorsque l'envoyé anglais à Bombay, Sir Thomas Roe,

3. Cité par D. Ménager, *Diplomatie et théologie*, p.67-69; sur la figure de Kirchner, voir Lucien Bély, 'La paix, dynamique de l'Europe moderne: l'exemple de Westphalie', dans *Le Diplomate au travail*, éd. Rainer Babel (Munich, 1998), p.199-218 (204 et suiv.).

4. Ainsi on dispose pour l'année 1697 d'un document intitulé: *Liste des lords et députés du nombre de ceux qui parlent françois et qui peuvent être employés à négocier avec les plénipotentiaires de France*. Près de la moitié des effectifs de Westminster sont répertoriés comme parlant français; encore s'agit-il d'une liste dressée par un ministre whig qui exclut une grande partie des députés tories. *Correspondentie van Willem III en Hans Willem Bentinck*, 5 vols. (La Haye, 1927), t.2, p.81-85.

affirme qu'écrire en anglais permet de le dispenser de chiffrer la correspondance tant cette langue est mal connue des autres puissances européennes.[5] De même, l'envoyé François Callières, auteur, en 1697, de *De la manière de négocier avec les souverains*, ne juge pas nécessaire d'inclure l'anglais dans la liste des langues dont tout diplomate devrait faire l'apprentissage.[6] En parcourant la correspondance des envoyés français, on voit que l'absence d'obstacle linguistique leur permet précisément de marquer la grande familiarité qu'ils entretiennent avec les monarques anglais. Ces relations de proximité ne se retrouvent pas avec la même intensité dans la correspondance des envoyés de Louis XIV dans les autres cours européennes. Ainsi le marquis de Barillon prend-il soin de noter les nombreux entretiens qu'il a avec Charles II, dans la chambre à coucher de ce dernier ou dans celle de la favorite du roi, Louise de Kéroualle. Il retranscrit avec précision au discours direct la parole du roi, ses inflexions, ses gestes, et peut se présenter comme un intermédiaire d'exception entre les deux cousins princiers de part et d'autre de la Manche.

Le thème de la traduction dans les relations franco-anglaises ne serait donc pas pertinent pour le dix-septième siècle si l'on ne prenait pas en compte l'ingérence d'un nouvel acteur politique, auquel les envoyés ont dû prêter une attention croissante: le Parlement de Londres. En effet, en parcourant les instructions transmises par Louis XIV à ses envoyés, on remarque que ces derniers se voient imposer de nouvelles contraintes. Il ne s'agit plus seulement de s'entretenir avec les principales figures de la Cour mais, progressivement, de rapporter des informations fiables sur le Parlement de Westminster. Ainsi, dans les premières années de la Restauration, les instructions du marquis d'Estrades en juillet 1661 ne contiennent qu'une seule référence à Westminster, au sujet des limites de zones de pêche. C'est une question qui est d'ailleurs brièvement évoquée dans la mesure où elle n'est pas du ressort du diplomate et elle est confiée à des commissaires des deux royaumes. A partir de 1677, Louis XIV demande à son nouvel ambassadeur auprès de Charles II, le marquis de Barillon, d'encourager les tensions entre le monarque et son Parlement.[7] L'existence de l'assemblée de Westminster n'est envisagée que dans la mesure où elle pourrait être un obstacle à la diplomatie de

5. Michael Strachan, *Thomas Roe* (Londres, 1989), p.152.
6. 'Chaque sujet qui se destine à être employé dans les négociations pour le service du roi devrait savoir les langues allemandes, italienne et espagnolle, avec la latine qu'il serait honteux d'ignorer pour un homme engagé dans les emplois publics.' *Des connaissances nécessaires et utiles à un négociateur*, éd. Jean-Claude Waquet (Paris, 2005), p.201.
7. 'Je laisse à votre prudence et à votre adresse les moyens de faire naistre et nourrir cette opposition entre le roy et son parlement', AE, correspondance politique, Angleterre, t.156, f.10-11, Louis XIV à Barillon, 20 janvier 1678.

Charles II. A la fin du siècle, en 1698, les instructions transmises au comte de Tallard lui assignent non seulement de poursuivre les négociations sur le traité de partage de l'empire espagnol, mais de mieux connaître les dispositions des parlementaires sur cette question. Et de manière plus générale, on lui demande d'obtenir une connaissance précise des débats parlementaires à Londres.[8] Négligé au début des années 1660, le Parlement anglais est progressivement reconnu, d'abord comme un outil dans les mains de l'envoyé pour contraindre les monarques à négocier, puis dans la décennie 1690, comme une institution complexe qu'il n'est pas facile de manipuler et dont il importe, par conséquent, de mieux comprendre les rouages avant de le mobiliser au profit de la diplomatie française.

Cette gradation dans les exigences place peu à peu la question de la langue anglaise et de sa compréhension au cœur des préoccupations des envoyés. En effet, s'il s'agit dans un premier temps de nouer des contacts avec des parlementaires et de connaître leur conduite dans l'assemblée, les envoyés français sont ensuite tenus de comprendre de manière plus intime le fonctionnement de l'assemblée. Il importe alors d'obtenir des informations sur la législation et sur la manière dont les parlementaires envisagent leur rapport avec le roi et sa diplomatie: autant de questions complexes qui exigent, en définitive, une excellente connaissance de la langue anglaise. Cet apprentissage simultané de la langue et de l'institution par les envoyés français repose sur plusieurs considérations interdépendantes. D'une part, il faut prendre en compte la prise de conscience progressive par Louis XIV de l'importance du Parlement dans la diplomatie et par conséquent son choix d'envoyés susceptibles de mieux appréhender l'institution. D'autre part, la position du Parlement vis-à-vis de la publicité de ses débats n'est pas intangible. Théoriquement confidentiels et protégés par une loi sur la censure, les délibérations parlementaires font l'objet d'une circulation croissante par le biais de feuilles manuscrites puis d'imprimés, avec la complicité de clercs, de marchands de lettres à main et même de parlementaires. Cette circulation s'intensifie après 1695, à l'occasion de la suppression du *licensing act*. La censure des imprimés devient alors moins systématique et le Parlement cherche plus à orienter la connaissance que les étrangers pourraient avoir des débats qu'à interdire leur diffusion. Enfin, il faut tenir compte du choix par l'envoyé français d'intermédiaires, de truchements pour faciliter la traduction des débats parlementaires. On envisagera divers cas de figures: des interprètes venus avec l'envoyé, des

8. 'L'autorité que le roi d'Angleterre aura désormais dans son royaume par [la connaissance] [d]es résolutions que le parlement assemblé prendra sur les fonds qui doivent à l'avenir composer les revenus de ce prince', AE, correspondance politique, Angleterre, t.156, f.10-11, Louis XIV à Barillon, 20 janvier 1678.

traducteurs anglais ou des huguenots sollicités, de manière ponctuelle, mais aussi des membres de la chambre des Communes ou des Lords. Pour mieux explorer la combinaison entre ces divers éléments – la reconnaissance par Louis XIV de Westminster, la publicité des débats progressivement assumée par le Parlement et les stratégies des envoyés français à Londres – l'analyse se limitera à quelques épisodes des ambassades du marquis de Barillon (1677-1681) et du comte Tallard (1698-1700).

L'ambassade de Barillon: quand les tentatives de corruption supplantent la traduction

A son arrivée à Londres en 1677, l'une des principales tâches à laquelle Barillon va s'employer est d'encourager au Parlement un courant d'opposition sur lequel Louis XIV pourrait s'appuyer pour forcer Charles II à suivre sa diplomatie. Une telle mission repose sur une conception précise de l'équilibre des forces en Angleterre. Depuis Versailles, il semble que la monarchie des Stuart paraît en sursis. Du point de vue de la France, le rétablissement de la monarchie des Stuart en 1660 n'aurait pas permis la restauration d'une forte prérogative royale contre une assemblée jalouse de ses privilèges et restée favorable à la république. En effet, il serait même impossible d'imaginer une convergence d'intérêts entre le monarque et son Parlement. Louis XIV affirme dans une lettre à Barillon: 'Il n'y a pas lieu de croire que les propositions d'accomodement qui se font, se trouvans toujours combatues – et par des intérests généralement si opposez et par tant d'autres particuliers si différents les uns des autres – puissent avoir assez de succes pour réunir tout ce royaume et le faire concourir à une même fin.'[9] Le naturel 'orgueilleux' et 'jaloux' des élites politiques anglaises placerait Charles II dans une situation de dépendance vis-à-vis de son cousin français. A charge donc pour la France, la plus grande puissance européenne, d'entretenir les divisions domestiques sans pour autant menacer le trône des Stuart. La tâche de l'envoyé est donc de rappeler au roi sa vulnérabilité et de l'engager à suivre une diplomatie conforme aux intérêts de Louis XIV. Il s'agit donc moins pour l'envoyé de connaître le Parlement que d'agir sur ses membres les plus influents pour dissuader le monarque de s'allier avec les Provinces-Unies ou l'Espagne. La compréhension des mécanismes de la vie parlementaire n'est donc pas une priorité. On constate d'ailleurs que Barillon ne dispose pas de traducteur permanent dans son ambassade: un détail assez surprenant dans la

9. AE, correspondance politique, Angleterre, t.141, f.49, lettre de Louis XIV à Barillon, 11 mai 1680.

mesure où les ambassadeurs espagnols à Londres prennent soin de s'entourer de traducteurs, des catholiques irlandais pour la plupart. Au lieu de consacrer des fonds à la traduction, il semble que le levier le plus commode pour contrôler l'opposition parlementaire soit la distribution de subsides à quelques individus.[10] Cette stratégie suppose l'existence d'une assemblée facilement contrôlable et placée sous l'autorité de quelques individus. Il est difficile de connaître les positions personnelles de Barillon sur ce point mais il est sûr qu'il se conforme aux attentes de Louis XIV. En échange de sommes importantes distribuées à quelques lords – le duc de Buckingham, Denzil Holles, Ralph Montagu – autant de personnalités familières de la Cour de France pour y avoir séjourné en tant qu'ambassadeurs ou lors de la guerre civile – il obtient une description de l'assemblée conforme à la fois aux attentes de Louis XIV et à l'importance politique que ces lords veulent bien se donner.

En 1678, la chambre basse serait ainsi divisée en trois 'cabales' tenues précisément par ces lords. Le 'parti' de Montagu serait composé de 'ceux qui connaissent mieux les esprits de la chambre basse'. Quant à Denzil Holles, Barillon ajoute que 'personne n'a esté plus utile à Votre Majesté que milord Hollis. Quoyqu'il n'aille pas souvent au Parlement, il est consulté par beaucoup de gens et ses advis sont d'un grand poids.'[11] Pour parler des parlementaires, Barillon utilise le langage du clientélisme aristocratique français. Les expressions 'esprits', 'gens', 'amis', 'fidèles' et 'créatures' des lords, ainsi que la vision qu'il a de Londres semblent directement inspirées des histoires de la Fronde. Ainsi, comme Condé tenait Paris en 1650, Buckingham paraît capable de soulever à sa guise la populace londonienne dans les cabarets et 'les lieux ou l'on boit du café'.[12] Dans un premier temps, l'écho qu'il perçoit de la chambre le convainc de la facilité avec laquelle cette assemblée est manipulable. Dès lors, au début de l'année 1679, il interprète l'*impeachment* de Lord Danby – un ministre favorable à une alliance hollandaise contre la France – comme la conséquence de ses manœuvres et de ses subsides.

Cependant cette victoire apparente laisse rapidement la place à un sentiment d'incrédulité et de perplexité. En effet, le Parlement décide de soutenir quelques mois plus tard un nouveau projet d'alliance avec les Provinces-Unies et l'Espagne, projet précisément défendu par Danby, ce qui suscite chez Barillon plusieurs interrogations. Il envisage d'abord la possibilité d'avoir été trompé par ses intermédiaires et d'avoir reçu une vision erronée de Westminster: 'Votre Majesté jugera aisément qu'il y a du

10. Clyde L. Grose, 'French ambassadors' reports on financial relations with members of parliament, 1677-81', *English historical review* 44 (1929), p.625-28.
11. AE, correspondance politique, Angleterre, t.132, f.322-30, lettre de Barillon, janvier 1679.
12. AE, correspondance politique, Angleterre, t.134, f.77-82, lettre de Barillon, 20 avril 1679.

péril d'estre trompé non seulement par ceux qui prennent de l'argent de moi, en ce qu'ils ne feront pas dans la suite ce qu'ils auront promis.'[13] Il se demande ensuite si ses contacts n'ont pas trop présumé de leur influence sur la chambre: 'La difficulté est de pouvoir s'asseurer que le Parlement fera ce que les chefs de cabales promettent [...] car quand le Parlement sera assemblé, la chambre basse ne se laissera peut-estre pas gouverner.' Son inquiétude croît à mesure qu'il comprend qu'il ne dispose en fait d'aucune information en temps réel sur le contenu des débats: 'Mais comme je ne vois pas clair au temps de la séance du Parlement, [...] il est bien malaisé de pouvoir former un jugement sur la conduite de gens qui dépendent d'une assemblée composée de tant de personnes.'[14]

'Une assemblée composée de tant de personnes' rend donc les tentatives de contrôle extrêmement difficiles. Barillon prend conscience que la chambre des Communes ne saurait se réduire à une assemblée de clients placés sous le contrôle de quelques courtisans de la chambre des Lords. En outre, ce constat exprime la difficulté de comprendre cette multiplicité de voix. Le contenu des délibérations s'en trouve brouillé et la juste transmission des propos tenus à Westminster est compromise. Comment en effet est-il possible de compter sur un ou deux lords parlant français pour obtenir une juste appréciation des débats entre plusieurs centaines de parlementaires? L'envoyé français ne se résout pas pour autant à abandonner tout espoir de peser sur les débats: à partir de l'automne 1679, il élargit son dispositif d'information en sollicitant directement une dizaine de députés. Il fait aussi appel aux services de la sœur de Ralph Montagu, Elizabeth, la veuve du négociant Daniel Harvey, qu'il dit voir presque tous les matins. Pour s'informer, elle aurait recourt à un certain Barker. Ce dernier reconnaît d'ailleurs son rôle dans une correspondance à Montagu.[15] A la fin de l'année 1679, Barillon fait parvenir à Louis XIV, à côté des dépêches diplomatiques, un journal rempli d'extraits des débats non traduits. A charge pour Versailles d'assurer leur traduction.[16] Le Parlement acquiert alors du point de

13. AE, correspondance politique, Angleterre, t.139, f.408, lettre de Barillon, 30 septembre 1680.
14. AE, correspondance politique, Angleterre, t.127, f.87-90, 20 janvier 1678; t.138, f.91-93, 18 janvier 1680, lettre de Barrillon.
15. 'Elle [Elizabeth Montagu] me dit de leur apporter toutes les informations que je pourrais glaner et on me proposa alors d'accepter une pension d'environ cent livres par an de la part de l'ambassadeur de France. Je demandai ce que je devais faire pour lui pour cela. Ils me répondirent, rien que des choses de faible importance comme donner les résultats du vote de la chambre aussi vite que possible (car ils n'étaient pas encore imprimés) et des renseignements obtenus des commis du conseil'. BL, Add. MSS 28044, f.37.
16. 'La sceance de la chambre basse hier fut pleine de chaleur et d'emportement on y fit plusieurs arrêtez que j'envoie à VM dans un mémoire à part en forme de journal.' AE, correspondance politique, Angleterre, t.140, f.153, Barillon à Louis XIV, 7 novembre 1680.

vue de l'ambassadeur une plus grande complexité. Il y aurait alors cinq factions. En plus des trois premières citées précédemment – les 'amis' du duc de Buckingham, Denzil Holles, Ralph Montagu – il faudrait compter avec les 'indépendants' et les républicains incarnés par Algernon Sidney dont il a fait la connaissance personnelle. Puis il complète sa description par une multiplicité d'appellations: 'les gens des provinces' – une traduction éventuelle du *country party* – le 'parti patriote', 'le parti espagnol', 'les gens du prince d'Orange'. En revanche, on ne trouve aucune information sur la naissance du clivage entre les partis whig et tory, ni sur la législation religieuse ou sur les débats portant sur la succession qui constituent pourtant la plus grande part des débats pour l'année 1680. De même, comme la plupart des informations lui sont données oralement, sa transcription des noms propres reste très aléatoire: ainsi, il parle d'un certain 'Grombish' pour Cavendish, 'Gromstal', 'Tumbal' ou 'Trombal' pour William Trumbull et de la province du Kant pour le Kent.[17]

Ses observations cessent rapidement avec la dissolution du Parlement en mars 1681. On voit que pour l'ensemble de son ambassade, la question de la traduction reste un sujet marginal par rapport aux tentatives pour acheter des parlementaires présumés facilement corruptibles. Dans la décennie 1680, le Parlement ne se réunit que brièvement, en 1685. Les questions parlementaires sont donc devenues marginales et les quelques documents que Barillon fait traduire dans les années 1680 ne concernent plus que les questions commerciales, puis en 1688, uniquement la Glorieuse Révolution. Ainsi, en janvier 1685, il indique dans la marge d'une copie de la charte de la compagnie anglaise d'Afrique que la traduction du document a coûté trois shillings. Mais on ne sait toujours pas à qui il fait appel pour la traduction régulière des documents officiels. Lorsqu'en novembre 1688 il parvient à saisir une copie de la lettre de Guillaume d'Orange justifiant son invasion de l'Angleterre, il l'envoie à Versailles dans sa version originale.[18] A nouveau, loin d'être systématique, l'activité de traduction paraît être un processus long et coûteux. La plupart des contacts noués par Barillon restent cependant limités à quelques favoris comme Lord Sunderland et l'on comprend que, dans ces conditions, il ait été pris entièrement au dépourvu par le déclenchement de la Glorieuse Révolution.

17. AE, correspondance politique, Angleterre, t.156, f.10-11, Barillon à Louis XIV, 6 septembre 1685.

18. 'Sa Maté (Ja II) vient de me donner une copie imprimée en anglais de la Déclaration de M le P d'O [justifiant invasion du royaume], j'ai cru devoir l'envoyer comme elle est plus que d'attendre à l'envoyer traduite.' AE, correspondance politique, Angleterre, t.168, f.56.

La première mise en place d'un dispositif de traducteurs

A partir de 1689, l'exil de Jacques II en France et le refus par Louis XIV de reconnaître le nouveau souverain interdisent la présence d'un ambassadeur français à Londres. Les éventuelles informations que Louis XIV souhaiterait obtenir sur le Parlement sont donc à la charge des réseaux jacobites. Le secrétaire du roi à Versailles reçoit, par leurs bons offices, une série de lettres comportant des extraits des débats et intitulées 'Nouvelles de Londres'. Cependant, comme les contacts de Barillon à la Cour, les réseaux jacobites livrent une vision très lacunaire des débats. Ils laissent entendre que le Parlement serait divisé en trois groupes: les orangistes formant une fragile minorité, les anglicans et les républicains. Déçus par les promesses de Guillaume III, l'un et l'autre de ces derniers partis attendraient avec impatience le retour de Jacques II. Les jacobites délivrent ainsi une description du rapport de force favorable aux jacobites et ces représentations semblent avoir eu des répercussions sur la stratégie militaire française. Louis XIV paraît d'abord convaincu qu'un débarquement ou une invasion de l'Irlande permettrait de mettre à bas la nouvelle monarchie. Toutefois, après les échecs de la guerre en Irlande et des tentatives de débarquement par la Manche jusqu'en 1692, les informations jacobites font l'objet d'un soupçon accru. Le secrétaire du Roi à partir de 1693 ne cache pas sa défiance vis-à-vis des intermédiaires jacobites:

> On a semé plusieurs imprimés (en anglais) d'offre de paix que la France fait aux anglais afin de refroidir les bonnes intentions du prochain parlement, mais cela produit l'effet contraire et on ne connaît pas bien les inclinations des Anglois [...] et quelque mécontent que le Peuple estoit contre le Prince d'Orange, [...], il est quasi-impossible que les Anglois puissent rien faire d'importance contre luy qui a les lois de son costé.[19]

Mais sans qu'il soit possible de savoir comment, on trouve à la fin de l'année 1692 une série de journaux du Parlement en anglais, ce qui suppose une diversification des réseaux d'information qui permet de contourner les intermédiaires jacobites.[20] Le discrédit de ces derniers est confirmé par un agent anglais à Paris, William Hussey, qui informe le gouvernement de Guillaume III sur l'état de l'opinion en 1697. Il rapporte au secrétaire d'Etat que Louis XIV se méfie à présent des renseignements transmis par les jacobites de Saint-Germain et qu'il va lui-même choisir des informateurs de confiance:

> Madame de Maintenon has told the Queen [Marie de Modène] that the King of France would never depend upon any intelligence that Saint Germain's

19. AE, correspondance politique, Angleterre, t.171, f.370 et t.172, f.341.
20. Paris, Archives nationales, séries anciennes, K 1351, n°11-23

could give him out of England; he would employ people himself for that purpose that he could rely on, and no other, which King James is much troubled at, believing he has a vast party here and the king of France does not believe it.[21]

Après la signature du traité de Ryswick en décembre 1697, il semble que Louis XIV et ses ministres, notamment Colbert de Torcy, le secrétaire d'Etat aux affaires étrangères, aient tiré les leçons des défaillances des réseaux d'information de Barillon et des Jacobites. Outre une meilleure connaissance de l'assemblée, il est important de noter qu'une des instructions rédigées pour le nouvel ambassadeur, le maréchal de Tallard, lui assigne de désamorcer la méfiance des députés anglais vis-à-vis du catholicisme français – ce qui suppose une tentative de mieux disposer le Parlement. Tallard est cette fois-ci accompagné d'un traducteur, un certain Villemont. Sous la plume de Tallard on trouve pour la première fois les expressions de 'wiche' pour 'whig', associés aux presbytériens, et de 'Torée' pour 'tory', associés aux épiscopaux. Au-delà des problèmes de transcription, le bipartisme est enfin reconnu comme un élément essentiel des débats parlementaires.

Tallard reçoit de Paris des avis fréquents pour régler sa conduite. Ainsi, aux côtés de Torcy se trouve l'abbé Eusèbe Renaudot. Petit-fils du fondateur de la *Gazette de France*, Renaudot maîtrise l'arabe, le copte et le syriaque, l'italien et l'anglais.[22] Traducteur du secrétaire privé de la Cour, Renaudot n'a pas caché ses critiques des sources jacobites et de celles de Barillon. Au moment du départ de Tallard en 1698, il écrit à Torcy:

On peut donc aisément juger que si un Ambassadeur était dans des liaison trop étroites avec la cour, outre qu'il serait sujet a estre trompé tous les jours, n'attireroit à son maistre la haine d'une partie très considérable de la nation [...] on peut se souvenir à cette occasion de la trop grande confiance qu'eut M. de Barillon pour Mylord Sunderland. On avait besoin d'amis tant pour servir le Roy d'Angleterre que pour le service du roi, on n'en trouva aucun parmi les députés, ni dans la chambre haute que dans la basse.[23]

Comme nous l'avons vu, Lord Sunderland, pour avoir été ambassadeur à Versailles, était en effet précédemment le principal interlocuteur de Barillon et l'un des canaux par lequel l'envoyé français pouvait s'informer sur le Parlement. Renaudot finit sa lettre sur la nécessité de recourir à de meilleurs informateurs, qui ne s'appuiraient pas exclusivement sur des interlocuteurs francophones de la Cour: 'Ce qui

21. Hussey à William Trumbull, le 12 janvier 1697, Historical manuscripts commission, *Report on the manuscripts of the marquess of Downshire*, t.2 (Londres, 1924), p.730.

22. On retrouve aux MSS de la BnF de nombreuses lettres sur les affaires de l'Angleterre qui permettent de penser que Renaudot avait lui-même traduit une partie des débats parlementaires de la décennie 1690: Paris, BnF, n.a.fr., 7847, f.7491, f.7492-541.

23. AE, correspondance politique, Angleterre, t.178, f.16-18, Renaudot, 1er février 1698.

peut se faire n'est pas comme j'ai déjà eu l'honneur de le dire l'ouvrage d'un ambassadeur de France dans Londres... un bon nombre d'agents secrets non suspects par leur profession feraient bien plus surement ce qu'on peut souhaiter... ils pourraient semer des petits escrits servant de réponses aux harangues dans le Parlement.'[24] Ce que suggère Renaudot, ce n'est pas simplement d'obtenir des traductions rapides et fiables des débats parlementaires par des truchements plus fiables, mais aussi de pouvoir intervenir dans la dynamique des débats, ce qui suppose une plus grande familiarité avec ce qu'on appellera ensuite 'le génie anglais'. Tallard ne livre aucune information sur des initiatives prises dans ce sens, mais on sait qu'il continue de graviter dans le périmètre de la Cour. En revanche, dans les archives du gouvernement anglais, on peut lire qu'un certain huguenot, nommé Isaac Botin, a demandé l'autorisation de se placer également au service de Tallard, afin de lui traduire les votes et le contenu de certains débats parlementaires.[25] Botin est l'ancien secrétaire d'un jacobite écossais, le duc de Melfort. Après la révolution de 1688, il se place au service du secrétaire d'Etat, Lord Sidney, en 1690 et il contribue à l'arrestation de l'espion jacobite Richard Graham en 1691. Il bénéficie ensuite d'une pension versée par les services des secrétaires d'Etat et il exerce l'activité de traducteur pour le gouvernement. Tallard demande et obtient non seulement la traduction des votes du Parlement, mais aussi celle du *Post-boy*, une gazette rédigée par un autre huguenot du nom de Jean Defonvive et dont le succès d'édition tient à ses nombreuses retranscriptions des débats parlementaires.

Cette requête nous conduit à rappeler plusieurs éléments propres à la décennie 1690. D'une part, le rôle à l'évidence essentiel des huguenots comme intermédiaires entre les élites politiques anglaises et le continent.[26] Accoutumés à solliciter des parlementaires dès leur arrivée, ils sont vite placés sous le patronage de ministres et de parlementaires: ainsi de Michel Le Vassor, employé par un autre secrétaire d'Etat du nom de William Trumbull, de Des Maizeaux, employé par Lord Shaftesbury,[27] ou encore de Jean Robethon, écrivant un pamphlet en anglais en 1692 destiné aux parlementaires, afin de les convaincre de poursuivre le financement de la guerre.

Dans la diplomatie, on pourrait mentionner le rôle de deux

24. AE, correspondance politique, Angleterre, t.178, f.16-18, Renaudot, 1er février 1698.
25. 'L'ambassadeur de France m'a envoyé chercher sur ce qu'ayant essaié la traduction des Votes du Parlement de divers François et n'en étant pas satisfait on luy a dit que (peut-être) pourrois-je le contenter. Je viens dans ce moment de parler à son excellence qui m'a demandé de la servir tous les jours (par) la traduction des Votes et des nouvelles domestiques du Poste-Boy'. BL, Add. MSS 28882, f.90, John Ellis, 30 mars 1698.
26. Voir aussi à ce sujet l'article de Rachel Hammersley.
27. Voir l'article d'Elizabeth Grist.

huguenots: Jean Frédéric Bonnet et René de Saulnières L'Hermitage, employés comme résidents respectivement par le Brandebourg et les Provinces-Unies pendant la décennie 1690. Par leur bonne connaissance du milieu whig, ils laissent derrière eux une chronique des débats parlementaires de plusieurs dizaines de volumes. La réputation de leur transcription est telle que L'Hermitage est accusé par une partie de la chambre des Communes, majoritairement tory en 1701, de transmettre à La Haye une vision partisane et hostile, au point qu'il doit suspendre pendant quelques semaines sa correspondance.

Mais d'une certaine manière, il s'agit d'une condamnation d'arrière-garde, car les députés ne peuvent que constater leur incapacité à préserver la confidentialité des débats. La riposte la plus répandue est alors d'intervenir sur le champ de la publication, en livrant des versions en anglais et en français des débats.[28] Abandonnant la possibilité d'une censure effective, la chambre des Communes participe à ce nouveau champ éditorial: ainsi, dès 1679, elle soutient l'ouvrage de Gilbert Burnet sur l'*Histoire de la Réformation de l'Eglise d'Angleterre*, qui repose sur une grande part d'archives parlementaires. Dans l'édition de 1694 à Rotterdam, le traducteur Jean Baptiste de Rosemont indique dans sa préface que les lecteurs du continent pourront enfin comprendre 'les intrigues les plus embrouillées de quatre règnes, [qui] y sont démêlées avec une netteté admirable'. La fiabilité du récit reposerait sur 'les preuves sur lesquelles [l'auteur s'est] fondé, le témoignage solennel que l'auguste assemblée d'un Parlement a rendu à [son] histoire'. Ainsi, 'toute l'Angleterre a trouvé à propos d'en remercier solennellement l'auteur par la bouche de la plus auguste assemblée qui soit au monde, je veux dire le Parlement.'[29]

Le traducteur s'adresse au lectorat français, rappelant que Westminster n'est pas une simple cour de justice, et que 'l'assemblée des Estats Généraux et que la Chambre basse est plus ordinairement appelée chambre des communes.' La traduction de Rosemont est défendue par Burnet, qui siège à présent à la chambre des Lords et qui insère sa propre préface dans l'édition de 1694, à la fois en anglais et en français. Outre les qualités du traducteur, Burnet célèbre aussi sa modestie car, dit-il, les traducteurs se croient souvent supérieurs aux auteurs, quand ils devraient rester dans une forme de servitude par rapport à eux. En outre, cette édition n'est pas seulement destinée au lectorat francophone des Provinces-Unies: Burnet soutient que son

28. On pense par exemple à la publication de Sir Humphrey Mackworth qui défend le bilan du parlement tory: *A Vindication of the rights of the Commons of England* (Londres, J. Nutt, 1701).

29. *Histoire de la Réformation de l'Eglise d'Angleterre* (Amsterdam, chez Abraham Wolfgang, 1694), préface.

ouvrage sera plus utile traduit en français qu'en anglais, s'estimant honoré qu'il puisse être diffusé dans une nation dont il admirait et vénérait le monarque par-dessus toute autre tête couronnée – à l'exception de son propre maître.

Il s'agit certes d'un dispositif commercial, mais on ne peut nier l'existence d'une nouvelle forme de respectabilité qui rend la traduction et la diffusion des débats parlementaires acceptables et même nécessaires. Cette évolution n'est pas perdue par le ministre Torcy qui indique dans un mémoire les divers ouvrages que les envoyés français devraient connaître avant de partir pour Londres:

> On ne sauroit trop s'attacher à les préserver ou à les guerir d'un défaut commun à toute notre nation, qui est de ne pouvoir goûter ni approuver que nos manières et de blâmer celles de tous les autres pays [...]. Outre les histoires écrites depuis Henry VII, les divisions qui ont toujours esté en ces îles ont produit un si grand nombre d'escrits de toutes sortes qu'il seroit presque impossible d'en donner un catalogue juste, mais outre les histoires particulières escrites par Bacon, par Burnet, par Camden, par Johnston et en dernier lieu par le chancelier Hyde, on doit bien lire les collections qui ont esté faites par des *actes des Parlements*, celles de Rushworth [John, ancien clerc de la chambre des Communes] et une infinité d'autres [...]. Dans un grand nombre de recueils de depesches que j'ay vues, on n'a pas toujours soin d'y insérer des pièces publiques qui sont nécessaires à la suite de l'histoire et dont il est souvent parlé dans les négociations. Il semble très nécessaire de les consulter et même d'en faire des recueils qui aient rapport aux dépêches particulièrement dans ce qui peut regarder l'Angleterre. Les *proclamations, les harangues d'ouverture des Parlements*, les *actes*, certaines adresses et d'autres pièces de cette nature doivent estre sous la main pour y avoir recours.[30]

Dans cet extrait, Torcy déplore le défaut propre à la nation française d'ignorer les traditions politiques des autres pays et recommande de pallier ces lacunes par la lecture de plusieurs ouvrages traduits en français: Bacon, l'*Histoire de la Réformation* de Burnet, l'histoire de la rébellion du chancelier Hyde. Il s'agit d'une sélection qui offre des perspectives équilibrées entre les différentes sensibilités politiques et religieuses. Mais il exclut d'autres traductions importantes jugées trop subversives, comme celle de Locke, ou trop anti-françaises, comme celle de William Temple. Il insiste aussi sur l'importance de disposer de sources originales en anglais sur le Parlement et sur leur grande diversité (recueil de débats réalisé par Rushworth, actes, harangues, adresses), afin d'éviter les gloses traduites en français qui ont été si répandues sous la Restauration.

En somme, si l'on a évoqué brièvement avec Richard Fanshawe le cas isolé d'un ambassadeur-traducteur, le cas le plus répandu est celui de

30. Torcy, *Projet d'estude* (1711), dans Armand Baschet, *Histoire du dépôt des archives des Affaires étrangères, à Paris au Louvre en 1710, à Versailles en 1763 et de nouveau à Paris en divers endroits depuis 1796* (Paris, 1875), p.121, 131.

l'ambassadeur inapte à parler toute langue étrangère. Dans le cas des relations anglo-françaises, la question n'est donc pas de savoir parler l'anglais mais de savoir quels truchements utiliser. Cette question est indissociable des positions idéologiques des Français vis-à-vis du système politique anglais et d'un lent apprentissage des mécanismes par lesquels les discours parlementaires peuvent être captés et traduits. Considérés comme un élément secondaire du jeu diplomatique, ils sont dans un premier temps ignorés puis retranscrits de manière orale et allusive à l'occasion d'entretiens entre l'ambassadeur et quelques courtisans. Les parlementaires se sont cependant imposés dans les négociations par l'arme budgétaire et par une bonne connaissance des affaires du continent et ils conduisirent progressivement le roi et les ministres français à revoir leur position et à réfléchir sur les moyens d'obtenir des traductions fiables. Comme les autres envoyés européens, les Français bénéficièrent, après 1695, d'un fort essor des discours imprimés ou manuscrits sur Westminster, sans compter, ce n'est pas le moindre des paradoxes, le concours de traducteurs huguenots ayant cherché refuge hors de France.

Des Maizeaux, Collins and the translators: the case of Collins' *Philosophical inquiry concerning human liberty*

ANN THOMSON

The study of the conditions in which a particular work was translated, printed and distributed, as well as of the way it was translated, throws a particularly strong light on how cultural transfers operated and the different constraints on them. Anthony Collins' works, often rapidly translated into French with his own assistance, had a great impact in France and constitute a particularly fruitful field for such research.[1] The present article will look at the translations of his *Philosophical inquiry concerning human liberty*, written following the exchange on the subject of liberty between Samuel Clarke and Leibniz in 1715 to 1716 in the context of the dispute between Leibniz and Newton.[2] Collins' anonymous work, published twice in 1717,[3] essentially defends a similar position to that of Hobbes, for whom liberty consisted in the possibility of doing what we want, while the will is determined. It is an important work with a long history which is beyond the scope of the present study. For James Harris, 'The debate between Clarke and Collins sets the terms for discussions of liberty and necessity for the rest of the century',[4] and thanks to its translations Collins' opinion was particularly influential in France. The passive correspondence of Pierre Des Maizeaux, who was a member of Collins' circle, helped on the English edition and was instrumental in procuring its first French translation, gives us a rare insight into the conditions in which this translation was prepared and published. We can learn much about how translations were undertaken in the early eighteenth century and the often complicated history of their publication. And the French career of Collins' work is more instructive than it might appear at first sight.

1. I have studied the translation of Collins' *Discourse of free-thinking* in Thomson, 'Le *Discourse on free-thinking*'.
2. See Ezio Vailati, *Leibniz and Clarke: a study of their correspondence* (Oxford, 1997), and the article by Grist above.
3. See James O'Higgins, *Anthony Collins: the man and his works* (The Hague, 1970), p.96.
4. James A. Harris, *Of liberty and necessity: the free will debate in eighteenth-century British philosophy* (Oxford, 2005), p.42. For Collins' text, see J. O'Higgins, 'Determinism and freewill: Anthony Collins' "A Philosophical inquiry concerning human liberty" ', *International archives of the history of ideas, series minor* 18 (The Hague, 1976).

The translation

Anthony Collins' book was published in 1717 with the help of Pierre Des Maizeaux, who seems to have dealt with the corrections and relations with the printer, as appears from Collins' letter to him in February 1716: 'I am much obligd to you for the pains you have taken in relation to my book, which if there be any thing valuable in it is in a great measure owing to you; but I am sorry the negligence of the Printer has made you take so many journeys into the city & spend so much time there.'[5] The book triggered an immediate reply from Samuel Clarke, and Des Maizeaux rapidly decided to publish a translation of Samuel Clarke's edition of his exchange with Leibniz, together with Collins' book and Clarke's reply to it. The idea was accepted by the Amsterdam printer Du Sauzet, who announced the forthcoming publication in his journal *Nouvelles littéraires* on 27 March 1717.[6] He did, however, have some misgivings about including Collins' work, as he informed Des Maizeaux on 9 April: 'J'ai annoncé les Lettres de Mrs Leibniz et Clarke, que j'imprimerai, suivant le conseil que vous avez eu la bonté de me donner; je voudrois bien imprimer aussi le petit livre de M.Collins, mais un de mes bons amis, qui connoît l'ouvrage, m'a fait craindre les clameurs Théologiques. Je ne dois pas m'attirer ces Messieurs.'[7]

The publisher's hesitation is comprehensible in view of the hostile reactions to Collins' book even among Des Maizeaux's circle. His close friend and contact with the Dutch printers, Charles de La Motte, wrote in June 1717 when he had not yet received the book: 'Je souhaiterois que le Livre de M.Collins fut encore dans sa tête & qu'il n'en sortit jamais.' He was saddened to think that Collins would only make himself 'odieux' without having any more success than Hobbes in convincing people of this dangerous opinion.[8] Nevertheless, Du Sauzet apparently decided that the expected profit was worth the risk; as we shall see, he later changed his mind, perhaps because of the addition of a second volume concerning the dispute between Leibniz and Newton.[9] The choice of a translator for Collins' book seemed to pose a problem, as Du Sauzet wrote to Des Maizeaux: 'Je ne connois ici personne qui entende l'Anglois, et qui soit en même tems bon Metaphysicien. Je proposerai à M de la Riviere la traduction du Traité de M.Collins.'[10] Shortly afterwards,

5. BL, Add. MSS 4282, f.124. It was perhaps the negligence of the printer that accounts for the second corrected edition in the same year.
6. See the letter from Des Maizeaux to abbé Varignon, BL, Add. MSS 4282, f.217*v*, 30 March 1721.
7. BL, Add. MSS 4287, f.350.
8. BL, Add. MSS 4286, f.221, 22 June 1717.
9. On this dispute, see the article by Elizabeth Grist in this volume.
10. BL, Add. MSS 4287, f.347, 12 March 1717. La Rivière was minister in Rotterdam.

however, he announced that he had been unable to find anyone and he left it up to Des Maizeaux. In the meantime Collins and Des Maizeaux had considered Michel de La Roche, the Huguenot journalist who ardently defended toleration, studied elsewhere in the present volume. Collins wrote:

> I have no acquaintance with Mr de la Roche, and therefore cannot ask so great a favor of him as to translate my Book of *Liberty*. But you may assure him, I should be proud of the honour of so good a Translator; and perhaps you may engage him in it, by offering to his consideration, the shortness of my work, his own opinion of the manner in wch I have treated my subject, the connection of it with what he translates from Dr Clarke, the familiarity of the matter to him, and that my work, as containing Paradoxical matter, may add to the sale of the whole collection.[11]

Perhaps La Roche (who did not want it known that he had translated the Leibniz–Clarke letters, apparently at Du Sauzet's suggestion)[12] refused. Collins' work was finally translated by a young refugee from Berne called de Bons who was living at the house of Charles Montagu, Lord Manchester, at Lees Priory near Chelmsford.[13] On 8 May de Bons sent Des Maizeaux a trial page of translation from the book and asked him to send it back with his remarks. As this was his first attempt at a translation, he clearly had no confidence in his own work:

> vingt fois iay pensé jetter le livre d'un coté et mes paperasses de l'autre, non seulement parce que ie trouve chés moy un penchant presque irresistible a la paresse, mais parce que ie me trouve arreté a tout moment, et que chaque chose, qui m'arrete est une insulte a ma vanité, et cependant quelque envie que jaurois de reussir, ie ne me sens pas capable de toute lattention quil faut pour cela, vous en jugerés par le peu d'exactitude et de travail que vous pourrés remarquer dans cette premiere feuille, puis que je l'ay faitte dans une matinée.[14]

By 17 May, impatient and worried about the lack of reaction from Des Maizeaux, he was convinced that his attempt was worthless. Des Maizeaux must have written soon after this giving both encouragement and advice to the apprentice translator which convinced him not to give it up and for which he thanked Des Maizeaux on 29 May (f.284). De Bons finally translated not only Collins' book under the title of 'Recherches

11. BL, Add. MSS 4282, f.127, 26 April 1717.
12. See his letters to Des Maizeaux (BL, Add. MSS 4287, f.261 and 356).
13. Nothing else is known about this young man, not even his first name. Haag, *La France protestante*, vol.2, p.397-98, mentions this noble family from Bugey which had sought refuge at Geneva in the sixteenth century, indicating that a branch of the family was established in England in 1752, when François-Louis served in a French church in London.
14. BL, Add. MSS 4281, f.283: the year is not indicated but there is no doubt about it.

philosophiques sur la Liberté de l'Homme', but also Clarke's reply which follows it and the 'Lettres d'un savant de Cambridge à Clarke'. On 29 September he sent the fair copy to Des Maizeaux, indicating: 'c'est à vous a present a faire une teste et une queue' (f.280). Although it is not clear exactly what he means by this, it indicates that Des Maizeaux also corrected the translation, for which Du Sauzet thanked him in October,[15] although he would later have cause to regret it. Des Maizeaux also negociated financial questions with the printer who informed him that 15 shillings per sheet was too expensive.[16] There is no indication of the price finally paid. There is, however, one puzzling point which the letters do not help to explain. In the second corrected edition of Collins' book in 1717, a footnote is added on page 3 concerning simple ideas, which does not appear in the translation, although later in the text the translation incorporates the changes made in the corrected edition.[17] It is difficult to account for this discrepancy as one might suppose that if the translation took account of the new version, it would do this consistently. The corrections may have been made after de Bons had started his translation, and no one thought to go back and add the footnote at the beginning. This would enable us to date Collins' corrections to the summer of 1717.

In addition to providing technical details about how a translation was commissioned, this correspondence sheds light on this circle and on one of the translators who helped to transmit heterodox works from England to France. One would like to know more about this likeable young man, but he vanished from sight and no more information about him is available once his letters to Des Maizeaux stop. His long chatty letters provide an insight into the world of a young refugee who aspired to a literary career. Although initially explaining that he had plenty of free time at Lord Manchester's and so would be able to finish the translation in a month (f.283), when he finally sent it in September he complained that: 'mes occupations ordinaires du matin, et les extraordinaires de l'après midy ont pris tout le temps que ie pouvois destiner aux traductions, ie m'applaudis mesme beaucoup d'avoir achevé de copier, puisque tous les iours i'ay esté obligé de monter a cheval avec Mylord' (f.280).[18] He was above all a paid companion dependent on aristocratic favour, but was determined to achieve something more, and explained the hard work he put in to finishing his translation – in which he said he

15. BL, Add. MSS 4288, f.7.
16. BL, Add. MSS 4287, f.357.
17. See in particular the rewriting of a paragraph concerning Le Clerc on p.18-19 (p.259 in the published translation), and a sentence added in the conclusion (p.113; translation p.347).
18. He also complains of lack of time in his letter of 27 October (f.286).

had surpassed himself – by his 'amour de la gloire'. He also wanted his name to appear in the book, explaining that as he had announced to his friend de Crousaz in Berne his first attempts at translation, 'ainsi il vaut autant mettre mon nom a la teste du livre, ie n'en seray n'y plus n'y moins pendu' (f.280*v*). But he was to be disappointed, as he is not even named and Des Maizeaux's preface simply indicates, 'Une personne d'esprit & de mérite, a traduit les *Recherches philosophiques*; & il m'a paru qu'elle avoit exprimé le sens de l'Auteur, avec beaucoup de netteté & d'exactitude.'[19] And when the Amsterdam edition of the *Journal des sçavants* reviewed the published work, it indicated mistakenly: 'La traduction de la Réponse de M. Clarke est de M. Desmaizeaux. Une autre personne a traduit les recherches Philosophiques.'[20] We can imagine the young translator's disappointment.

From de Bons's letters we also learn that he did not share Collins' opinions despite his esteem for him and for 'ses honnetetés, ses manieres obligeantes, la liberté dont on iouït chés luy' (f.280*v*). He writes that it was only his friendship for Des Maizeaux that prevented him abandoning the translation of what he called 'l'ouvrage du monde le plus ennuyant et dont je tireray le moins de satisfaction'. Apart from not being convinced by its arguments he says that 'à dire la verité il me semble qu'il y a beaucoup de jeux de mots et un peu de Galimatias' in Collins' work. It was in fact the earlier *Discourse of free-thinking* which had turned him against Collins' philosophy; he indulges in a long criticism of that work which according to him teaches atheism, so that: 'je n'ay jamais pu lire une page de ce livre sans estre rempli dune s^te^ indignation; on y decouvre a chaque paragraphe le venin quil y a voulu repandre par tout, et sur tout beaucoup de mauvaise foy.'[21] This outspoken hostility did not, however, prevent him from translating Collins' book. He clearly hoped that by doing so he could launch himself on a literary career with the help of Des Maizeaux and Collins and their connections. Perhaps their heterodox opinions began to rub off on the young man, who wrote in 1718: 'Je languis de vous voir dans nos quartiers, et de vous faire voir DeBons philosophe, et demi Epicurien; [...] Ma philosophie n'est pas encor epurée. Je jeune cette sepmaine. Jene sçay vraiment pas bien, si cest par Coutume ou par devotion.'[22] As all of these letters are written in a slightly jokey tone, they must be read with caution, and it is difficult to know how sincere he was and how much he was trying to curry favour

19. Des Maizeaux, *Recueil de diverses pièces sur la philosophie, la religion naturelle, l'histoire, les mathématiques, par Mrs Leibniz, Clarke, Newton etc*, 2 vols (Amsterdam, H. Du Sauzet, 1720), vol.1, pp.x-xi. The names of both de Bons and La Roche are added in a footnote in the second edition in 1740.

20. *Journal des sçavans* 2 (October 1721), p.447-48.

21. BL, Add. MSS 4281, f.284.

22. BL, Add. MSS 4281, f.282. The date is unreadable due to a tear in the page.

with Des Maizeaux. Even if he claimed to have become 'demi-épicurien', he was extremely reticent to say the least about Collins' discussion of the idea of God in the introduction to the work. While in general de Bons's translation is relatively faithful, he omits part of the passage which casts doubt on the idea of God. Collins writes of 'several Propositions concerning him that are doubtful, and of which we can arrive at no certainty' and of 'many Propositions concerning him subject to very great difficulties or objections', as well as possible doubts or objections in a writer's mind 'which he cannot resolve to his own satisfaction'.[23] De Bons skates over these statements, reducing the passage to a reference to our imperfect ideas of God's attributes and 'les difficultés [...] qui regardent la nature de l'Etre suprême'.[24] He (or perhaps Du Sauzet) was clearly worried about the very heterodox implications of Collins' passage, which he reduces to a much more anodine formulation. Des Maizeaux presumably accepted this change.

Publication

Once the work was translated, Des Maizeaux had to deal with its publication. Although the translations were underway in 1717 and the Leibniz-Clarke exchange had started printing by July of the same year,[25] the two volumes of the *Recueil* only appeared finally in 1720. The reasons for this delay are clear from the numerous and increasingly desperate letters written by the publisher Du Sauzet, who had announced in October 1717 that he would hurry publication as soon as he had all of the translations; as time passed, his complaints about Des Maizeaux's dilatory progress took on an ever shriller tone, particularly as he himself was being unfairly blamed for the delay.[26] In June 1718 he had still not received de Bons's translation of Collins, which had been finished long before, and his Amsterdam correspondent Charles de La Motte had even had to intervene to prevent another publisher, Wetstein, from publishing the Leibniz-Clarke letters. In addition to Des Maizeaux's slowness, there were the numerous corrections to the *Recueil*, particularly those demanded by Newton, who was apparently displeased at the order of the pieces and the inclusion of letters by other people. In May 1719 – having refused in March the corrections requested by Clarke, which would have added to the cost – Du Sauzet, clearly exasperated, replied to Des Maizeaux, who wanted to put back some passages that had been removed:

23. A. Collins, *A Philosophical inquiry concerning human liberty* (London, R. Robinson, 1717), p.6-7.
24. *Recueil*, vol.1, p.248.
25. BL, Add. MSS 4288, f.1-4.
26. BL, Add. MSS 4288, f.13, 15.

> Vous n'avez pas pris garde, Monsieur, que toute la dispute est imprimée depuis 15 Mois, et que ces corrections sont inutiles maintenant. Il n'est pas naturel que je reimprime les feuilles F.G.H.J.K. ce seroit m'engager à une depense qui excederoit certainement le profit que je puis esperer de tout l'Ouvrage. Je vous assure même, que je m'estimerois heureux d'en retirer mes avances, ce Livre ne sera bon que pour un tout petit nombre de gens.[27]

The order of the pieces in the two volumes was also discussed; originally Collins' work, followed by Clarke's reply, was to be in volume 2, but in June 1719 Du Sauzet changed the order, explaining that the first volume should be the more interesting one 'pour faire valoir le reste'; Collins' 'Recherches philosophiques sur la Liberté de l'Homme' should immediately follow the Leibniz–Clarke letters in volume 1, and in view of his celebrity his name should appear.[28] Above all, Des Maizeaux put off sending his preface despite Du Sauzet's repeated pleas. In August 1719 he wrote:

> Je reprendrai incesamment l'impression de notre Recueil, car je tacherai de la presser parce qu'il est de mon interêt que le livre paroisse quelque tems avant la fin de l'année; autrement je n'en retirerois rien de plus d'un an, et il y a déja plus de deux ans que j'en ai commencé les avances. J'attens au plûtôt votre preface, et les diverses leçons qui ont été omises dans une des Repliques de Mr Leibniz à Mr Clarke; j'espere que vous ne tarderez pas puisque dans votre lettre vous promettez le tout dans quinze jours.[29]

He finally received the preface in February 1720. As Du Sauzet claimed he would lose money on a book which would only interest a small number of 'savants', he had asked Des Maizeaux in November 1719 to find a bookseller who would guarantee to buy a certain number of copies.[30] In April 1720 he was still complaining that he had missed the German book fairs, remarking pointedly on 31 May, when he announced the book's final publication, that printing it was not enough, it had also to be sold (f.47). Even if Du Sauzet was exaggerating his own difficulties, his letters throw light on the complexity of the relations between the exiles in England and the Dutch booksellers, and the difficulties involved in publishing these translations. He finally announced triumphantly on 10 September 1720 after a visit to The Hague that he had sold the whole edition to the publishers Duvillard et Changuion 'plus cher que je ne l'aurois crû', and that as the print run had been very small he would make

27. BL, Add. MSS 4288, f.25*v*.
28. BL, Add. MSS 4288, f.27-28. The attraction of the work was clearly the Leibniz–Clarke dispute and not that between Leibniz and Newton, for which Du Sauzet shows little enthusiasm, despite Newton's reputation. For Newton's role in the publication, see the article by E. Grist in this volume.
29. BL, Add. MSS 4288, f.29.
30. BL, Add. MSS 4288, f.39.

a small profit (f.55). This explains why there are two different states of this edition, one indicating Du Sauzet on the title page and the other Duvillard and Changuion.[31] But Des Maizeaux's preface also undergoes a change, even though there is no mention of this in his correspondence. He developed the question of existence in order to reinforce a passage by Clarke added at the latter's request denying that existence is a perfection, as a result of which he removed the following passage concerning Collins and the question of liberty and necessity (p.ix-x):

> Qu'il me soit permis de m'arrêter ici un moment, pour faire une reflexion qui se présente naturellement à l'esprit. Depuis long-tems, on dispute sur la *Liberté* & sur la *Nécessité* des actions humaines: & chaque parti fonde son opinion sur sa propre expérience, ou sur ce qui se passe en lui-même, lorsqu'il pense, ou qu'il agit. On ne sauroit douter que tous les hommes ne soient faits de la même manière. D'où vient donc que les plus éclairez, & ceux qui se sont le plus appliquez à connoître l'homme, ne s'accordent point entr'eux? Cela n'est-il pas mortifiant pour les Philosophes?
> Mr Collins n'a rien repliqué à M.Clarke: cependant j'ai appris qu'il ne se tient point pour battu; mais qu'il a eu de fortes raisons, qui l'ont empêché d'écrire. Son sentiment a été représenté par M Clarke, comme une doctrine qui a de fâcheuses conséquences, & qu'il n'est pas convenable de traiter. Après une telle insinuation, il n'y avoit plus moyen de combattre à armes égales.

And although Collins is still named in this introduction, he disappears from the title of his work. Was Des Maizeaux perhaps distancing himself somewhat from Collins, in order not to offend Clarke? It may also have been the publisher's fear of antagonising the Dutch religious establishment.

Marketing

What is clear is that the translation of Collins' book, whose fate was linked to that of Des Maizeaux's *Recueil*, did not make the impact in 1720 that one might have expected given the interest in his works in France and the publicity campaign that had already begun. Michel de La Roche had announced the publication of the Leibniz–Clarke letters together with Clarke's reply to Collins in the first volume of his *Bibliothèque angloise* in 1717, accompanying this announcement with a plug for the forthcoming translation. He added a favourable reference to Collins' book, finishing this short article: 'Je ne doute pas qu'on ne traduise ces deux Pieces en François, & qu'on ne les réimprime en Hollande avec la Dispute, dont je viens de parler. En cas que je me trompe dans ma conjecture, je rendrai compte de ces deux Dissertations dans la suite de cette *Bibliotheque*.'[32] On 11 May 1717 Du Sauzet asked Des Maizeaux for

31. Both, however, indicate Amsterdam as the place of publication.
32. *Bibliothèque angloise* 1 (1717), p.458.

an extract from Collins' work for his own *Nouvelles littéraires* but, surprisingly, Des Maizeaux does not seem to have complied, as the publisher continued to demand it in letter after letter. A relatively long extract did appear in the *Journal littéraire* in 1718 'afin de prévenir les mauvais effets, qu'il pourroit faire sur l'ame des Lecteurs'; there is even a reader's letter welcoming the reappearance of the paper after an interruption, which directs attention towards the work:

> Une chose entre autres, qui augmente mon impatience pour le Journal prochain, que vous dites être déjà bien avancé, c'est que vous marquez pag. 481 qu'on y trouvera l'Extrait d'un Livre Anglois fort bien écrit sur la liberté de l'homme. Il seroit à souhaiter que cet Ouvrage fût traduit dans une Langue plus universellement connue que l'Angloise: mais en attendant que cela se fasse, peut-être que l'Extrait, que vous promettez, contentera ma curiosité là-dessus, sur-tout s'il est ausi bon que ceux qu'on a déjà mis dans votre Journal de quelques autres Traitez Anglois.[33]

The 'reader' may possibly be Des Maizeaux himself, drumming up interest for the forthcoming translation, but this paper could not review it because it was again interrupted for several years. Finally, very few extracts or announcements appeared and the only periodical which really discussed the *Recueil*, the Amsterdam *Journal des sçavans*, only devoted a single paragraph to Collins' work.[34] This lack of publicity seems to have been the fault of Des Maizeaux, who was the source of news of English books for many French periodicals.[35] Du Sauzet was still writing to him on 14 June 1720: 'vous m'aviez aussi dit que vous me feriez tenir un Article sur la piece de Mr Collins pour la faire entrer dans l'Extrait du Recueil; hâtez-vous, autrement il sera trop tard' (f.49). Three weeks later he tried again: 'J'attens aussi le petit précis de l'ouvrage de Mr Collins, et les avis que vous jugerez à propos de me donner pour l'extrait du Recueil, que je ferai comme je pourrai. Je crois que ce sera le dernier journal que je publierai' (f.50). He announced the publication of the *Recueil* in volume 9 of his *Nouvelles littéraires*, promising a long discussion of Collins' work, but this was indeed the last volume of his periodical which he apparently sold to the publisher Gosse when he sold the edition of the *Recueil* (f.55). Des Maizeaux seems to have missed the boat and neither the *Recueil* nor the translation of Collins' book had the expected publicity campaign. Was this perhaps a deliberate step because of Newton's hostility towards the volume?[36] This is difficult to reconcile with the fact that, as Elizabeth Grist shows elsewhere in this volume, the

33. *Journal littéraire* 10 (1718), p.85-105, 234-35.
34. This article attributes the translation of Leibniz's letter to Des Maizeaux, who denies it in his 1740 preface.
35. See Almagor, *Pierre Des Maizeaux*.
36. See the unsigned letter from Paris, BL, Add. MSS 4282, f.224, 1 September 1721.

work was sent to important correspondents abroad and secured Des Maizeux's election to the Royal Society. Du Sauzet himself blamed the situation in France in 1720, which was no longer favourable towards sales of the work following Law's crash and the *Arrêt* of 21 May. He wrote at the end of May, 'c'est un païs perdu', as trade would stagnate even more (f.47) and, in November, he informed Des Maizeaux: 'Je l'aurois bien débité en France dans un tems plus favorable; mais je n'ai pu y en négocier un seul exemplaire.'[37] What is clear is the difficult situation of an intermediary like Des Maizeaux, who was trying to balance the demands of the ever parsimonious Dutch booksellers with those of an important figure like Newton and his own campaign to enter the Royal Society, while he could not afford to upset people like Clarke and Collins.

But this marketing failure – despite which, according to Des Maizeaux, the work was well received[38] – did not mean that Collins' work was ignored. The publication in 1729 of *Dissertation on liberty and necessity* 'by A.C.' was the occasion for a small article in the *Bibliothèque raisonnée* in 1730 which allowed the journalist (probably Des Maizeaux) both to deny that Collins was its author and to advertise the existence of his *Recueil*. Des Maizeaux seems to have started almost immediately preparing a second edition of his two volumes in order to correct mistakes, change the order of several works by Leibniz and add other pieces against the advice of several people;[39] he may also have wanted to add the famous third volume. Changuion had kept the rights but hesitated to republish the work and at one moment it seems that he might have ceded the rights to Mortier.[40] He changed his mind after Des Maizeaux had threatened to give the pieces by Leibniz to Louis Bourguet to publish in a separate collection and agreed not to accept any money for it.[41] The second edition was apparently ready in 1733 or 1734, although Changuion, understandably, would not begin printing until he had all the pieces;[42] in 1736 he declared his willingness to publish it although Des Maizeaux said he would believe it when he saw it.[43] It finally appeared in 1740. In his preface Des Maizeaux put back the two paragraphs about Collins that he had removed from the Duvillard and Changuion edition. Once again he prepared an advertising campaign, asking Changuion to send a copy of

37. BL, Add. MSS 4288, f.56.
38. Paris, Bibliothèque de l'histoire du protestantisme français (henceforward BHPF), MS 295, no.41, letter to La Motte, 27 August 1731.
39. See the 'Avertissement', dated 'A Sainte Marie la bonne, le 18 d'Avril 1740'. A list of these pieces is given in the letter to La Motte of August 1731.
40. See the letter from La Motte, BL, Add. MSS 4287, f.29*v*, 10 August 1728, and f.35*v*, 12 October 1728.
41. BHPF, MS 295, no.41.
42. See BL, Add. MSS 4287, f.113.
43. See his letter to La Motte, BHPF, MS 295, no.39, 24 September 1736.

the work to Armand de La Chapelle for him to write an extract, and also to Barbeyrac, Jordan and Formey. But once again the work was almost ignored. La Chapelle did not publish an extract in his *Nouvelle bibliothèque*, which nevertheless includes in 1741 a long review of a work criticising Collins' book without mentioning the new edition, and also refers to Des Maizeaux's preface in a footnote about the Leibniz–Clarke exchange without giving a reference to the work. This is made even stranger by the fact that in the same year La Chapelle praises Des Maizeaux extravagantly for his *Scaligerana*.[44] Nevertheless, despite the lack of publicity, the second edition of the *Recueil* did help to make Collins' book known in France. In 1740 Voltaire, who owned a copy, wrote in his *Métaphysique de Newton*: 'De tous les philosophes qui ont écrit hardiment contre la liberté celui qui sans contredit l'a fait avec plus de méthode, de force et de clarté, c'est Collins',[45] and it is generally held that Collins' 'Recherches philosophiques' played a role in Voltaire's denial of human liberty.

The second translation

Finally, Collins' book played an important role in France thanks less to de Bons's translation than to a second one published in 1754 under the title of *Paradoxes métaphysiques sur le principe des actions humaines, ou Dissertation philosophique sur la liberté de l'homme*. The impetus for this translation came not from England but from France where it was produced and distributed in very different circumstances, leading to a new version of Collins' ideas which undoubtedly gave them a much wider impact. The translator was Claude Rigobert Lefebvre de Beauvray,[46] a blind lawyer in the Paris Parlement who seems extremely well informed about British culture and published several works, in particular an anti-British *Dictionnaire social et patriotique* in 1770. Lefebvre de Beauvray claims that when he began his translation, for reasons that are unclear, he did not know that a translation already existed, although he gave the precise references in his preface (where he names the translator), quoting the 1740 edition of Des Maizeaux's *Recueil*. He also refers to Des Maizeaux's introduction, summarises the dispute between Clarke and Collins, and quotes Voltaire's judgement about it. His translation is very different, as he often amplifies and adapts the original text for the French reader. Also, in addition to translating Collins' initial paragraph 'To Lucius',

44. *Nouvelle bibliothèque, ou Histoire littéraire des principaux écrits qui se publient* 8 (January 1741), p.34 ff.; 5 (April 1740), p.435; 6 (October 1740), p.147.

45. This is the first version of *Eléments de la philosophie*: see *Eléments de la philosophie de Newton*, ed. Robert L. Walters and W. H. Barber, in *Œuvres complètes de Voltaire*, ed. Th. Besterman (Oxford, 1968-), vol.15 (1992), p.213-14.

46. Some sources mistakenly give his first name as Pierre and his profession as 'littérateur'.

which was omitted in Des Maizeaux's edition,[47] and dividing up the work into chapters and sections, he added his own learned footnotes with quotations from a range of works, including clandestine ones like the *Traité de la liberté*, probably by Fontenelle, published in *Nouvelles libertés de penser*, or *Lettre de Thrasibule à Leucippe*.[48] Lefebvre de Beauvray seems to have been a defender of moderate Enlightened principles and useful discoveries and an admirer of Montesquieu's *Esprit des lois*, while opposed to irreligious ideas. *Paradoxes métaphysiques*, which stands out from his other publications, shows the danger of drawing up ideological dividing lines too simply. In the *Lettre apologétique de l'auteur des Paradoxes metaphysiques, au R. P. Berthier, Jesuite, sur un article des Mémoires de Trévoux* printed at the end of a second edition of his translation in 1756, he denies accusations of freethinking but writes: 'je vous avoue, pour moi, que je me glorifie & que je me félicite tous les jours d'être né dans un siècle aussi *éclairé* & aussi solide que celui qui a vû éclorre l'*Histoire naturelle*, l'*Encyclopédie*, & l'*Esprit des Loix*.'[49] The hostile article in the *Mémoires de Trévoux*, which called the publication 'un nouvel effort qu'on tente en faveur du Matérialisme' (p.2624) and cited Collins' main arguments in order to counter them, doubtless helped to publicise the work, which had a huge echo in France.[50]

In the following years the question of liberty and necessity was the subject of intense debate: at the end of 1754 Condillac included a 'Dissertation sur la liberté' in his *Traité des sensations*; in 1755 Astruc published a *Dissertation sur la liberté* as the second part of his *Dissertation sur l'immatérialité et l'immortalité de l'Ame*; the *Encyclopédie* article 'Fatalisme' appeared in 1756, the same year as Diderot's 'Letter to Landois', and in 1757 abbé Pluquet denounced materialistic systems in *Examen du fatalisme*. Collins' *Paradoxes métaphysiques* were mentioned everywhere and probably played a role in this series of publications.[51] It apparently

47. He also claims, incorrectly, that the earlier translation did not include Collins' preface (*Lettre apologétique de l'auteur des Paradoxes metaphysiques, au R.P.Bethier, Jesuite*, 1756, n.p. p.8).

48. But, whereas de Bons's translation returns to the French original for a quotation from Le Clerc's *Bibliothèque choisie* (p.259), Lefebvre contents himself with translating Collins' English translation back into French, while changing the (accurate) page reference (p.24).

49. *Lettre apologétique*, p.22. His *Dictionnaire social et patriotique, ou Précis raisonné de connoissances relatives à l'économie morale, civile & politique, par M.C.R.L.F.D.B.A.A.P.D.P.* (Amsterdam, 1770), shows marked hostility towards Britain and towards many of the irreligious pamphlets published there.

50. Joseph Priestley indicates in the preface to his edition of Collins' *Philosophical inquiry* that he was given the 1756 French edition when he was in Paris (*Philosophical inquiry*, Birmingham, J. Johnson, 1790, p.xvi).

51. For Jacques Proust, who provides this list (*Diderot et l'Encyclopédie*, 2nd edn, Paris, 1995, p.316), the discussion began with Condillac and, although he shows the importance of Collins' work, he does not refer to the translation, which may have played a role in stimulating the debate, although La Mettrie's *Anti-Senèque* (1748-1751), republished in editions of his *Œuvres philosophiques* in 1752 and 1753, was probably also significant.

answered a need. Naigeon reprinted the work in the article 'Collins' in his *Encyclopédie méthodique*, explaining that he preferred this second translation because of the footnotes.[52] It was therefore thanks to the blind translator Lefebvre de Beauvray that Collins' *Philosophical inquiry* reached a wide public in France and exercised an undoubted influence in the charged ideological atmosphere of the second half of the century. In this case Pierre Des Maizeaux had been a less efficient intermediary. A more detailed study of the differences between the two translations would throw light on the specific form of Collins' ideas that was influential in France, but it is outside the scope of the present article. Despite Lefebvre's criticisms of unbelievers elsewhere, his translation and its footnotes situated Collins' work in an openly irreligious rather than simply heterodox context as had been the case of both the original and the 1720 translation, and it is significant that he translated much more faithfully than did de Bons the passage in the introduction about the idea of God. This, together with the way the notes linked it to the philosophical debate in France (around animal soul in particular), undoubtedly influenced the work's reception and brought it to the attention of those seeking irreligious arguments. To judge from what he was writing in 1770, the blind translator may well have regretted his role in this process. The long history of this book's translation and publication thus shows us not only the constraints under which Des Maizeaux and his collaborators worked and the sometimes tortuous paths by which English works reached French readers, but also the various factors determining exchanges and transfers and the important role played by translation in this process.

52. Jacques-André Naigeon, 'Collins', in *Encyclopédie méthodique, philosophie ancienne et moderne*, 3 vols (Paris, Panckoucke, 1791-1794), vol.1, p.751. He wrongly gives the publication date as 1756.

Traduire, trahir, se trahir: le cas du *Pantheisticon* de John Toland

PIERRE LURBE

Dernière œuvre d'importance du philosophe irlandais John Toland, *Pantheisticon*[1] fut très rapidement connu dans la France du dix-huitième siècle, où l'ouvrage fut diffusé sous des formes différentes et complémentaires dès l'année de sa publication (1720), à la fois en latin (langue dans laquelle le texte fut écrit) et en français. Le *Pantheisticon* en latin se trouve sous deux formes dans les bibliothèques françaises: d'une part, des exemplaires de l'édition originale qui ont été importés d'Angleterre,[2] d'autre part, des copies manuscrites reproduisant aussi fidèlement que possible, y compris dans la mise en page, les exemplaires imprimés.[3] Le *Pantheisticon* en français a une histoire plus complexe, puisqu'on trouve d'une part des traductions imprimées partielles,[4] d'autre part une traduction intégrale qui ne circula que sous forme manuscrite, et que l'on retrouve à l'identique (sans tenir compte des coquilles et erreurs de transcription) dans tous les manuscrits existants.[5] Il fallut attendre 1927 pour que cette traduction intégrale soit enfin

1. [John Toland], *Pantheisticon, sive formula celebrandae sodalitatis Socraticae* (Cosmopoli [Londres], s.n., 1720). Il existe trois éditions de l'ouvrage, distinguées par les lettres A, C et D, publiées la même année et qui se différencient par les ornements. Voir sur ce point John Toland, *Pantheisticon*, éd. Onofrio Nicastro et Manlio Iofrida (Pise, 1996), p.72-82. Les références au texte latin de *Pantheisticon* seront faites à cette édition, qui reproduit en fac-similé un exemplaire de l'édition D.
2. Ces exemplaires sont recensés dans J. Toland, *Pantheisticon*, éd. O. Nicastro et M. Iofrida, p.76 (édition A), p.78 (édition B), p.80-81 (édition D).
3. Une liste de ces copies manuscrites, avec leur localisation tant en France qu'à l'étranger, figure dans Miguel Benítez, *La Face cachée des Lumières* (Paris et Oxford, 1996), p.44. Une liste plus brève figure également dans J. Toland, *Pantheisticon*, éd. O. Nicastro et M. Iofrida, p.88, suivie immédiatement de la description des cinq manuscrits localisés en France (p.88-93).
4. *Bibliothèque angloise* 8 (1720), seconde partie, p.285-322 (recension et traduction partielle); J.-A. Naigeon, *Encyclopédie méthodique*, t.3 (1793), p.653-65 (recension et traduction partielle).
5. Une liste de ces manuscrits, avec leur localisation tant en France qu'à l'étranger, figure dans M. Benítez, *La Face cachée*, p.44. Une liste légèrement différente figure également dans J. Toland, *Pantheisticon*, éd. O. Nicastro et M. Iofrida, p.98, suivie immédiatement de la description des manuscrits localisés respectivement en Belgique (un manuscrit, p.98-100), en France (neuf manuscrits, p.100-106), aux Etats-Unis (un manuscrit, p.107).

imprimée par Albert Lantoine, qui ne donne malheureusement aucune précision permettant d'identifier le manuscrit sur lequel il fonda son édition.[6] En Angleterre, une traduction anglaise de *Pantheisticon* fut publiée en 1751,[7] par un traducteur anonyme qui ne pouvait être l'auteur, mort en 1722.

On ne résoudra pas ici les problèmes complexes que soulèvent ces quelques remarques introductives (réseau de diffusion du *Pantheisticon* en France; identité des traducteurs; identification de la traduction manuscrite française originale, si tant est qu'elle se trouve parmi les manuscrits existants ou du moins répertoriés). On s'attachera en revanche à comparer les deux traductions en langue vernaculaire qui ont été faites du texte original latin du *Pantheisticon*. Il ne s'agira pas tant de s'interroger sur la fiabilité de ces traductions en tant que telles que de montrer en quoi elles sont révélatrices à un double titre: d'une part, elles portent la marque du milieu culturel national auquel elles sont destinées, ce que signalent clairement certains choix de traduction qui visent à acclimater le texte à un milieu qui n'était pas le sien; d'autre part, elles nous renseignent sur le degré de connaissance qu'avaient les traducteurs de l'état de la science à leur époque, ce que révèle le caractère approximatif, voire franchement erroné, des traductions de certains passages à teneur scientifique.

Une première comparaison, un peu cursive, de la traduction anglaise et de la traduction française de l'ouvrage de Toland révèle d'abord que la première est souvent plus précise, plus fidèle à l'original, et plus piquante que la seconde, qui a tendance à affadir ou à policer l'original. Là où par exemple Woodward[8] est gratifié du titre de 'doctissimus Woodwardus, in his studiis verè lynceus',[9] la version française compresse et appauvrit cette séquence en ne parlant que du 'sçavant Woodward',[10] alors que l'anglais reste plus proche du latin en évoquant 'the learned Woodward, [...] a Man of great Penetration in his studies'.[11] De même, l'injonction du président de l'Assemblée socratique,

6. Albert Lantoine, *Un Précurseur de la franc-maçonnerie, John Toland* (Paris, 1927). Le texte même de *Pantheisticon* figure aux pages 185-247.
7. J. Toland, *Pantheisticon, or the Form of celebrating the Socratic-Society* (Londres, Sam Paterson, 1751).
8. John Woodward (1665-1722), auteur de *An Essay towards a natural history of the earth* (Londres, Richard Wilkin, 1695).
9. J. Toland, *Pantheisticon*, éd. O. Nicastro et M. Iofrida, p.196.
10. Vire, Bibliothèque Henry Lesage, MS MV 53 A 55, 'Pantheisticon / ou / Formule pour celebrer une / Societé Socratique', f.26*v*. Les références à la traduction française de *Pantheisticon* seront empruntées à ce manuscrit, qui provient de la bibliothèque de Thomas Pichon (1700-1781) et est vraisemblablement de sa main.
11. J. Toland, *Pantheisticon, or the Form*, p.45.

> Mentem ergo maximè,
> Ventrem verò modicè pascamus[12]

est-elle rendue en français par un bienséant 'Remplissons donc beaucoup notre esprit et mangeons sobrement',[13] qui évite soigneusement d'appeler le ventre par son nom, ce que l'anglais ne s'interdit pas, tout au contraire:

> Let us greatly feed our Minds;
> But sparingly our Bellies.[14]

Mais ce premier niveau de différenciation, sans être totalement anecdotique, reste tout de même d'un intérêt assez mince. Nettement plus intéressantes sont les différences qui signalent l'ancrage des traductions dans des contextes socio-culturels clairement différenciés. Si l'anglais 'Fraudulent Priests, or impotent silly Women, may stir up Magistrates against them'[15] correspond bien au latin 'Fraudulentorum est Sacricolarum, et muliercularum impotentium, Magistratum in eos incitare',[16] la traduction française introduit un marqueur culturel décisif, qui signale son appartenance à l'aire catholique, en ajoutant le mot 'Moine', absent de l'original: 'C'est aux Moines ou aux Prêtres hypocrites et aux femelettes impuissantes à exciter les Magistrats.'[17] En sens inverse, on ne peut qu'être frappé du fait que l''Imperator' du texte original ('Unusque erit communis quasi Magister, et Imperator omnium, DEUS ille, Legis hujus inventor, disceptator, lator')[18] devienne un simple 'Ruler' dans la traduction anglaise ('There shall be one, as it were, common Master and Ruler of All, that GOD, the Inventor, Umpire, and Giver of this Law'):[19] ce terme, qui relève étymologiquement du registre de la règle, de la mesure et de la raison, correspond sans doute mieux à la conception britannique d'un pouvoir royal tempéré et borné par celui du Parlement. Par contre, on ne s'étonnera pas que le français demeure sur ce point fidèle à l'original: 'Tous les hommes ont par conséquent un Empereur et un Maître commun, qui est le Dieu qui a inventé cette Loi, lequel en est le fondateur et l'interprete.'[20] Pour rester dans le même registre, l'exemple le plus intéressant de la divergence entre les traductions quand il s'agit de questions politiques concerne

12. J. Toland, *Pantheisticon*, éd. O. Nicastro et M. Iofrida, p.240.
13. Vire, MS MV 53 ^{A} 55, 'Pantheisticon', f.42*r*.
14. J. Toland, *Pantheisticon, or the Form*, p.69.
15. J. Toland, *Pantheisticon, or the Form*, p.101.
16. J. Toland, *Pantheisticon*, éd. O. Nicastro et M. Iofrida, p.298.
17. Vire, MS MV 53 ^{A} 55, 'Pantheisticon', f.62*r*.
18. J. Toland, *Pantheisticon*, éd. O. Nicastro et M. Iofrida, p.270.
19. J. Toland, *Pantheisticon, or the Form*, p.86.
20. Vire, MS MV 53 ^{A} 55, 'Pantheisticon', f.52*r*.

sans doute le passage dans lequel Toland définit les panthéistes comme ennemis de la tyrannie. Dans le texte latin, cela donne ceci: 'cunctis Tyrannis (sive illi Monarchae sint despotici, vel Optimates oligarchici, vel anarchici Demagogi) infensissimi'.[21] L'anglais reste fidèle au latin ('They [...] are sworn Enemies of all Tyrants, whether despotic Monarchs, or domineering Nobles, or factious Mob-leaders'),[22] bien que la traduction adoptée tende à minorer l'allusion au cycle des constitutions qui sous-tend l'original. De son côté, la traduction française se démarque considérablement du texte de départ, en transformant les 'anarchici Demagogi' en 'chefs de République' – équivalence pour le moins hardie – et en supprimant purement et simplement toute référence aux 'Optimates oligarchici': 'Ils sont ennemis jurez de tous les Tyrans, soit qu'ils soient Monarques ou chefs de Republique.'[23] Il ne s'agit ici même plus de traduction, mais de ce qui ressemble fort à une adaptation au goût et aux préjugés du milieu nobiliaire français, qui était le milieu de réception d'un texte désormais opportunément expurgé de toute référence péjorative à l'aristocratie.

C'est toutefois dans la traduction des thèses, ou des hypothèses scientifiques que contient *Pantheisticon*,[24] que se manifestent les différences les plus marquées, et les plus significatives des attentes des milieux de réception dans lesquels circulait le texte. En première approche, nous dirons simplement que la traduction française est particulièrement médiocre dans ce domaine, entachée d'approximations, d'erreurs et même de contresens caractérisés, alors que la traduction anglaise est en règle générale précise et fiable, révélant de surcroît un vrai souci de comprendre, et de se faire comprendre, de la part du traducteur.

Du côté de la version française, les erreurs sont décelables dès le simple niveau lexical: alors que le latin évoque les 'particulae insecabiles cujuscunque speciei',[25] que l'anglais rend de manière précise par une glose qui explicite exactement le sens d''insecabiles' ('Particles of every Species, that cannot be cut or parted'),[26] le traducteur français modifie la

21. J. Toland, *Pantheisticon*, éd. O. Nicastro et M. Iofrida, p.218.
22. J. Toland, *Pantheisticon, or the Form*, p.57.
23. Vire, MS MV 53 A 55, 'Pantheisticon', f.34*v*.
24. *Pantheisticon* se compose de trois parties: à en croire son titre complet, son intérêt tiendrait avant tout au fait que l'ouvrage est censé reproduire le texte de la liturgie socratique en usage chez les panthéistes. Mais cette liturgie, la 'Formula' du titre latin, est flanquée de deux dissertations dont on ne peut sous-estimer l'importance: une petite dissertation ('dissertatiuncula') finale dans laquelle est exposé l'idéal panthéiste de l'homme parfait, et une plus longue dissertation inaugurale, dans laquelle Toland développe sa théorie corpusculaire de la matière et sa conception de l'univers comme tout infini, éternel, sujet à d'infinies métamorphoses.
25. J. Toland, *Pantheisticon*, éd. O. Nicastro et M. Iofrida, p.156.
26. J. Toland, *Pantheisticon, or the Form*, p.21.

teneur du texte en choisissant un vocabulaire qui ne renvoie plus à un modèle géométrique ou physique, mais à un modèle vaguement biologique, l'insécable étant transformé en incorruptible ('particules incorruptibles').[27] La même imprécision, ou plutôt la même manière de faire glisser le sens, apparaît dans la traduction du passage dans lequel Toland explique qu'en raison de la précession des équinoxes, 'Bis nempe Sol occidit, ubi nunc exoritur; et toties exortus est, ubi nunc occidit. Hoc non bis duntaxat, sed *innumeris* etiam vicibus accidit, accidetque, in æterna rerum duratione.'[28] L'un des enjeux de ce passage est bien la traduction d''innumeris', dont la valeur d'indétermination est parfaitement rendue dans l'anglais ('That is, the Sun twice sets where it now rises, and rises as often where it now sets. This not only twice, but also *innumerable* Times, has happened, and will happen in the eternal Duration of Things'),[29] mais est franchement trahie dans la version française, qui rabat l'indénombrable sur de l'innombrable ('Le Soleil s'est couché deux fois au lieu où il se leve aujourd'hui, et il s'est levé deux fois où il se couche presentement, ce qui n'est pas arrivé seulement deux fois, mais un nombre *infini* de fois, et ce qui arrivera pendant toute l'éternité').[30]

Plus intéressants encore sont les passages dans lesquels le traducteur français se livre à une transposition de ce qu'il lit en empruntant des catégories philosophiques qui lui sont familières, mais qui déforment et trahissent le sens de l'original. Expliquant en quoi consiste la pensée, Toland est conduit à faire en ces termes une description anatomique du cerveau et de son fonctionnement: 'Cogitatio [...] est motus peculiaris Cerebri, quod hujus facultatis est proprium organum: vel potiùs Cerebri pars quædam, in medulla spinali et nervis cum suis meningitibus continuata, tenet *Animi principatum*, motumque perficit tam cogitationis quàm sensationis; quae, secundùm Cerebri diversam in omnium animalium speciebus structuram, mirè variantur.'[31] Alors que le terme 'principatus' a ici le sens de principe dominant, voire même de gouvernement de l'âme, c'est par une notion aristotélico-thomiste tout à fait dépourvue de pertinence dans ce contexte qu'il est traduit dans la version française de ce passage:

> La pensée [...] est un mouvement particulier du cerveau qui est le propre organe de cette faculté, ou plûtôt, c'est une certaine partie du cerveau,

27. Vire, MS MV 53 ^{A} 55, 'Pantheisticon', f.11*v*.
28. J. Toland, *Pantheisticon*, éd. O. Nicastro et M. Iofrida, p.186-88 (nous soulignons).
29. J. Toland, *Pantheisticon, or the Form*, p.39-40 (nous soulignons). On remarquera tout de même que c'est à tort que le présent est employé dans la première phrase, pour traduire le premier 'occidit' et 'exortus est'.
30. Vire, MS MV 53 ^{A} 55, 'Pantheisticon', f.23*r* (nous soulignons).
31. J. Toland, *Pantheisticon*, éd. O. Nicastro et M. Iofrida, p.158 (nous soulignons).

laquelle étant continuée dans la moelle de l'épine et dans les nerfs par les meninges, est *la cause première* de l'ame et forme les mouvemens tant de la pensée que de la sensation qui sont merveilleusement variées dans toutes les especes d'animaux, selon la differente structure de leur cerveau.[32]

Non seulement la traduction anglaise reste fidèle à l'original, mais le traducteur prend soin d'ajouter des notes infra-paginales destinées à apporter au lecteur les précisions anatomiques indispensables à une bonne intelligence du texte:

Thought [...] is a peculiar Motion of the Brain, the proper Organ of that Faculty; or rather a certain Part of the Brain continued in the *Spinal Marrow [* The Spinal Marrow that begins in the Brain, and runs along the Ridge of the Back], and in the Nerves with their + Membranes [+ *Meninx*, a thin Membrane which incloseth the Brains, whereof there are two, the one thicker, called *Dura Mater*, the other thinner, called *Pia Mater*], constitutes *the principal Seat of the Soul*, and performs the Motion both of Thought and Sensation; which vary wonderfully, according to the different Structure of the Brain, in all Kinds of Animals.[33]

Ce souci du traducteur anglais de donner au lecteur les explications et les clés de lecture nécessaires est un trait constant, qui n'est sans doute jamais aussi remarquable que lorsqu'il est aux prises avec un passage qu'il ne comprend qu'imparfaitement lui-même. Soit en effet le passage suivant: '*Sigillatim verò omnia, et divina et humana; sursum ac deorsum immutantur: dies et nox ad summum et minimum, ut summum et minimum est Lunæ.* Ignis accessus est et Aquae. *Sol ad longissimum ac brevissimum.*'[34] Sans trop s'embarrasser de savoir si sa traduction a un sens, et sans qu'aucune note vienne éventuellement éclairer son lecteur, le traducteur français rend ce texte de la façon suivante: 'Toutes choses tant divines qu'humaines sont changées tant en haut qu'en bas, chacune en particulier, le jour et la nuit sont au plus grand et au plus petit, comme le plus petit et le plus grand sont à la lune. *Le Feu y a accès comme l'Eau.* Le Soleil est au plus long comme au plus court.'[35] Il est difficile de comprendre grand-chose à ce galimatias, qui semble le fruit d'une traduction hâtive et mot à mot, et ne témoigne en tout cas d'aucun

32. Vire, MS MV 53 A 55, 'Pantheisticon', f.12*r* (nous soulignons).
33. J. Toland, *Pantheisticon, or the Form*, p.22. Les notes infra-paginales sont placées ici entre crochets à la suite du terme concerné; les mots en italiques qui y figurent sont dans l'original. Par contre, dans le texte même, c'est nous qui soulignons '*the principal Seat of the Soul*'.
34. J. Toland, *Pantheisticon*, éd. O. Nicastro et M. Iofrida, p.204. L'original étant ici entièrement en italiques, nous soulignons en recourant aux caractères romains. Le passage souligné qui fait l'objet de la présente discussion est traduit ainsi en italien: 'Il fuoco ha la sua fase ascendente come ce l'a l'acqua' (J. Toland, *Pantheisticon*, éd. O. Nicastro et M. Iofrida, p.205: 'De même que l'eau, le feu a sa phase ascendante').
35. Vire, MS MV 53 A 55, 'Pantheisticon', f.27*r* (nous soulignons).

effort particulier pour comprendre ce dont il est question dans l'original, et moins encore pour l'expliquer. L'incompréhension du traducteur éclate dans la phrase concernant le feu, dans laquelle l'adjonction du pronom 'y' révèle qu'il n'a pas du tout compris que le terme 'accessus' est ici utilisé pour désigner une phase ascendante, l'ensemble du passage reposant sur l'idée que toutes choses sont soumises à une alternance entre accroissement et diminution. De son côté, même s'il a beaucoup mieux compris et rendu le passage que son homologue français, le traducteur anglais n'hésite pas à faire part en note de ses doutes, et en appelle au lecteur:

> *Each, and every Thing, as well divine as human, is turned up and down, Days and Nights have their Increase and Decrease, so also has the Moon;* there's an access of Fire and Water*; + the Sun too has various Appearances, with regard to us* [+ That is to say, according to the right, oblique, or parallel Position of the Globe, it appears longer or shorter over our Horizon, or that by Solstices and Equinoxes, it produces the Vicissitudes of Seasons, and all other Changes that happen in our Globe. Whether this be a reasonable Interpretation of the Words *Sol ad longissimum & brevissimum*, must be left to the Determination of the ingenious Reader, the Translator confesses he could not fathom, to his Satisfaction, the meaning of them].[36]

La traduction anglaise du *Pantheisticon* est donc beaucoup plus fiable et solide que son équivalent français, du moins pour ce qui concerne la dissertation initiale. Mais comme cette partie de l'ouvrage, en raison de sa teneur scientifique, contient justement les passages les plus difficiles à traduire, qui exigent du traducteur un véritable effort de compréhension du langage un peu plus technique auquel Toland a recours, la qualité de sa traduction est un bon indice de la qualité de la traduction dans son ensemble. Non que le traducteur anglais soit toujours parfaitement fidèle à l'original. S'il prend grand soin en général de bien distinguer la traduction du texte de Toland proprement dit des commentaires ou des gloses qu'il y ajoute sous forme de notes, il est au moins un cas dans lequel il fait subir au texte original une modification que rien ne signale typographiquement, et que seule une comparaison avec le latin permet de repérer. Traitant de la notion de création, le philosophe irlandais écrit: 'Quare, etsi *Creationem ex nihilo* nec verbo nec re agnoscant vel Hebraeorum Cabalistae, vel aliarum gentium Philosophi, omnia tamen *esse creata* rectè dici poterint',[37] ce qui est rendu en français, pour une fois avec un degré satisfaisant d'exactitude, par 'C'est pourquoy, quoy que les Cabalistes des Hebreux ou des philosophes d'autres nations ne

36. J. Toland, *Pantheisticon, or the Form*, p.49-50. La note infra-paginale est placée ici entre crochets à la suite de l'expression concernée. Le texte traduit étant en italiques, nous soulignons en recourant aux caractères romains.

37. J. Toland, *Pantheisticon*, éd. O. Nicastro et M. Iofrida, p.214.

reconnoissent la creation de rien ni par façon de parler ni en effet, il ont pû cependant dire que tout a été crée.'[38] Dans la version anglaise, nous lisons ceci: 'for which Reason, though a Creation out of nothing is looked upon, by the *Hebrew* Cabalists, and the Philosophers of other Nations, *to be the Production of a Thing, both out of the Nothing of itself, and out of the Nothing of a pre-existing Subject*, yet all Things can be said to be properly *created*.'[39] La glose signalée en italiques ('*to be* [...] *subject*') n'a aucun équivalent dans l'original: on se borne à en faire état, sans se hasarder ici à en proposer une interprétation ni à en identifier la source.

Nous terminerons ce passage en revue par deux exemples apparemment plus minces, mais dont l'importance est plus grande qu'il n'y paraît au premier abord. Caractérisant la démarche qui est la sienne dans *Pantheisticon*, Toland précise: 'Subtiliores rerum explicationes, et *Φαινόμενων* solutiones, ex *Esotericis* nostris petendae; quum historicè impraesentiarum ex professo, non physicè, scribamus',[40] que l'anglais traduit avec exactitude par 'A more subtil Explanation of Things, and the Solutions of our Phaenomenons are to be met with in our *Esoterics*, it being our Design to write at present Historically and not Physically.'[41] Curieusement, la version française intervertit les adverbes 'historicè' et 'physicè', ce qui aboutit à faire dire à l'auteur exactement l'inverse de ce qu'il voulait: 'Ceux qui voudront n'auront qu'à chercher dans nos Esoterica les explications plus détaillées et les solutions de tous les Phenomenes, parce que le present ouvrage n'est point historique, mais seulement Physique.'[42] On peut certes émettre l'hypothèse que cette interversion provient d'une lecture rapide et inattentive de la part du traducteur, mais cette explication est un peu faible. Une hypothèse plus satisfaisante, et d'ailleurs non exclusive de la précédente (on verra mieux pourquoi avec l'exemple suivant), est que, ne comprenant pas l'usage que fait ici Toland de la notion d''histoire', le traducteur ait pensé qu'il y avait une erreur dans le texte, et ait cru rétablir le seul sens possible à ses yeux en remettant à leur place les adverbes que l'auteur aurait intervertis par inadvertance. Cette erreur du traducteur, qui pensait peut-être bien faire en corrigeant un original qu'il croyait fautif (à supposer que l'hypothèse à l'instant avancée soit la bonne), suggère en tout cas qu'il était peu informé de la philosophie anglaise de son époque. S'il avait été mieux renseigné, il se serait rendu compte que cette phrase

38. Vire, MS MV 53 A 55, 'Pantheisticon', f.33*r-v*.
39. J. Toland, *Pantheisticon, or the Form*, p.49-50. La séquence '*to be the Production of a Thing, both out of the Nothing of itself, and out of the Nothing of a pre-existing Subject*' est soulignée par nous. Le dernier mot de la citation est en italiques dans l'original.
40. J. Toland, *Pantheisticon*, éd. O. Nicastro et M. Iofrida, p.200.
41. J. Toland, *Pantheisticon, or the Form*, p.48.
42. Vire, MS MV 53 A 55, 'Pantheisticon', f.28*v*.

de *Pantheisticon* fait directement écho à un passage célèbre de *An Essay concerning human understanding* de Locke, qui repose sur la même distinction entre l'approche historique, qui ne vise qu'à décrire le phénomène tel qu'il apparaît, et l'approche physique, qui cherche à rendre compte de ce qui le sous-tend.[43]

Le dernier exemple provient d'un développement consacré à la question fondamentale du mouvement, qui est pour Toland une caractéristique essentielle de la matière: 'Omnia namque, sicut jam notatum, in motu sunt [...] non unico in rerum natura puncto absolutè quiescente; sed respectu tantùm ad alias res habito, cùm ipsa Quies verè sit *resistentiæ motus*.'[44] C'est à nouveau une traduction exacte que propose la version anglaise: 'For all Things, as we already remarked, are in Motion [...] not one single Point in Nature being absolutely at rest, but only with regards to other Things, Rest itself being truly and essentially *a Motion of Resistance*.'[45] Or que lisons-nous dans la version française? Ceci: 'Car, comme nous l'avons remarqué, tout est en mouvement [...] n'y ayant pas dans la Nature un seul point en repos, mais quelquefois seulement à l'égard des autres corps, puisque le repos même n'est qu'*une resistance au mouvement*.'[46] Le contresens est si gros qu'il paraît à peine croyable; le latin est sans ambiguïté ('*resistentiæ*' est bien un génitif), et la phrase dans son ensemble ne laisse par ailleurs aucun doute: si tout est mouvement, le repos lui-même ne peut en effet être qu'une forme de mouvement. Il ne s'agit évidemment pas d'une méconnaissance du latin de la part du traducteur, qui le connaît suffisamment bien pour traduire convenablement le plus gros du texte. Nous tenons ici la preuve de ce que nous ne pouvions que soupçonner dans le cas précédent: le traducteur ne voit littéralement pas ce qu'il a sous les yeux, car ce qui fait écran, c'est la représentation naïve et spontanée qu'il se fait du repos, dont il est incapable de concevoir qu'il puisse être un 'mouvement de résistance'. Aussi n'est-il même pas besoin de s'imaginer que le traducteur ait eu besoin de corriger l'original: la prégnance de 'l'intuition naïve'[47] est d'une telle force qu'il n'a sans doute même pas perçu que le texte disait l'exact contraire de ce qu'il se figurait, les termes accolés de 'resistentia' et de 'motus' appelant forcément la corrélation

43. 'I shall not at present meddle with the Physical Consideration of the Mind; [...] and I shall imagine I have not wholly misimploy'd myself in the Thoughts I shall have on this Occasion, if, in this Historical, plain Method, I can give any Account of the Ways, whereby our Understandings come to attain these Notions of Things we have.' John Locke, *An Essay concerning human understanding* (1690), éd. P. H. Nidditch (Oxford, 1975), introduction, section 2, p.43-44.

44. J. Toland, *Pantheisticon*, éd. O. Nicastro et M. Iofrida, p.156 (nous soulignons).

45. J. Toland, *Pantheisticon, or the Form*, p.21 (nous soulignons).

46. Vire, MS MV 53 ^{A} 55, 'Pantheisticon', f.11*v*-f.12*r*.

47. Gaston Bachelard, *La Formation de l'esprit scientifique* (1938; Paris, 1972), p.69.

vulgaire, conforme aux sens, qu'il y a reconnue. Nous sommes donc ici en présence d'un de ces 'obstacles épistémologiques'[48] dont Gaston Bachelard a si bien montré qu'ils entravent et retardent la formation de l'esprit scientifique.

Cette comparaison des traductions de *Pantheisticon* de John Toland aura permis d'établir que la version française, au contraire de l'anglaise, est quasiment inutilisable si l'on espère y trouver une traduction fiable de la partie scientifique de l'ouvrage. On peut donc dire du traducteur français qu'il trahit l'original, en ce premier sens qu'il lui est infidèle, mais ce n'est en fait pas à ce premier niveau que la 'trahison' est la plus intéressante. Car trahir, c'est encore révéler, et même se révéler en se trahissant. Ce que révèle la faiblesse de la traduction française de la dissertation initiale du *Pantheisticon*, c'est que ce n'est pas là que résidait l'intérêt du texte pour le lectorat français de l'époque, qui s'intéressait bien davantage à sa partie liturgique: parodiant la typographie des missels, et se présentant comme un rituel secret, la 'Formule pour célébrer une Société socratique' avait tout pour plaire aux milieux maçonniques; ce qui la précédait pouvait passer pour un aimable verbiage, et on ne s'étonne pas que ce soit le franc-maçon Albert Lantoine qui ait pris la peine, dans le premier tiers du vingtième siècle, de publier pour la première fois cette traduction qui n'existait jusqu'alors que sous forme manuscrite. En l'absence de données plus précises, on ne se risquera pas à deviner quel put être l'usage, et qui purent être les lecteurs, de la traduction anglaise; mais on reconnaîtra au moins qu'ils eurent la chance d'avoir entre les mains une version du *Pantheisticon* beaucoup plus proche à tous égards des intentions de l'auteur. Quoi qu'il en soit, malgré ses défauts, ou plutôt grâce à ses défauts, la traduction française du livre de Toland met en relief ce que l'on peut appeler le paradoxe de la traduction, qui fonctionne simultanément comme moyen de transmission et comme obstacle à cette même transmission, d'où l'importance de son étude comme vecteur du transfert culturel.

48. G. Bachelard, *La Formation*, p.13.

Hume en France: la traduction des *Political discourses*

MICHEL MALHERBE

De la recension à la traduction des *Discours politiques*[1]

Les *Political discourses* de David Hume paraissent à Edimbourg en 1752, in-octavo, suivis d'une seconde édition in-duodecimo, signe d'un succès immédiat en Angleterre. Une réédition apparaît en 1753, puis une 'troisième édition' en 1754 avec additions et corrections, chaque fois comme volume 4 des *Essays and treatises on several subjects*. En 1758, toujours dans ce cadre, les *Political discourses* sont réunis aux *Essays moral and political* (première édition en 1742), comme deuxième partie des *Essays moral, political and literary* (titre qui sera conservé dans toutes les éditions ultérieures). De nouveaux essais sont incorporés à la liste en 1758 et en 1760.

Les *Political discourses* firent la fortune de Hume en France. Ce fait peut paraître étonnant au lecteur d'aujourd'hui, plus tenté de chercher l'essentiel de l'œuvre du philosophe dans le *Treatise of human nature* ou dans l'*Enquiry concerning the human understanding*. Et pourtant le fait est indiscutable. En 1752 Hume n'est guère connu en France. Le *Treatise of human nature*, paru en 1739 et 1740, avait fait l'objet d'une recension philosophiquement intéressante dans trois revues en langue française éditées en Hollande, mais cet accueil flatteur pour un jeune auteur n'avait pas eu de suite. En 1749 Montesquieu avait envoyé à Hume, par l'intermédiaire d'un ami commun, un exemplaire de *De l'esprit des lois*. Flatté et honoré, Hume avait répondu en français, avec des remarques critiques. Un début d'échange se développe entre les deux auteurs, animé en 1752 par la question du nombre des hommes dans l'Antiquité, Montesquieu ayant pris connaissance du long essai de Hume sur le sujet dans les *Political discourses*, ainsi que de l'ouvrage de Robert Wallace, *Dissertation on the numbers of mankind in ancient and modern times* (1753). La mort de Montesquieu en 1755 rompt le contact.[2] A cette exception remarquable, peu nombreuses sont les mentions des *Essays moral and political* (1741 et 1742) et des deux *Enquiries* (respectivement 1748 et 1751).

1. Nous reprenons ici certaines des données historiques rassemblées dans notre étude 'Hume's reception in France', dans *The Reception of David Hume in Europe*, éd. Peter Jones (Londres et New York, 2005), p.43-97.
2. *Letters of David Hume*, éd. J. Y. T. Greig, 2 vol. (1932; Oxford, 1969), t.1, p.133 ff., 176 ff.

Le premier texte traduit de Hume est son essai 'De la polygamie et du divorce', tiré des *Essays moral and political* et paru dans *Le Petit Réservoir.*[3] Les *Philosophical essays* (premier titre de l'*Enquiry concerning the human understanding*) sont annoncés dans les nouvelles littéraires de la *Bibliothèque raisonnée*, avec cette formule: 'Il ne convient pas d'entrer dans le détail sur des objets si variés et à l'égard desquels l'auteur pense avec autant de hardiesse que de singularité.'[4] En 1752 le même journal donne un bref compte rendu de l'*Enquiry concerning the principles of morals* (la seconde *Enquiry*), puis consacre deux pages aux *Political discourses* tout récemment parus: le contenu des deux premiers essais est résumé et le titre des autres donné. Il termine avec la présentation des *Philosophical essays*, accompagné de ce commentaire: c'est un ouvrage 'où à l'imitation du célèbre Bayle, il tâche de répandre un doute universel sur les connaissances humaines, et de faire envisager la religion même comme le fruit de la sottise et de l'imposture'.[5] Ainsi la *Bibliothèque raisonnée*, peu de temps avant sa disparition, offre-t-elle un panorama rapide mais complet de l'importante production philosophique de Hume de 1748 à 1752 et fixe un premier trait qui reviendra constamment dans tous les portraits de Hume, celui d'un philosophe sceptique, hostile à la religion. Cette présentation par une revue estimée n'est pas négligeable; elle peut avoir contribué à faire connaître le nom de Hume, mais on ne peut dire encore qu'il y ait eu alors un effet 'Hume' proprement dit dans le paysage littéraire français.

Sceptique, Hume l'est certainement dans les *Philosophical essays*. Il l'apparaît beaucoup moins dans l'*Enquiry concerning the principles of morals*. Et un lecteur non averti des œuvres antérieures du philosophe, qui découvrirait sa pensée en ouvrant les *Political discourses*, imaginerait difficilement qu'un tel qualificatif fût mérité. Or c'est bien de cette façon que les Français entrèrent dans l'œuvre de Hume. Dans le procès de cette découverte, le *Journal britannique*, nouvellement créé pour satisfaire la curiosité du public pour la nation voisine, joua un rôle déterminant. De 1751 à 1757, chaque nouvelle production de Hume en Grande-Bretagne fut annoncée très tôt après sa parution. Concernant les *Political discourses*, une première notice est donnée en 1752, énumérant les titres des essais et annonçant: 'Il y a dans tout cela un grand nombre d'observations délicates et finement rendues, et je me propose d'en rendre compte en détail plus en particulier...'[6] Le numéro suivant

3. *Le Petit Réservoir, contenant une variété de faits historiques et critiques, de morale et de poésie, etc.*, 5 vol. (La Haye, Jean Néaulme, 1750-1751), t.2, p.453-63, 469-76.

4. *Bibliothèque raisonnée des ouvrages des savants de l'Europe* 40 (1748), p.474. Ce périodique trimestriel fut l'un des trois journaux à rendre compte du *Treatise of human nature* dans les numéros 22 (1739), p.481-82; 24:2 (1740), p.324-55; et 26:2 (1741), p.411-27.

5. *Bibliothèque raisonnée* 47 (1752), p.229-32.

6. *Journal britannique* 7 (1752), p.225-31.

(mars 1752) satisfait à cette promesse. L'article commence en disant que Hume semble avoir abandonné les principes sceptiques qu'il avait opposés aux certitudes les mieux établies du sens commun et de la religion. 'Ce redoutable sceptique semble avoir enfin pris un autre ton. L'intérêt de ses concitoyens paraît l'animer; il veut leur enseigner la route du bonheur.' Les douze essais sont ensuite passés en revue, un intérêt spécial étant consacré à celui portant sur le luxe.[7] Un mois plus tard,[8] des extraits sont donnés de l'essai 'Of the populousness of ancient nations', cette question du nombre des hommes dans l'Antiquité étant reprise encore le mois suivant, à l'occasion de la recension de l'ouvrage de Wallace qui s'opposait à la thèse humienne selon laquelle, de l'Antiquité aux temps modernes, la population humaine n'avait cessé de croître.[9]

Deux années plus tard, dans son premier numéro, un autre périodique, le *Journal étranger*, annonce la seconde (la troisième?) édition à Edimbourg des *Political discourses*. 'Supérieur par sa fortune, par sa raison, et par ses principes, au vil intérêt, à la fausse gloire et à l'esprit de parti, M. Hume, déjà célèbre par divers essais politiques et moraux, soutient très bien sa réputation dans ces discours qui seront le premier livre anglais dont nous rendrons compte.'[10] Cette place d'honneur et ce propos louangeur assurent incontestablement la promotion d'un auteur à découvrir, et cela sous les traits flatteurs du philosophe, quelque peu sceptique, il est vrai, mais impartial et modéré: un auteur de bon ton et de bonne compagnie qu'il convient de lire et d'apprécier. Suivent les résumés des trois premiers essais, accompagnés de citations.

Ces deux journaux créèrent sans doute une attente ou une disposition favorable dans l'esprit de leurs lecteurs, toutes gens intéressées dans les nouvelles idées et les nouvelles publications venant d'outre-Manche. Cette attente fut satisfaite avec la parution quasi simultanée, en 1754, de deux traductions rivales, toutes les deux à Amsterdam, la première anonymement par Eléazar de Mauvillon et la seconde par l'abbé Jean-Bernard Le Blanc.[11] Cette dernière, en deux volumes, comprenait aussi *The Present state of the nation* de Bolingbroke et une présentation des principaux ouvrages d'économie du moment. Elle eut tant de succès que, bien que la première édition n'eût obtenu que la permission tacite, la seconde, un an plus tard, obtint le privilège du roi. Le Blanc ne manqua

7. *Journal britannique* 7 (1752), p.243-67.
8. *Journal britannique* 7 (1752), p.387-411.
9. Voir aussi la *Bibliothèque des sciences et des beaux-arts* 4:1 (1755), p.97 ff.
10. *Journal étranger* (avril 1754), p.46-56.
11. L. Bongie a prouvé que la prétendue traduction des *Discours politiques* attribuée à Malle de La Chaux était née de l'imagination fertile de Diderot. *Diderot's femme savante* (Oxford, 1977) et 'Retour à Mademoiselle de la Chaux', *Recherches sur Diderot et sur l'Encyclopédie* 6 (1989), p.62-104.

pas d'envoyer sa traduction à Hume, lui demandant de la lire et de la corriger, et une brève correspondance s'ensuivit. Très flatté et très heureux de cette ouverture sur le continent, Hume envoya en retour à Le Blanc les modifications et les additions qu'il avait faites pour une nouvelle édition en cours, dans la langue anglaise. Voyant en Le Blanc un traducteur potentiel pour ses autres ouvrages, il lui indique les meilleures éditions et lui annonce la sortie prochaine du premier volume de l'*Histoire d'Angleterre*. Fort heureux de cette confiance, l'abbé, cherchant à se débarrasser de la concurrence que représente la traduction de Mauvillon (traduction dont Hume ne prend connaissance qu'en 1755), requiert de celui-ci une lettre faisant de lui le traducteur officiel pour l'*Histoire d'Angleterre* et susceptible d'être insérée dans les meilleurs journaux littéraires de l'époque; ce à quoi le philosophe écossais se plie bien volontiers.[12] Les choses ne se firent pas ainsi. Peu de temps après sa parution, Grimm fait la recension de la traduction de Le Blanc dans *La Correspondance littéraire*. Il commence par quelques remarques sur Hume: 'Il s'était déjà fait connaître par des ouvrages philosophiques dans lesquels il professait le scepticisme avec beaucoup de hardiesse, lorsqu'il donna ces *Discours politiques*. Je n'ai qu'un grief contre Hume, c'est d'aimer trop le paradoxe, ce qui le fait raisonner mal quelquefois, et d'être jacobite.' Puis défendant Mauvillon, 'un homme de beaucoup d'esprit et de mérite', il porte (à juste titre) un jugement fort critique sur la traduction de Le Blanc: 'Monsieur Hume méritait un autre traducteur que M. l'Abbé Le Blanc que vous prendriez plutôt pour un Suisse que pour un Français, en lisant sa traduction sans goût, sans philosophie, et avec une ignorance profonde des matières qui font l'objet de ces discours.'[13] L'*Année littéraire* montra moins de réserve. Fort consciencieusement, elle résume successivement les douze discours et conclut ainsi:

> Mr Hume est sans contredit un homme de génie, mais un peu sceptique. Sa théorie est quelquefois plus ingénieuse que solide, parce qu'elle n'est pas toujours fondée sur la pratique, non plus que celle de feu M. Melon, dont il a étendu quelques principes, quoiqu'ils soient peu d'accord ensemble sur plusieurs autres. On y trouve des réflexions profondes, des vues neuves, et comme dans tous les ouvrages anglais, beaucoup d'inégalités. M. l'Abbé Le Blanc, en traduisant celui-ci, a rendu un véritable service à sa patrie, et s'est fait honneur à lui-même.[14]

12. Lettres à l'abbé Le Blanc du 12 septembre 1754 et du 15 octobre 1754, *Letters*, t.1, p.191-94 et p.196-200. Il semble que cette dernière lettre ne soit jamais parvenue à Le Blanc qui avait quitté Paris pour Dresde. Voir aussi une lettre datée du 26 février 1755 dans J. Vercruysse, 'Lettres et corrections inédites de David Hume', *Dix-huitième siècle* 2 (1970), p.33-37.
13. *Correspondance littéraire*, t.2 (1877), p.478.
14. *L'Année littéraire* 5 (1754), p.73-97. Voir aussi la *Bibliothèque des sciences et des beaux-arts* 2:2 (1754), p.475.

Quant à la traduction de Mauvillon, elle fut recensée par Formey dans la *Nouvelle bibliothèque germanique*, avec un résumé des douze discours.[15]

Cette histoire, derrière son caractère anecdotique, est remarquable à deux égards. D'une part, elle montre que la traduction est une activité que l'on peut se disputer, surtout quand il s'agit de traduire une gloire montante dans l'empire des Lettres. D'autre part, on voit que les revues, rivalisant dans l'information, jouent un rôle de relais déterminant, et dans le cas de Hume suscitent un réel intérêt, à l'échelle de l'Europe, jusqu'à Berlin.

En septembre 1754 le *Journal économique* donne sur deux livraisons la traduction de l'essai 'Of the balance of trade'. La traduction de Mauvillon connaît une seconde édition en 1756, comme premier volume d'une collection de *Discours politiques*, écrits par plusieurs auteurs. Quelques années plus tard, Turgot commence une traduction (non publiée) des deux essais ajoutés par Hume en 1760, 'Of the jealousy of trade' et 'Of the coalition of parties'. Une autre traduction anonyme de sept des discours parut en 1766 (traditionnellement attribuée à 'Mademoiselle de la Chaux') et fut reprise comme volume 7 dans l'édition des *Œuvres philosophiques de Monsieur Hume*, en 1788. On ajoutera que la bonne fortune des *Political discourses* suscita un intérêt, sinon un engouement, il est vrai tardif, pour les *Essays moral and political* de 1741 et 1742, Hume ayant réuni en 1753 les deux ouvrages dans l'édition de ses œuvres philosophiques.

Le succès de l'ouvrage peut paraître singulier, d'autant qu'il est loin de signifier une adhésion sans réserve à la philosophie de l'auteur, après qu'elle aura été mieux connue.[16] Ce succès tient d'abord à une circonstance, la personnalité de l'abbé Le Blanc qui, médiocre traducteur sans doute, avait eu néanmoins le mérite d'attirer sur Hume l'attention d'une petite société qui se rencontrait chez Mme Du Pré de Saint-Maur et que fréquentaient les deux Trudaine, Turgot, Morellet, Chastellux et Helvétius, tous gens d'influence, intéressés aux questions économiques.

Ensuite, l'on était en terrain de connaissance. Il était évident, et plusieurs recensions ne manquaient pas d'insister sur ce point, que Hume avait lu et exploité des auteurs ayant écrit en français, dont Jean-François Melon (*Essai politique sur le commerce*, 1734) et son adversaire Dutot (*Réflexions politiques sur les finances et le commerce*, 1738), ainsi que Montesquieu (*De l'esprit des lois*, 1748).[17] *Les Eléments du commerce* de

15. *Nouvelle bibliothèque germanique* 15 (1754), p.410-35.

16. Même les 'amis' philosophes de Hume furent loin d'accepter ses analyses sceptiques sur la connaissance humaine.

17. Le Blanc ne manque pas d'annoter en ce sens sa traduction. Et il suffit de comparer la table des matières des ouvrages de Law, de Melon et de Hume pour relever la constance des thèmes abordés par ces auteurs.

Forbonnais viennent trop tard (1754), mais témoignent clairement d'un champ de discussion transnational. Ces questions avait un fort écho public: la dette publique, le rôle de la monnaie, la croissance du commerce, la relation entre les classes ou les rangs, l'esclavage, etc. Et les thèses défendues par Hume, qui ne manque pas de se référer à des faits relatifs à la situation dans le royaume de France (la place de l'agriculture, l'influence du système politique, le développement des arts et des sciences), n'étaient certainement pas sans incidence politique. En un mot, Hume était un auteur d'actualité.

La question du luxe

Pour apprécier plus en détail cette actualité de Hume dans les années 1750 en France, arrêtons-nous sur le second essai, 'Of luxury', rebaptisé par Hume en 1760 'Of refinement in the arts'. C'est un essai qui est consacré à la question à la fois morale et économique de l'utilité du luxe.

La question du luxe n'a à l'époque rien d'original.[18] Considérons d'abord la définition qu'en donne Melon. 'Le luxe est une somptuosité extraordinaire que donnent les richesses et la sécurité d'un gouvernement: c'est une suite nécessaire de toute société bien policée.'[19] Toute jouissance est le fruit de la consommation d'un bien, et toute consommation suppose une dépense. La cause du luxe est la richesse, sa condition la paix sociale sous la protection d'un gouvernement régulier. C'est pourquoi le luxe véritable ne se trouve que dans des sociétés civilisées capables de produire de la richesse et d'assurer aux citoyens la sûreté qui est indispensable à leurs jouissances. Mais Melon souligne un autre caractère du luxe qui rend instable toute définition tentant de dire les biens qui le composent: le luxe repose fondamentalement sur la différence entre le riche et le pauvre ou, pour le dire plus exactement, entre la dépense non nécessaire et la dépense nécessaire, la définition de la nécessité changeant évidemment selon les lieux et les époques. Faut-il édicter des lois somptuaires non seulement pour corriger l'inégalité sociale, mais pour interdire ce qui serait des dépenses improductives? La réponse de Melon est clairement économique: le luxe est une partie intégrante du système économique; il est préférable que le riche dépense plutôt qu'il ne thésaurise; il procure ainsi du travail aux manufactures et permet de combattre l'oisiveté tant du riche (qui, dépensant, doit entretenir sa richesse) que du pauvre (qui trouve ainsi du travail). Quant à la question du détournement des forces

18. Sur cette question, on se reportera à l'ouvrage de Didier Deleule, *Hume et la naissance du libéralisme économique* (Paris, 1979), p.174-86.

19. *Essai politique sur le commerce*, dans *Economistes financiers du XVIIIe siècle*, éd. Eugène Daire (Paris, 1843), p.742. L'ouvrage connut un grand succès.

productives, Melon répond que la production des biens du luxe n'intervient dans une nation que lorsque celle des biens de seconde nécessité (les étoffes, la bonne chère, le tabac, etc.) est assurée, et que les ouvriers ne sont employés à la production des biens de seconde nécessité que lorsque les biens de première nécessité (les biens de subsistance) sont disponibles sur le marché. Ce surplus de jouissance qu'on trouve dans le luxe s'acquiert donc par une dépense qui vient en surplus de la production des biens de nécessité et qui augmente la quantité de travail offerte.

Les premières lignes de l'essai de Hume résument implicitement le développement de Melon: le luxe est un grand raffinement dans la satisfaction des sens, ce raffinement a des degrés et il est innocent ou coupable selon l'époque, le pays ou la condition des personnes. Cette variabilité étant posée, Hume entreprend d'établir deux choses: que les périodes de plus grand raffinement sont les plus heureuses et les plus vertueuses, et que chaque fois que le luxe cesse d'être innocent il cesse d'être bénéfique; bref que le jugement moral et le jugement politique (et économique) que l'on peut porter sur le développement du luxe vont de pair. Avec cet art inimitable qui est le sien, fait de grande simplicité et de précision analytique, Hume commence par donner une définition du bonheur humain: l'action en est la cause, le plaisir l'effet et l'indolence la limite. Le raffinement du plaisir est l'effet du raffinement de l'activité humaine par le développement des arts. Quand l'industrie et les arts fleurissent, les hommes sont actifs, ils jouissent des plaisirs qui sont le fruit de leur travail et échappent à ce vice qu'est la paresse. Le propre de l'activité humaine est de produire des biens; se développant, cette activité permet aux hommes, non seulement de satisfaire leurs besoins, mais aussi de rendre leur existence mieux assurée, plus confortable, bref: plus agréable. L'agrément est donc plus que la simple satisfaction. Or les arts mécaniques introduisent des raffinements dans les arts libéraux et réciproquement; et ce raffinement rend les hommes plus humains et plus sociables. Les gouvernements eux-mêmes ne se contentent plus d'assurer la paix et la sécurité de leur nation, mais se donnent pour objet la prospérité des citoyens. C'est donc la totalité de la société, dans tous ses aspects, qui est intéressée au raffinement des arts. Et Hume de brosser une sorte d'histoire naturelle de la civilisation, propre à fournir à la société polie de son temps un miroir flatteur où elle puisse se réfléchir dans ses certitudes, ses goûts et ses valeurs. L'essai ne pouvait être que bien accueilli, non sans quelque prudence ou même opposition courtoise.

Que les *Political discourses* aient été immédiatement inclus dans le contexte français, nous en avons la preuve. Forbonnais fait paraître à Leyde ses *Eléments du commerce* en 1754 (l'ouvrage connaît la même année une seconde édition) et consacre le chapitre 11 à la question du luxe.[20] Il présente d'abord les définitions qu'on en a faites, et la seconde de celles-ci est un résumé libre de l'essai de Hume, suivi de la conclusion que, à en rester à l'argument du philosophe écossais, le législateur serait incapable de faire le partage entre les conséquences bénéfiques et les conséquences funestes des raffinements du luxe pour la société.[21] Tenant pour sa part que 'le luxe est toute superfluité dans la dépense',[22] il fait reposer la suite de son analyse sur une anthropologie de la consommation, et donc du besoin (alors que Hume la faisait reposer sur une anthropologie de l'activité et donc du travail); une consommation qui, se développant avec l'industrie des hommes, génère à la fois une inégalité réelle et une inégalité d'opinion (selon les degrés de richesse, ce qui est luxe pour l'un ne l'est pas pour l'autre). On retrouve alors l'argument que Melon avait développé, selon lequel la perception et la définition du luxe sont essentiellement différentielles ou que, pour le dire dans les termes de Forbonnais: 'L'idée du luxe n'est que le rapport d'une comparaison.'[23] Il faut aussi remarquer que notre auteur, pour exposer ces comparaisons que font les hommes, est amené à distinguer entre les biens de première nécessité (nécessité physique ou vitale), les commodités qui rendent la conservation de la vie humaine plus sûre et plus facile (on peut s'en passer quoiqu'elles ne soient pas du superflu), et le luxe proprement dit. Quant à la réalité du luxe, elle tient à ce que l'usage du superflu (ou de ce qui est estimé tel) procure du travail aux ouvriers, lesquels améliorent leur état et peuvent accéder à ce qui, eu égard à leur condition, leur apparaissait précédemment comme un luxe. D'où la définition générale du luxe: c'est 'l'usage que font les hommes de la faculté d'exister agréablement par le travail d'autrui'.[24]

Dans la deuxième partie, chapitre 5, de son ouvrage *L'Ami des hommes*, publié anonymement en Avignon de 1756 à 1760, Mirabeau annonce, avec la rhétorique inhérente au sujet, qu'il va réfuter les idées aussi bien de Melon que de Hume, leur reprochant d'avoir pris la défense du luxe. Son propos est moral avant que d'être économique: le luxe n'est pas la dépense, comme le voulait Melon, ni le raffinement, comme le prétend

20. Le Blanc y fait allusion dans les remarques qu'il porte en note de sa traduction de l'essai. Ce chapitre était primitivement un article prévu pour l'*Encyclopédie*, mais ce fut le texte de Saint-Lambert qui parut.

21. Les *Eléments du commerce* paraissent la même année que les deux traductions françaises des *Political discourses*. Il est clair que Forbonnais avait eu accès au texte anglais: la citation en français tirée de l'essai de Hume à la p.300 des *Eléments* est donnée dans une traduction originale. Voir François Véron de Forbonnais, *Eléments du commerce*, 2e éd. (Leyde, F. Changuion, 1754).

22. F. V. de Forbonnais, *Eléments*, p.283.

23. F. V. de Forbonnais, *Eléments*, p.292.

24. F. V. de Forbonnais, *Eléments*, p.291.

Hume, c'est l'abus des richesses. 'Hume est l'un des hommes les plus ingénieux, selon moi, qui ait écrit sur les sujets politiques',[25] mais il s'est trompé: 'Du début à la fin de son traité, il confond le luxe avec la politesse, l'industrie et les arts.'[26] Rappelant la distinction faite par le philosophe écossais entre le luxe vertueux et le luxe vicieux, comme preuve que l'aspect moral ne peut être écarté, et reprenant la tripartition des biens de Forbonnais pour soutenir cette preuve, Mirabeau distingue entre trois sortes d'industrie: la première procure aux hommes les nécessités de la vie, la deuxième les commodités, et la troisième satisfait 'la recherche et la curiosité'. La première donne naissance à l'agriculture et aux arts mécaniques qui favorisent l'agriculture; la deuxième assure le développement à la fois des arts mécaniques et des arts libéraux; la troisième se rapporte au luxe, 'qui est le déplacement de la dépense et l'impudence dans les mœurs', c'est-à-dire le glissement de la dépense privée et publique, de la production des biens de nécessité et de commodité à celle du superflu; avec pour conséquence la corruption morale, qui conduit à la ruine de la prospérité, au déclin des arts et des vertus, et à la diminution de la population, laquelle est pourtant le fondement ultime de la prospérité d'une nation. Avec cette conséquence également qu'on peut combattre le luxe sans porter atteinte au développement de l'industrie et des arts. On peut reconnaître là plusieurs thèmes physiocratiques: la source de la richesse n'est pas le travail, mais la terre et la nature, aidée du travail des hommes; l'agriculture est l'art premier, la manufacture n'est que le second; la dépense doit être la cause de l'industrie et non l'inverse; les gouvernements ont le devoir de promouvoir l'agriculture et de mettre un frein au développement inconsidéré du luxe, etc.

A lire comparativement ces textes, on réalise combien ces auteurs partagent une même culture et combien leur identité nationale importe peu: même approche initiale de la question du luxe (le jugement qu'il faut porter sur lui), mêmes thèmes récurrents (le luxe asiatique, la Rome vertueuse puis décadente, le luxe amollit-il le courage? etc.), mêmes arguments empruntés, détournés, contestés; ce qui n'empêche pas les uns et les autres de placer le ressort du luxe dans des principes différents, il est vrai étroitement liés (la dépense, l'activité ou le travail, la consommation, les fins de l'usage), et les conclusions de s'opposer vivement (notamment celles du libéralisme naissant et celles des physiocrates).

25. Marquis de Mirabeau, *L'Ami des hommes*, t.2 (Avignon, s.n., 1756), p.330. Le Blanc avait informé Hume de la parution de l'ouvrage (*Letters*, t.1, p.257, 259). Dans la première partie de son ouvrage, Mirabeau discute longuement l'essai de Hume, 'Du nombre des hommes dans les nations anciennes'.

26. Marquis de Mirabeau, *L'Ami*, p.328.

On a un bon aperçu de cette culture commune dans l'article 'Luxe', présenté dans le volume 10 de l'*Encyclopédie* par Saint-Lambert. Saint-Lambert commence par donner la définition de Forbonnais en la modifiant pour en supprimer le côté provocant: 'Le luxe est l'usage qu'on fait des richesses et de l'industrie pour se procurer une existence agréable.'[27] Puis, répétant de nouveau que la définition du luxe est un objet de disputes sans fin, il donne les arguments pour et les arguments contre, assortis immédiatement d'exemples contradictoires. Il résume l'opinion dominante en ces termes:

> Aussi l'opinion la plus générale aujourd'hui est-elle que pour tirer les nations de leur faiblesse et de leur obscurité, et pour leur donner une force, une consistance, une richesse qui les élèvent sur les autres nations, il faut qu'il y ait du luxe; il faut que le luxe aille toujours en croissant pour avancer les arts, l'industrie, le commerce, et pour amener les nations à ce point de maturité suivi nécessairement de leur vieillesse, et enfin de leur destruction. Cette opinion est assez générale, et même M. Hume ne s'en éloigne pas.[28]

L'article défend ensuite l'idée qu'il se peut bien que le développement du luxe ne soit la cause ni du perfectionnement des sociétés ni de leur corruption, après qu'elles ont atteint leur point de maturité, mais que les deux phénomènes soient concomitants; puis il expose longuement la thèse que le luxe est relatif à la fois à l'état d'une nation et à la sorte de commerce et de manufactures qu'elle favorise, aussi bien qu'aux conditions analogues des nations environnantes. 'Le luxe est contraire ou favorable à la richesse des nations, selon qu'il consomme plus ou moins le produit de leur sol et de leur industrie ou qu'il consomme le produit du sol et de l'industrie de l'étranger [...] Il doit avoir un plus grand ou un plus petit nombre d'objets, selon que ces nations ont plus ou moins de richesses.'[29] Sans chercher à faire preuve d'originalité dans le détail, l'exposé, plus politique que proprement économique, est mené avec assez de fermeté et dans un esprit d'ajustement et de modération qui n'est pas sans rappeler la pratique philosophique de Hume. Le luxe est un bien, il ne fait aucun mal par lui-même. Ce n'est pas la multiplication de ses objets qui est funeste, mais les excès auxquels il est parfois rendu. 'Le souverain corrigera les abus qu'on peut en faire, et l'excès où il peut être parvenu, quand il réformera dans l'administration ou dans la

27. Voir sur ce point François Moureau, 'Le manuscrit de l'article *Luxe* ou l'atelier de Saint-Lambert', *Recherches sur Diderot et sur l'Encyclopédie* 1 (1986), p.70-79. L'article de Saint-Lambert fut publié de manière séparée, un an avant la parution du volume 10 de l'*Encyclopédie*, des copies manuscrites circulant librement. Nous citons à partir de cette édition pirate anonyme: *Essai sur le luxe* (s.l., 1764).
28. *Essai sur le luxe*, p.12.
29. *Essai sur le luxe*, p.23-24.

constitution les fautes ou les défauts qui amènent cet excès ou ces abus.'[30]

Comment traduire 'commodities'?

L'échange des idées, la communication intellectuelle, la formation d'un espace philosophique commun ont un support: l'échange des mots. Hume a lu en français Melon et d'autres, il écrit en anglais et il est traduit en français. On le sait, il n'y a pas de traduction parfaite. Mais ce qui est difficulté pour le traducteur est source féconde pour l'analyste de la pensée. Nous voudrions prendre un exemple très remarquable de cette réception d'une langue dans une autre, l'exemple du mot anglais 'commodities' fréquemment employé par Hume dans ses essais économiques.

Dans le texte anglais, 'commodities' apparaît couramment, soit seul, soit en association. Seul, il désigne toute espèce de biens ('plenty of commodities'), surtout marchands ('Besides that more commodities are produced by additional industry, the same commodities come more to market, after men depart from their ancient simplicity of manners'; ou encore: 'the same commodities, the same industry, manufactures, and commerce'); c'est-à-dire, des biens qui sont l'objet d'une production, d'un échange ('home' ou 'native commodities', 'foreign commodities'), d'une appréciation ('the price of commodities'; 'the proportion between commodities and money') et qui ont pour fin les plaisirs et les agréments de la vie ('the consumption of all the commodities, which serve to the ornament and pleasure of life'). 'Commodities' dénote beaucoup plus rarement les produits de la terre, vendus sur le marché ('the commodities raised by the farmer'), en échange desquels le cultivateur peut acheter des biens manufacturés. De cette façon les *commodities* prennent place dans le système économique, comme le suggère distinctement l'énumération suivante: 'commodities, labour, industry, and skill, consumed commodities, taxes on commodities'.

En association, le mot apparaît dans des expressions comme celles-ci: 'labour and commodities' (et aussi: 'men and commodities, the only thing valuable in commerce') et 'manufactures [les biens manufacturés] and commodities'. Au total, le sens du mot paraît assez déterminé et notre mot 'marchandise' semble donner la meilleure traduction.[31]

Or, lorsqu'on se rapporte aux deux traductions de 1754, on voit que Le Blanc traduit ordinairement par 'commodités', plus rarement par 'denrées', et que Mauvillon dit très régulièrement 'denrées et

30. *Essai sur le luxe*, p.71-72.

31. Il faut assurément veiller à ne pas faire supporter au mot toute la pensée du système marchand élaborée au dix-neuvième siècle.

marchandises', introduisant ainsi une précision qui n'est pas marquée par le mot anglais. Quant à la traduction parue en 1767, elle dit: 'marchandises'. Tout se passe comme si le mot 'marchandises' n'était pas encore suffisamment implanté dans le langage économique, quoiqu'il fît déjà concurrence au mot traditionnel 'denrées'. Dans *De l'esprit des lois*, livre 22, Montesquieu emploie régulièrement le mot 'marchandise' quand il traite du commerce (de l'échange) et de la monnaie (achat contre de la monnaie). 'La monnaie est un signe qui représente la valeur de toutes les marchandises' (section 2). Et dans les sections 7 et 8, il emploie par redoublement les deux termes: 'L'argent est le prix des marchandises ou denrées.' La formule est répétée à plusieurs reprises; mais, quand il veut être bref, Montesquieu dit 'marchandises'.

Un des sens du mot 'commodités' au dix-huitième siècle est 'richesse', 'fortune', idée trop imprécise pour être ici utile (quoiqu'on trouve dans Hume l'association: 'commodities and riches'). Et l'on serait tenté de soupçonner Le Blanc de paresse, si on ne trouvait dans Forbonnais un argument qui non seulement autorise la traduction de Le Blanc, mais qui jette de la lumière sur la construction du sens du mot anglais 'commodities'. Traitant de la comparaison des biens, selon la situation sociale et économique des personnes, et introduisant les biens d'abondance entre les biens de nécessité et les biens du superflu qui constituent le luxe, Forbonnais en vient à dire: 'Ainsi les *commodités* qui rendent notre conservation plus sûre, me semblent un degré marqué par la nature entre les besoins physiques et le luxe.' Et il poursuit: 'Mais les hommes ont également donné le nom de *commodité* aux usages qu'ils ont inventés pour rendre plus agréable la conservation de leur être.'[32] Il apparaît donc que le mot *commodité* désigne plus particulièrement ces biens intermédiaires qui rendent l'existence plus aisée, plus *commode*, soit qu'ils rendent l'existence plus sûre (le spectre de la disette s'efface) et ils seront alors objets d'envie pour ceux qui ne les ont pas, soit qu'on en retire du plaisir et de l'agrément (ils passeront alors pour relever du luxe). La citation suggère aussi que ces biens résultent de l'industrie des hommes et font l'objet d'une production qui est d'un degré supérieur à la satisfaction directe des besoins de subsistance. En conséquence de quoi, on admettra la traduction de Le Blanc, pour autant, du moins, que les essais de Hume sont principalement concernés par les *commodités* et non par les *nécessités*.

Mauvillon, nous l'avons vu, dit 'denrées et marchandises'. A quelle nécessité obéit ce doublement de la traduction? Melon, dans son *Essai politique sur le commerce*, tantôt emploie indifféremment 'denrées' et 'marchandises', tantôt donne le couple 'denrées et marchandises':

32. F. V. de Forbonnais, *Eléments*, p.289.

'l'Espagne qui, pour marchandises et denrées, n'a presque chez elle que de l'or et de l'argent'.[33] Il a aussi l'expression: 'les travaux et les denrées', dont la formule humienne 'labour and commodities' est la reprise. A-t-on deux mots pour désigner une même chose ou les deux mots dénotent-ils deux sortes de choses différentes? Il semble qu'il y ait ici une sorte d'instabilité ou d'incertitude. Toutefois, la phrase suivante paraît beaucoup plus parlante, qui énumère: 'tout ce qui entre dans le commerce: denrées, marchandises, voitures, journées d'ouvrier, etc.' Là, il semble bien que l'on ait quatre termes, de sens distinct, et donc qu'il y ait une différence d'objet entre 'denrées' et 'marchandises', 'denrées' renvoyant aux productions de la terre et 'marchandises' aux productions de l'industrie humaine. Et l'on peut confirmer cette interprétation. Dans *L'Ami des hommes*, Mirabeau, qui emploie plus souvent 'denrée' que 'marchandise' (par exemple, il dit 'denrée' pour l'argent qu'on échange),[34] a néanmoins cette formule très claire: 'les biens naturels de l'agriculture et du commerce, à savoir les denrées et les marchandises'.[35] Il n'y a certes rien d'étonnant à ce que, chez un physiocrate, les produits de la terre soient ainsi nettement distingués des produits manufacturés relevant par essence du système de l'échange, puisqu'il faut pouvoir maintenir la dépendance des seconds envers les premiers, au bénéfice d'une population toujours plus nombreuse.[36]

Le même Mirabeau, nous l'avons suggéré, établit très explicitement la tripartition des biens, comme il apparaît clairement dans la formule suivante: 'la nourriture, les commodités et les douceurs de la vie font la richesse',[37] réservant le mot 'commodités' aux biens intermédiaires. Ailleurs revient l'expression 'les commodités et les nécessités de la vie'. Ces distinctions franches sont en effet indispensables, si l'on veut échapper à l'alternative simple entre l'état de sauvagerie (l'économie de subsistance) et celui de civilisation (l'économie de production se développant selon son principe propre), et si l'on veut prouver que la dénonciation du luxe ne conduit pas à renoncer aux biens de commodité qui sont des biens d'abondance et de confort. Ou, pour le dire dans le langage de Forbonnais, les commodités légitimes sont des biens d'abondance procurant la sûreté de l'existence humaine; mais on ne

33. J.-F. Melon, *Essai politique sur le commerce*, dans *Economistes financiers*, éd. E. Daire, p.728.

34. Marquis de Mirabeau, *L'Ami*, p.528.

35. Marquis de Mirabeau, *L'Ami*, p.31.

36. Voir la définition de Condillac dans *Le Commerce et le gouvernement*, 'Nous appelons *commerce* l'échange qui se fait, lorsqu'une personne nous livre une chose pour une autre qu'elle reçoit; et nous appelons *marchandises* les choses qu'on offre d'échanger, parce qu'on ne les échange qu'en faisant un marché, ou qu'en s'accordant, après quelques altercations, à donner tant de l'une pour tant de l'autre' (*Œuvres philosophiques*, éd. Georges Le Roy, 3 vol., Paris, 1948, t.2, p.252; voir aussi p. 272).

37. Marquis de Mirabeau, *L'Ami*, p.34.

saurait les inscrire dans une logique du pur agrément, laquelle n'aurait d'autre nom que la poursuite du luxe.

Tous ces auteurs ont bien conscience qu'il y a deux sortes d'économie: aussi longtemps qu'ils restent asservis aux nécessités de la vie, les hommes sont dans une économie de subsistance et ils doivent acquérir les denrées indispensables à leur survie, essentiellement les denrées issues de la terre; et ils ne sont pas alors en mesure de dégager des surplus qu'ils ne consommeraient pas immédiatement. L'échange est très simple et est de l'ordre du troc. En revanche, lorsque la valeur de ce qu'ils produisent dépasse la valeur de ce qu'ils consomment, ils ont de tels surplus et, les ayant vendus, ils peuvent acheter des biens de commodité et par là même entrer dans le processus marchand de l'échange: les denrées sont devenues des marchandises. Il en va ainsi quand le paysan peut se rendre au marché pour vendre l'excès de sa production et acheter de quoi accroître sa capacité agricole ou améliorer les conditions de sa famille. En même temps, ces surplus peuvent également constituer des fonds (un capital) qui permettent d'acheter du travail, de produire de nouveaux biens et de réaliser des profits.

Revenons à Hume pour conclure. La distinction entre denrées et marchandises est absente dans ses essais. Fait de langue, certainement, l'anglais n'a qu'un seul mot. Mais on peut suggérer davantage. En 1750 l'Angleterre est à la veille des profondes transformations qui vont conduire à l'avènement du capitalisme et de l'industrialisation. Et elle sera la première à s'engager dans cette voie. Cela n'a pas de sens de dire qu'une langue est en avance sur une autre. Et pourtant, à lire Hume, on comprend bien que dans le nouveau système économique qui s'annonce, celui du travail, de la production et du capital, il n'y a plus lieu de faire de distinction ni de privilégier tel bien parce qu'il viendrait de la terre. Toute espèce de bien entre dans le processus de l'échange, toute espèce de bien est marchandise. Plus que les forces de la nature importe la puissance de transformation des hommes et son effet réputé civilisateur.

Certes, on n'a là qu'une histoire de mots, mais les mots parlent et nous disent plus que leur objet, ils nous disent l'avènement de notre monde, si tant est que nous ne soyons pas en train d'en sortir aujourd'hui.

The Société typographique de Neuchâtel and networks of trade and translation in eighteenth-century francophone Europe[1]

MARK CURRAN

Amongst the few things about London that the Troyes magistrate Pierre-Jean Grosley never became accustomed to was the wine. Vintners, he complained, would buy sloes and blackberries picked from the hedgerows around the city, combine their juices with turnips boiled to dissolution, add litharge (a white oxide of lead used to sweeten), ferment and blend the appetising solution with the poor dregs of Languedoc.[2] He found the alternative of drinking home-grown English wine, of a dark-grey colour and tasting of something between verjuice and vinegar, equally unappealing. The scarcity of good wine supplies, he lamented, contributed to the melancholy of the English.[3] His book, first published in French as *Londres* (Neuchâtel, 1770-1771), overflowed with anecdotes of a land of roving prostitutes and sandwiches, street brawls and rampant francophobia, and was distributed by its publisher the Société typographique de Neuchâtel (henceforward STN) across Europe in the early 1770s. This article examines the role of the Neuchâtelois booksellers as the hub of a series of networks that facilitated information exchange, including exchanges between Britain and francophone Europe. It provides an overview of the utility of their archives, particularly the understudied account books, for the study of cultural transfer, and explores how they can shed light on two of the three areas of interest this volume focuses upon – networks of exchange and translations. It argues that, while historians have been quick both to provide tasty morsels of exchanges across national boundaries and to draw grand metanarratives of the mixing of Enlightenment cultures, many of the questions posed in this volume cannot be answered without the kind of empirical archival research exemplified here and in several of the other contributions.

1. Much of the research for this paper was conducted whilst working on the AHRC-funded project entitled 'The French book trade in Enlightenment Europe (1769-1787)'. This author owes debts of gratitude to the AHRC, Simon Burrows, Sarah Kattau and Mark Fox.

2. P. J. Grosley, *A Tour to London, or New observations on England, and its inhabitants* (Dublin, J. Exshaw, 1772), p.89.

3. Grosley, *A Tour to London*, p.182.

Such research would build on the voluminous information already gleaned from the printed texts, which overflow with lucid stories of cultural exchange. The books traded by the STN are rich in tales of the habits of foreigners, and indeed tales of the habits of foreigners written by other foreigners. James Porter, for example, while British ambassador to the Ottoman Porte was more concerned about the underground availability of wine amongst the Turkish elites than the effects of its paucity. Once acquired from European travellers, officials used leathern pipes concealed around their bodies to smuggle the wine into the Seraglio at the potential risk of death. Even those of the highest office would wallow in liquor for two or three days before returning to their desks. To avoid reprisals the older and more God-fearing amongst them instead stuck to opium or brandy, convinced that the latter's fiery distillation destroys and dissipates the impure parts of the wine.[4] While Grosley was horror-struck that he could not even find a good tipple at the top tables of England, Porter could at least console himself that the English did not have to cheat the laws of their own prophet to get smashed.

Striking as such tales of cultural transfer drawn from the texts may be, they are largely subjective and it remains unclear what exactly can be learnt from them. Of course, Porter's *Observations on the religion, law, government and manners of the Turks* had a deeper purpose than its comments on the drinking habits of the Ottoman elites, and is especially fascinating for its attack on Montesquieu's portrayal of oriental despotism.[5] It is also a thoroughly orientalist text and may be approached from this perspective. But the frameworks that we have for understanding such works are largely literary. If we rely on the printed texts alone, we are sometimes left none the wiser about their significance – for every francophobe there appears a francophile and the brilliant insights of seasoned observers are difficult to distinguish from the puff pieces of hacks. Two particular problems linger. First, while we are aware that such printed tales of foreign excesses and unpalatable wines coursed through a complex series of trade networks that extended across Europe and beyond, we lack knowledge of the exact shapes of these networks. The networks of trade and correspondence of businesses and individuals

4. J. Porter, *Observations on the religion, law, government and manners of the Turks* (London, J. Nourse, 1768), p.169-71. The STN traded in their own French-language edition of the work published as *Observations sur la religion, les loix, le gouvernement et les moeurs des Turcs* (Neuchâtel, Société typographique de Neuchâtel, 1770).

5. A. Cirakman, 'From tyranny to despotism: the Enlightenment's unenlightened image of the Turks', *International journal of Middle East studies* 33 (2000), p.49-68 (61) and A. Thomson, 'L'Europe des Lumières et le monde musulman: une altérité ambiguë', in *Le Problème de l'altérité dans la culture européenne aux XVIIIe et XIXe siècles: anthropologie, politique et religion*, ed. G. Abbattista and R. Minuti (Naples, 2006), p.259-80.

were extensive, truly pan-European, but what exactly were the key routes of exchange of books and discourses? Second, despite the information provided by the study of reviews and extracts in periodicals (examples of which are found in other articles in this volume) and by the somewhat crude method of looking at which works were reprinted, we still know little about which of these tales caused a stir and which were dead off the presses.

One potential way of sifting a little of the textual wheat from the chaff lies in another set of books: the account books of the STN. They are held in the Bibliothèque publique et universitaire de Neuchâtel (henceforward BPUN) and have never been comprehensively and systematically exploited.[6] Over the twenty years that the society traded as printer-booksellers, their scribes dutifully recorded every edition that was bought or sold, each large order that went fulfilled or otherwise and every bill that was settled. They recorded the details of each shipment of paper used in the fabrication of their editions and every candle bought to light their print-shop. They registered the amount of copy each worker pulled off the presses and noted the delivery costs that works accrued as they traversed Europe. They made regular stock inventories and drew up sale catalogues. Moreover, in keeping with standard practices of the day, they recorded most information in duplicate or triplicate allowing it to be cross-referenced and checked. To complement the account books they kept all the letters that they received, and made copies of those that they sent out. The letters betray details hidden from the account books, but because of their vast numbers lend themselves better to case-studies than systematic exploitation. Nevertheless, carefully mined they are extraordinarily rich and furnish the details that the account books sometimes lack. In short, the STN kept a paper trail of their entire business. They had to, of course, as merchants' reputations and their chances of any favourable legal judgements often depended on the quality of their bookkeeping.[7]

That, at least, was the theory. At times the archives are frustrating as information can prove difficult to extract. Some of the books sales are recorded in the shortest of shorthand, especially in the less formal

6. Given Robert Darnton's groundbreaking and extensive work using the archives of the STN, this comment may surprise. As the major concern of his most systematic work, *The Corpus of clandestine literature in France, 1769-1789* (London, 1995), and its sister volume, *Forbidden best-sellers*, was demand rather than supply, however, he largely utilised the archives' extensive collection of letters rather than the account books. Other studies have made use of the STN's account books, but primarily on a case-study basis; see especially *Le Rayonnement d'une maison d'édition dans l'Europe des Lumières: la Société typographique de Neuchâtel 1769-1889*, ed. R. Darnton and M. Schlup (Neuchâtel, 2005).

7. A. D. Kessler, *A Revolution in commerce: the Parisian merchant court and the rise of commercial society in eighteenth-century France* (New Haven, CT, 2007), p.84.

account books such as the *livres de commission* (order books). Consequently it is sometimes unclear whether, for example, a recorded sale of 'comets' is one of the great works of Bayle or Cassini, their own edition of Jonas de Gélieu's *Réflexions d'un homme de bon sens sur les comètes* (Neuchâtel, 1773), or something else entirely. Likewise, some correspondents and middlemen are given only by their surname where the STN was in contact with several clients sharing the same name. In addition, details of trade routes were often recorded only sporadically, often not at all when they used standard routes such as the boat across lakes Neuchâtel and Morat to Jean-Jaques Haberstock in the town of Morat through whose hands much of their stock passed. Such difficulties result because information that was perfectly obvious to the scribes of the STN did not need recording on a daily basis. Finally there is the possibility of mistakes and misinformation within the accounts, although the latter is probably unlikely. Even the most highly illegal works were accounted for in the normal way albeit on very rare occasions with code-words such as 'Ouvrage de Boubers' for d'Holbach's materialistic *Système de la nature* (London [Neuchâtel], 1771). Jean Louis de Boubers was the Brussels-based bookseller who had commissioned the work from the STN.[8]

Given a large enough sample of the archive these problems are not serious and, with painstaking research and cross-referencing, most uncertain information can be clarified. Of greater concern is that over the years much of the archive has been lost, and piecing together what remains is something of a challenge. Nevertheless, excepting a few short periods such as that between 23 August and 27 November 1775 where only their order books survive to illuminate their bookselling activities, it is possible to reconstruct the core commercial activities of the STN between 1769 and 1787.[9]

Networks of trade

The STN was no more important than scores of comparably sized eighteenth-century bookseller-printers, but the archives of its competitors are not known to have survived. This is extremely unfortunate but not disastrous as Neuchâtel's situation, and the STN's mail-order

8. See J. Vercruysse, 'L'Axe Neuchâtel-Bruxelles à travers les houles', in *Le Rayonnement d'une maison d'édition*, ed. Darnton and Schlup, p.415-32.

9. This is the work of the AHRC-funded project 'The French book trade in Enlightenment Europe' based at the University of Leeds and led by Professor Simon Burrows. The project will provide a freely available database detailing the STN's sales and purchases of works during the period. The database will allow us to reconstruct not only where the STN's stock came from and went to, but the legality and nature of their merchandise, the trade routes preferred by various clients and how the STN picked up information about the literary market. In the process, the STN's trade networks will be revealed.

business model, makes it an ideal type for the study of networks. The Prussian-controlled Swiss town occupied a peripheral location vis-à-vis France, the core book market the STN supplied. This marginality afforded the society a relatively lax local censorship process and meant that, like the Dutch publishers studied elsewhere in this volume, they were not subject to the baroque system of guilds and permissions that choked the French book trade until the Revolution of 1789.[10] It also allowed them to trade with other well-established booksellers, printers and typographical societies that had located just beyond French borders for the same reasons, especially those in Lausanne, Bern and Geneva. Paradoxically, however, it is not the concept of periphery that best explains the advantageous trading situation of Neuchâtel, but that of centrality. Observers who visited little Neuchâtel's 3000-strong town in the late-eighteenth century, penned in between lake and mountainside, might have scoffed at such thoughts as the underdeveloped road network failed to allow them to take their carriages up to the mountains to see Pierre Jacquet and Henri-Louis Droz's world-famous automata.[11] Nonetheless, lake Neuchâtel is oriented north-east by south-west, precisely in line with an imaginary axis stretching from Moscow to Lisbon. Bisecting such an axis over the lake north-west by south-east, traversing mountain and sea, would be another imaginary line drawn from London to Rome. Overcoming vast distances and logistical difficulties, the STN sent books to all four of these great cities, as well as hundreds of other cities, towns, villages and hamlets across the Continent. It helped to be located in the crosshairs of Europe.

Market centrality, however, is not determined by hypothetical lines drawn on a map, but instead depends on networks of communication and transport, physical geography, centres of demand and political territorial divisions. A map of eighteenth-century Europe contorted to show genuine centrality in the francophone book trade would be a fantastically alien image. Mountains might be rolled flat like pastry, marginalising towns beyond them, the Rhine and the Rhône truncated, sucking grand port cities like Marseilles and Amsterdam inland. The map would change with passing time, with the construction of new roads and routes, with the movements of key itinerant actors and capital, with the issuing of permits and the arrests of miscreants, with political changes to the rules of the book trade and with moments of entrepreneurial genius. Neuchâtel's trade networks shifted with these sands, growing and mutating as conditions suited. While several types of business networks are

10. T. Rigogne, *Between state and market: printing and bookselling in eighteenth-century France*, *SVEC* 2007:05.

11. P. Henry, 'Le pays de Neuchâtel à l'époque de la naissance de la STN', in *Le Rayonnement d'une maison d'édition*, ed. Darnton and Schlup, p.33-49 (42).

exposed in the STN's account books, including banking and confidence networks, the most spectacular are those of the book trade. In total, the STN had dealings with over 2900 individuals and businesses, extending as far and wide as Moscow, Dublin, London, Paris, Rome and Cadiz, but with the largest concentrations in Romandy and northern and eastern France.[12] The quality of information varies with each contact, but in best-case scenarios their clients' names (business or individual), addresses (including often the exact street and closest landmark), their professions (including booksellers, bailiffs and candlestick makers), their social status and gender, the dates on which they were in correspondence with the STN, and the number of letters they sent and received can all be reconstructed.

Without question the network that can be recreated from these sources is impressive in both scope and detail. For example, the Genevan booksellers Isaac Bardin, Henri-Albert Gosse and Paul Barde could all be reached on the rue de la Cité, while Jean-Samuel Cailler could be found at the place Bel-Air. Cailler corresponded with the STN between 28 September 1769 and 4 November 1788, during which he sent 114 letters to the society and received at least 111.[13] Another example: the STN was in contact with at least ninety-two individuals or businesses based in Lausanne, including fourteen booksellers and nine printers. Many of their other contacts there were also in the book trade, including typographical workers (the majority being itinerants only temporarily based there), publishers and authors. By comparison, they received or held letters from, and sent books to, or received them from, 364 businesses or individuals based in Paris. Amongst them, fifty were booksellers and nine were printers, with the remainder representing a whole range of professions directly connected to the book trade or seemingly otherwise, from bankers, wine merchants and academicians to the famous aeronaut Jean-François Pilâtre de Rozier. As the bright centre of the francophone world, of course, it is hardly surprising that the STN's network of contacts was thickest in Paris, the city of lights.

These networks of contacts are extensive and of great interest to the scholarly community as they stand, but taken alone they can be misleading. Some names in an address book mean more than others. Utilising the sales data within the archives of the STN allows the networks to be animated with the real lifeblood of their business. Since trade flowed

12. This figure may yet be revised upwards. Roughly 80 per cent of these clients are found in either BPUN, MS1000a or the card index of the BPUN. This and subsequent uncited information relating to the STN's archives is taken from early querying of the database being created by the 'French book trade' project.

13. The archive of letters sent by the STN is incomplete in places, and thus the figure of 111 should be read as a minimum.

between the towns and cities listed in the archive at a different rate from information, the comparison between Lausanne and Paris looks entirely different when viewed from the perspective of exchanged books rather than letters. Between the STN's commencement of trading, in July 1769, and October 1775 it is known to have received 9776 works from Lausanne (6516 of them from their voluminous trade with the publisher and bookseller François Grasset) and sent 7908 books to the city (3600 of which went to Grasset). By stark contrast, they received just 194 works from Paris, and sent only 2267. Of these sent copies, 1000 were a single one-off printing of a single work, 'Tableau de la monarchie française', for a single client, Louis-Valentin Goëzman de Thurn.[14] Thus, in the early years of the society at least, Paris was relatively negligible to the STN's core bookselling business, certainly less important than places like Lunéville (2060 works sent) and Bergamo (2092 works sent). Moreover, the types of books traded between Lausanne and Neuchâtel were entirely different from those that moved between Paris and Neuchâtel. The works that the STN sourced from Paris tended to be one-off commissions for local clients, including a variety of works for the local literary society and several medical works for local doctors. Neuchâtel pharmacist Henri-François Matthieu's order for two copies of a 'traité de la gonorée virulaire' and one copy of 'médicine experimentale', sourced from Vallat-Lachapelle and widow in Paris, might have raised an eyebrow or two at the society.[15] Interestingly, a high percentage of the works that flowed out of Neuchâtel to Paris were Protestant sermons and manuals. The majority of works of dubious legality that the STN sent to France's capital were destined for the clandestine pulpit rather than the court or coffee house. The exchanges with Lausanne, by contrast, included most of the works that the STN published on all subjects, from travel writing to religion, novels to politics. They had fewer contacts there, but the city was far more important to the STN's core business. The systematic study of the STN's extensive archives using its sales figures reveals more about their book-trade networks than might their static network of correspondents, or a case-study-based approach.

Translating texts and discourses

The networks, of course, only tell part of the story. For the purposes of this volume they are especially interesting as they provided the framework for a system of information exchange that reached unprecedented levels in the late-eighteenth century. The actors that populated them discussed the creditworthiness of individuals, they advised each other

14. BPUN, MS1033, f.97.
15. BPUN, MS1030, f.62, 65.

about new works that appeared and about regional supply and demand. They also facilitated the procurement of books and fretted about changes in political conditions. Such noises from the networks are fascinating, and can be very revealing, but of probably deeper historical significance is the information contained within the works that were produced and circulated as a result of this web of connections. The works sold by the STN concerned almost every imaginable subject, as hundreds of thousands of physical volumes passed in and out of the society's stockrooms. Books that contained British discourses and discourses about Britain featured prominently. Translations from English were a key constituent part of the exchange between the anglophone and francophone worlds despite the fact that several factors made it less likely such works would be produced. First, many important works by British writers were written in Latin or French – for example the STN sold copies of Newton's mathematical, optical and philosophical works in Latin editions.[16] Second, the market for translations of technical and philosophical works was limited by the impressive linguistic abilities of the elites to whom they were destined. Third, as is still the case, most texts were the products of the cultural and political landscape in which they were produced and as such did not always appeal when offered outside their originally intended market. Fourth, as in any point in history, translations flowed more naturally from the core international language, French at this time, to the periphery. Finally, many eighteenth-century authors bore the costs of production themselves or sold their manuscripts for a nominal fee, or a specified number of free copies of the work. The vanity of authors and patrons played an important role in ensuring that the majority of printed works were original compositions.

Yet, despite these factors, the STN sold translated works in large numbers on a variety of subjects. Travel literature was especially popular. As well as Porter's work the society produced editions of John Hawkesworth's collection of papers from Captain James Cook's first voyage, *An Account of the voyages undertaken by the order of His present Majesty* (1773), as *Relation des voyages entrepris par ordre de Sa Majesté britannique* (Neuchâtel and Lausanne, 1774), and Patrick Brydone's *A Tour through Sicily and Malta, in a series of letters to William Beckford, esq. of Somerly in Suffolk* (1773) as *Voyage en Sicile et à Malthe* (Neuchâtel, 1775 [1776]). Such works tended to be safe sellers. For example, as soon as Brydone's edition was printed, Albert-Emanuel Haller in Bern took a hundred copies, François Grasset in Lausanne fifty, J. M. Barret in Lyon a further fifty and within twelve months 989 copies had been sent to fifty-three distinct clients from Turin to Bordeaux, Montpellier to Moscow. That the Muscovite

16. See, for example, BPUN, MS 1032, f.72; MS 1000, f.125, 148.

public were devouring a Swiss printing of the work of a Scotsman travelling in the Mediterranean says much about the international nature of the eighteenth-century francophone book trade. Amongst more serious concerns, they would have learnt that, according to Brydone, the Swiss, the Scots and the Irish were the most drunken peoples of Europe.[17]

While exotic travellers' tales were translated also from the Italian and Swedish, there was a greater variety of types of works translated from English and, to a lesser extent, German. The STN traded in numerous religious works and works about religion that had appeared first in English, including Joseph Addison's *The Evidences of the Christian religion* (1730), translated as *De la religion chrétienne* (Geneva, 1772) and Elizabeth Singer Rowe's *Friendship in death: in twenty letters from the dead to the living* (1728) as *L'Amitié après la mort* (Amsterdam, 1740). They also traded in English moral guides such as John Gregory's *A Father's legacy to his daughters* (1774), translated as *Legs d'un père à ses filles* (Neuchâtel, 1775), works of fiction including Samuel Richardson's *Clarissa, or the History of a young lady* (1748) called *Lettres anglaises, ou Histoire de Miss Clarisse Harlove* (Paris, 1770) and a host of other works from *Fanny Hill* to *The Dunciad*. Through such works francophone readers could acquire an intimate knowledge of English life and mores. In addition, the STN sold original French-language books and works translated from the German that discussed Britain, British history and Britishness directly. Alongside well-known works by Voltaire and Montesquieu, and Grosley's *Londres*, they sold Albrecht von Haller's *Alfred, König der Angel-Sachsen* (1773) as *Alfred, roi des Anglo-Saxons* (Lausanne, 1775). Haller's was a potentially subversive work due to its praise of limited monarchy.

These translations and discourses about England,[18] however, are only a part of understanding the British influence on the texts that the STN dealt in. To complete the picture it is necessary to appreciate that discourses flow through networks of exchange more readily than complete context-specific books. Naturally, they are much harder to trace, but the influence of British thinkers on numerous French-language authors should not be underestimated. Take, for example, the works of Paul-Henri Thiry, baron d'Holbach. According to Darnton's statistics d'Holbach was the second highest in-demand pre-Revolutionary clandestine author – only Voltaire was more sought after.[19] While he is now known primarily as an atheist and materialist, his campaign of anti-religious propaganda waged between 1767 and 1772 – which included

17. P. Brydone, *A Tour through Sicily and Malta, in a series of letters to William Beckford, esq. of Somerly in Suffolk* (Dublin, J. Potts, 1773), p.186.
18. More examples of which are found in other articles in this section.
19. Darnton, *The Corpus of clandestine literature*, p.199, 203-204.

numerous translations from English and original bestsellers such as *Système de la nature* – was thoroughly imbued with English free thought.[20] Many of these translations were of works by influential heterodox British writers, including Thomas Hobbes and John Toland, whose works were brought to the French market for the first time. Yet there is no evidence that these translations sold well – few of them were reprinted and the periodical press almost entirely ignored them.[21] Unlike many other works that were printed in Amsterdam, they barely made it onto the STN's radar.

Yet the works of d'Holbach that the STN did deal with extensively – that is to say his original French-language works – betrayed a British influence that would be hard to underestimate. Foremost amongst these, of course, was his bestselling *Système de la nature* (London [Amsterdam], 1770), which was indebted to John Toland's principle of matter in motion. The STN published d'Holbach's *Système* in 1771 and had sold nearly 2000 copies of the work by the end of 1775. They also published G. J. von Holland's refutation, entitled *Réflexions philosophiques sur le Système de la nature* (London [Neuchâtel], 1772), which contended that d'Holbach had used both Spinoza and Toland without seeing the incompatibility of their systems.[22] The ideas of Needham and Descartes, he argued, had also been misused.[23] In fact, that d'Holbach's arguments were taken wholesale from previous thinkers became a common bugbear of Christian apologists who tried to combat them. Caraccioli argued that *Christianisme dévoilé* contained only 'quelques misérables objections qu'on pulvérisa mille et mille fois'.[24] As a result, he contended, the work was only a 'rapsodie qu'on voudrait faire passer pour un chef d'œuvre'.[25] While the work may have been new and bold, its major discourses had been seen many times before.

In conclusion, in the absence of surviving archives for any comparable late-eighteenth-century printer-bookseller, the archives of the STN

20. The major translations d'Holbach produced in this period include: *De l'Imposture sacerdotale* (London [Amsterdam], 1767) from several works by Davisson, De Bourn and Gordon; *L'Esprit du clergé* (London [Amsterdam], 1767) from Trenchard and Gordon's *The Independent Whig* (London, 1721); *David* (London [Amsterdam], 1768) from Peter Annet's *The History of man after God's own heart* (London, 1756); and *Examen des prophéties qui servent de fondement à la religion chrétienne* (London [Amsterdam], 1768) from Anthony Collins' *A Discourse on the grounds and reasons of the Christian religion* (London, 1724) and *The Scheme of literal prophecy considered* (London, 1726).
21. Curran, 'The reception of the works of the baron d'Holbach'.
22. G. J. von Holland, *Réflexions philosophiques sur le Système de la nature* (Neuchâtel, Société typographique de Neuchâtel, 1773), p.33.
23. Holland, *Réflexions philosophiques*, p.38-39.
24. Louis-Antoine de Caraccioli, *Lettres à une illustre morte décédée en Pologne depuis peu de temps par l'auteur des 'Caractères de l'amitié'* (Paris, Bailly, 1771), p.196.
25. Caraccioli, *Lettres*, p.196.

represent the best chance of reconstructing book-trade networks of the period. These networks are both extensive and detailed, and, properly mined, should help to set numerous case-study-based enquiries into proper perspective. They can be used to deepen understanding of several types of cultural exchanges in the period, and that of exchange between Britain and the francophone world is no exception. To understand properly the depth of such exchange it is necessary to take account of not only the impressive amount of translation that was taking place between the two cultures, but also how discourses migrated through these networks and the texts that they helped circulate.

An introduction to utilitarianism: early French translations of Bentham's *Introduction to the principles of morals and legislation*

EMMANUELLE DE CHAMPS

Jeremy Bentham's *Introduction to the principles of morals and legislation*, his first major philosophical work, was printed in London in 1780 and privately circulated, but only published in 1789, with a preface, a 'concluding note' and several 'corrections and additions'.[1] Very few copies were printed and the book did not attract much attention: it was reviewed only twice in the next decade and not reprinted before 1823. In French, a review published in 1796 in the *Bibliothèque britannique* triggered the publication of numerous extracts from Bentham's works by Etienne Dumont, which provided a testing-ground for texts included in the *Traités de législation civile et pénale* in 1802. The *Traités* went through several reprints and translations (including re-translations into English)[2] and became the most widely circulated outline of Bentham's philosophy in the first half of the nineteenth century.[3]

Recent studies have focused on the nature of Dumont's work in translating and editing Bentham's manuscripts.[4] Until more work is done on the *Traités* and on the manuscripts on which they were based, the exact extent of Dumont's contribution to the definition of the

1. Jeremy Bentham, *An Introduction to the principles of morals and legislation, printed in the year 1780 and now first published* (London, T. Payne, 1789), p.1-9, cccvii-cccxxxv, unpaginated 'corrections and additions'. Later references will be to *An Introduction to the principles of morals and legislation*, ed. J. H. Burns, H. L. A. Hart and F. Rosen (1970; Oxford, 1996). I would like to thank Catherine Fuller, Philip Schofield and Richard Whatmore for their comments on an earlier version of this paper.
2. *Principles of legislation from the manuscripts of Jeremy Bentham, by M. Dumont*, translated by John Neal (Boston, 1830) and *The Theory of legislation, by Jeremy Bentham, translated from the French of Etienne Dumont*, translated by Richard Hildreth (Boston, 1840).
3. The first complete French translation of Bentham's *Introduction* will not be published until 2010.
4. Frederick Rosen, '"You have set me a strutting, my dear Dumont": la dette de Bentham à l'égard de Dumont', and Cyprian Blamires, 'Bentham, Dumont et le panoptique', in *Bentham et la France*, ed. E. de Champs and J.-P. Cléro, *SVEC* 2009:09, p.85-96 and 97-110. For a thorough statement of Dumont's agenda in publishing Bentham's texts, see C. Blamires, *The French Revolution and the creation of Benthamism* (Basingstoke, 2008), esp. ch.7 and 8.

utilitarian doctrine cannot be assessed in more detail.[5] Dumont was praised by his contemporaries for making Bentham's thought accessible, mainly because his French avoided the philosopher's obscure style. Thomas Babington Macaulay summed up a generally received opinion in 1832:

> Never was there a literary partnership so fortunate as that of Mr. Bentham and M. Dumont. The raw material which Mr. Bentham furnished was most precious; but it was unmarketable. He was, assuredly, at once a great logician and a great rhetorician. But the effect of his logic was injured by a vicious arrangement, and the effect of his rhetoric by a vicious style. His mind was vigorous, comprehensive, subtle, fertile in arguments, fertile in illustrations. But he spoke in an unknown tongue.[6]

A year later, Macaulay commented again on the partnership, comparing the relationship between Bentham and Dumont to that between England and France: 'Isolated in our situation, isolated by our manners, we found truth, but we did not impart it. France has been the interpreter between England and mankind.'[7]

Though Bentham's later texts were notoriously difficult to read, this is not a sufficient explanation for the lack of readership of his earlier works. This chapter argues that the significance of Dumont's editing was due not so much to the easy and flowing style that Bentham's ideas received as to a specific change of focus effected by the French translator in his early presentations of Bentham's thought. The nature and extent of the reframing effected by Dumont will be assessed through a study of the reception of the *Introduction to the principles of morals and legislation* in English and in French, from 1780 to the publication of Dumont's first extracts from Bentham's manuscripts in the *Bibliothèque britannique* in 1797 and to the *Traités*.

The question of the reception of Bentham's *Introduction* in English is a difficult one, due to the small number of copies of the first edition which were in circulation. Bentham's correspondence, however, gives clues to its reception in private circles, while early reviews cast light on the opinion of the London literary world. The history of the writing of the *Introduction* partly explains the flaws which made it difficult to place by contemporaries. By giving a specific focus to the work in the *Traités*, Dumont made Bentham's original thought on morals and legislation

5. The manuscripts in Bentham's hand from which Dumont worked are still in the process of being transcribed. With a few exceptions, they are kept in the Bentham collection at University College London.
6. Thomas Babington Macaulay, 'Dumont's recollections of Mirabeau', *Edinburgh review* 55 (April-July 1832), p.553.
7. Macaulay, 'Walpole's letters to Sir Horace Mann', *Edinburgh review* 58 (October 1833-January 1834), p.233.

more easily accessible by enlightened contemporaries on either side of the Channel.

The volume which was eventually published under the title *An Introduction to the principles of morals and legislation* in 1789 had a long editorial history. From the early 1770s Bentham had embarked on a major work on legislation, containing the principles of a complete penal (or criminal) code.[8] He was eager to have his ideas publicised throughout Europe and in 1777 worked towards submitting a complete criminal code to the competition opened by the Société économique of Bern. By 1780 Bentham had abandoned his idea of submitting it to the jury but he had written a considerable number of sheets on penal theory and codification. As his brother Samuel embarked on a journey to Russia in 1780, Bentham compiled introductory material to the penal code for a volume to be presented to Catherine the Great, whose intentions to reform penal law had been publicised throughout Europe.[9] In March 1780 Bentham sent what he had written of the *Introduction* to the press separately, intending not to publish it but to print copies which could be circulated, and maybe translated into French, German or Russian, the languages read by the empress. Bentham continued to write as the type was set and sent each chapter to the press successively.[10] The work grew until the author 'found himself unexpectedly entangled in an unsuspected corner of the metaphysical maze',[11] namely the distinction between penal and civil jurisprudence which was to occupy him throughout most of the following decade.[12] In the meantime, Samuel started on a long journey to the Urals during which his correspondence with England was erratic. There is no evidence that more than two copies of the *Introduction* were printed at that stage.[13]

In 1782 Bentham described the *Introduction* as 'a book without beginning or end'[14] and stressed that the abstract quality of the topic and the

8. For the history of Bentham's early projects see *An Introduction to the principles of morals and legislation*, ed. J. H. Burns and H. L. A. Hart (London, 1970), p.xxxvii-xxxviii; J. H. Burns, 'Bentham, Brissot et la science du bonheur', in *Bentham et la France*, ed. E. de Champs and J.-P. Cléro, p.3-20 and Douglas Long, 'Political and philosophical radicalism: the place of the utility principle in Jeremy Bentham's early writings on critical jurisprudence', unpublished paper presented at the September 2008 ISUS conference, Berkeley, CA.
9. Bentham, *Introduction*, 'Preface', p.1. See Ian R. Christie, *The Benthams in Russia, 1780-1791* (Oxford, 1993).
10. Christie, *The Benthams in Russia*, p.48-49.
11. Bentham, *Introduction*, p.1.
12. Those manuscripts were published in the twentieth century, first under the title *The Limits of jurisprudence defined*, ed. C. W. Everett (New York, 1945), and then as *Of laws in general*, ed. H. L. A. Hart (London, 1970). A new edition from the original manuscripts by Philip Schofield will be published in 2010.
13. *The Correspondence of Jeremy Bentham*, vol.3: *1781-1788*, ed. I. R. Christie (London, 1971), p.122 and note.
14. Bentham, *Correspondence*, vol.3, p.122.

style were obstacles to its appealing to a wide readership; it was 'destined for the few (who have strength of mind to comprehend general principles, and patience to follow up a long thread of metaphysical discussions)'.[15] Bentham acknowledged the difficulty of the work in a letter to Lord Shelburne, who had read the printed text in the summer of 1781 and passed it on to Lord Dunning and Lord Camden.[16]

The complex history of the work and its lack of focus were noted by the author in the preface he wrote for the 1789 edition. It 'failed' '[a]s an introduction to the principles of morals' and 'as an introduction to the principles of *legislation in general*'.[17] These criticisms have since been echoed by most commentators, the latest editor writing that it 'might best be approached as three related works': chapters 12 to 17 being the introduction to the penal code Bentham had hoped to complete, preceded by an 'analysis of human actions' in chapters 7 to 11, and, in the first chapters, a 'discussion of the principle of utility'.[18]

In commenting on the manuscript, Samuel Bentham remarked on the groundbreaking character of the presentation of the principle of utility it contained.[19] The early chapters were also singled out in 1786 by François-Xavier Schwediauer, a Viennese physician and a friend of Bentham who compiled a *Philosophical dictionary* in four volumes. Containing the opinions of philosophers such as Helvétius, Hume, Voltaire and Priestley, among other 'Free Thinkers',[20] under thematic entries, it aimed to be a short vade mecum for enlightened readers. Schwediauer reproduced chapters 1 to 5 of Bentham's *Introduction* almost in full,[21] broken up into articles such as 'Mankind governed by pain and pleasure', 'Sympathy and antipathy', 'Standard of right and wrong', 'Sanctions, or sources of pain and pleasure and their influence on legislation', 'Value of a lot of pleasure and pain, how to be measured', 'Pleasures and pains, values of their kinds'. The articles were signed with Bentham's name, and

15. Bentham, *Correspondence*, vol.3, p.128.
16. For Shelburne's early comments, see *The Correspondence of Jeremy Bentham*, vol.4: *1788-1793*, ed. A. T. Milne (London, 1981), p.66. Bentham later recollected Shelburne's reactions in the 'Preface intended for the second edition of the *Fragment*', in *A Comment on the commentaries and a Fragment on government*, ed. J. H. Burns and H. L. A. Hart (London, 1977), p.533.
17. Bentham, *Introduction*, p.3.
18. Bentham, *Introduction*, p.xlviii-l.
19. 'The general idea of the development of the principle of utility in a steady, uniform and impartial manner, is certainly what you have stronger and more deeply implanted in you than any body else.' Quoted in Christie, *The Benthams in Russia*, p.41.
20. The phrase is used by Schwediauer; see Bentham, *Correspondence*, vol.3, p.315.
21. Compared to Bentham's original text, Schwediauer notably omitted note g in chapter 4 (on the 'pleasures of the venereal sense') and parts of a discussion of the 'theological principle' in chapter 3, section 18.

though the philosopher later claimed that he had not been consulted, his correspondence disproves this statement.[22]

The eventual publication of the *Introduction* in 1789 seems to have been triggered, at least indirectly, by William Paley's *Principles of moral and political philosophy*. In November 1788, his friend George Wilson mentioned Paley as he tried to convince Bentham to publish the *Introduction* as a separate volume (significantly, he suggested the omission of the long chapter 16 on the division of offences).[23] Though Bentham minimised the role Paley and his book played in this decision and did not seem to hold the work in high esteem,[24] his decision to publish certainly owed much to his friend's remarks since he informed his father a month later that he would send the book to press. The new title also shows that Bentham had taken heed of Wilson's remarks on the importance of moral issues: the 'Introduction to a penal code' became *An Introduction to the principles of morals and legislation*.[25] Eventually, only 128 copies were available at booksellers, the rest having been destroyed by damp rot at the printers.[26]

Despite Bentham's advertising strategy,[27] the reception of his book was disappointing. It failed to draw the number of reviews the author hoped for. In the early 1820s, he attributed the poor reception of his early writings (the *Fragment* and the *Introduction*) to 'sinister interest', that is to the fact that the principle of utility directly challenged the vested interests of the 'ruling few'.[28] The contemporary reviews, however, indicate that though Bentham's suggestions for legal reform were readily accepted – probably because they were roughly in line with Beccaria's – his claim to establish utility as the foundation of morality did not meet with the same approval.

The review published in the *Analytical review* for September to December 1789 followed the book closely by opening on the definition of the principle of utility as 'the foundation of government'.[29] By separating the application of the principle of utility in the spheres of legislation and morals, however, the anonymous reviewer deviated from

22. Bentham, *Introduction*, p.2, note.
23. Bentham, *Correspondence*, vol.4, p.15-16.
24. See *Correspondence*, vol.3, p.513 and 518 where he voiced his poor opinion of Paley's work. In the *Article on utilitarianism*, much later, he pointed to Paley's lack of precision in defining important terms. *Deontology; together with a Table of the springs of action; and the Article on utilitarianism*, ed. A. Goldworth (Oxford, 1983), p.328.
25. For the change of title, see *Introduction*, p.4.
26. *Correspondence*, vol.4, p.35-36.
27. *Correspondence*, vol.4, p.34-37 and 46-47.
28. 'Preface intended for the second edition of the *Fragment*', p.515.
29. *Analytical review, or History of literature, domestic and foreign* 5 (1789), p.306-10. The reviewer has not been identified.

Bentham's account. Bentham had denied the existence of any moral sense and therefore the possibility to ground any moral argument on it. The reviewer commented: 'It seems not, however, to be denied, that a *moral* sentiment may exist independent of *utility*; but only, that it can ever justify a person in addressing himself to the community, for establishing a set of common regulations.'[30] This opinion was repeated in the discussion of Bentham's passages on the quantum of punishment to be inflicted. The reviewer stressed the importance of taking into account the 'general *sense of injury*' and 'degree of *resentment*' produced 'in the person who suffers by it', and the '*sympathic resentment*, in the breast of every impartial spectator'. The concluding paragraph of the review criticised 'divisions and subdivisions of little use to a legislator' and highlighted the difficulty of the style.[31]

No other review seems to have come out until 1795, when a much longer one appeared in the *Monthly review* presented as '[a] mislaid article'.[32] It was in fact an extended summary of the original, with substantial extracts. Significantly, the reviewer reproduced in full the long footnote criticising alternative moral theories of common sense and moral sense, included a short extract on 'intentionality' and reproduced in full the examples given as part of his exposition of his theory of motives. Bentham's considerations on 'the theological principle' – which, according to him, fell short of the scientific criterion of utility – were cut out, as were the few allusions to 'venereal pleasures', which had also seemed too explicit to Schwediauer.[33] To conclude, the reviewer praised the author's 'deep thought, acute distinction, and extensive inquiry'. He agreed with Bentham, however, that the book failed both as an extensive introduction to morals and as a sufficient introduction to the principles of legislation and regretted the author's taste for intricate division, flaws which had all been pointed out by the author himself in the 1789 preface.

The printing of the *Introduction* was triggered by Jeremy and Samuel Bentham's plans to have it translated into French or German as early as 1780, but the correspondence indicates the difficulties Bentham faced in finding a French translator.[34] At an early stage, he had thought of Jean-Louis Delolme, who had been reported as the translator of Lind's *Answer to the declaration of the American Congress*.[35] Through Schwediauer, who had

30. *Analytical review* 5 (1789), p.308.
31. *Analytical review* 5 (1789), p.310. Emphasis in the original.
32. *Monthly review* (March 1795), p.298-305 and (April 1795), p.406-15. The author of the review has been identified as Thomas Pearne; see Benjamin Christie Nangle, *The Monthly review, second series 1790-1815* (Oxford, 1955), p.52-53.
33. Compare Bentham, *Introduction*, p.31 and *Monthly review* (April 1795), p.406.
34. Bentham, *The Correspondence of Jeremy Bentham*, vol.2: *1777-1780*, ed. T. L. S. Sprigge (London, 1968), p.423, 493.
35. Bentham, *Correspondence*, vol.2, p.13, note, p.498. Lind's pamphlet (to which Bentham had

useful contacts with German speakers in London, Bentham found a German translator in November 1780. Part of his correspondence at that time is devoted to the financial arrangements, the primary difficulty being the lack of a bookseller to act as an intermediary between author and translator. Eventually Bentham envisaged paying for the translation himself.[36] His portrait of Schiller, the person recommended by Schwediauer, provides a glimpse of the precarious conditions of professional translators:

> A mean lodging though on the first floor: and though not dirty, fetid to the highest degree: and the appearance of the man quite that of the Grub-Street Poet; tall, thin and ugly and seemingly half-starved. He turns out after all to be a more responsible man than one should easily meet with, having been 19 years in this country.[37]

Having himself translated works from French, Bentham was aware of the difficulties and set high standards for style and accuracy.[38] He was therefore doubtful about the possibility of a quick translation and insisted on having the manuscript checked by Schwediauer.[39] Schiller told him he hoped to secure a German publisher and Bentham soon came to dream that over a thousand copies might be sold in Germany and even considered a bilingual publication.[40] For reasons not explained in the correspondence, however, the plan failed.[41]

In 1789, when the definitive work was eventually published, Bentham

---

also contributed) had in fact been translated by A. J. F. Fréville as *Réponse à la déclaration du Congrès Américain* (London, T. Cadell, 1777).

36. Bentham, *Correspondence*, vol.2, p.518.
37. Bentham, *Correspondence*, vol.2, p.482-83. J. F. Schiller had translated Smith's *Wealth of nations* into German, *Untersuchung der Natur und Ursachen von Nationalreichthümern von Adam Smith* (Leipzig, Weidemanns Erben und Reich, 1776 and 1778). Though his translation was later blamed for the poor reception of Smith's ideas in Germany, this claim has been disputed. See C. W. Hasek, 'The introduction of Adam Smith's doctrines' and Keith Tribe, 'The "Smith reception" and the function of translation', both in *Adam Smith across nations*, ed. Cheng-Chung Lai (Oxford, 2000), p.98-99 and 128-29 respectively.
38. Bentham's preface to his translation of *The White bull* shows him correcting earlier pirated translations, paying attention to meaning, but also to transpositions and allusions. Voltaire, *The White bull, an oriental history from an ancient Syrian manuscript, communicated by Mr. Voltaire cum notis editoris et variorum: sc.* [...] *the whole faithfully done into English*, translated by J. Bentham, 2 vols (London, J. Bew, 1774).
39. Bentham, *Correspondence*, vol.2, p.508.
40. 'Now my idea is to make Hamburg the entrepôt, and from thence to get it sent to the four or perhaps five capital places where it is to go: viz: Sto[ckholm]: Pet[ersburg]: Ber[n]. Vi[enna] and perhaps Flo[rence]. [...] at the same time I may send copies of the Eng[lish] for each of the Germ[an]. I think they should go together; that any person who understands the origin may see what justice has been done by the translat[io]n.' *Correspondence*, vol.2, p.509.
41. Bentham, *Correspondence*, vol.3, p.3, note.

made another attempt at having the *Introduction* sent to France and translated there, together with texts which were more directly relevant to the early stages of the French Revolution, such as *Political tactics*, and the popular *A Defence of usury*. Taking stock of earlier criticism of the book's style and long-windedness, he envisaged alternatives to a complete translation, writing to Morellet:

> I am concerned to know whether you think any use can be made of my quarto book for the public of your country; viz: in the way of extract or abridgement or something of the sort: for as to a translation it is altogether out of the question. Some of my friends say that it contains all truth: but no man conceives it possible for any other man to get through it. It was all Arabick to Ld Lansdowne and Ld Camden. Possibly among Frenchmen you and Condorcet might be able to get through with it if you were each of you alone and without any other book in a desert island. So might D'Alembert and Condillac had they been alive.[42]

At the same period, Dumont was also asked to find translators for the book, but his efforts came to nothing.[43] The brothers' wish that the volume be translated into French was fulfilled, however, though in a roundabout manner: extracts appeared in Geneva, in the *Bibliothèque britannique* in 1796, six years before the publication of Dumont's *Traités*.

The first French translation of an extract from the *Introduction* came out in 1796 in the third volume of the *Bibliothèque britannique*, launched by Marc-Auguste and Charles Pictet, two Genevan *philosophes*, as a commercial and scientific venture aimed at disseminating among a wide European readership extracts from recent British publications.[44] Though the editors hoped at first to cover all aspects of British intellectual life, the *Bibliothèque britannique* eventually restricted its range to three main series: 'Sciences et arts',[45] 'Agriculture' and 'Littérature'.

Though helped by occasional collaborators, the Pictets selected the extracts and supervised most of the translations themselves. Bickerton

42. Bentham, *Correspondence*, vol.4, p.50, note. This passage exists only in the draft of the letter.
43. 'Mr. Bentham m'ayant envoyé son livre à Paris en 1789, je le remis à deux hommes de lettres, qui avoient traduit avec succès des ouvrages de philosophie. Il leur parut difficile à entendre, presque impossible à traduire, & trop austère pour le goût français; ils désespéroient de faire lire un *in-quarto* de propositions préliminaires, numérotées comme des thèses, avec un grand nombre de divisions & de subdivisions.' E. Dumont, 'Lettre aux rédacteurs de la Bibliothèque britannique', *Bibliothèque britannique, littérature* 5 (1797), p.155.
44. See D. Bickerton, *Marc-Auguste and Charles Pictet, the Bibliothèque britannique 1796-1815 and the dissemination of British literature and science on the Continent* (Geneva, 1986); Jean Cassaigneau and Jean Rilliet, *Marc-Auguste Pictet, ou le Rendez-vous de l'Europe universelle, 1752-1825* (Geneva, 1995).
45. This series was in fact devoted exclusively to sciences: 'Chimie', 'Physique', 'Physiologie', 'Histoire naturelle', 'Géologie', 'Mathématiques'. The heading 'arts' corresponded to articles on movement and electricity.

has described their translation work in dismissive terms, lamenting that 'Translations were generally described as "libres", they tend to be lacking in colour, and the adoption of a standard register of language in the French produces a homogeneity of tone.' He concludes: 'taken alone, the French versions read well enough, but when read against the English original it is seen to be hasty and slightly inaccurate.'[46] The editors do not seem to have paid much attention to the translation of non-literary works. In keeping with contemporary attitudes, the only theoretical point they raised concerned the translation of poetry.[47] If the first translation they published from Bentham's work is typical, however, their grasp of English was accurate and their style in French precise.

The *Littérature* section contained extracts intended to entertain and to elevate, and could be read, as the editors were anxious to point out, by all the family.[48] The first few volumes therefore contained a mix of light and entertaining features, extracts from recent novels and more serious features such as ancient and modern history. Through the last of these sections, the *Bibliothèque britannique* retained a political character, by quoting British and American authors on past and present events. This was also the case with the section headed 'Economie politique', which focused on philanthropy and agricultural improvement. The moral tone of the whole was set by interspersed tales and anecdotes under a recurring 'Morale' section. The second volume confirmed the editors' avowed bias towards Scottish moral philosophy by publishing extracts from Adam Ferguson's *Principles of moral and political science*, sermons by Hugh Blair and a chapter from Stewart's *Outlines of moral philosophy*. Their praise of Stewart extended to the Scottish Enlightenment as a whole: 'L'Ecosse a vu renaître de nos jours l'esprit philosophique qui animoit les Sages de l'antiquité.'[49]

In the first year of publication, the third volume contained under the heading 'Morale' a review of Bentham's *Introduction*, which was simply a translation of the review published in *The Monthly review* the year before.[50] Despite a few cuts in the opening paragraph and the omission of all footnotes (the review in English had included all the author's notes when quoting from the original), it was a faithful translation. Their choice of this review, however, was probably not entirely due to chance. According to the *Prospectus*:

46. Bickerton, *The Bibliothèque Britannique*, p.493-94.
47. *Bibliothèque britannique, littérature* 1 (1796), p.8.
48. *Bibliothèque britannique, littérature* 1 (1796), p.6.
49. *Bibliothèque britannique, littérature* 2 (1796), p.409.
50. The source was identified by C. Blamires, 'The *Bibliothèque britannique* and the birth of utilitarianism', in *The Transmission of culture in Western Europe, 1750-1850*, ed. D. Bickerton and J. Proud (Bern, 1999), p.51-68 (56).

> Le principe d'UTILITE, qui sera notre boussole constante, ne nous permet point au reste, de mettre toutes les sciences sur la même ligne; l'agriculture tient à nos yeux le premier rang, et elle est aussi pour nous le premier des arts. Il est encore une science dont nous désirons particulièrement de propager les principes, c'est celle dont les ouvrages des Moralistes Anglais et Ecossais renferment les précieuses leçons: personne, mieux que ces philosophes, n'a su développer & cultiver cet instinct de justice, & diriger ce désir ardent & aveugle de bonheur auquel tendent tous les ressorts secrets du cœur humain.[51]

A book devoted to the exposition of the principle of utility and to its practical applications could only appeal to the editors. But, whereas the extracts from Stewart and other Scottish moralists had been praised in the *Prospectus* and in other articles on morals, the review of Bentham's work ended with this paragraph – which replaced the closing one of the *Monthly review* quoted above: 'L'extrait qu'on vient de lire n'est pas fait, nous l'avouons, pour intéresser un grand nombre de lecteurs; nous l'avons destiné plutôt à donner l'idée d'un genre particulier à certains moralistes Anglais, & un peu ressemblant à celui que le célèbre professeur de Koenigsberg, Kant, a mis à la mode en Allemagne. Nous doutons que ce genre prît en France.'[52] Whatever the editors might have known about Kant, their wish to distance themselves from Bentham's method is clear. Bentham's attack on Scottish philosophers and their moral principles was the most obvious ground for disagreement. The second extract contained a translation of Bentham's long footnote to chapter 2 which ridiculed the moral theories based on 'moral sense', 'common sense' or 'sympathy'.[53] Moreover, whereas the early volumes of the periodical contained several references to Stoic ideals,[54] Bentham's rejection of Stoic morality under the name of 'asceticism' and his apparent acceptance of Epicureanism[55] highlighted the difference between their respective moral outlooks.

As the next volumes made clear, their undertstanding of utilitarianism

51. *Bibliothèque britannique, littérature* 1 (1796), p.6-7.
52. *Bibliothèque britannique, littérature* 3 (1796), p.283. Kant had also discussed the link between morality and happiness. His works were being discussed in Genevan intellectual circles in the late 1790s. See François Azouvi and Dominique Bourel, *De Königsberg à Paris: la réception de Kant en France (1788-1804)* (Paris, 1991), p.69-70. In the late 1790s or early 1800s, Dumont read Charles de Villers's articles on Kant's philosophy and confronted Kant's positions in the *Critique of practical reason* with Bentham's use of the principle of utility in morals. Geneva, Bibliothèque publique et universitaire, MS Dumont, box 25, f.12.
53. In the 1789 copy, Bentham did not name his opponents (Shaftesbury, Hutcheson, Hume, Beattie, Price, Clarke and Wollaston). The names appeared in the 1838 Bowring edition, from pencil additions by the author [1819], see Bentham, *Introduction*, p.26-27 and note.
54. For instance, *Bibliothèque britannique, littérature* 2 (1796), p.7.
55. Bentham, *Introduction*, p.19. On this subject, see F. Rosen, *Classical utilitarianism from Hume to Mill* (London, 2003), p.15-28.

was a more teleological and theological one than Bentham's. Volumes 4 and 5 (1797) contained two extracts from Butler's *Analogy of religion*, which developed the idea that God inflicted punishments and rewards in order to influence human conduct.[56] In 1799 and 1800 the *Bibliothèque britannique* published a favourable appreciation of Paley's works, whose *Principles of moral and political philosophy* had been reviewed in the preceding year.[57] As a moral doctrine, Paley's utilitarianism appeared more relevant than Bentham's.[58] A different presentation of Bentham's doctrine was needed for it to be endorsed by the *Bibliothèque britannique*. Etienne Dumont provided the editors with a much more acceptable reading of the *Introduction*.

Dumont had been close to Bentham since 1788 and had been engaged in producing a French version of his works since 1792.[59] He read the first issues of the *Bibliothèque britannique* in London and shortly afterwards, at the end of April 1796, he wrote to Bentham asking for his permission to present extracts from his translations to the editors on the occasion of a trip to Geneva. He did not believe that the *Introduction* was the most relevant of his works for that purpose. 'Quelques essais jetés ainsi dans le public serviroient à sonder le terrain et à préparer le succès du grand ouvrage. Je vous prie en conséquence de m'envoyer aujourd'hui, si vous le pouvez, le premier livre du Code Civil, en François, car c'est du Code Civil et du Manuel d'économie polit[ique] que je voudrois détacher quelques essais.'[60]

Dumont, however, did not return to Geneva that year and discovered the first article published by the *Bibliothèque britannique* in October, before he had had the opportunity to send anything to the editors. He immediately wrote to them from London with several extracts from his original translations for publication. Marc-Auguste Pictet accepted the new collaborator with enthusiasm, praising above all Dumont's style: 'Quand on écrit comme vous le faites, c'est une grâce que les journalistes demandent et non point une faveur qu'ils accordent, que celle que

56. The subtitle to Butler's extract was: 'Du gouvernement que Dieu exerce par la voye des récompenses & des peines, & particulièrement de celles-ci.' *Bibliothèque britannique, littérature* 5 (1797), p.23.

57. *Bibliothèque britannique, littérature* 16 (An IX), p.4.

58. See P. Schofield, 'A comparison of the moral theories of William Paley and Jeremy Bentham', *The Bentham newsletter* 11 (1984), p.4-22; and F. Rosen, 'William Paley as a utilitarian', in *Classical utilitarianism from Hume to Mill*, p.131-43.

59. Bentham, *Correspondence*, vol.4 p.385-86.

60. Bentham, *Correspondence*, vol.5. In a letter to Romilly written the year after, Dumont explained his intentions in pushing Bentham's ideas through the press: 'D'après toutes ces réflexions, je continuerai à envoyer des extraits et même des morceaux plus considérables à la biblioth. Brit jusqu'à ce que quelque signe d'attention publique donne à Bentham l'envie de sortir de sa prison ou que l'on me propose d'ailleurs de réunir ces extraits et de leur donner plus d'étendue.' MS Dumont, box 17.

vous voulez bien nous promettre.'[61] Accordingly, six extracts from the *Traités* were published in the *Bibliothèque britannique* in the following years, taken from two essays, the *Principes du code civil* and the *Manuel d'économie politique*. Perhaps surprisingly in the light of the earlier comments on Bentham's moral thought in the 1796 extracts, Pictet immediately praised Bentham's ideas as presented by Dumont: 'On est spécialement occupé en France, & aussi partout, à rebâtir les édifices politiques, & des matériaux du genre de ceux que vous vous proposez de fournir & dont notre journal s'honorerait d'être le véhicule, seroient, non seulement de mise, mais reçus avec empressement.'[62]

Dumont's presentation of utilitarian theory was significantly different from the earlier extracts translated from the *Monthly review*. In the paragraphs he devoted to the first review of the *Introduction*, he ignored the English reviewers' criticisms: 'Les éloges que vous donnez [à l'ouvrage] pourront éveiller l'attention des Anglais eux-mêmes, & ce ne seroit pas la première fois que le suffrage des étrangers auroit devancé & hâté celui des compatriotes.'[63] His translation of the title differed slightly from the earlier extracts by replacing 'Législation' with 'Jurisprudence'. By adopting a more technical vocabulary, Dumont immediately drew attention to Bentham's stance as a legal reformer, rather than a moralist. This is also noticeable in the following passage: 'Quelle différence entre lui & ces prétendus législateurs si légers & si décisifs, si incapables de résoudre les difficultés qu'ils ne les ont même pas entrevues! *Que de choses dans une loi!* dit l'auteur en terminant son ouvrage. Il rendra les lecteurs timides. Ils verront qu'on n'en peut pas faire une vingtaine dans une séance, par assis & levés.'[64]

When Dumont listed the works that he was planning to abstract from Bentham's manuscripts, the focus on legal theory was clear:

1°. Introduction aux principes de morale et de jurisprudence,
2°. Principes du Code Civil,
3°. Principes du Code Pénal,
4°. Code Pénal,
5°. De l'organisation des Tribunaux,
6°. Traité des récompenses & des salaires,
7°. Manuel d'économie politique,
8°. Divers essais – Sur la construction & l'administration des prisons, d'après le principe panoptique. – De l'invention. – De la méthode. – Du style en matière de législation. – Des modifications dans les lois, selon les circonstances de temps et de lieu, &c.

61. MS Dumont, box 33.
62. MS Dumont, box 33.
63. *Bibliothèque britannique, littérature* 5 (1797), p.155-56.
64. *Bibliothèque britannique, littérature* 5 (1797), p.157-58.

Dumont's definition of jurisprudence, however, took the readers away from the technicalities of Bentham's approach in the *Introduction* and promoted a different view:

> L'ouvrage de Mr. Bentham est au moins d'un genre bien différent. Il n'est pas besoin d'être jurisconsulte pour l'entendre: il sera même peut-être plus à la portée de ceux qui n'ont point de préjugés à cet égard. Il ne raisonne que d'après l'expérience commune; toute sa théorie est fondée sur des comparaisons de peines & de plaisirs. La science du droit est débarrassée de ce qui rend ses progrès si difficiles, ses définitions arbitraires, ses fictions, ses questions oiseuses, son érudition stérile, sa métaphysique scholastique &c.[65]

This was in line with Bentham's original intentions: throughout the *Introduction*, he had hoped to appear as a major legal theorist. But in Dumont's version, this went with a conservative political programme: good laws, not constitutional change, were the condition of good government. Accordingly, the extracts he selected dealt with matters which were not included in the *Introduction*, such as the protection of private property as the condition of security,[66] or the free-trade principles of the *Manual of political economy*. Such ideas were undoubtedly present in Bentham's manuscripts, but by presenting them as the most important of Bentham's contributions to legislation Dumont effected a significant change of focus in the definition of utilitarianism and its goals, bringing it closer to that of Smith and other Scottish moralists. Dumont's strategy worked beyond his expectations. The editors of the *Bibliothèque britannique* replaced the heading 'Morale' for his extracts from Bentham with 'Législation' and 'Economie politique'. In 1798 the *Bibliothèque britannique* presented Bentham as a major figure of legal reform.[67]

The *Traités de législation civile et pénale*, published by Dumont in 1802, stressed this aspect. The three-volume publication opened with a section entitled 'Principes de législation', based on Bentham's *Introduction*, and 'Morals', which had a prominent place in Bentham's title, disappeared from Dumont's altogether.[68] In the 'Discours préliminaire', Dumont explained what he had done.[69] For the 'Principes de législation', he

65. *Bibliothèque britannique, littérature* 6 (1797), p.3-4.
66. On this aspect of Dumont's work, see Blamires, 'The *Bibliothèque britannique* and the birth of utilitarianism', p.60-61.
67. *Bibliothèque britannique, littérature* 7 (1798), p.vi.
68. The 'Principes de législation' did not leave out morals altogether, but translated and interpreted Bentham's utilitarianism in terms of the opposition between Stoicism and Epicureanism. Dumont also changed its religious significance; see de Champs, 'Transformations de la morale utilitariste'.
69. J. Bentham, *Traités de législation civile et pénale*, translated by E. Dumont, 3 vols (Paris, 1802), vol.1, p.viii.

used the first six chapters of the *Introduction*, which he reorganised and cut extensively. The last part of the 'Principes' was more clearly focused on the application of the principle of utility to penal law, with three chapters drawn from chapters 10, 12 and 17 in the original.[70] Though the moral aspect of the application of the principle of utility figured prominently in Dumont's account, it was given a different slant by his claims that religion itself could be reconciled with utility.[71] Dumont chose to present Bentham as a '*Jurisconsulte* anglois' rather than a moralist, believing that this was a better way to give utility a place in contemporary political debates.[72]

Bentham described his *Introduction* as 'the forerunner and, as far as it extended, [...] the basis of the [*Traités*]'[73] and, after 1802, often referred his correspondents to Dumont's translation for the main principles of his system. He acknowledged that the publication of this volume had served the purpose of disseminating the principles contained in his *Introduction* to the French-speaking world.[74] He was, however, conscious of the different focus of the work in French and in English: 'knowing these,' he wrote to one correspondent who had read Dumont's books, 'scarcely dost thou as yet know half of me.' He went on to explain that the *Traités* contained elements of his penal theory, whereas his constitutional thought had to be found in later English works.[75] Dumont's intervention, however, cut deeper. Not only did he publicise Bentham as a major criminal-law reformer in the wake of Beccaria – which was fully consistent with the author's wishes – but he also moved away from the controversial debate on the foundations of morals. Important as it is, the question of style is not a sufficient explanation for Dumont's editorial intervention.

70. On Dumont's use of the *Introduction* for the *Traités*, see J. Burns and H. L. A. Hart's 'Editorial introduction' to the 1970 edition of the *Introduction*; David Baumgardt, *Bentham and the ethics of today: with manuscripts hitherto unpublished* (Princeton, NJ, 1952), p.328-38; and James Crimmins, introduction to *The Theory of legislation* ([1864]; Bristol, 2004), p.xii-xiv.
71. See for instance ch.5, 'Eclaircissements ultérieurs: objections résolues touchant le principe de l'utilité'.
72. My emphasis. This conclusion is consistent with C. Blamires's contention that Dumont highlighted the legal aspects of Bentham's thought over the moral ones (*The French Revolution and the creation of Benthamism*, p.261-83). The history of the reception of Benthamite utilitarianism in France, however, shows that Dumont's strategy was not as successful in the long run: the tenability of the principle of utility as a moral rule was immediately questioned by Benjamin Constant in his *Principes de politique*, a criticism which has had more currency than Dumont's utilitarian claims. On this point, see Marie-Laure Leroy, 'Constant lecteur de Bentham: égoïsme, droit, utilité', *Bentham et la France*, ed. E. de Champs and J.-P. Cléro, p.153-64.
73. *The Correspondence of Jeremy Bentham*, vol.8: *1809-1816*, ed. Stephen Conway (Oxford, 1988), p.388.
74. Bentham, *Correspondence*, vol.7, p.22.
75. Bentham, *Correspondence*, vol.10, p.330 and 344.

By presenting the relationship between Bentham and Dumont as emblematic of that of England and France, Macaulay was doubly mistaken. He ignored the role of Genevan channels in the cultural and philosophical transfers in Europe and misunderstood the extent to which a translation could 'interpret' an original text.

Summaries

The 'Real Whig' – Huguenot network and the English Republican tradition
Rachel Hammersley

In the aftermath of the revocation of the Edict of Nantes, in 1685, the Huguenot diaspora constituted an important vehicle for the exchange and dissemination of ideas across Europe and beyond. This article focuses on one particular network of British and Huguenot figures, which operated during the early eighteenth century, and on the role its members played in bringing English republican ideas to the attention of a French audience. Once available in France, these ideas exercised an influence beyond the Huguenot fraternity and continued to do so throughout the century, impacting on both the Enlightenment and the French Revolution.

Pierre Des Maizeaux and the Royal Society
Elizabeth Grist

This article offers a survey of the activities of Huguenot journalist and writer Pierre Des Maizeaux in relation to the Royal Society in London during the early eighteenth century: promoting the work of its fellows in his newsletters for French-language journals published in Holland, contributing to the dissemination of Newtonian scientific thought and English philosophical ideas in his *Recueil de diverses pieces*, and acting as a link between some of the Society's members and scholars abroad, especially in France.

La correspondance diplomatique dans l'Europe moderne (*c.*1550-*c.*1750): problèmes de méthode et tentative de définition
Charles-Edouard Levillain

On pose ici la question de ce qu'il faut entendre par correspondance diplomatique dans l'Europe moderne, période où le diplomate jouait un rôle de passeur entre des cultures nationales parfois très différentes. Les questions méthodologiques soulevées portent sur la définition de la correspondance diplomatique, son classement et son organisation, et on évoque la transformation du rôle du diplomate. La période de 1660 à 1715 se distingua par une intensification des relations diplomatiques entre des pays européens, et Londres devint progressivement un nœud dans la diffusion de l'information en Europe.

Diplomats and international book exchange
Joanna Craigwood

British diplomats Matthew Prior and George Stepney regularly sent and received books and manuscripts during postings to Paris, The Hague and various German courts, from political or philosophical works to poetry collections or the latest plays. Their letters from the 1690s and early 1700s make that clear and the archives show that they are typical: diplomats were key agents in international cultural transfers during the long eighteenth century. This article examines such exchanges, and argues that they were rooted in cultural nationalism reflecting the roles of diplomats as national representatives and books as cultural ambassadors.

Quand les francs-maçons signent des traités diplomatiques: circulations et échanges maçonniques entre France et Angleterre (1765-1775)
Pierre-Yves Beaurepaire

Les circulations maçonniques transmanche sont multiples au dix-huitième siècle. Les frontières entre la libre émulation, que revendiquent la Grande Loge de France puis son successeur le Grand Orient, et la concurrence sont poreuses. Londres se considère comme la source de l'orthodoxie maçonnique ayant le pouvoir de légitimer de nouveaux corps maçonniques. Dans le contexte de rivalité franco-britannique du long dix-huitième siècle, cette posture est inacceptable pour les Français qui négocient des traités reconnaissant la souveraineté de la franc-maçonnerie française sur un ressort territorial 'national'. Deux conceptions de l'espace européen s'affrontent, notamment lorsque les Français multiplient les offensives diplomatiques visant à isoler Londres.

London by the light of Montpellier: scientific networks between Britain, northern Europe and the Languedoc (1706-1789)
James Livesey

This article describes how relationships with centres in northern Europe, in particular Edinburgh and London, increased in importance for the Montpellier scientific community in the eighteenth century. A prosopographical study of the foreign and corresponding members of the Société royale des sciences reveals this redirection of Montpellier's network. This international context had effects on the local organisation of knowledge. The reorganisation was motivated by endogenous forces, particularly the reassertion of an anti-Chicoyneau group within the university, and the exogenous context of alternative values to those of the medical corporation. Participation in cultural exchange injected dynamic forces into the local context.

Le réseau franco-britannique du *Recueil* Duquesnoy
Mariana Saad

L'étude du *Recueil de mémoires sur les établissements d'humanité* (1799-1804) édité par Adrien-Cyprien Duquesnoy révèle les échanges entre des philanthropes anglais et français à une époque d'importantes réformes du système de santé publique français. Autour de Rumford, au centre du réseau britannique, Thomas Bernard, John Aikin, Frederick Morton Eden et Colquhoun exercent des fonctions importantes (assistance aux pauvres, amélioration des hôpitaux). Des réseaux français regroupant Duquesnoy (véritable fédérateur), Roederer, La Rochefoucauld ou Benjamin Delessert jouent un rôle prépondérant dans l'assistance aux indigents et dans la promotion de la vaccine. Dans ces échanges La Rochefoucauld, Rumford et Bentham sont particulièrement actifs.

Les réseaux d'un excentrique: vies et parcours de William Playfair (1759-1823)
Jean-François Dunyach

Si William Playfair (1759-1823) est connu pour sa contribution majeure à la statistique à la fin du dix-huitième siècle, on connaît peu ses activités en Ecosse, Angleterre et France. Ses entreprises (inventeur, journaliste, théoricien du politique et escroc) ont mis en scène une grande variété de personnalités, du comte de Shelburne à des célébrités révolutionnaires comme Brissot. Cet article souligne les talents d'organisation de réseaux de Playfair et ses capacités à transposer et recombiner connaissances et soutiens à divers moments d'une existence haute en couleur, montrant davantage de cohérence qu'on ne pouvait le supposer de prime abord.

Le rôle des périodiques dans la diffusion du savoir médical en France et en Grande-Bretagne (fin dix-septième–fin dix-huitième siècle)
Claire Crignon-De Oliveira

L'article examine l'apparition de périodiques spécialisés dans la diffusion et la communication du savoir médical aux dix-septième et dix-huitième siècles. A quel besoin répondaient-ils, quels obstacles ont dû être surmontés pour assurer une diffusion du savoir médical au-delà du milieu savant, le but étant non seulement la communication du savoir mais aussi la conservation de la santé et la prolongation de la vie? On examine aussi la manière dont la possibilité d'une diffusion du savoir médical au-delà du territoire national se trouve mise en cause dans les périodiques mettant en avant le modèle d'une 'médecine de soi'.

Les journalistes du Refuge et la diffusion de la pensée politique de John Locke auprès du public francophone dès la fin du dix-septième siècle
Delphine Soulard

A travers leurs comptes rendus dans la *Bibliothèque universelle et historique* et l'*Histoire des ouvrages des sçavans*, les journalistes Jean Le Clerc, Jacques Bernard et Henri Basnage de Beauval contribuèrent grandement à diffuser la pensée politique de John Locke en Europe dès la fin du dix-septième siècle. Cet article démontre toutefois que ces intermédiaires culturels transmirent sa pensée en commentant la discussion sur le gouvernement civil à l'aune des débats politico-religieux qui animaient la vie intellectuelle au Refuge suite à la Révocation de l'Edit de Nantes, au succès de l'expédition de Guillaume d'Orange et à la publication de l'*Avis aux réfugiez*.

In defence of toleration: La Roche's *Bibliothèque angloise* and *Mémoires littéraires de la Grande-Bretagne*
Ann Thomson

This article studies the two French-language journals published between 1717 and 1724 by Michel de La Roche, a London-based Huguenot. These journals' main interests were English scientific works and theological debate, which they helped to make known in France. La Roche was opposed to all forms of intolerance, whether Protestant or Catholic, and gave particular publicity to works defending the free expression of opinions and non-dogmatic religion, and criticising intolerance. The article pays particular attention to his publication of extracts he translated from Gerard Brandt's *History of the Reformation in the Low Countries*.

Le peuple français instruit: Edme-Jacques Genet et la traduction des écrits politiques britanniques pendant la guerre de Sept Ans
Edmond Dziembowski

Traducteur, publiciste et journaliste au service du secrétariat d'Etat des Affaires étrangères, Edme-Jacques Genet (1726-1781) transforme le système d'information ministérielle pendant la guerre de Sept Ans. En publiant les traductions de pamphlets ou d'extraits de la presse britannique, Genet adopte une stratégie du parler-vrai et de la transparence afin de rendre plus crédibles les écrits ministériels. En même temps, par le contenu politique des ouvrages qu'il donne à lire, Genet transmet aux Français des informations précieuses sur le fonctionnement du système politique britannique. Plus largement, son action facilite le transfert de la culture politique insulaire au royaume de Louis XV.

The *Courier de l'Europe* as an agent of cultural transfer (1776-1791)
Simon Burrows

This article examines the role of the *Courier de l'Europe*, a French-language international gazette produced in London between 1776 and 1826, as a vector for cultural transfer. In particular it explores the innovations of its early editors, Serres de La Tour and Théveneau de Morande, with form and content. It argues that the *Courier de l'Europe*'s influence in the processes of cultural transfer was shaped and constrained by factors which were both intrinsic and external to the newspaper medium. Ultimately, the audience often played a decisive role in shaping the message it received.

La compréhension et la traduction des débats parlementaires à Londres par les diplomates de Louis XIV
Stéphane Jettot

L'Angleterre étant considérée comme une aire culturelle marginale, la maîtrise de la langue anglaise par les diplomates de Louis XIV était loin d'être une priorité. En revanche, comme les élites anglaises possédaient une excellente connaissance du français, ils faisaient office d'intermédiaires et de traducteurs occasionnels des diplomates français. Mais ces derniers, constatant l'ingérence croissante du Parlement de Londres dans la politique extérieure après 1660, furent contraints de rechercher de nouveaux intermédiaires pour comprendre les débats dans l'assemblée. Des traducteurs permanents firent leur apparition dans les ambassades et des contacts furent établis avec des réfugiés huguenots ainsi qu'avec les libraires londoniens.

Des Maizeaux, Collins and the translators: the case of Collins' *Philosophical inquiry concerning human liberty*
Ann Thomson

The French translation of Anthony Collins' *Philosophical inquiry concerning human liberty* (1717), published by Des Maizeaux in his collection of texts by Leibniz, Newton and Clarke in 1720, did not have a great impact in France. A second translation, published under a different title in 1754, accompanied by notes, was, however, extremely influential and widely read. This chapter, based largely on Des Maizeaux's passive correspondence, studies how the first translation was undertaken, printed and distributed, the difficulties encountered and the reasons for its relative lack of publicity. It throws light on the multiple factors affecting cultural transfer.

Traduire, trahir, se trahir: le cas du *Pantheisticon* de John Toland
Pierre Lurbe

La comparaison des deux traductions en langue vernaculaire (français et anglais) qui ont été faites du texte original latin du *Pantheisticon* est particulièrement instructive. Chacune d'elles porte en effet la marque du milieu culturel national auquel elle est destinée, ce qui montre que la traduction résulte d'un processus d'acclimatation du texte à son milieu de réception. En outre, les deux traductions révèlent un degré de compréhension très inégal des enjeux scientifiques de *Pantheisticon*, la représentation naïve des phénomènes jouant le rôle d'obstacle épistémologique majeur dans le cas de la traduction française.

Hume en France: la traduction des *Political discourses*
Michel Malherbe

Les échanges culturels se font par de multiples canaux et dépendent souvent des circonstances. On analyse ici la réception en France des *Political discourses* de Hume (1752) et l'on s'arrête sur les deux traductions publiées en 1754. L'on examine les modes de diffusion du texte par les journaux, la genèse de la réputation de l'auteur, les divers types de réception, grand public ou spécialisée, les influences subies et portées dans le contexte spéculatif et politique de l'époque, enfin un problème de traduction significatif du génie respectif des langues, mais aussi des évolutions de la pensée économique dans les années 1750.

The Société typographique de Neuchâtel and networks of trade and translation in eighteenth-century francophone Europe
Mark Curran

This article examines the role played by the Société typographique de Neuchâtel in facilitating exchanges of information in early modern Europe. It provides an overview of the utility of the society's archives for the study of cultural transfer and explores how these archives can be used to further our knowledge of late-eighteenth-century networks of exchange. It also considers how translated works and discourses reached publics. It argues that, while studies of information exchanges across national boundaries proliferate, many lack the empirical archival research and pan-European scope necessary to draw firm conclusions.

An introduction to utilitarianism: early French translations of Bentham's *Introduction to the principles of morals and legislation*
Emmanuelle de Champs

Bentham's *Introduction to the principles of morals and legislation* (1780), published only in 1789, received little attention. The translation of one review in a Genevan periodical in 1796, however, led Bentham's friend and translator Etienne Dumont to publish extracts from what became the *Traités de législation civile et pénale* (1802) in the same periodical. A comparison of the reception of the *Introduction* in Britain and in the French-speaking world before the publication of the *Traités* shows that Dumont's work detached the text from the debate on the foundations of morals to focus on practical aspects of criminal-law reform.

Bibliography

Periodicals

Affaires de l'Angleterre et de l'Amérique
Analytical review, or History of literature, domestic and foreign
Année litteéraire
Anticipation, in politics, commerce and finance during the present crisis

Bibliothèque angloise
Bibliothèque britannique
Bibliothèque choisie de médecine, tirée des ouvrages périodiques tant françois qu'étrangers, avec plusieurs pièces rares et des remarques utiles et curieuses
Bibliothèque des sciences et des beaux-arts
Bibliothèque raisonnée des ouvrages des savants de l'Europe
Bibliothèque universelle et historique
British family antiquity
The British physician
Bulletin de Londres

Correspondance littéraire
Correspondance politique
Courrier d'Avignon
Courier de l'Europe
Courrier du Bas-Rhin

La Décade philosophique

Essais et observations de médecine de la société d'Edinbourg, ouvrage traduit de l'anglois, & augmenté par le traducteur d'observations concernant l'histoire naturelle & les maladies des yeux
Etat politique actuel de l'Angleterre, ou Lettres sur les écrits publics de la nation angloise relativement aux circonstances présentes
L'Europe savante

Gazette de Leyde
Gazette de santé, contenant les nouvelles découvertes sur les moyens de se bien porter et de guérir quand on est malade
Gazette salutaire

Histoire des ouvrages des sçavans

Journal britannique
Journal des sçavans
Journal économique
Journal étranger
Journal littéraire

The Medical museum, or a Repository of cases, experiments, researches, and discoveries, collected at home and abroad in anatomy, medicine, pharmacy, botany, chemistry, surgery, physiology, etc.
Medical essays and observations revised and published by a society in Edinburg
Mémoires littéraires de la Grande-Bretagne
Mémoires de Trévoux
Mercure de France
Mercure sçavant
Monthly magazine, or British register
Monthly review

Nouvelle bibliothèque germanique
Nouvelle bibliothèque, ou Histoire littéraire des principaux écrits qui se publient
Nouvelles de la République des Lettres
Nouvelles descouvertes sur toutes les parties de la médecine
Nouvelles littéraires

Papiers anglois then *Etat actuel et politique de l'Angleterre, ou Journal britannique* then *Gazettes et papiers anglois*
Patriote françois
Philosophical transactions
Political portraits in this new era
The Present state of the Republick of Letters
Progrès de la médecine

Recueil périodique d'observations de médecine, chirurgie, pharmacie

Le Temple d'Esculape, ou le Dépositaire des nouvelles decouvertes qui se font journellement dans toutes les parties de la medecine

Tomahawk

Primary sources

Assemblée publique de la Société royale des sciences, 30 décembre 1777 (Montpellier, 1778).

Bachaumont, Louis Petit de, *et al.*, *Mémoires secrets pour servir à l'histoire de la République des Lettres en France depuis 1762 jusqu'à nos jours*, 36 vols (London, John Adamson, 1777-1789).

Bacon, Francis, *Du progrès et de la promotion des savoirs* (1605), translated by M. Le Doeuff (Paris, 1991).

–, *Nouvelle Atlantide* (1626; Paris, 1995).

Banal, Antoine, *Catalogue des plantes usuelles rangées suivant la méthode de M. Linnaeus* (Montpellier, 1786).

Baschet, Armand, *Histoire du dépôt des archives des Affaires étrangères, à Paris au Louvre en 1710, à Versailles en 1763 et de nouveau à Paris en divers endroits depuis 1796* (Paris, 1875).

Basnage de Beauval, Henri, *Réponse de l'auteur de l'Histoire des ouvrages des sçavans à l'Avis de Mr. Jurieu auteur des Lettres pastorales* (Rotterdam, Reinier Leers, 1690).

Bayle, P., *Œuvres diverses*, ed. Elisabeth Labrousse, 6 vols (Hidelsheim, 1965-1982).

Béguillet, Edme, *Discours sur l'origine, les progrès, et les révolutions de la franc-maçonnerie philosophique, contenant un plan d'association et un projet maçonnique de bienfaisance, pour l'érection d'un double monument en l'honneur de Descartes, par le frère Béguillet, avocat au Parlement, secrétaire général de la Loge de la Réunion des Etrangers* (A Philadelphie, 1784).

Bentham, Jeremy, *The Correspondence of Jeremy Bentham*, vol.2: *1777-1780*, ed. T. L. S. Sprigge (London, 1968).

–, *The Correspondence of Jeremy Bentham*, vol.3: *1781-1788*, ed. I. R. Christie (London, 1971).

–, *The Correspondence of Jeremy Bentham*, vol.4: *1788-1793*, ed. A. T. Milne (London, 1981).

–, *The Correspondence of Jeremy Bentham*, vol.5: *1794-1797*, ed. A. T. Milne (London, 1981).

–, *The Correspondence of Jeremy Bentham*, vol.6: *1798-1801*, ed. J. R. Dinwiddy (Oxford, 1984).

–, *The Correspondence of Jeremy Bentham*, vol.7: *1801-1808*, ed. J. R. Dinwiddy (Oxford, 1988).

–, *The Correspondence of Jeremy Bentham*, vol.8: *1809-1816*, ed. Stephen Conway (Oxford, 1988).

–, *The Correspondence of Jeremy Bentham*, vol.10: *1820-1821*, ed. Stephen Conway (Oxford, 1994).

–, *Deontology; together with a Table of the springs of action; and the Article on utilitarianism*, ed. A. Goldworth (Oxford, 1983).

–, *An Introduction to the principles of morals and legislation*, ed. J. H. Burns, H. L. A. Hart and F. Rosen (1970; Oxford, 1996).

–, *An Introduction to the principles of morals and legislation, printed in the year 1780 and now first published* (London, T. Payne, 1789).

–, *The Limits of jurisprudence defined*, ed. C. W. Everett (New York, 1945).

–, *Of laws in general*, ed. H. L. A. Hart (London, 1970).

–, *A Comment on the commentaries and*

a Fragment on government, ed. J. H. Burns and H. L. A. Hart (London, 1977).
–, *Principles of legislation from the manuscripts of Jeremy Bentham, by M. Dumont*, translated by John Neal (Boston, 1830).
–, *The Theory of legislation*, ed. James Crimmins ([1864]; Bristol, 2004).
–, *The Theory of legislation, by Jeremy Bentham, translated from the French of Etienne Dumont*, translated by Richard Hildreth (Boston, 1840).
–, *Traités de législation civile et pénale*, translated by E. Dumont, 3 vols (Paris, 1802).
Brandt, G., *Histoire abrégée de la Reformation des Pais Bas, traduit du Hollandois de Gerard Brandt*, 3 vols (The Hague, Pierre Gosse, 1726).
Brissot, Jacques-Pierre, *Mémoires*, ed. M. de Lescure (Paris, 1877).
Brydone, P., *A Tour through Sicily and Malta, in a series of letters to William Beckford, esq. of Somerly in Suffolk* (Dublin, J. Potts, 1773).
Burnet, Gilbert, *Histoire de la Réformation de l'Eglise d'Angleterre* (Amsterdam, Abraham Wolfgang, 1694).

Calendar of state papers and manuscripts relating to English affairs, existing in the archives and collections of Venice, and in other libraries of northern Italy (London, 1864).
Callières, François, *Des connaissances nécessaires et utiles à un négociateur*, ed. Jean-Claude Waquet (Paris, 2005).
Caraccioli, Louis-Antoine de, *Lettres à une illustre morte décédée en Pologne depuis peu de temps par l'auteur des 'Caractères de l'amitié'* (Paris, Bailly, 1771).
Catalogue of the library of the late John Playfair, esq. (Edinburgh, 1820).
Catalogus librorum bibliopoli Caroli Levier (The Hague, 1735).
Collins, Anthony, *Philosophical inquiry*, ed. Joseph Priestley (Birmingham, J. Johnson, 1790).
–, *A Philosophical inquiry concerning human liberty* (London, R. Robinson, 1717).
Condillac, Etienne Bonnot de, *Œuvres philosophiques*, ed. Georges Le Roy, 3 vols (Paris, 1948).
Correspondentie van Willem III en Hans Willem Bentinck, 5 vols (The Hague, 1927).

Daire, Eugène (ed.), *Economistes financiers du XVIIIe siècle* (Paris, 1843).
Daudé, Pierre, 'Avertissement', in *Discours historiques, critiques et politiques sur Tacite, traduits de l'anglois de Mr Th. Gordon* (Amsterdam, François Changuion, 1751), p.v-vi.
Des Maizeaux, Pierre, *Recueil de diverses pièces sur la philosophie, la religion naturelle, l'histoire, les mathématiques, par Mrs Leibniz, Clarke, Newton etc*, 2 vols (Amsterdam, H. du Sauzet, 1720).
Diderot, Denis, *Lettre sur les aveugles*, ed. Marian Hobson and Simon Harvey (Paris, 2000).
Duquesnoy, Adrien-Cyprien (ed.), *Recueil de mémoires sur les établissements d'humanité; traduits de l'allemand et de l'anglais* (Paris, 1799-1804).

Essai sur le luxe (n.p., 1764).

Florio, John, *The Essayes or morall, politike and millitarie discourses of Lo[rd] Michaell de Montaigne* (London, Val. Sims for Edward Blount, 1603).
Forbonnais, François Véron de, *Eléments du commerce*, 2nd edn (Leiden, F. Changuion, 1754).

Genet, Edme-Jacques, *Epitre au roy sur la prise de Gand* (Paris, J. Chardon, 1745).
–, *Essais historiques sur l'Angleterre* (Paris, chez les frères Estienne, 1761).

–, *Histoire des différens sièges de Berg-op-Zoom* (n.p., 1747).
–, *Lettre au comte de Bute, à l'occasion de la retraite de M. Pitt et sur ce qui peut en résulter par rapport à la paix* (London [Paris], 1761).
–, *Lettre en vers au curé de Fontenoy* (Paris, J. Chardon, 1745).
–, *Lettres choisies de Pope sur différens sujets de morale et de littérature* (Paris, R. Davidts, 1753).
–, *Mémoire pour les ministres d'Angleterre, contre l'amiral Byng et contre l'auteur du Peuple instruit* (n.p., 1757).
–, *Nouvelle lettre au comte de Bute, concernant la rupture de l'Angleterre avec l'Espagne* (London [Paris], 1762).
–, *Le Peuple instruit, ou les Alliances dans lesquelles les ministres de la Grande-Bretagne ont engagé la nation, et l'emploi qu'ils ont fait de ses escadres et de ses armées, depuis le commencement des troubles sur l'Ohio, jusqu'à la perte de Minorque, considérées dans une quatrième lettre au peuple d'Angleterre* (n.p., 1756).
–, *Le Peuple juge, ou Considérations sur lesquelles le peuple anglois pourra décider si la lettre qu'on attribue dans le précis des faits à S. A. R. le duc de Cumberland est bien véritablement de ce prince* (n.p., 1756).
Genet, Jeanne Louise Henriette, dame Campan, *Mémoires sur la vie de Marie-Antoinette reine de France et de Navarre suivis de souvenirs et anecdotes historiques sur les règnes de Louis XIV, de Louis XV et de Louis XVI* (Paris, 1876).
Gouan, Antoine, *Lettre de M. Gouan à M. Deleuze, en réponse à l'article en botanique inseré dans le Moniteur du 27 Octobre 1811* (Montpellier, 1811).
Grimm, F. M., *et al.*, *Correspondance littéraire, philosophique et critique*, ed. Maurice Tourneux, 16 vols (Paris, 1877-1882).
Grosley, P. J., *A Tour to London, or New observations on England, and its inhabitants* (Dublin, J. Exshaw, 1772).

Histoire de la République d'Angleterre d'après les mémoires d'Edmond Ludlow (Paris, au Bureau de l'Imprimerie, 1794).
Historical Manuscripts Commission, *Calendar of the manuscripts of the marquis of Bath preserved at Longleat, Wiltshire* (1904-1980), vol.3: *Prior papers* (Hereford, 1908).
–, *The Montagu–Arlington letters: reports on the manuscripts of the duke of Buccleuch and Queensberry*, vol.1: *1669-1670* (London, 1899).
–, *Report on the manuscripts of the marquess of Downshire*, vol.2 (London, 1924).
The History of Jacobinism, its crimes, cruelties and perfidies (London, 1795).
Holland, G. J. von, *Réflexions philosophiques sur le Système de la nature* (Neuchâtel, Société Typographique de Neuchâtel, 1773).
Hume, David, *Letters of David Hume*, ed. J. Y. T. Greig, 2 vols (1932; Oxford, 1969).

Jaucourt, Louis, chevalier de, 'Rutland', in *Encyclopédie, ou Dictionnaire raisonné des sciences, des arts et des métiers, par une société de gens de lettres*, ed. Denis Diderot and Jean D'Alembert, 17 vols (Paris and Neufchâtel, Briasson, 1751-1765), vol.14, p.446-47.
[Jordan, Charles-Etienne], *Histoire d'un voyage littéraire* (The Hague, A. Moetjens, 1735).
Jurieu, Pierre, *Apologie pour leurs serenissimes majestés britanniques, contre un infame libelle intitulé Le vray portrait de Guillaume Henry de Nassau, nouvel Absçalom, nouvel Herode, nouveau Cromwel, nouveau Neron* (The Hague, Abraham Troyel, 1689).

–, *Avis de l'autheur des Lettres pastorales à Mr de Beauval, autheur de l'Histoire des ouvrages des sçavans* (n.p., 1691).
–, *Lettres pastorales addressées aux fidèles de France qui gémissent sous la captivité de Babylone* (Rotterdam, Abraham Acher, 1686-1689).
Jurin, James, *The Correspondence of James Jurin (1684-1750): physician and secretary to the Royal Society*, ed. Andrea Alice Rusnock (Amsterdam, 1996).

Le Clerc, Jean, *Epistolario*, vol.2: *1690-1705*, ed. M. Grazia and M. Sina (Florence, 1991).
Lefebvre de Beauvray, Claude Rigobert, *Dictionnaire social et patriotique, ou Précis raisonné de connoissances relatives à l'économie morale, civile & politique, par M.C.R.L.F.D.B.A.A.P.D.P.* (Amsterdam, 1770).
Lettre de felicitation de milord Sidney aux Parisiens et à la nation françoise (Paris, 1789).
Lettre et observations adressées à M. l'abbé Aubert, au sujet de l'extrait d'un écrit intitulé: 'Le Nouveau Mississipi, ou les Dangers d'habiter les bords du Scioto' (Paris, Demonville, 1790).
Lind, John, *Réponse à la déclaration du Congrès Américain*, translated by A. J. F. Fréville (London, T. Cadell, 1777).
Locke, J., *The Correspondence of John Locke*, ed. E. S. de Beer, 8 vols (Oxford, 1976-1989).
–, *Du gouvernement civil, où l'on traite de l'origine, des fondemens, de la nature, du pouvoir et des fins des sociétés politiques par L.C.R.D.M.A.D.P.* (Amsterdam, J. Schreuder & Pierre Mortier le Jeune, 1755).
–, *Du gouvernement civil, où l'on traitte de l'origine, des fondemens, de la nature, du pouvoir, & des fins des sociétez politiques, traduit de l'anglois* (Amsterdam, Abraham Wolfgang, 1691).
–, *An Essay concerning human understanding* (1690), ed. P. H. Nidditch (Oxford, 1975).
–, *A Letter concerning toleration* (London, Awnsham Churchill, 1689).
–, *A Letter concerning toleration*, ed. James Tully (Hackett, 1983).
–, 'Of the difference between civil and ecclesiastical power', in *Locke political essays*, ed. Mark Goldie (Cambridge, 2006), p.216-21.
–, *Two treatises of government: in the former, the false principles and foundation of Sir Robert Filmer, and his followers, are detected and overthrown; the latter is an essay concerning the true original extent and end of civil-government* (London, Awnsham Churchill, 1689 [1690]).
Ludlow, E., *A Voyce from the watchtower, part V: 1660-1662*, ed. B. Worden (London, 1978).

Mackworth, Humphrey, *A Vindication of the rights of the Commons of England* (London, J. Nutt, 1701).
Manners Sutton, H. (ed.), *The Lexington papers, or Some account of the courts of London and Vienna at the conclusion of the seventeenth century, extracted from the official and private correspondence of Robert Sutton, Lord Lexington, British minister at Vienna, 1694-1698* (London, 1851).
Marret, Paul, *Nouveaux mémoires d'Edmond Ludlow* (Amsterdam, Paul Marret, 1707).
Maty, Matthew, *Mémoire sur la vie et sur les écrits de Mr Abraham de Moivre* (The Hague, H. Scheurleer, [1760]).
Mercier, Louis-Sébastien, *Parallèle de Paris et de Londres*, ed. C. Bruneteau and B. Cottret (Paris, 1982).
Mirabeau, Victor Riqueti, marquis de, *L'Ami des hommes*, vol.2 (Avignon, 1756).
Molesworth, R., *The Principles of a*

Real Whig; contained in a preface to the famous Hotoman's Franco-Gailia, written by the late lord-viscount Molesworth; and now reprinted at the request of the London Association (London, J. Williams, 1775).
Morande, Charles Théveneau de, *Réplique de Charles Théveneau Morande à Jacques-Pierre Brissot: sur les erreurs, les infidélités et les calomnies de sa réponse* (Paris, Froullé, 1791).
Moreau, Jacob-Nicolas, *Mes souvenirs*, 2 vols (Paris, 1898-1901).
Morellet, André, *Lettres de l'abbé Morellet,* [...] *à Lord Shelburne* (Paris, 1898).

Naigeon, Jacques-André, *Encyclopédie méthodique, philosophie ancienne et moderne*, 3 vols (Paris, Panckoucke, 1791-1794).
Newton, Isaac, *The Correspondence of Isaac Newton*, vol.6: *1713-1718*, ed. A. R. Hall and L. Tilling (Cambridge, 1975).
Nicéron, Jean-Pierre, *Mémoires pour servir à l'histoire des hommes illustres dans la République des Lettres*, 43 vols (Paris, Briasson, 1729-1745).

Le Petit Réservoir, contenant une variété de faits historiques et critiques, de morale et de poésie, etc., 5 vols (The Hague, Jean Néaulme, 1750-1751).
Pettigrew, Thomas Joseph, *Memoirs of the life and writings of the late John Coakley Lettsom with a selection from his correspondence* (London, 1817).
Playfair, William, *Commercial and political atlas* (London, 1786).
–, *Commercial and political atlas*, ed. Ian Spence and Howard Wainer (Cambridge, 2005).
–, *Eléments de statistique*, translated by Denis François Donnant (Paris, 1802).
–, 'An inquiry into the causes of the decline and fall of nations', *Tomahawk* 13 (11 November 1795), p.53.
–, *Inquiry of the permanent causes of the decline and fall of powerful and wealthy nations, designed to show how the prosperity of the British Empire may be prolonged* (London, 1805).
–, 'Original memoirs of eminent persons: the late James Watt, esq., F.R.S., &c &c', *Monthly magazine, or British register* 48 (1819), p.230-39.
–, *Regulations of the interest of money* (London, 1785).
Porter, J., *Observations on the religion, law, government and manners of the Turks* (London, J. Nourse, 1768).
–, *Observations sur la religion, les loix, le gouvernement et les mœurs des Turcs* (Neuchâtel, Société Typographique de Neuchâtel, 1770).
Prior, Matthew, *Poems on several occasions* (London, Jacob Tonson and John Barber, 1718).
Public Records Office, *Calendar of state papers, foreign series, of the reign of Elizabeth: preserved in the state paper department of Her Majesty's public record office, 1559-60* (Nendeln, 1966).

Robertson, William, *Historical disquisition concerning the knowledge which the Ancients had of India* (London, 1791).
Rumford, Benj. Grafen von, *Kleine Schriften politischen, ökonomischen und philosophischen Inhalts* (Weimar, 1797-1800).

Samson, P. A., *Histoire du règne de Guillaume III,* [...] *contenant* [...] *les négociations, les alliances et les guerres qui se sont faites en Europe* [...] *pendant son règne, à quoi on a joint les lettres de plusieurs princes et princesses, divers mémoires et autres originaux*, 3 vols (The Hague, Etienne Foulque, 1703-1704).
Sidney, Algernon, *Discours sur le gouvernement, par Algernon Sidney,*

fils de Robert comte de Leicester, et ambassadeur de la république d'Angleterre près de Charles Gustave roi de Suède [...] *traduits de l'anglois par P. A. Samson*, 3 vols (The Hague, Louïs & Henri van Dole, 1702).

Smith, Adam, *The Wealth of nations*, ed. William Rees-Mogg (London, 1995).

–, *Untersuchung der Natur und Ursachen von Nationalreichthümern von Adam Smith*, translated by J. F. Schiller (Leipzig, Weidemanns Erben und Reich, 1776 and 1778).

Smith, Pleasance (ed.), *Memoir and correspondence of the late Sir James Smith M.D.*, 2 vols (London, 1832).

Temple, Sir William, *Observations upon the United Provinces of the Netherlands*, ed. G. N. Clark (Oxford, 1932).

Toland, J., *Dissertationes duae: Adeisidaemon et Origines judaicae* (The Hague, Thomas Johnson, 1708/1709).

–, *Pantheisticon*, ed. Onofrio Nicastro and Manlio Iofrida (Pisa, 1996).

–, *Pantheisticon, or the Form of celebrating the Socratic-Society* (London, Sam Paterson, 1751).

–, *Pantheisticon, sive formula celebrandae sodalitatis Socraticae* (Cosmopoli [London], 1720).

Trenchard, J., and T. Gordon, *Cato's letters, or Essays on liberty, civil and religious, and other important subjects*, ed. R. Hamowy, 2 vols (Indianapolis, IN, 1995).

Voltaire, *Eléments de la philosophie de Newton*, ed. Robert L. Walters and W. H. Barber, in *Œuvres complètes de Voltaire*, ed. Th. Besterman (Oxford, 1968-), vol.15 (1992).

–, *The White bull, an oriental history from an ancient Syrian manuscript, communicated by Mr. Voltaire cum notis editoris et variorum: sc.* [...] *the whole faithfully done into English*, translated by J. Bentham, 2 vols (London, J. Bew, 1774).

Woodward, John, *An Essay towards a natural history of the earth* (London, Richard Wilkin, 1695).

Secondary sources

Acomb, Frances, *Mallet Du Pan (1749-1800): a career in political journalism* (Durham, NC, 1973).

Alger, J. G., 'British visitors to Paris, 1802-1803', *The English historical review* 14:56 (1899), p.739-41.

Almagor, Joseph, *Pierre Des Maizeaux (1673-1745), journalist and English correspondent for Franco-Dutch periodicals* (Amsterdam and Maarssen, 1989).

Anderson, Benedict, *Imagined communities: reflections on the origins and spread of nationalism* (1983; London, 1991).

Ascoli, Georges, *La Grande-Bretagne devant l'opinion française au XVIIIe siècle* (Paris, 1930).

Ascoli, Peter, 'American propaganda in the French language press during the American Revolution', in *La Révolution américaine et l'Europe*, ed. C. Fohlen and J. Godechot (Paris, 1979), p.291-305.

Aziza-Shuster, E., *Le Médecin de soi* (Paris, 1972).

Azouvi, François, and Dominique Bourel, *De Königsberg à Paris: la réception de Kant en France (1788-1804)* (Paris, 1991).

Bachelard, Gaston, *La Formation de l'esprit scientifique* (1938; Paris, 1972).

Bailyn, B., *The Ideological origins of the American Revolution* (1967; Cambridge, MA, 1992).

Baker, Keith M., *Inventing the French Revolution: essays on French political culture in the eighteenth century* (Cambridge, 1990).

Bandelier, André, 'Echanges entre tiers: autour des correspondants suisses de Jean Henri Samuel Formey', in *Réseaux de correspondance à l'âge classique (XVIe-XVIIIe siècle)*, ed. P.-Y. Beaurepaire, J. Häseler and A. McKenna (Saint-Etienne, 2006), p.279-99.

Barker, Hannah, and Simon Burrows, 'Introduction', in *Press, politics and the public sphere in Europe and North America, 1760-1820*, ed. Hannah Barker and Simon Burrows (Cambridge, 2002), p.1-22.

– (ed.), *Press, politics and the public sphere in Europe and North America, 1760-1820* (Cambridge, 2002).

Barnes, Annie, *Jean Le Clerc (1657-1736) et la République des Lettres* (Paris, 1938).

Baumgardt, David, *Bentham and the ethics of today: with manuscripts hitherto unpublished* (Princeton, NJ, 1952).

Beale, Georgia, 'Early French members of the Linnean Society of London, 1788-1802: from the Estates General to thermidor', *Proceedings of the annual meeting of the Western Society for French History* 18 (1991), p.272-82.

Beaurepaire, Pierre-Yves, *L'Espace des francs-maçons: une sociabilité européenne au XVIIIe siècle* (Rennes, 2003).

–, *La Plume et la toile: pouvoirs et réseaux de correspondance dans l'Europe des Lumières* (Arras, 2002).

–, Jens Häseler and Antony McKenna (ed.), *Réseaux de correspondance à l'âge classique (XVIe-XVIIIe siècle)* (Saint-Etienne, 2006).

Beaven Remnek, Miranda, 'Russia, 1790-1830', in *Press, politics and the public sphere in Europe and North America, 1760-1820*, ed. Hannah Barker and Simon Burrows (Cambridge, 2002), p.224-47.

Beik, William, *Absolutism and society in seventeenth-century France* (Cambridge, 1985).

Belote, Theodore T., *The Scioto speculation and the French settlement at Gallipolis* (New York, 1907).

Bély, Lucien, *L'Art de la paix en Europe: naissance de la diplomatie moderne (XVIe–XVIIIe)* (Paris, 2007).

–, *Espions et ambassadeurs au temps de Louis XIV* (Paris, 1990).

–, 'La paix, dynamique de l'Europe moderne: l'exemple de Westphalie', in *Le Diplomate au travail*, ed. Rainer Babel (Munich, 1998), p.199-218.

Benítez, Miguel, *La Face cachée des Lumières* (Paris and Oxford, 1996).

Berger, Stefan, and Peter Lambert, 'Intellectual transfers and mental blockades: Anglo-German dialogues in historiography', in *Historikerdialoge: Geschichte, Mythos und Gedächtnis im deutsch-britischen kulturellen Austausch 1750-2000*, ed. Stefan Berger, Peter Lambert and Peter Schumann (Göttingen, 2003), p.9-61.

Berkvens-Stevelinck, Christiane, '*Les Chevaliers de la Jubilation*: maçonnerie ou libertinage? A propos de quelques publications de Margaret C. Jacob', *Quaerendo* 13 (1983), p.50-73 and 124-48.

–, *Prosper Marchand: la vie et l'œuvre (1678-1756)* (Leiden, 1987).

–, 'La réception de l'*Historie der Reformatie* de Gerard Brandt et son influence sur la conception de la tolérance hollandaise', in *The Emergence of tolerance in the Dutch Republic*, ed. C. Berkvens-Stevelinck, J. Israel and G. H. M. Posthumus Meyjes (Leiden, 1997), p.131-40.

Berti, S., 'The first edition of the *Traité des trois imposteurs*, and its debt to Spinoza's *Ethics*', in

Atheism from the Reformation to the Enlightenment, ed. M. Hunter and D. Wootton (Oxford, 1992), p.183-220.

Bickerton, David, *Marc-Auguste and Charles Pictet, the Bibliothèque britannique 1796-1815 and the dissemination of British literature and science on the Continent* (Geneva, 1986).

–, and Judith Proud (ed.), *The Transmission of culture in Western Europe, 1750-1850* (Bern, 1999).

Black, Jeremy, 'Archives and the problems of diplomatic research', *Journal of the Society of Archivists* 8:2 (1986), p.104-10.

–, 'Diplomats as book procurers in the age of Walpole', *Notes and queries* 30:1 (1983), p.38-39.

–, *Great power and hegemony: the world order since 1500* (Abingdon, 2008).

–, *Knights errant and true Englishmen: British foreign policy, 1660-1800* (Edinburgh, 1989).

Blamires, Cyprian, 'Bentham, Dumont et le panoptique', in *Bentham et la France: fortune et infurtunes de l'utilitarisme*, ed. E. de Champs and J.-P. Cléro, *SVEC* 2009:09, p.97-110.

–, 'The *Bibliothèque britannique* and the birth of utilitarianism', in *The Transmission of culture in Western Europe, 1750-1850*, ed. D. Bickerton and J. Proud (Bern, 1999), p.51-68.

–, *The French Revolution and the creation of Benthamism* (Basingstoke, 2008).

Blanchard, Joël, *Philippe de Commynes* (Paris, 2006).

Blockmans, Wim, and Jean-Philippe Genet (ed.), *Visions sur le développement des états européens: théories et historiographies de l'état moderne* (Rome, 1993).

Bongie, L., *Diderot's femme savante* (Oxford, 1977).

–, 'Retour à Mademoiselle de la Chaux', *Recherches sur Diderot et sur l'Encyclopédie* 6 (1989), p.62-104.

Bonno, Gabriel, *La Culture et la civilisation britanniques devant l'opinion française de la paix d'Utrecht aux Lettres philosophiques (1713-1734)* (Philadelphia, PA, 1948).

Borgeto, Maria Teresa, 'Mathematical research in Italian universities in the modern era', in *Universities and science in the early-modern period*, ed. Mordechai Feingold and Victor Navarro-Brotons (New York, 2006), p.133-35.

Boschung, Urs, 'Albrecht von Hallers Korrespondenz und ihre Erschliessung', *Gesnerus* 46:3 (1989), p.211-27.

Bots, Hans, 'Jean Leclerc as journalist of the *bibliothèques*: his contribution to the spread of English learning on the European continent', in *Studies in seventeenth-century English literature, history and bibliography*, ed. G. A. M. Janssens and F. G. A. M. Aarts (Amsterdam, 1984), p.53-66.

–, *La République des Lettres* (Paris, 1997).

–, and H. Hillenaar, 'La Bibliothèque universelle et historique (1686-1693)', in *Horizons européens de la littérature française au XVIIe siècle* (Tübingen, 1988), p.321-32.

–, J. Janssen, J. van der Korst and L. van Lieshout, *De 'Bibliothèque universelle et historique' (1686-1693): een periodiek als trefpunt van geletterd Europa* (Amsterdam, 1981).

Bots, Hans, and J. J. V. M. de Vet, *Stratégies journalistiques de l'ancien régime: les préfaces des "Journaux de Hollande", 1684-1764* (Amsterdam, 2002).

Bots, Hans and Lieshout, L. van, *Henri Basnage de Beauval et sa correspondance à propos de l'Histoire des ouvrages des savans* (Amsterdam, 1984).

Bots, Hans, and L. van Lieshout, *Henri Basnage de Beauval en de 'Histoire des ouvrages des savans', 1687-1709*, 3 vols (Amsterdam, 1976-1984).

–, and Françoise Waquet, *Commercium litterarium: la communication dans la République des Lettres / Forms of communication in the Republic of Letters 1600-1750* (Amsterdam and Maarssen, 1994).

Bourne, H. R. Fox, *The Life of John Locke*, 2 vols (1876; London, 2007).

Brockliss, Laurence, *Calvet's web: Enlightenment and the Republic of Letters in eighteenth-century France* (Oxford, 2002).

–, 'The French Republic of Letters and English culture, 1750-1790', in *Anglo-French attitudes: comparisons and transfers between English and French intellectuals since the eighteenth century*, ed. C. Charle, J. Vincent and J. Winter (Manchester, 2007), p.98-121.

–, and Colin Jones, *The Medical world of early-modern France* (Oxford, 1997).

Broome, J. H., 'An agent in Anglo-French relationships: Pierre Des Maizeaux, 1673-1745', doctoral dissertation, University of London, 1949.

Brouzeng, Paul, and Suzanne Débarbat (ed.), *Sur les traces des Cassini: astronomes et observatoires au sud de la France* (Paris, 2001).

Brygoo, Edouard, 'Les médecins de Montpellier et le Jardin du roi à Paris', *Histoire et nature* 14 (1979), p.3-29.

Burke, Peter, and Ronnie Po-Chia Hsia (ed.), *Cultural translation in early modern Europe* (Cambridge, 2007).

Burns, J. H., 'Bentham, Brissot et la science du bonheur', in *Bentham et la France: fortune et infortunes de l'utilitarisme*, ed. E. de Champs and J.-P. Cléro, *SVEC* 2009:09, p.3-20.

Burrows, Simon, *Blackmail, scandal, and Revolution: London's French libellistes, 1758-92* (Manchester, 2006).

–, 'The cosmopolitan press', in *Press, politics and the public sphere in Europe and North America, 1760-1820*, ed. Hannah Barker and Simon Burrows (Cambridge, 2002), p.23-47.

–, *French exile journalism and European politics, 1792-1814* (Woodbridge, 2000).

–, 'The innocence of Jacques-Pierre Brissot', *Historical journal* 46 (2003), p.843-71.

–, *A King's ransom: the life of Charles Théveneau de Morande, scandalmonger, blackmailer & master-spy* (London, 2010).

–, 'A literary low-life reassessed: Charles Théveneau de Morande in London, 1769-1791', *Eighteenth-century life* 22 (1998), p.76-94.

Cassaigne-Greffe, Florence-Ella, 'Le Conseil général des hospices (1801-1830)', doctoral dissertation, Ecole des Chartes, 1975.

Cassaigneau, Jean, and Jean Rilliet, *Marc-Auguste Pictet, ou le Rendez-vous de l'Europe universelle, 1752-1825* (Geneva, 1995).

Castlenau, Junius, *Mémoire historique et biographique sur l'ancienne société des sciences de Montpellier* (Montpellier, 1858).

Censer, Jack R., 'English politics in the *Courrier d'Avignon*', in *Press and politics in pre-Revolutionary France*, ed. Jack R. Censer and Jeremy D. Popkin (Berkeley, CA, and London, 1987), p.170-203.

Champion, Justin, *Republican learning: John Toland and the crisis of Christian culture, 1696-1722* (Manchester, 2003).

Champs, Emmanuelle de, 'Transformations de la morale utilitariste: un exemple de réécriture des textes de Bentham par Etienne Dumont', *XVII-XVIII:*

revue de la Société d'études anglo-américaines des XVIIe et XVIIIe siècles 62 (2006), p.161-76.
–, and Jean-Pierre Cléro (ed.), *Bentham et la France: fortune et infortunes de l'utilitarisme*, ed. E. de Champs and J.-P. Cléro, *SVEC* 2009:09.
Chaplais, Pierre, *English diplomatic practice in the Middle Ages* (London, 2003).
–, *English medieval diplomatic practice*, 2 vols (London, 1982).
Charle, Christophe, Julien Vincent, and Jay Winter (ed.), *Anglo-French attitudes: comparisons and transfers between English and French intellectuals since the eighteenth century* (Manchester, 2007).
Chisick, Harvey (ed.), *The Press in the French Revolution*, *SVEC* 287 (1991).
Christie, Ian R., *The Benthams in Russia, 1780-1791* (Oxford, 1993).
Cirakman, A., 'From tyranny to despotism: the Enlightenment's unenlightened image of the Turks', *International journal of Middle East studies* 33 (2000), p.49-68.
Colley, Linda, *Britons: forging the nation 1707-1837* (New Haven, CT, 1991).
–, *In defiance of oligarchy: the Tory party, 1714-60* (Cambridge, 1982).
Cranston, Maurice, *John Locke: a biography* (1957; Oxford, 1985).
Crouzet, François, *De la supériorité de l'Angleterre sur la France* (Paris, 1999).
Curran, Beryl (ed.), *The Dispatches of William Perwich, English agent in Paris 1669-77* (London, 1903).
Curran, Mark, 'The reception of the works of the baron d'Holbach in France, 1752-1789', doctoral dissertation, University of Leeds, 2005.
Cuttino, G. P., *English medieval diplomacy* (Bloomington, IN, 1985).

Darnton, Robert, *The Corpus of clandestine literature in France, 1769-1789* (London, 1995).
–, *The Forbidden best-sellers of pre-Revolutionary France* (London, 1995).
–, and Michel Schlup (ed.), *Le Rayonnement d'une maison d'édition dans l'Europe des Lumières: la Société typographique de Neuchâtel 1769-1889* (Neuchâtel, 2005).
Daston, Lorraine, 'The ideal and reality of the Republic of Letters in the Enlightenment', *Science in context* 4:2 (autumn 1991), p.95-112.
Deane, Seamus, *The French Revolution and Enlightenment in England, 1789-1832* (Cambridge, MA, 1988).
Dedeyan, Charles, *Diderot et la pensée anglaise* (Florence, 1987).
–, *Montesquieu, ou les Lumières d'Albion* (Paris, 1990).
Deleule, Didier, *Hume et la naissance du libéralisme économique* (Paris, 1979).
Dodge, G. H., *The Political theory of the Huguenots of the dispersion* (New York, 1947).
Doig, Kathleen Hardesty, and Dorothy Medlin (ed.), *British–French exchanges in the eighteenth century* (Cambridge, 2007).
Domson, Charles, *Nicolas Fatio de Duillier and the prophets of London* (Manchester, NH, 1981).
Dulieu, Louis, *La Médecine à Montpellier*, vol.3: *L'Epoque classique* (Avignon, 1986).
Dumas, Judge, 'Huguenot history written in the portraits and pictures at the French Hospital', *Proceedings of the Huguenot Society of London* 14 (1929-1933), p.326-32.
Dunan-Page, Anne (ed.), *The Religious culture of the Huguenots* (Aldershot, 2006).
Duprat, Catherine, *Le Temps des philanthropes* (Paris, 1993).
Duranton, Henri, Claude Labrosse and Pierre Rétat (ed.), *Les Gazettes européennes de langue française (XVIIe-XVIIIe siècles)* (Saint-Etienne, 1992).
Duranton, Henri, and Pierre Rétat

(ed.), *Gazettes et information politique sous l'ancien régime* (Saint-Etienne, 1999).

Dutton, Harold Irvin, *The Patent system and inventive activity during the Industrial Revolution, 1750-1852* (Manchester, 1984).

Dziembowski, Edmond (ed.), *Gabriel-François Coyer, Jacob-Nicolas Moreau: écrits sur le patriotisme, l'esprit public et la propagande au milieu du XVIIIe siècle* (La Rochelle, 1997).

–, *Un Nouveau patriotisme français, 1750-1770: la France face à la puissance anglaise à l'époque de la guerre de Sept Ans*, *SVEC* 365 (1998).

–, 'Traduction et propagande: convergences franco-britanniques de la culture politique à la fin du dix-huitième siècle', in *L'Angleterre et le monde, XVIIIe-XXe siècle: l'histoire entre l'économique et l'imaginaire, hommage à François Crouzet*, ed. Katia De Queiros Mattoso (Paris, 1999), p.81-111.

Eisenstein, Elizabeth, 'The tribune of the people: a new species of demagogue', in *The Press in the French Revolution*, ed. Harvey Chisick, *SVEC* 287 (1991), p.145-59.

Elton, G. R., *England 1200-1640. The sources of history: studies in the uses of historical evidence* (London, 1969).

Emch-Dériaz, Antoinette, *Tissot: physician of the Enlightenment* (New York, 1992).

Espagne, Michel, *L'Horizon anthropologique des transferts culturels* (Paris, 2004).

–, *Les Transferts culturels franco-allemands* (Paris, 1999).

–, Katharina Middell and Matthias Middell (ed.), *Archiv und Gedächtnis: Studien zur interkulturellen Überlieferung* (Leipzig, 2000).

Espagne, Michel, and Michael Werner (ed.), *Transferts: les relations interculturelles dans l'espace franco-allemand (XVIIIe et XIXe siècle)* (Paris, 1988).

Eves, Charles Kenneth, *Matthew Prior: poet and diplomatist* (New York, 1939).

Ewen, A. H., 'The friend of mankind: a portrait of Count Rumford', *Proceedings of the Royal Institution of Great Britain* 40 (1964-1965), p.192.

Fanshawe, Herbert C., *The History of the Fanshawe family* (Newcastle-upon-Tyne, 1927).

Farr, J., and C. Roberts, 'John Locke on the Glorious Revolution', *Historical journal* 28 (1985), p.385-98.

Ferrone, Vincenzo, 'The Accademia Reale delle Scienze: cultural sociability and men of letters in Turin of the Enlightenment under Vittorio Amadeo III', *Journal of modern history* 70 (September 1998), p.519-60.

Figala, Karin, 'Pierre Des Maizeaux's view of Newton's character', *Vistas in astronomy* 22:4 (1978-1979), p.477-81.

Fink, Z., *The Classical republicans: an essay in the recovery of a pattern of thought in seventeenth-century England* (Evanston, IL, 1945).

Franklin, J. H., *John Locke and the theory of sovereignty* (Cambridge, 1978).

Frigo, Daniela (ed.), *Politics and diplomacy in early modern Italy: the structure of diplomatic practice 1400-1800* (Cambridge, 2000).

Fumaroli, Marc, 'Avant-propos', in *Kultur des Kommunikation: die europäische Gelehrtenrepublik im Zeitalter von Leibniz und Lessing*, ed. Ulrich Johannes Schneider (Wiesbaden, 2005), p.9-11.

Gaille, M., 'Ce n'est pas un crime d'être curieux de l'anatomie: la légitimation de la connaissance médicale du corps humain dans l'Europe catholique et protestante des 16e et 17e siècles', in *La Mesure du savoir, études sur l'appréciation et l'évaluation des savoirs*, ed. P. Hummel and F. Gabriel (Paris, 2007), p.217-42.

Garrison, Fielding H., 'The medical and scientific periodicals of the 17th and 18th centuries', *Bulletin of the Institute of History of Medicine* 2:5 (July 1934), p.285-343.

Genet, Jean-Philippe, and François-Joseph Ruggiu (ed.), *Les Idées passent-elles la Manche? Savoirs, représentations, pratiques (France–Angleterre, X[e]-XXe siècles)* (Paris, 2007).

Gibson, A., 'Ancients, Moderns and Americans: the republicanism–liberalism debate revisited', *History of political thought* 21 (2000), p.261-307.

Goldgar, Anne, *Impolite learning: conduct and community in the Republic of Letters, 1680-1750* (New Haven, CT, 1995).

Goldie, M., 'The political thought of the Anglican revolution', in *The Revolutions of 1688*, ed. R. Beddard (Oxford, 1991), p.102-36.

- (ed.), *The Reception of Locke's politics*, 6 vols (London, 1999).

–, 'The revolution of 1689 and the structure of political argument', *Bulletin of research in the humanities* 83 (1980), p.473-564.

–, 'The roots of true Whiggism, 1688-1694', *History of political thought* 1 (1990), p.195-236.

Graham, Gordon, *As I was saying: essays on the international book business* (London, 1994).

Granderoute, Robert, 'Serres de La Tour', in *Dictionnaire des journalistes, 1600-1789*, ed. J. Sgard, 2 vols (Oxford, 1999), p.917-20.

Grieder, Josephine, *Anglomania in France 1740-1789: fact, fiction and political discourse* (Geneva, 1985).

Grose, Clyde L., 'French ambassadors' reports on financial relations with members of parliament, 1677-81', *English historical review* 44 (1929), p.625-28.

Gunny, Ahmad, *Voltaire and English literature*, *SVEC* 177 (1979).

Gwynn, Robin D., *Huguenot heritage: the history and contribution of the Huguenots in Britain* (London, 1985).

Haag, E., and E. Haag, *La France protestante, ou Vies des protestants français*, 9 vols (Paris, 1847-1860).

Hall, A. R., 'Further Newton correspondence', *Notes and records of the Royal Society* 37 (1982-1983), p.7-34.

–, *Philosophers at war* (Cambridge, 1980).

Hammersley, Rachel, 'Camille Desmoulins's *Le Vieux Cordelier*: a link between English and French Republicanism', *History of European ideas* 27 (2001), p.115-32.

–, *French Revolutionaries and English republicans: the Cordeliers club, 1790-1794* (Woodbridge, 2005).

Harris, Bob, *Politics and the nation: Britain in the mid-eighteenth century* (Oxford, 2002).

Harris, James A., *Of liberty and necessity: the free will debate in eighteenth-century British philosophy* (Oxford, 2005).

Harvey, S., and E. Grist, 'The Rainbow Coffee House and the exchange of ideas in early eighteenth-century London', in *The Religious culture of the Huguenots, 1660-1750*, ed. A. Dunan-Page (Aldershot, 2006), p.163-72.

Hasek, C. W., 'The introduction of Adam Smith's doctrines', in *Adam Smith across nations*, ed. Cheng-Chung Lai (Oxford, 2000), p.98-99.

Hatin, Eugène, *Les Gazettes de Hollande et la presse clandestine aux XVIIe et XVIIIe siècles* (Paris, 1865).

Hatton, Ragnhild, *Charles XII of Sweden* (London, 1968).

–, *Europe in the age of Louis XIV* (London, 1969).

Hazard, Paul, 'Le *Spectateur du Nord*', *Revue d'histoire littéraire de la France* (1906), p.26-50.

Henry, P., 'Le pays de Neuchâtel à l'époque de la naissance de la STN', in *Le Rayonnement d'une maison d'édition dans l'Europe des Lumières: la Société typographique de Neuchâtel 1769-1889*, ed. R. Darnton and M. Schlup (Neuchâtel, 2005), p.33-49.

Hine, Ellen McNiven, *Jean-Jacques Dortous de Mairan and the Genevan connection: scientific networking in the eighteenth century*, *SVEC* 340 (1995).

Hochstrasser, T. J., 'The claims of conscience', in *New essays on the political thought of the Huguenots of the Refuge*, ed. J. C. Laursen (Leiden, 1995), p.15-51.

Horn, D. B., *The British diplomatic service 1689-1789* (Oxford, 1961).

Hutton, Sarah (ed.), *Benjamin Furley: a Quaker merchant and his milieu* (Florence, 2007).

Inkster, Ian, and Jack Morrell (ed.), *Metropolis and province: science in British culture, 1780-1850* (London, 1983).

Israel, Jonathan, 'The intellectual debate about toleration in the Dutch Republic', in *The Emergence of tolerance in the Dutch Republic*, ed. C. Berkvens-Stevelinck, J. Israel and G. H. M. Posthumus Meyjes (Leiden, 1997), p.3-36.

–, *Radical Enlightenment: philosophy and the making of modernity 1650-1750* (Oxford, 2001).

Jacob, Margaret C., 'In the aftermath of revolution: Rousset de Missy, Freemasonry, and Locke's *Two treatises of government*', in *L'Età dei lumi: studi storici sul settecento Europea in onore di Franco Venturi*, ed. R. Ajello, 2 vols (Naples, 1985), vol.1, p.487-521.

–, *The Radical Enlightenment: pantheists, Freemasons, and republicans* (London, 1981).

Jacquot, Jean, *Le Naturaliste Sir Hans Sloane, 1660-1753 et les échanges scientifiques entre la France et l'Angleterre* (Paris, 1954).

James, Edward, 'Schism and the spirit of toleration in Bernard Mandeville's *Free thoughts on religion*', in *De l'humanisme aux Lumières, Bayle et le protestantisme*, ed. M. Magdelaine, M.-C. Pitassi, R. Whelan and A. McKenna (Paris and Oxford, 1996), p.693-700.

Jardine, Lisa, *Going Dutch: how England plundered Holland's glory* (New York, 2008).

–, and William Sherman, 'Pragmatic readers: knowledge transactions and scholarly services in late Elizabethan England', in *Religion, culture and society in early modern Britain: essays in honour of Patrick Collinson*, ed. Anthony Fletcher and Peter Roberts (Cambridge, 1994), p.102-24.

Jones, Colin, 'The *médecins du roi* at the end of the *ancien régime* and in the French Revolution', in *Medicine at the courts of Europe 1500-1837*, ed. Vivian Nutton (London and New York, 1990), p.214-67.

Jones, Peter (ed.), *The Reception of David Hume in Europe* (London and New York, 2005).

Keblusek, Marika, 'Book agents, intermediaries in the early modern world of books', in *Your humble servant: agents in early modern Europe*, ed. Hans Cools, Marika Keblusek and Badeloch Noldus (Hilversum, 2006), p.97-107.

Kessler, A. D., *A Revolution in commerce: the Parisian merchant court and the rise of commercial society in eighteenth-century France* (New Haven, CT, 2007).

Kidd, Colin, *British identities before nationalism: ethnicity and nationhood in the Atlantic world, 1600-1800* (Cambridge, 1999).

Kindleberger, Elizabeth Rendall, 'The *Société royale des sciences de Montpellier*, 1706 to 1793', doctoral dissertation, Johns Hopkins University, 1979.

King, G. V., 'Michel de La Roche et ses *Mémoires littéraires de la Grande-Bretagne*', *Revue de littérature comparée* 15 (1935), p.298-300.

Klein, Judy L., 'Reflections from the age of economic measurement', *History of political economy* 33, 'Annual supplement' (2001), p.111-36.

Klop, Onno, *Der Fall des Hauses Stuart und die Succession des Hauses Hannover* (Vienna, 1875-1888).

Knetsch, F. R. J., 'Pierre Jurieu, theologian and politician of the dispersion', *Acta historiae Neerlandica* 5 (1971), p.213-42.

Labrousse, E., *Conscience et conviction: études sur le XVIIe siècle* (Paris, 1996).

–, 'The political ideas of the Huguenot diaspora', in *Church, state and society under the Bourbon kings of France* (Lawrence, KS, 1982), p.222-83.

Lai, Cheng-Chung (ed.), *Adam Smith across nations* (Oxford, 2000).

Lantoine, Albert, *Un Précurseur de la franc-maçonnerie, John Toland* (Paris, 1927).

Larsen, Egon, *An American in Europe* (London, 1953).

Laslett, P., 'Introduction,' *Two treatises of government* (Cambridge, 1960).

Lecourt, D. (ed.), *Dictionnaire de la pensée médicale* (Paris, 2003).

Lefebvre, Henri, *La Production de l'espace*, 3rd edn (Paris, 1986).

Legay, Marie-Laure, *Les Etats provinciaux dans la construction de l'Etat moderne aux XVIIe et XVIIIe siècles* (Geneva, 2001).

Lemercier, Claire, 'Analyse de réseaux et histoire', *Revue d'histoire moderne et contemporaine* 52 (2005), p.88-112.

Leroy, Marie-Laure, 'Constant lecteur de Bentham: égoïsme, droit, utilité', in *Bentham et la France: fortune et infortunes de l'utilitarisme*, ed. E. de Champs and J.-P. Cléro, *SVEC* 2009:09, p.153-64.

Lessay, Franck, *Le Débat Locke–Filmer* (Paris, 1998).

Levy, Darline Gay, *The Ideas and careers of Simon-Nicolas-Henri Linguet: a study in eighteenth-century French politics* (Urbana, IL, 1980).

Livesey, James, 'Botany and provincial Enlightenment in Montpellier: Antoine Banal père et fils, 1750-1800', *History of science* (2005), p.57-76.

Lojek, Jerzy, 'Gazettes internationales de la langue française dans la seconde moitié du 18e siècle', in *Modèles et moyens de la réflexion politique au XVIIIe siècle*, ed. P. Deyon, 3 vols (Lille, 1977), vol.1, p.369-82.

Lottin, Alain, Louisette Caux-Germe and Michel de Sainte-Maréville (ed.), *Boulonnais, noble et Révolutionnaire, le journal de Gabriel Abot de Bazinghen (1779-1798)* (Arras, 1995).

Lowry, Martin, 'Diplomacy and the spread of printing', in *Bibliography and the study of 15th-century civilisation*, ed. Lotte Hellinga and John Goldfinch (London, 1987), p.124-46.

Lukis, W. C. (ed.), *Family memoirs of Rev. William Stukeley*, 3 vols (Durham, 1882).

Lynn, Michael R., *Popular science and public opinion in eighteenth-century France* (Manchester, 2006).

MacCalman, Iain, *Radical underworld: prophets, Revolutionaries and*

pornographers in London, 1795-1840 (Cambridge, 1988).
McClellan, James, *Science reorganized: scientific societies in the eighteenth century* (New York, 1985).
Macaulay, Thomas Babington, 'Dumont's recollections of Mirabeau', *Edinburgh review* 55 (April-July 1832), p.553.
–, 'Walpole's letters to Sir Horace Mann', *Edinburgh review* 58 (October 1833-January 1834), p.233.
Macleod, Christine, *Inventing the Industrial Revolution: the English patent system, 1660-1800* (Cambridge, 1988).
–, 'The paradoxes of patenting: invention and its diffusion in 18th- and 19th-century Britain, France, and North America', *Patents and invention, Technology and culture* 32 (1991), p.885-910.
Malherbe, Michel, 'Hume's reception in France', in *The Reception of David Hume in Europe*, ed. Peter Jones (London and New York, 2005), p.43-97.
Mandelbrote, Scott, 'The heterodox career of Nicolas Fatio de Duillier', in *Heterodoxy in early-modern science and religion*, ed. John Brooke and Ian Maclean (Oxford, 2005), p.264-65.
Marsden, Ben, 'Engineering science in Glasgow: economy, efficiency and measurement as prime movers in the differenciation of an academic discipline', *British journal for the history of science* 25 (1992), p.319-46.
Marshall, John, *John Locke, toleration and early Enlightenment culture* (Cambridge, 2006).
Martin, Henri-Jean, *Livre, pouvoirs et société à Paris au 17e siècle* (Geneva, 1969).
Martin, Julian, 'Sauvages' nosology: medical enlightenment in Montpellier', in *The Medical Enlightenment of the eighteenth century*, ed. Andrew Cunningham and Roger French (Cambridge, 1990), p.111-37.
Maspero-Clerc, Hélène, 'Une "Gazette anglo-française" pendant la guerre d'Amérique: *Le Courier de l'Europe* (1776-1788)', *Annales historiques de la Révolution française* 48:226 (1976), p.572-94.
–, 'Montlosier, journaliste de l'émigration', *Bulletin d'histoire économique et sociale de la Révolution française année 1975* (1977), p.81-103.
–, 'Samuel Swinton, éditeur du *Courier de l'Europe* à Boulogne-sur-Mer (1778-1783) et agent secret du gouvernement britannique', *Annales historiques de la Révolution française* 57 (1985), p.527-31.
Mattingly, Garrett, *Renaissance diplomacy* (Boston, 1955).
Mazauric, Simone, *Savoirs et philosophie à Paris dans la première moitié du XVIIe siècle: 'Les conférences du Bureau d'adresse' de Théophraste Renaudot (1633-1642)* (Paris, 1997).
Mazzolini, Renato G., 'Les lumières de la raison: des systèmes médicaux à l'organologie naturaliste', in *Histoire de la pensée médicale en Occident*, ed. Mirko Grmek, vol.2 (Paris, 1997), p.93-115.
Ménager, Daniel, *Diplomatie et théologie à la Renaissance* (Paris, 2001).
Middell, Matthias, 'Kulturtransfer und Archiv', in *Archiv und Gedächtnis: Studien zur interkulturellen Überlieferung*, ed. Michel Espagne, Katharina Middell and Matthias Middell (Leipzig, 2000), p.7-35.
–, and Katharina Middell, 'Forschungen zum Kulturtransfer: Frankreich und Deutschland', *Grenzgänge: Beiträge zu einer modernen Romanistik* 2 (1994), p.107-22.
Minnigerode, Meade, *Jefferson – friend of France, 1793: the career of Edmond*

Charles Genet, minister plenipotentiary from the French Republic to the United States, as revealed by his private papers, 1763-1834 (New York and London, 1928).

Moreau-Zanelli, Jocelyne, *Gallipolis: histoire d'un mirage américain au XVIIIe siècle* (Paris, 2000).

Morieux, Renaud, *Une Mer pour deux royaumes: la Manche, frontière franco-anglaise (XVIIe-XVIIIe siècles)* (Rennes, 2008).

Mornet, Daniel, 'Les enseignements des bibliothèques privées (1750-1780)', *Revue d'histoire littéraire de la France* 17 (1910), p.449-96.

Morrell, Jack, 'John Playfair', in *Oxford dictionary of national biography*, ed. H. C. G. Matthew and Brian Harrison, 61 vols (Oxford, 2004), vol.44, p.555-56.

Moss, Ann, *Printed commonplace-books and the structuring of Renaissance thought* (Oxford, 1996).

Moureau, François, 'Lumières et libertés vues de Cleves par le *Courier du Bas-Rhin* de 1768', in *Le Concept de liberté dans l'espace rhénan supérieur*, ed. Raymond Oberlé (Gap, 1976), p.77-88.

–, 'Le manuscrit de l'article *Luxe* ou l'atelier de Saint-Lambert', *Recherches sur Diderot et sur l'Encyclopédie* 1 (1986), p.70-79.

Mulsow, Martin, 'The "new Socinians": intertextuality and cultural exchange in late Socinianism', in *Socinianism and Arminianism: antitrinitarians, Calvinists and cultural exchange in seventeenth-century Europe*, ed. Martin Mulsow and Jan Rohls (Leiden, 2005), p.49-78.

Murray, J. J. (ed.), *An Honest diplomat at The Hague: the private letters of Horatio Walpole 1715-1716* (Bloomington, IN, 1955).

Nangle, Benjamin Christie, *The Monthly review, second series 1790-1815* (Oxford, 1955).

Neveu, Bruno, 'Correspondances diplomatiques et information', *Revue XVIIe* 178 (January-March 1993), p.45-59.

Newman, Gerald, *The Rise of English nationalism: a cultural history 1740-1830* (Basingstoke, 1997).

Norbrook, D., *Writing the English republic: poetry, rhetoric and politics, 1627-1660* (Cambridge, 1999).

Nutton, Vivien, 'The rise of medicine', in *The Cambridge history of medicine*, ed. Roy Porter (Cambridge 2006), p.46-70.

Ogée, Frédéric (ed.), *Better in France? The circulation of ideas between Britain and the Continent in the eighteenth century* (Lewisburg, 2005).

–, and Anthony Strugnell (ed.), *Diderot and European culture*, *SVEC* 2006:09.

O'Higgins, James, *Anthony Collins: the man and his works* (The Hague, 1970).

–, *Determinism and freewill: Anthony Collins' 'A Philosophical inquiry concerning human liberty'* (The Hague, 1976).

Oz-Salzburger, Fania, 'The Enlightenment in translation: regional and European aspects', *European review of history: revue européenne d'histoire* 13:3 (2006), p.385-409.

Passeron, Irène, René Sigrist and Siegfried Bodenmann, 'Introduction', *La République des sciences, Dix-huitième siècle* 40, (2008), p.5-27.

Perroy, Edouard, *The Diplomatic correspondence of Richard II, Camden third series* 48 (London, 1933).

Peters, Marie, 'The "Monitor" on the constitution, 1755-1765: new light on the ideological origins of English radicalism', *English historical review* 86:341 (1971), p.706-27.

Platt, F. Jeffrey, 'The Elizabethan

Foreign Office', *The Historian* 56:4 (1994), p.1-14.

Pocock, John G. A., *The Machiavellian moment: Florentine political thought and the Atlantic republican tradition* (Princeton, NJ, 1975).

Popkin, Jeremy D., *News and politics in the age of Revolution: Jean Luzac's Gazette de Leyde* (London, 1989).

–, *Revolutionary news: the press in France, 1789-1799* (Durham, NC, 1990).

Proschwitz, Gunnar von, 'Le *Courier de l'Europe* (1776-1792)', in *Dictionnaire des journaux, 1600-1789*, ed. J. Sgard, 2 vols (Oxford, 1991), vol.1, p.282-93.

–, and Mavis von Proschwitz, *Beaumarchais et le Courier de l'Europe: documents inédits ou peu connus*, 2 vols, *SVEC* 273-74 (1990).

Proust, Jacques, *Diderot et l'Encyclopédie*, 2nd edn (Paris, 1995).

–, *L'Encyclopédisme dans le Bas-Languedoc au XVIIIe siècle* (Montpellier, 1968).

Rather, J. L., 'The six things non natural: a note on the origins and fate of a doctrine and a phrase', *Clio Medica* 3:1 (February 1968), p.337-47.

Reesink, Hendrika Johanna, *L'Angleterre et la littérature anglaise dans les trois plus anciens périodiques français de Hollande* (Paris, 1931).

Reinders, Michel, 'Printed pandemonium: the power of the public and the market for popular political publications in the early modern Dutch Republic', doctoral dissertation, University of Rotterdam, 2008.

Les Relations franco-anglaises aux XVIIe et XVIIIe siècles: périodiques et manuscrits clandestins, La Lettre clandestine 15 (2007).

La République des sciences, Dix-huitième siècle 40, (2008).

Rigogne, Thierry, *Between state and market: printing and bookselling in eighteenth-century France, SVEC* 2007:05.

Robbins, Caroline A., *The Eighteenth-century commonwealthman: studies in the transmission, development and circumstance of English liberal thought from the Restoration of Charles II until the war with the Thirteen Colonies* (1959; Indianapolis, IN, 2004).

Robertson, John, *The Case for the Enlightenment: Scotland and Naples 1680-1760* (Cambridge, 2005).

Robiquet, Paul, *Théveneau de Morande: étude sur le XVIIIe siècle* (Paris, 1882).

Roche, Daniel, *Les Républicains des Lettres* (Paris, 1988).

–, *Le Siècle des Lumières en province: académies et académiciens provinciaux, 1680-1789*, 2 vols (Paris, 1978).

Rodgers, D. T., 'Republicanism: the career of a concept', *Journal of American history* 79 (1992), p.11-38.

Roger, Jacques, *Buffon* (Paris, 1989).

Rose, Constance H., 'Portuguese diplomacy plays a role in the printing of some peninsular works in Rouen in the seventeenth century', *Arquivos do centro cultural portugues (Paris, France)* 10 (1976), p.523-41.

Rosen, Frederick, *Classical utilitarianism from Hume to Mill* (London, 2003).

–, '"You have set me a strutting, my dear Dumont": la dette de Bentham à l'égard de Dumont', in *Bentham et la France: fortune et infortunes de l'utilitarisme*, ed. E. de Champs and J.-P. Cléro, *SVEC* 2009:09, p.85-96.

Samoyault, Jean-Pierre, *Les Bureaux du secrétariat d'Etat des Affaires étrangères sous Louis XV* (Paris, 1971).

Sauvy, Anne, *Livres saisis à Paris entre 1678 et 1701* (The Hague, 1972).

Savonius, Sami-Juhani, 'Locke in French: the *Du gouvernement civil* of 1691 and its readers', *Historical journal* 47 (2004), p.47-79.
Schneider, Ulrich Johannes (ed.), *Kultur des Kommunikation: die europäische Gelehrtenrepublik im Zeitalter von Leibniz und Lessing* (Wiesbaden, 2005).
Schofield, Philip, 'A comparison of the moral theories of William Paley and Jeremy Bentham', *The Bentham newsletter* 11 (1984), p.4-22.
Schofield, Robert E., *The Lunar Society of Birmingham: a social history of provincial science and industry in eighteenth-century England* (Oxford, 1963).
Scott, Jonathan, *Commonwealth principles: republican writing of the English revolution* (Cambridge, 2004).
Sgard, Jean (ed.), *Dictionnaire des journalistes, 1600-1789*, 2 vols (Oxford, 1999).
–, *Dictionnaire des journaux, 1600-1789*, 2 vols (Oxford, 1991).
Shalhope, R. E., 'Republicanism and early American historiography', *William and Mary quarterly* (1982), p.334-56.
–, 'Towards a republican synthesis: the emergence of an understanding of republicanism in American historiography', *William and Mary quarterly* (1972), p.49-77.
Sigrist, René, 'La "République des sciences": essai d'analyse sémantique', *La République des sciences, Dix-huitième siècle* 40, (2008), p.333-57.
Sitwell, N. S. H., 'The marquis de Vignolles and the Provincial Grand Lodge for foreign countries', *Ars Quatuor Coronatorum* 49 (1936), p.122-28.
Skinner, Quentin, *Liberty before liberalism* (Cambridge, 1998).
Slauter, William, 'News and diplomacy in the age of the American Revolution', doctoral dissertation, Princeton University, 2007.
Smith, Anthony, *The Newspaper: an international history* (London, 1979).
Snyder, H. L. (ed.), *The Marlborough–Godolphin correspondence* (Oxford, 1975).
Sowerby, Tracey, '"All our books do be sent into other countreys and translated": Henrician polemic in its international context', *English historical review* 121 (2006), p.1271-99.
Spence, Ian, 'The invention and use of the statistical charts', *Journal de la Société française de statistique* 141:4 (2000), p.77-81.
–, 'William Playfair', in *Oxford dictionary of national biography*, ed. H. C. G. Matthew and Brian Harrison, 61 vols (Oxford, 2004), vol.44, p.562-63.
–, and Howard Wainer, 'Introduction', in *Commercial and political atlas and statistical breviary* (Cambridge, 2005), p.1-35.
–, 'Who was Playfair?', *Chance* 10 (1997), p.35-37.
–, 'William Playfair: a daring worthless fellow', in *Graphic discovery: a trout in the milk and other visual adventures*, ed. Howard Wainer (Princeton, NJ, 2005), p.24-27.
–, 'William Playfair (1759-1823): inventor and ardent advocate of statistical graphics', in *Statisticians of the centuries*, ed. C. C. Heyde and E. Senata (New York, 2001), p.105-10.
Spens, Susan, *George Stepney: 1663-1707: diplomat and poet* (Cambridge, 1997).
Steinberg, Sigfrid H., *Five hundred years of printing*, new edn revised by John Trevitt (1955; London, 1996).
Stephens, Mitchell, *A History of news from the drum to the satellite* (New York, 1988).

Stewart, Larry, *The Rise of public science: rhetoric, technology, and natural philosophy in Newtonian Britain, 1660-1750* (Cambridge, 1992).
Stolper, E. E., 'More about de Vignoles', *Ars Quatuor Coronatorum* 96 (1983), p.211-18.
Stoye, John, *Marsigli's Europe: the life and times of Luigi Ferdinando Marsigli, soldier and virtuoso* (New Haven, CT, 1994).
Strachan, Michael, *Thomas Roe* (London, 1989).
Sturdy, David, *Science and social status: the members of the Académie des sciences 1666-1750* (London, 1995).
Suarez, Michael F., 'Historiographical problems and possibilities in book history and national histories of the book', *Studies in bibliography* 56 (2003-2004), p.141-70.

Tarlton, C. D., 'The rulers now on earth', *Historical journal* 28 (1985), p.279-98.
Thomas, D. J., and J. M. Smith, 'Joseph Raphson', *Notes and records of the Royal Society* 44 (1990), p.151-67.
Thomas, Margaret, 'Michel de La Roche: a Huguenot critic of Calvin', *SVEC* 238 (1985), p.97-195.
Thomson, Ann, *Bodies of thought: science, religion and the soul in the early Enlightenment* (Oxford, 2008).
–, 'Le *Discourse of freethinking* d'Anthony Collins et sa traduction française', *La Lettre clandestine* 9 (2000), p.95-116.
–, 'L'Europe des Lumières et le monde musulman: une altérité ambiguë', in *Le Problème de l'altérité dans la culture européenne aux XVIIIe et XIXe siècles: anthropologie, politique et religion*, ed. G. Abbattista and R. Minuti (Naples, 2006), p.259-80.
–, 'Locke, Stillingfleet et Coste: la philosophie en extraits', *Cromohs* 12 (2007), p.1-16.
Thomson, Mark, *The Secretaries of State 1681-1782* (Oxford, 1932).
Thuillaud, P., 'Vicq d'Azyr: anatomie d'une élection', *Histoire des sciences médicales* 20:3 (1986), p.229-36.
Tilly, Charles (ed.), *The Formation of national states in Western Europe* (London, 1975).
Todd, Christopher, 'Glimpses of France and the French (1760-1769) in three English provincial newspapers', *SVEC* 2008:10, p.101-11.
Torrey, Norman, *Voltaire and the English deists* (1930; Oxford, 1963).
Tribe, Keith, 'The "Smith reception" and the function of translation', in *Adam Smith across nations*, ed. Cheng-Chung Lai (Oxford, 2000), p.128-29.

Uglow, Jenny, *The Lunar men: five friends whose curiosity changed the world* (London, 2002).
Ultee, Maarten, 'The Republic of Letters: learned correspondence, 1680-1720', *The Seventeenth century* 2:1 (January 1987), p.95-112.

Vailati, Ezio, *Leibniz and Clarke: a study of their correspondence* (Oxford, 1997).
Van de Walle, Thomas, 'L'échec d'un "honorable espion"? Paul Barillon, ambassadeur de France en Angleterre (1677-88)', *Revue d'histoire diplomatique* 3 (1998), p.227-49.
–, 'Paul Barillon, ambassadeur de France en Angleterre (1677-1688)', doctoral dissertation, Ecole des Chartes, 1997.
Van Sas, Nicholaas, 'The Netherlands, 1750-1813', in *Press, politics and the public sphere in Europe and North America, 1760-1820*, ed. Hannah Barker and Simon Burrows (Cambridge, 2002), p.48-68.
Venturi, Franco, *Utopia and reform in the Enlightenment* (Cambridge, 1971).

Vercruysse, Jeroom, 'L'édition neuchâteloise du *Système de la nature* et la libraire bruxelloise', in *Le Rayonnement d'une maison d'édition dans l'Europe des Lumières: la Société typographique de Neuchâtel 1769-1889*, ed. R. Darnton and M. Schlup (Neuchâtel, 2005), p.415-32.
–, 'Lettres et corrections inédites de David Hume', *Dix-huitième siècle* 2 (1970), p.33-37.
Vet, J. J. V. M. de, 'Le *Courier du Bas-Rhin* de Jean Manzon et les Provinces-Unies (1787-1795): un traitement idéologique de l'information', in *Les Gazettes européennes de langue française (XVIIe-XVIIIe siècles)*, ed. Henri Duranton, Claude Labrosse and Pierre Rétat (Saint-Etienne, 1992), p.107-20.
Vittu, Jean-Pierre, 'Périodiques', in *La Science classique, XVIe-XVIIIe siècles, dictionnaire critique*, ed. Michel Blay and R. Halleux (Paris, 1998), p.140-48.

Watts, George B., *Les Affaires de l'Angleterre et de l'Amérique and John Adams* (Charlotte, NC, 1965).
Wear, A., *Knowledge and practice in English medicine, 1550-1680* (Cambridge, 2000).
Wernham, R. B., 'The public records in the sixteenth and seventeenth centuries', in *English historical scholarship in the sixteenth and seventeenth centuries*, ed. Fox Levi (Oxford, 1956), p.11-30.
Wickham Legg, L. G., *Matthew Prior: a study of his public career and correspondence* (Cambridge, 1921).
Williams, Elizabeth Ann, *A Cultural history of medical vitalism in Enlightenment Montpellier* (Aldershot, 2003).
Wonnacott, W., 'De Vignoles and his lodge L'Immortalité de l'Ordre', *Ars Quatuor Coronatorum* 34 (1921), p.132-69.
Wood, G. S., *The Creation of the American Republic, 1776-1787* (Chapel Hill, NC, 1969).
Woolf, Stuart, 'Les bases sociales du Consulat: un mémoire d'Adrien Duquesnoy', *Revue d'histoire moderne et contemporaine* 31 (1984), p.605-606.
Woolhouse, Roger, *Locke: a biography* (Cambridge, 2007).
Worden, B., 'English republicanism', in *The Cambridge history of political thought, 1450-1750*, ed. J. Burns and M. Goldie (Cambridge, 1991), p.443-75.
–, *Roundhead reputations: the English civil wars and the passions of posterity* (London, 2001).
–, 'Whig history and Puritan politics: the *Memoirs* of Edmund Ludlow revisited', *Historical research* 75 (2002), p.209-36.
Worp, J. A. (ed.), *De briefwisseling van Constantijn Huygens (1608-1687)*, 6 vols (The Hague, 1917).

Yardeni, Myriam, 'French Calvinist political thought, 1534-1715', in *International Calvinism 1541-1715*, ed. Menna Prestwich (Oxford, 1985), p.315-37.
–, 'Paradoxes politiques et persuasion dans les *Annales* de Linguet', in *The Press in the French Revolution*, ed. Harvey Chisick, *SVEC* 287 (1991), p.211-19.
Yolton, Jean S., *John Locke: a descriptive bibliography* (Bristol, 1998).

Index